国家出版基金项目
NATIONAL PUBLICATION FOUNDATION

话说世界

TALKING ABOUT THE WORLD

20

全球时代

Global Age

邵政达　初庆东　黄金宽　傅益东　莫磊　王英◎著

主　编：陈晓律　颜玉强

人　民　出　版　社

主　　编：陈晓律　颜玉强
作　　者：邵政达　初庆东
黄金宽　傅益东
莫　磊　王　英

《话说世界》目录

《话说世界》出版说明

希望与探索

为广大读者编一部普及世界历史的文化长卷

今日世界植根在历史这块最深厚的文化土壤中。要了解世界首先要从学习世界历史开始。学习世界历史不仅有助于我们借鉴外国历史上的成败得失，使我们在发展的道路上少走弯路；而且还有助于我们养成全球视野，自觉承担起作为大国对人类的责任；同时还有助于我们更深入地理解和贯彻构建人类命运共同体理念。人类文明发展5000多年来，各地区和各民族国家的文明差异性很大，都有自己独特的发展轨迹和文化，在交往日益密切的今日世界，我们更要努力学习世界历史与文化。因此我们策划出版这套《话说世界》。

世界史方面的读物出版了不少，但一般教科书可读性不强，专题类知识读物则不够系统全面，因此我们在编撰这套《话说世界》时，主要考虑普及性，在借鉴目前已有的世界历史读物的基础上，进行了新的尝试：

首先，史实准确。由著名世界史专业教授和研究员组成的编委会保证学术性，由世界史专业教授和博士为主的创作队伍保证史实的准确性。

其次，贯通古今。从史前一直到2018年12月，目前国内外尚没有时间跨度如此之大的历史读物。本套书内容丰富，传奇人物、探险故事、艺术巨作以及新思潮、新发明等无所不包，以独创的构架，从政治、经济、文史、宗教、思想、艺术、科学、生活等多维度地切入历史，从浩瀚庞杂的史料中，梳理出扼要明晰的脉络，以达到普及世界史知识的作用。

再次，图文并茂。采用新颖的编排手法，将近万张彩图与文字形成了有机组合。版面简洁大方，不失活泼，整体编排流畅和谐，赏心悦目。

最后，通俗易懂。作者秉持中肯的观点，采取史学界主流看法，立论中肯、持平、客观，文字深入浅出，绝不艰涩枯燥，流畅易懂。

这套书总计20卷，各卷书名分别为：《古典时代》《罗马时代》《王国时代》《封建时代》《宗教时代》《发现时代》《扩张时代》《启蒙时代》《革命时代》《民族时代》《工业时代》《劳工时代》《帝国时代》《一战时代》《主义时代》《危机时代》《二战时代》《冷战时代》《独立时代》《全球时代》。

十几年前，上海锦绣文章出版社出版的《话说中国》，以身体作为比喻说还缺少半边身子，缺失世界历史的半边，因此《话说世界》的策划项目在七年前孕育而生。经过近七年的努力，这套图文并茂的普及性世界史《话说世界》（20卷）陆续出版。今年又适逢新中国成立70周年，这套书被列入国家出版基金资助项目，作为一个从事36年出版工作的出版人感到由衷的喜悦。

在本套书行将付梓之际，特别感谢陈晓律、颜玉强、秦海波、刘立群、黄昭宇、任灵兰、鲁静、杨美艳、陆丽云、刘可扬等十几位世界史专家的辛勤劳作，感谢所有参与《话说世界》（20卷）本书的作者、专家、学者、编辑、校对为此作出的贡献。最后，谨以两位世界史专家对本套书的点评作为结束：

徐蓝（中国史学会副会长）：首先要说这套书使得我眼睛一亮。这不是我们通常说的以政治经济为全部内容的世界历史，而是多维度的世界历史解读，其内容涵盖了政治、经济、文史、宗教、思想、艺术、科学、生活等，使世界历史更加充盈饱满、相生相成。特别是将其每卷书的类别单独合在一起，相当于一部部专题史。这在国内世界历史读物中是仅见的，具有很高的出版价值。《话说世界》又是一套通俗读物。全套书5000篇左右的文章，通过人文地理、重回历史现场、特写、广角、知识链接等拓宽了内容的容量，增强了趣味性。可以说这是一套具有“广谱”特性的世界历史普及读物。这套书的社会效益不仅会普及国民的世界历史知识，也拓宽了国际视野，将世界历史作为基础知识之一，才能具备大国的胸怀和责任担当。

吴必康（中国社会科学院世界史所，国家二级研究员）：历史题材类的通俗读物一向是热门读物，富有意义。但其出版物主要是中国史，世界历史通俗读物出版甚少。而且，这些不多的世界历史出版物也多为受众少的教科书式作品。《话说世界》可以说弥补了这方面的缺憾。今天，中国正处于民族复兴之时，作为世界第二大经济体，其世界影响越来越大，责任也更大。广泛了解世界，具有国际视野成为大势所趋。广大人民需要了解世界，知晓世界历史，已是必不可少之举。世界历史虽然内容浩如烟海，但作为文明历程有规律可循，有经验教训可资借鉴。《话说世界》的专业作者梳理千古，深入浅出，从容不迫地娓娓道来，使世界历史清晰明了，趣味盎然。这套丛书应该说是一套全民读物也不为过，可谓老少咸宜，可谓雅俗共赏。尤其是其文体具有故事性，很适合青少年阅读。也望通过这套书能激发青少年阅读世界历史的广泛兴趣，兴起热潮，为我国的各类国际人才打下知识基础，更好地立足祖国走遍世界。知晓天下，方可通行天下。

人民出版社编审　杨松岩

2019 年 8 月 27 日

《话说世界》序一

读史使人明智

在世界历史的洪流中寻找人类的智慧

不知不觉，现在已经是 2019 年了。在人类几千年有文字记载的历史中，这个时间点或许并没有什么特别之处，但对于处于改革开放进程中的中国而言，这样一个年代显然具有不同寻常的意义。那就是，历经磨难成立新中国以后，中华民族在对外开放的过程中，重新找到了一个与自己国力吻合的位置。

中国是一个历史悠久的国度，创造了十分丰富的物质与精神的财富。尤其是在东亚这一范围，中国几乎就是文明的代名词。然而，在近代以来，中国却被自己过长的衣服绊倒了，结果从鸦片战争开始，中华民族经历了一段屈辱的历史，不仅使天朝上国的心态遭受沉重打击，也迫使我们重新认识外部世界。

从历史的角度看，中国人如何看世界，并不是什么新问题。古代中国人对周边“蛮夷”的看法千奇百怪，但无论是否属实，对自己的生活似乎影响不大。不过近代以来情况有所变化，自 1840 年始，中国人想闭眼不看世界也难。然而，看似简单的中国人应该如何睁眼看待外部世界，尤其是西方国家，却并不简单，因为它涉及“华夷”之间的重新定位，必然产生重大的观念与思想碰撞，所以它经历了一个几起几落的变化。

从传统的中国视角考察，以中国为天下中心的历史观一直在我国的史学领域占主导地位。因此，在 1840 年以前，中国还没有今天意义上的世界史，有的只是《镜花缘》一类的异域风情书，或是一些出访周边国家的记录，严肃的史书则只在中国史的范畴内。鸦片战争之后，中国被迫接受中国之外还存在一个世界这一事实。但对外部世界，主要是西方的研究是以急功近利的原则为出发点，缺少系统的基础研究。直到新中国成立前夕，我国的高校中，世界史都还不能算是能与中国史相提并论的学科，一些十分有名望的老先生，也必须有中国史的论文和教中国史的课程才能得到承认。这一事实反映出一种复杂的民族心态和文化背景。人总是从自己已有的知识基础上去发现和分析外部世界的，没有对外部世界知识的系统了解，要正确地看世界的确不易。

实际上，早在100多年以前，张之洞就认为，向西方学习应该是学习西艺、西政和西史。但是如何以我为主做到这一点，则是至今尚需继续解决的问题。

在一个开放的时代，任何一个试图加入现代化发展行列的国家都必须尽量地了解他国的情况，而了解他国最主要和最基本的途径，除开语言外，就是学习该国的历史。就笔者所接触的几所学校看，美国一些著名大学的历史系往往都是文科最大的系，而听课的学生也以外系的学生居多。我的体会是，出现这样的现象无非两点原因：通识教育的普及性与本科教育的多样性，以及学生的一种渴望了解和掌控外部世界的潜意识。相比西方，我们的教育课程设置显然还有许多需要完善的地方。

按北大罗荣渠老师的看法，中国在向西方学习的过程中经历了三次大的起伏。一次是鸦片战争前后，中国是在战争的威胁中开始了解西方的，这种了解带有表面的、实用主义的性质，对西方的了解和介绍都十分片面，社会的大部分人对此漠不关心，甚至国家的若干重要成员对此也十分冷漠。与此相反，日本却密切地关注着中国的情况，关注着中国在受到西方冲击后所作出的反应，以致一些中国介绍西方的书籍，比如《海国图志》，在中国本身尚未受到人们重视时，日本已在仔细地阅读和研究了。尽管如此，第一次学习还是在中国掀起了洋务运动。

由于甲午战争的失败，中国开始了第二次向西方的学习，即体用两方面都要学。但不想全面改革而只想部分变革的戊戌变法因各种原因失败了，最终是以辛亥革命作了一次总结。从此以后，中国的政治实践大体上是在全面学西方，但是又由于历史的机遇不好，中国的这种学习，最终也未成功。尽管我们不能完全说它是失败的，但要成为一个强国的愿望却始终未能实现。

新中国成立以后，由于西方的封锁和我们自己的一些政策，中国经历了一个主动和被动地反对向西方学习的过程。直到改革开放以后，我们才再次开始了向世界强国——主要是西方国家学习的第三次高潮。而这次持续的时间显然要长得多，其内涵也要丰富得多。其中一个最重要的标志也许是，在沉默了几十年以后，中国的学术界终于开始出版一批又一批的世界史教材和专著，各种翻译的世界史著作也随处可见。这是一个令人欢欣鼓舞的现象。在这个意义上，中国人重新全方位看世界是改革开放的产物。

从中国人看世界的心态而言，也先后经历了三种变化：最初是盲目自大式地看世界，因为中国为中央之国，我们从来是当周围“蛮夷”的老师，尽管有时老师完全打不过学生，但在文化上老师终归是老师，我们从未丧失自信心。所以，对这些红毛番或什么其他番，有些“奇技淫巧”我们并没有真正放在心上。然后面临被列强瓜分的危机，我们的心态第二次变化，却是以一种仰视的方式看世界——当然主要是看西方国家，这种格局直到新中国成立后才开始逐渐改变。而改革开放后，中国重回世界舞台中心，成为GDP第二大国，自信心再次回归，看世界的态度又一次发生了变化——中国人终于可以平视外部世界了。

心平气和地看外部世界，需要的是一种从容和淡定，而这种心态，当然与自己的底气有关。随着物质生活的丰富和对外交流的日渐频繁，国人已经意识到，外国人既不是番鬼，也不是天使，他们是与我们一样，生活在这个地球上的人类。当然，由于历史、文化、地域、宗教乃至建国的历程各不相同，差异也是明显的，甚至是巨大的。如何客观地认识外部世界，对有着重新成为世界大国抱负的国人而言，已经具有了某种紧迫性。而互联网时代的信息爆炸，对较为靠谱的学理性知识的需求，也超过了任何一个时代。因此，无论于公于私，构建一个起码的对外部世界认识的合理框架，都成为一门必修课而非选修课了。

应该说，国内学界为此做了大量的工作，从学术论文到厚重的专著，从普及型的读物到各类期刊，乃至各种影视作品，有关西方的介绍随处可见，一些过去不常见的国家和地区的研究成果也开始出现。同时，为了增进国人对这些问题的了解，国内出版界也做了很好的工作，出版了很多相关的著作。

大体上看，这些著作可分为以下几类：第一类是关于西方国家、政府等有关政治机构的常识性著作。这些现象我们虽然十分熟悉，但并不等于我们已经从理论上了解了它们。因此很多国内的著作对一些概念性的东西进行了提纲挈领的解析，有深有浅，大致可以满足不同人群的需求。第二类是关于各个国家的地理旅游的书籍。这类书籍种类繁多，且多数图文并茂，对渴望了解国外情况的人群，读读这些书显然不无裨益。第三类是各国的历史著作。这些著作大多具有厚实的学术根基，信息量大，但由于篇幅原因，或许精读的读者不会太多。最后一类则是对各种国际组织和机构的介绍，包括各国概况一类的手册。写作的格式往往是一条一款，分门别类，脉络清晰，这类知识对于我们了解外部世界尤其是西方世界应该也很有帮助。

然而，总体上看，在我国历史学教育中，严格意义上的“世界历史”还是属于小众范畴，由此，这个领域的普及出版物相对较少，这与现在的我国国情和日益全球化的国际形势很不契合。

对于这种不合拍的情况，原因很多，但学界未能及时提供合适的历史读物，尤其是世界史读物，难免是一种遗憾。这不是说目前没有世界史普及读物，而是说我们的学者和出版界未能完全跟上时代对世界史知识的需求，尤其是广大普通民众对世界史知识的需求。随着我国经济实力的不断增强，出国求学和旅游对普通中国民众而言已经不是一种可望而不可即的事情。而踏出国门，中国人通常会有一个共同的感受：在各种聚会或是宴请的活动中，只要有“老外”在，哪怕是一个人，气氛就很难避免那种浓厚的“正式”味道；而一旦没有“老外”，都是华人，气氛会一下轻松起来，无论是吃喝还是交谈，人们的心态转瞬之间就已经完全不同。我常与一些朋友讨论这一现象，大家的基本看法是，中外之间，的确有一种文化上的隔膜。这种隔膜十分微妙，甚至并非是相互不能沟通的问题，而只是一种“心态”。

这种心态往往是只可意会，却难以言传。其难以言传的根源在于，人是生活在一个由文化构筑起来的历史环境中的，这种长期浸润，会不知不觉地对一个人的行为方式、心态产生巨大的、具有强烈惯性的影响，这种影响往往也不是通过一两本学术著作就能轻易加以归纳的东西。

因此，要体验这种微妙的文化隔膜，最好的方式就是对世界的历史文化有一种“全景式”的了解，除了去所在国进行深度体验外（当然，这对很多人而言有些奢侈），读一些带有知识性、系统性和趣味性的世界史读物，应该也是一种不错的选择。而这类读物恰好是我们过去的短板，有必要尽快地将其补上。

为了满足国人对这类读物的迫切需求，本套丛书的策划编辑团队怀着强烈的家国情怀和对中华民族特有的忧患意识，一直在积极地筹编这样一套能满足时代需求的世界史读物。他们虽然是在筹编一套普及性读物，却志存高远，力图要将这样的一套读物做成精品，那就是不仅要使普通读者喜欢，还要经得起学界的检验。历经数年，颜玉强主编总算在全国的世界史学界找到了合乎他们要求的作者团队。这些作者当中，既有早已成名的学术大家，也有领军一方的中青年学者，更有留学归国的青年博士群体。而尤为重要的是，这些学者都长期在我国的高校从事世界史的教学和科研工作，他们对我国学子乃至一般民众对世界史知识的需求有着更深的感受，因此，由这样的一支作者队伍来完成这样的一部大型作品，显然是再合适不过了。

历经数年的讨论和磨合，几易其稿，现在《话说世界》总算问世了。以我的一管之见，我觉得这套书有这样一些特点值得关注。

首先是体例方面的创新。历史当然是某种程度上按照时间顺序发展的，但作为一种世界历史的视野，人们的眼光当然不可能横视全球，而是自然地落在一些关键性的区域和事件上。这样，聚焦和分类就是一个基础性的工作。作者对历史的分类不仅显示出作者的学术功力，也会凸显作者的智慧。本套丛书的特点是将“时代”作为历史发展的主轴，比如古典时代、罗马时代等等。这样的编排，读者自应一目了然。然而，作者的匠心就此展现：因为一些东西并不仅仅是纵向而是横向的，所以，王国时代、宗教时代、民族时代、主义时代这样的专题出现了。

这样的安排十分精巧，既照顾了历史的时代顺序，又兼顾了全球性的横向视野。相对于一般教科书的编排，比如在人类起源部分，从两河文明到尼罗河文明，再到希伯来、印度和中国文明，然后再到古典时代的希腊罗马文明、希腊化文明，固然十分系统，但对于非专业的读者恐怕也有点过于正规，索然无味。所以，丛书的安排看似随意，却有着精心的考虑和布局，在目前的类似书籍中，应该是不可多得，别具一格的。

而对有着更多需求的读者，《话说世界》则又是一种趣味盎然的教科书，因为它将各个时代的内容分门别类，纵向来读，可以说是类别的世界通史。比如可以将政治、经济、文化等串联下来的就是该类别的世界通史，这样读者能够全景式地看到每个历史切面，还能了解整个历史线索和前因后果。

其次是《话说世界》为了达到可读性强的效果而采取了图文并茂和趣味性强的杂志书编撰方式，适合以各种休闲的方式阅读。《话说世界》的图片不仅与文章内容结合紧密，还有延伸文字内容的特点，特别是每本书都有数张跨页大图呈现了历史节点的宏大场面或艺术作品的强烈感染力。这样的布局，显然能使读者印象深刻。实际上，国外的历史教科书，往往也是图文并茂，对学生有着很强的吸引力，使学生即便不是上课也愿意翻阅。我们目前的教科书尚达不到这一水准，但《话说世界》能够开此先河，应该是功德一件。

第三则是强烈的现场感，这是为了增进读者真正理解国外历史文化所做的一次有价值的尝试。从这套丛书的内容看，其涉及面很广，并不单单是教科书式的历史，而是一部全景式乃至百科全书式的历史：从不同文明区域之间的人员交往到风俗习性，从军事远征到兵器工艺，从历史事件到地标和教堂，从帝国争霸心态到现代宣传套路，从意识形态到主义之争，可以说林林总总，斑驳杂陈，十分丰富，具有很强的可读性。一个也许对编辑并不十分重要，但对读者而言却十分重要的事实是，这些读本的作者都是“亲临视察”了所写的对象的，所以除去知性之外，还多了难得的感悟。因为这套丛书的作者，都是亲临所在对象的国家和地区进行过求学乃至工作的。他们对这些对象的了解，或许还做不到完全学理意义上的深刻，但显然已经早就超越纸上谈兵的阶段了。因此，在这个意义上，他们是真正的“中国人看世界”。这种价值，在短期内或许并不明显，但随着时光的流逝，它肯定会越来越闪烁出学术之外的瑰丽光芒。

值得指出的是，今天移动互联的势不可挡，知识碎片化也日益严重，需要学者和出版社联袂积极面对，克服互联网内容的不准确性，做到价值恒定性；克服互联网知识的碎片性，做到整体性。《话说世界》于上述的三个特点，显然是学者和出版社共同合作的成功范例。

如果你是一个依然保持着好奇心，对问题喜欢打破砂锅问到底的人，那么，请阅读这套匠心独具的丛书吧！它既能增加你的知识，又能丰富你的生活，也或许能在紧张的工作与生活中给你带来一丝和煦的清风。

当你拿到这套书，翻开第一页的时候，我们衷心地希望你能够从头至尾地读下去，因为这是在一个全球化时代，使你从知识结构上告别梦幻童年、进入一个绚丽多彩的成人世界的第一步——读史使人明智。

愿诸君在阅读中获得顿悟与灵感。

南京大学历史学院教授、
博士生导师　陈晓律
2019年2月15日

《话说世界》序二

立足学术　面向大众

献给广大读者的具有国际视野的世界历史全景图书

我国的经济总量超越日本，正式成为世界第二大经济体，我国的社会经济文化都日益成为地球村重要的一部分，了解世界成为必要。正如出版说明所言，了解世界首先要从了解世界历史开始，我们不仅可以从外国历史的成败得失中得到借鉴，而且还能从中培养国际视野，从而承担起作为大国对人类的责任。人类文明发展5000多年来，各地区和各民族国家的文化差异性很大，都有自己独特的发展轨迹，在日益融为一体的今日世界，我们在世界历史知识方面也亟须补课。

我国史学界编撰世界史类图书内容有不包括中国史的惯例，加之上海锦绣文章出版社已经在2005年出版了取得空前成功的20卷《话说中国》，所以我们这套《话说世界》就基本不包括中国史的内容，稍有涉及的只有为数几篇中国与外国产生交集的内容。

《话说世界》共20卷，分别是20个时代，时间跨度从史前一直到2018年。基本囊括了各个时代的政治、经济、文史、思想、宗教、艺术、科学和生活娱乐等。

参与《话说世界》编写的作者有教授和博士共30多人，都是名校或研究所的世界史专业学者。学有专攻的作者是《话说世界》质量的保证。我们还邀请了一些世界史的著名专家教授作为编委，确保内容的准确性。

今天读者阅读的趣味和习惯都有变化，业界称为“读图时代”。所以我们在文章的写法和结构都采取海外流行的“杂志书”（MOOK）样式。我曾经为台湾地区的出版社主编过300本杂志书，深得杂志书编撰要领。杂志书的要素之一是图片，《话说世界》以每章配置3—4幅图的美观标准，共计配置了10000张左右的图片，有古代的历史图片，也有当今的精美图片。在内容的维度上也进行拓展，引入地理内容，增加了历史的空间感；每本书基本都有“重回历史现场”，以增强阅读的现场感；同时每篇文章都有知识链接，介绍诸如人物、事件、术语、书籍和悬案等，丰富了文章内容，使文章更流畅、可读性更强。

当然，不能说《话说世界》就十全十美，但是不断完善是我们的追求。

启动编撰《话说世界》工程之时，我们就抱定了让《话说世界》成为既有学术含量又有故事可读性的优秀著作这个目标，使世界史知识满足大时代的需要。

结笔之际，感蛰居七年，SOHO生活，家人扶助，终成书结卷。这里要感谢各位作者的辛勤笔耕，特别感谢人民出版社通识分社社长杨松岩慧眼识珠以及编辑们兢兢业业、精雕细刻的工作。“幸甚至哉”！

资深出版人　颜玉强

2019年10月28日

《全球时代》简介

约五百年前的1522年9月6日，麦哲伦船队最后一艘幸存的探险船“维多利亚号”缓缓驶入西班牙桑卢卡尔港，18名船员历时三年，绕地球一周，终于又登上了西班牙的土地。他们当时或许就已明白这次创举对于人类文明的重大意义。人类世界正是在麦哲伦身后开始真正地连接在一起的，环球航行的成功标志着全球化的开端。五百年过去了，如今的人类已经成为一个紧密相连的命运共同体，经济的全球化像血液灌满人类世界的血管，文化的全球化是滋养信任、理解与人类之爱的温床。尽管仍旧背负着历史的包袱，但人类追求新时代的脚步更加矫健。

当今的世界，是剧烈变迁的时代。科技的突飞猛进正每时每刻地塑造着全新的人类文明。信息技术、新能源、生物工程等一系列人类的科技创造都不断打破人类智慧的极限，由此带来的人类社会生活和生产方式的改变是迅速而彻底的。

当今的世界，是多元共融的时代。世界的紧密交往正将原本各自传承的文明以前所未有的速度推挤碰撞在一起，政治、宗教、语言上

的冲突与隔阂无法阻挡多元并存与相互融合的时代大潮。任何封闭自守、试图拒绝或阻挡时代潮流的力量也势必会走向失败。

当今的世界，是全球化、信息化的时代。人类的政治组织、经济往来、文化形态与社会生活正以不可逆的态势被信息狂潮所席卷，全球化正渗透到这个世界的每个角落。世界各个角落手持移动信息终端的人们，从来没有像今天这样感觉到“地球村”的理想是如此的近在咫尺。

当今的世界，是危机与希望交织的时代。剧烈的社会变迁、多元共融和全球化的发展似乎让人类空前团结起来了，空间上的隔阂与心中的芥蒂正在消除。各种族和民族之间，从来没有像今天这样相互了解，世界大同的梦想似乎近在咫尺。但是，人类需要警觉的是，在这一伟大“希望”之下，危机也正在黑暗处悄然侵蚀着人类文明。环境污染、核危机、极端主义等，无论哪一个，都拥有毁灭一切现世美好的潜在力量。这里要讲述的是当今这个充满希望与美好，同时又危机重重的当代人类世界。

目录

多元多变的世界

在全球化的进程中，伴随各国的通力合作，国际空间站高踞地球上空，成为人类探索星际奥秘的太空堡垒。尤里·加加林在1961年成为第一个登上太空的地球人。

科学技术突飞猛进，我们看见了阿尔法狗在围棋场上杀得风生水起，人工智能在战胜人类智慧的进程中迈出重要一步。要知道，1946年第一台计算机诞生时，它每秒只能进行5000次加法计算。翻开过去几十年的福布斯排行榜，简单的人名和数字背后，代表的是整个世界物质财富的几何级增长——巴菲特之所以能够在资本市场赚得盆满钵满，亦是得益于此。

这一切都让我们看见，这个现代化世界的精彩和壮丽。

然而，处于世界物种之巅的人类，真的能够永远主宰这个星球吗？要知道恐龙也曾经兴旺了几千万年，但几乎却在一夜之间灭绝。历史的长河中埋葬着许多古老的文明。后人回眸历史，是否也会看到工业文明的悲凉落幕？在这多元多变的世界，人类应该正视自己在生物圈里的角色和担当，能力越大，责任越大。否则，卡逊笔下那寂静的春天，将是人类灭绝挽歌的第一乐章。

国际空间站的运行
世界全面进步的代表作

这是我个人的一小步，
却是人类的一大步。
——美国登月宇航员阿姆斯特朗

在当今世界的全面发展历程中，我们看到了空间技术的发展、互联网的兴起、生命科学的进步、新能源的探索和推广……这些因素被时代大潮裹挟向前，促进了人类社会的全面发展。如果要举出最典型的例子，最能代表这种进步潮流的，当属“国际空间站”的运行，因为空间技术的每一小步，都代表了世界的一大步：它是人类智慧的结晶，也是分工合作的产物。

拜科努尔航天发射中心总面积达6717平方公里，由苏联建于1955年6月，位于哈萨克斯坦南部荒漠地区。在这里，曾经诞生了多个“世界第一”：第一颗人造卫星、第一个宇航员、第一座载人空间站。直至今日，它仍然是世界上最重要的航天发射基地之一。

“曙光号”功能舱的发射

1998年11月20日，拜科努尔航天发射中心，“曙光号”（Zarya）功能舱在俄罗斯“质子-K”火箭的运载下缓缓升空，开启了它神秘的太空之旅。经过四天的长途飞行和多次轨道调整，“曙光号”成功进入工作轨道，开始了它的历史使命——为人类探索共同太空资源，为未来世界的全面发展贡献力量。

这座经美国出资、由俄罗斯建造、在哈萨克斯坦发射的太空舱，代表了世界航天科技的最高水平。而作为国际空间站的第一个组件，“曙光号”功能舱的发射标志着人类历史上规模最大、结构最复杂、参与国家最多的航天计划拉开帷幕，也标志着航天领域国际合作时代的到来。

国际空间站

自“曙光号”发射成功后，同年12月3日，美国“团结号”（Unity）节点舱搭载“奋进号”（Endeavour）航天飞机升空，3天后成功与“曙光号”顺利对接。在此后的岁月里，“团结号”将作为连接通道，帮助之后进入太空的生活舱和试验舱与曙光号进行对接。这个长5.49米、直径4.57米的筒状通道，由超过5万个机械部件组成，并通过216根管道，为今后在空间站工作的宇航员提供包括氧气、水、食物等生命必需物质在内的资源供给。

“团结号”的到来，意味着“曙光号”在太空中有了一位新的伙伴，在接下来的几年中，“星辰号”服务舱（Zvezda，俄罗斯建造，2000年发射）、“命运号”实验舱（Destiny，美国建造，2001年发射）、“哥伦布号”实验舱（Columbus，欧洲十国共同制造，2008 年发射）、“希望号”实验舱（Kibo，日本制造，2008 年发射）、“莱昂纳多号”服务舱（Leonardo，意大利建造，2010 年发射）等太空舱相继升空。它们的陆续到来，使“曙光号”在太空的身影不再孤单，拼贴出国际空间站的壮丽图景。世界各国的科学家们，用巧夺天工的智慧和团结合作的精神搭建了一座巍峨的宫殿，为人类探索未知世界筑起新的空中堡垒。

知识链接：航天飞机

在国际空间站的建造过程中，作为主要运输工具的航天飞机功不可没，它作为一种可重复使用的航天器，穿梭于地空之间。航天飞机主要由轨道飞行器、火箭助推器、外部燃料箱三部分组成，包含 200 多万个零部件，结构极为复杂。在世界历史上，仅有美国的 5 架航天飞机投入过使用，但已有 2 架毁于灾难。出于安全考虑，航天飞机已正式退役。

太空旅客

2001 年 4 月 30 日，人类历史上第一位太空游客，美国人丹尼斯·蒂托（Dennis Tito）进入国际空间站，开始了他为期 8 天的太空观光生活。为了这短短的 8 天，蒂托花费了两千万美元，经历了一系列高难度训练。和普通的观光旅游不同，蒂托在太空中还要负责通信、导航和供电工作。在经历过太空旅行后，蒂托认为：“太空探索是人类的终极历险，目的在于超越我们自己的星球而抵达其他星球。”此后，不断有人踏上太空观光的旅程，迄今为止，共有 7 位游客进入太空并安全返回。

2001 年 5 月 6 日，“联盟号”太空舱在哈萨克斯坦的阿尔卡雷克市安然着陆。这标志着人类首位太空旅客——60 岁的美国人丹尼斯·蒂托耗资两千万美元、为时 8 天的太空之旅圆满成功。图为蒂托返回地球后竖起大拇指的场景。

回顾往昔，人类在探索未知世界的征程上从未止步。相信在不远的将来，随着科技的进步和彼此分工合作，人类征服太空的旅程将不断谱写新的篇章，整个世界将在各国的努力与合作下，走向全面发展的康庄大道。

太阳宇宙射线（Solar Cosmic Rays）是由太阳耀斑活动所产生的粒子流，主要成分是高能质子和电子，也包括一些其他放射性成分。太阳射线的发生是随机的，有时持续几天。图为位于近地轨道的国际空间站面对太阳射线的壮丽场景。

阿尔法狗六十次大捷 科技的突飞猛进

人类数千年的实战演练进化，计算机却告诉我们人类全都是错的。我觉得，甚至没有一个人沾到围棋真理的边。

——柯洁

棋类游戏是人类智能的高地，人们在对弈中比拼各自的智慧。自从电子计算机诞生以来，人工智能与人类棋手的对抗从未停止。1997 年，IBM 公司的电脑“深蓝”以 4∶2 的成绩战胜国际象棋世界冠军加里·卡斯帕罗夫（Garry Kasparov），这是人工智能第一次打败世界顶级选手。自 2006 年以后，人类再也没有能够在国际象棋的赛场上战胜过人工智能。长期以来，围棋的变幻莫测让电脑也只能望而却步，顶级人工智能甚至不能打败业余选手。在其他棋类项目被电脑程序称雄问鼎的世界里，围棋成了棋类游戏中人类智能的最后一块高地。电脑是否能在围棋上战胜人脑？很快，就有了答案。

击败人类：阿尔法狗横空出世

2015 年 10 月，谷歌公司开发设计的阿尔法狗（AlphaGo）以 5∶0 的成绩击败了欧洲围棋冠军樊麾（职业二段），成了历史上第一次在没有让子的情况下战胜人类职业选手的电脑。人们开始怀疑，难道连围棋这块人类智能的高地，都要被人工智能占领了吗？

谷歌公司成立于 1998 年 9 月，是一家位于美国的跨国科技公司，目前市值世界第二，业务涉及搜索引擎、网络信息服务、移动操作系统等。近年来，谷歌公司涉足人工智能领域，AlphaGo 即为其代表作。图为手机屏幕上的谷歌图标。

为了证明阿尔法狗的实力，谷歌公司向围棋世界冠军李世石（职业九段）发起挑战。2016 年 3 月，全世界瞩目的人机大战在韩国首尔四季酒店拉开帷幕。3 月 9 日第一局，李世石执黑先行，在经历了 186 手鏖战之后，不得不投子认输。3 月 10 日第二局，阿尔法狗精确应对，优势明显，最终于 211 手获胜。3 月 12 日第三局，李世石行不到 20 手，局面已落下风，即便祭出劫争手段，依然无法改变局面，不得不认输。自此，围棋人机大战人类三连败，按照五番棋的规则，阿尔法狗已经赢下了比赛。一天后，李世石为荣誉而战，抓住了阿尔法狗的一次失误，逆袭成功，艰难地迎来了人类的首次胜利。3 月 15 日第五局开始，李世石主动要求执黑，一番厮杀后，第 280 手，李世石投子认输，比分定格为 1∶4。然而，阿尔法狗的胜利才刚刚开始。

2016 年末至 2017 年初，阿尔法狗以“Master”为注册账号在网络上与中日韩三国围棋高手进行对决，连续战胜包括世界排名第一的柯洁在内的棋手，取得六十连胜。柯洁在研究过阿尔法狗的棋谱后高呼：“人类数千年的实战演练进化，计算

2017 年 5 月 23 日，浙江嘉兴，中国棋手柯洁（九段）和围棋人工智能程序“阿尔法狗”的首场对决在浙江乌镇举行。当今世界排名第一的中国围棋选手柯洁，输给了谷歌旗下的人工智能程序。图为“人机大战”第一局的棋谱。

知识链接：人工智能

人工智能（Artificial Intelligence）是计算机科学的一个分支，它通过模拟和延伸人的智能活动，并融入心理学和哲学等社会科学的知识而形成一门新的技术科学。人工智能从诞生以来，理论日趋完善，技术日趋成熟，研究领域也不断扩张。人工智能虽然是对人的思维进行信息化模拟，但却可以像人一样思考，甚至超过人的智能。

机却告诉我们人类全都是错的。我觉得，甚至没有一个人沾到围棋真理的边。”人们不得不承认，人工智能对围棋这项流传千年的古老技艺的冲击已经开始。

阿尔法狗背后的故事

阿尔法狗由谷歌旗下 DeepMind 公司团队研发，其主要工作原理是“深度学习”。与以往的计算机算法不同，深度学习是靠多层人工神经网络，通过一定数量的矩阵和组织链接，形成神经网络进行复杂处理，类似于人类脑神经的功能。通俗地说，就是给它资料，让它自己通过资料的移植进行学习，这一点真正实现了人工智能。阿尔法狗研究团队的首席科学家戴密斯·哈萨比斯（Demis Hassabis）宣布，要将阿尔法狗的程序与医疗、机器人等结合，给人类生活带来更大的改变。以色列学者尤瓦尔·诺亚·赫拉利认为，如果人工智能足够强大，未来人类的生存价值将受到挑战，例如司机、律师、厨师、医生等职业，它们都会随着人工智能的迅速崛起而走向衰亡。因此人工智能的发展，对人类而言，既是机遇，又是挑战。

2016 年 3 月 13 日，韩国首尔，围棋“人机终极对决”第 4 局。连输三局的李世石在局面不利的情况下，弈出白 78 手，凭借这一神手逆转，李世石战胜人工智能程序阿尔法狗，这是他的首次胜利，也是目前人类唯一一次战胜阿尔法狗。

"股神"巴菲特的资产积累

物质财富几何级增加

他是资本市场的常青树，人们称他为"股神"，他的名字叫沃伦·巴菲特。

1941年，美国一位11岁的小男孩购买了一家石油公司的股票——共三股，均价38美元。等它涨到40美元的时候，小男孩将其抛出，赚了6美元。正当他得意的时候，日本袭击了珍珠港，这只股票涨到了200美元。如果不急于求成，那肯定是大赚一笔，这次投资看起来是有些目光短浅，而事实上，这是一个伟大传奇的开始。这个小男孩就是沃伦·巴菲特，世界资本市场的常青树，人们习惯于称他为"股神"。这次并不成功的投资也告诉巴菲特一个道理：在资本市场上，应该不为股价的起伏震荡所影响，要目光长远，坚持自己的判断和选择。

可口可乐

购入可口可乐公司的股票是巴菲特最成功的投资案例之一，巴菲特和可口可乐的渊源可以追溯到他的童年时期。他5岁时就开始在祖父的小便利店中用25美分买进6瓶可乐，再以5美分每瓶的价格挨家兜售，转手获利20%。在享受这款饮料酷爽的同时，巴菲特也在暗自观察可口可乐公司的股票。在1988年至1989年间，他投资10.24亿美元，买下了可口可乐总股本的7%。在巴菲特投资可口可乐后，股票并未飞涨。当时他写道："我看到的是：世界上最流行的产品为自己建立了一座新的丰碑，它在海外的销量以爆炸式的速度迅速膨胀。"巴菲特坚持自己对这只股票的判断，他相信正如可口可乐在全世界销量一样，物质财富的增长速度往往出乎人们的意料。果然，至1991年，巴菲特的这份投资在两年间涨了2.66倍，升值到37.43亿美元。到1997年，仅仅这一只股票就为巴菲特总共赚取了100亿美元。而巴菲特对可口可乐的投资，也被视为最成功的股票投资案例，频频出现在教科书和课堂上。1只股票，10年，100亿美元，这段故事也向我们说明：人类社会的物质财富正以飞快的速度，实现几何级增长。

沃伦·巴菲特(Warren E.Buffett)，1930年生于美国内布拉斯加州的奥马哈市，全球最为成功的投资商之一，常年位居全球富豪榜前列。

富可敌国

根据"福布斯"的数据，2008年，巴菲特以620亿美元的资产问鼎全球首富，美国《财富》杂志惊呼他是"比上帝还富有的人"。截至2016年4

1886 年，可口可乐在美国亚特兰大诞生，起初作为药物出售。100 多年后的今天，它成了全球最受欢迎的饮料，平均每天有十多亿人次畅饮这款好喝的汽水，街头巷尾随处可见它的红色身影。图为自动售货机中的可口可乐。

月 30 日，巴菲特的身家为 685 亿美元，位列全球第三。而他的财富征程，要从半个世纪前一场伟大的收购案开始说起。

1965 年，巴菲特取得伯克希尔·哈撒韦(Berkshire Hathaway) 公司的实际控制权，该公司以纺织生产为主要经营业务，当年的净资产是 2289 万美元。值得一提的是，该公司正处于业务急剧下滑的时期，它 1948 年还拥有十几座工厂，大约一万名员工，但到了 1964 年只剩下两座工厂，数千名

知识链接：资本市场

资本是用于生产的基本要素，如资金、厂房、设备等物质资源，这些不同的表现形式说明了资本在本质上就是物质财富。资本市场主要由寻找资本的人和提供资本的人构成，即买方和卖方，双方通过交易满足各自需要。因此，资本市场的繁荣，是物质财富增长的最明显体现。

员工。巴菲特在该公司业务逐渐缩水的时候进行收购，这是一次不被大家所看好的投资。该公司在巴菲特的带领下进行了一系列的投资并购，从主营纺织业务的公司成长为一家多元化投资集团。至 2013 年，在不到 50 年的时间里，伯克希尔·哈撒韦公司股价从每股 7 美元涨至 16 万美元，其市值更是高达 2660 亿美元。

据统计，从 1965 年至 2006 年，该公司年均增长率达 21.4%，累计增长 362 倍。这组成功的数据固然离不开巴菲特的运筹帷幄和深谋远虑，同时也证明了资本市场的繁荣。在这背后，人类劳动生产力的提高、社会分工的细化，以网络为代表的知识经济的兴起，为物质财富的增长注入了新的活力。所有这些促成了人类物质财富的几何级增长趋势。

1980 年，巴菲特买进了大量的可口可乐公司股份，这笔投资也是当代证券史上最为成功的案例之一。作为可口可乐公司的大股东，巴菲特一生最钟爱的饮料就是这款樱桃口味的可乐，并不遗余力地在公共场合推广以提升品牌价值。图为伯克希尔·哈撒韦公司年度股东大会上印有巴菲特头像的罐装可乐。

《寂静的春天》讲了什么
人与生物界的密切联系

只有认真对待生命，我们才能希望在生物圈和我们本身之间形成一种合理的协调。

——蕾切尔·卡逊

如果生物界存在着一条巨大的链条，那么人类必定是在链条顶端的生物，主宰着一切。从刀耕火种到机器轰鸣，人类改造和利用生物圈的手段也越来越多样化，其效果也越来越显著。在那个森林震颤、鸟兽躲藏的时代，在那个人类以长远悲剧的代价换取近期利益的时代，人们以标榜“征服自然”为荣，环境保护并未受人关注。然而，今天的人们应该想到，在从自然界得到一笔财产的同时，必定有一笔等值的债务需要我们偿还，而这个债权人就是自然界。有志之士开始为日益遭受破坏的生物圈振臂高呼，其中典型代表，就是美国海洋生物学家、专栏作家蕾切尔·卡逊及其作品《寂静的春天》。

1952 年，卡逊与美国野生动物学家海恩斯（Bob Hines，1912—1994 年）在美国东海岸进行考察研究。海恩斯曾任职于美国鱼类和野生动物局（USFWS），一生致力于野生动物的研究和保护，他是卡逊的得力助手，曾为其著作提供插图。

《寂静的春天》讲了什么

如果你有兴趣去看一下 20 世纪 60 年代的报刊或媒体，将会很诧异地发现，几乎找不到“环境保护”这个词。1962 年，卡逊所著《寂静的春天》（*Silent Spring*）出版，在科学家们坚信人类正牢牢控制住大自然的时候，卡逊认为自然平衡是人类生存的主要力量，生物圈的和谐发展才是人类赖以生存的基础。

蕾切尔·卡逊（Rachel Carson，1907—1964 年），美国海洋生物学家、专栏作家、现代环境保护运动的先驱人物。她的作品《寂静的春天》体现了对生态环境可持续发展的长远思考，影响深远。她呼吁公众和政府加强对环境的关注和爱护，最终促成美国国家环境保护局的建立和“世界地球日”的设立。

该书开篇讲了这么一个故事：美国有一个小镇，庄稼遍布，果树成林，动物结群，鸟儿欢鸣，一片欢乐祥和之气。有一天，人们开始在这个镇上开发建房，一切悄悄地开始发生变化：莫名的疾病袭击了小镇，鸟儿绝迹、植物焦枯，奇怪的寂静笼罩了这个地方，人们再也听不到鸟叫，伴随寂静的春天的是死亡的阴影。到底是什么消磨了小镇的春天之声？

卡逊试图通过这本书给出答案："未加选择的化学药品具有杀死每一种昆虫的力量，它们使得鸟儿的歌唱和鱼儿在河水里的翻腾静息下来……"例如书中提到的剧毒农药DDT，在杀死害虫的同时，对包括人类在内的所有生物都造成了巨大伤害，使人患上癌症的概率大大增加。值得欣慰的是，在该书出版的当年，各州立法机关就提出了40多项限制杀虫剂的提案，10年后，DDT被全面禁止使用。《寂静的春天》以其巨大的力量，掀起了遍及全球的环境保护运动。

知识链接：蝴蝶效应

20世纪60年代，美国气象学家在解释空气系统理论时提到，南美洲亚马孙河流域热带雨林中的一只蝴蝶，偶尔扇动几下翅膀，可以在两周以后引起美国得克萨斯州的一场龙卷风。其原因就是，蝴蝶扇动翅膀的运动，导致其身边的空气系统发生变化，并产生微弱的气流，而微弱的气流的产生又会引起四周空气或其他系统产生相应的变化，由此引起连锁反应，最终导致其他系统的极大变化。"蝴蝶效应"反映了生物界各要素之间紧密的联系，也常用来比喻不起眼的一个小动作却能引起一连串的巨大反应。

环境保护运动的兴起

可惜的是，在《寂静的春天》出版两年后的1964年，卡逊积劳成疾，溘然长逝。但是她通过这本不寻常的书，为人类用现代科技手段破坏生物圈发出了第一声警报，在世界范围内引起人们对滥用农药和生物圈和谐发展的关注，唤起了人们的环保意识。卡逊也在1990年被《生活》杂志评选为20世纪最重要的100名美国人之一。从此，环境保护开始成为公众热议的话题，各国政府也纷纷开始采取行动：1972年6月16日，《联合国人类环境会议宣言》在斯德哥尔摩通过，宣言通过的七点共同看法和二十六项原则，成为各国人民保护生态环境的共识和指导方针。美国前副总统艾伯特·戈尔认为，该书是当代环境保护运动的起点："她将我们带回到一个基本观念，这个观念在现代文明中已丧失到令人震惊的地步，这个观念就是：人类与大自然的融洽相处"。这本书犹如旷野中的一声呐喊，以深切的感悟和雄辩的论点改变了历史进程，在全世界范围内产生了深远的影响。

2007年5月27日，卡逊诞生地，宾夕法尼亚州的斯普林代尔镇。当地民众自发举行集会，纪念卡逊诞生100周年。卡逊为人类环保事业作出的巨大贡献，至今仍然受到人们的怀念和尊敬。

地球上挤满了人

人类历史进入20世纪后，由于工业化和城市化的发展、科技和粮食生产的进步、医疗水平的提升等原因，世界人口的出生率大幅提高，而死亡率不断下降，人口增长比之前的任何时候都要迅速。

人口过快增长对地球上有限的资源提出了挑战，生态环境的破坏、水资源的污染、矿产资源的枯竭都成为当代人所面临的重大问题，这些问题能不能妥善地加以解决直接关系到人类的前途与命运。

人口增加在各个地区是不平衡的，“人口爆炸”的现象在发展中国家尤为明显，例如亚洲、非洲和拉美地区的一些国家人口增长速度远远高于欧美国家。这些发展中国家在经济发展落后的同时还面临人口过度增加导致的贫困、安全、教育、医疗等方方面面的问题，压力尤其大。因此，许多发展中国家都在试图控制人口的过快增长，降低生育率。另一方面，世界人口出生率的快速增长在许多国家已经开始回落，部分发达国家尤其是欧洲和日本甚至面临人口下降的问题，人口老龄化和少子化的危机困扰着这些国家，并制约了经济的发展。

时至今日，人口问题的重点是如何提高人口的质量和素质，保持人口规模的适度和稳定。

大爆炸
世界人口

人类花了几百万年才在 1830 年达到第一个 10 亿人口，但只用一个世纪便达到第二个 10 亿人口，只用 30 年便达到第三个 10 亿人口。

——斯塔夫里阿诺斯《全球通史》

1999 年 10 月 12 日，时任联合国秘书长的科菲·安南来到波黑的一家产房，迎接了世界第 60 亿个居民的出生，联合国将这一天确定为世界 60 亿人口日。当时的纪念仪式还历历在目。然而根据世界银行的数据，截至 2014 年，世界人口已经超过 72 亿。

7 万年前，地球上人类的祖先总数不超过 1.5 万人；1 万年前，也才达到几十万的人口规模；到 19 世纪，地球人口突破 10 亿。据联合国人口基金会的统计显示，世界人口从 10 亿增长到 20 亿用了 100 多年。20 世纪，人口增长突然开始加速，就像一只越走越快的时钟，从 20 亿增长到 30 亿仅用了 32 年。从 1987 年开始，全球每 12 年就增长约 10 亿人口。1999 年，世界人口达到 60 亿，仅仅 12 年后，世界人口再创 70 亿新高。根据联合国的推算，到 2100 年这一数字会继续增长到 112 亿。

人口剧增的原因

20 世纪中期以来，科学技术的发展、医疗服务和卫生条件的改善，使人类生活水平提高、健康改善、寿命更长，人口增长也随之呈现出加速态势。

二战后，许多国家意识到人口增长带来的问题，都不同程度地实施家庭生育计划。日本和欧洲等发达国家却面临生育率下降、人口老龄化、劳动力不足的问题。但是世界人口的增长并未放慢脚步。究其原因，仍然是世界人口基数过于庞大。有学者认为，至少到 2050 年，世界人口总量都会呈增长态势，随着内在增长动力的逐渐衰减才会出现增速放缓势头。

地球的承载力有多大

地球承载人口数量的“天花板”在哪里？悲观派认为地球的承载力为 90 亿，而乐观派估计地球人口的适宜数量是 150 亿。虽然对地球承载能力的极限至今仍有争议，但是地球承载能力是有限的则已成为人类的共识。粮食产量、水资源、化石能源以

城市化带来“温室效应”，在城市人口密集的地区，由于大量的二氧化碳的排放，气温明显增加，空气和环境的质量随之下降。

知识链接：20世纪以来世界人口增长里程碑

根据世界银行的数据，1900年世界人口为16亿，1930年为20亿，1950年为25亿，1970年为35亿，1975年为40亿，1987年为50亿，1999年为60亿，2012年为70亿，预计2050年将达到90亿。

及空气质量、地球温度等因素，都左右了地球“肚量”的大小。

人口剧增带来的问题

人口剧增带来了众多的问题。首先是自然资源短缺，造成生态失衡和环境污染。到2030年，预计全球的水资源将存在40%的缺口。对于一些国家，例如严重依赖尼罗河的埃及，水会成为影响经济社会发展的重要因素。人类从大自然中索取的资源越来越多，向大自然排放的废弃物也与日俱增，环境问题由局部发展到整个区域。同时，人口急剧增加，稀有动植物濒临灭绝，生态问题逐渐成为全球性的问题。

其次是人口过多带来的生态压力和资源匮乏转化为经济压力，发展负担沉重。以中国为例，为了解决庞大人口的基本生存和发展问题，不得不将国民收入大部分用于消费投资，而人均生活资料和资源占有短缺导致的社会贫困问题也使经济发展压力巨大。

人口的剧烈增长和工业化的发展导致城市人口的不断增多，全球大城市和特大城市的人口规模不断扩大，城市中一幢幢高耸入云的摩天大楼在展示人类现代文明的同时，也产生了诸多的城市化问题。

最后是人口剧增产生的经济压力又转化为社会压力，必然产生一系列的社会问题，如失业、粮食危机、住房紧张、政治压力等。根据测算，未来40年全球粮食需求将比现在增长50%—65%。然而，以目前的科学技术，世界粮食产量要想继续快速提升已经非常困难。另外，大量人口增加也让劳动岗位供不应求，出现了广泛的失业潮。住房也是人口增长带来的问题。失业率的提高不仅仅关乎经济，人失去工作时为了维持生计，容易铤而走险，经济问题就转化为社会问题。

目前，世界人口仍在以每年8000万的速度增长，减轻地球人口压力是每个国家都必须承担的责任和义务。地球是人类共同拥有的资源，各国要加强合作，制定合理的人口政策，调整人口结构，爱护人类共同的家园——地球。

在人口爆炸和城市化发展过程中，大城市周边的棚户区和贫民窟备受关注，大量贫困人口涌入城市，在给城市带来劳动力的同时也产生诸多社会问题。

不均衡
人口空间分布

未来 97% 的增长人口将来自发展中国家，一半出现在非洲。统计数字表明，尼日利亚每名妇女平均生育 8 个孩子，全是英雄母亲，乌干达是 7 个，印度是 3 个。到 2028 年，印度将会取代中国，成为世界第一人口大国。

——美国哈佛大学教授大卫·布鲁姆

与世界人口增长过快相对应的是人口的分布不均。格陵兰岛，位于加拿大东北部，是世界上最大的岛屿，面积约 2166000 平方公里，而人口总数 56370 人。在阿拉伯海的东部有一座海港——孟买，是印度最大的城市，面积 4312 平方公里，人口达到 2100 多万。

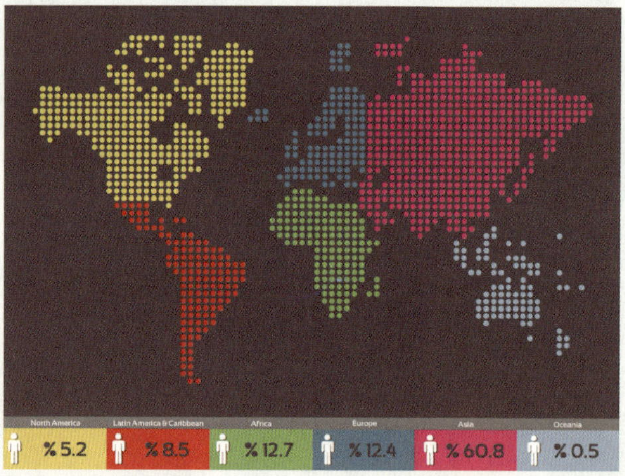

全球人口分布图。由图可以看出，欧亚大陆的人口数量最多，美洲和大洋洲的人口数量则较少。

世界人口地理分布不均

由于世界各国自然环境和经济发展水平的差异，人口的地理分布是不平衡的。世界人口空间分布可划分为人口稠密地区、人口稀少地区和基本未被开发的无人口地区。据统计，地球上人口最稠密的地区约占陆地面积的 7%，那里却居住着世界 70% 的人口，而且世界 90% 以上的人口集中分布在 10% 的土地上。

人口在各大洲之间的分布也相当悬殊。欧洲、亚洲约占地球陆地总面积的 32.2%。但两洲人口却占世界人口总数的 75.2%，尤其是亚洲，居住着世界人口的 60%。世界上人口超过 1 亿的国家有 12 个，其中亚洲就占了 7 个，分别是中国、印度、印度尼西亚、巴基斯坦、孟加拉国、日本和菲律宾。非洲、美洲约占世界陆地面积的一半，而人口尚不到世界人口的 1/4。大洋洲更是地广人稀。南极洲迄今尚无固定居民。欧洲和亚洲人口密度最大，平均每平方公里都在 90 人以上；非洲和美洲人口密度平均每平方公里在 20 人以下；大洋洲人口密度最小，平均每平方公里仅不到 3 人。

知识链接：人口最多的十个国家

根据联合国数据，截至 2024 年全球人口最多的十个国家为：1. 印度；2. 中国；3. 美国；4. 印度尼西亚；5. 巴基斯坦；6. 尼日利亚；7. 巴西；8. 孟加拉国；9. 俄罗斯；10. 墨西哥。

人口密集的日本东京市街区。据统计，亚洲人口占到世界人口的 40% 以上。

知识链接：人口最多的十个城市

世界上人口最多的十个城市排名如下（截至2024年）：1. 日本首都东京，人口 3711.5 万；2. 印度首都新德里，人口 3380.7 万；3. 中国的直辖市上海，人口 2986.8 万；4. 孟加拉国首都达卡，人口 2393.6 万；5. 巴西最大的城市圣保罗，人口 2280.7 万；6. 埃及首都开罗，人口 2262.4 万；7. 墨西哥首都墨西哥城，人口 2250.5 万；8. 中国首都北京，人口 2218.9 万；9. 印度的孟买，人口 2167.3 万；10. 日本第二大城市大阪，人口 1896.8 万。

世界人口按纬度、海拔高度分布也存在明显差异：北半球的中纬度地带是世界人口集中分布区，世界上有近 80% 的人口分布在北纬 20°—60°，南半球人口只占世界人口的 11% 多；世界人口的垂直分布也不平衡，55% 以上的人口居住在海拔 200 米以下、不足陆地面积 28% 的低平地区。由于生产力向沿海地区集中发展，人口也随之向沿海地带集中。

世界人口分布不均带来的挑战

据统计，全世界有 4/5 的人口居住在欠发达地区，而全世界 94% 的人口增长也出现在那里。发展中国家最集中的非洲目前有约 12 亿人口，预计到 2050 年将达到 24 亿。

全球 70 多亿人口分布极不均衡，造成了严重的影响。一方面，它加剧了发展中国家的贫困程度，一些极为贫困的国家陷入“越贫越生，越生越贫”的怪圈。另一方面，它却让发达国家陷入人口负增长的困境。在那些世界上最富裕的国家，低生育率和越来越少的人口进入就业市场，令经济可持续增长的前景堪忧。在世界人口出生率最低的 25 个国家中有 22 个为欧洲发达国家，其中 18 个国家人口出现负增长。最突出的是日本，“少子高龄化”已持续多年，是世界上人口减少速度最快的国家之一，总人口现在已降到 1.27 亿左右，每年净减少人口二十多万。

尽管世界农业生产发展迅速，但饥饿问题仍较为严重。据估计，目前全世界约有 8 亿人口无法获得足够的食物。

不平衡发展

人口素质与人口红利

2014年11月，联合国人口基金会发布了《2014年世界人口状况报告》，报告认为，如果拥有众多年轻人口的发展中国家针对青年人的教育和健康进行重点投资并保护他们的权利，将有助于实现一个国家的“人口红利”。

人口质量，又称人口素质，主要体现在人的身体素质和科学文化素质两个方面。人口群体是素质和数量的统一，如何利用人口数量、提高人口质量、促进经济发展，已成为当今世界各国关注的焦点。

失衡的人口健康素质

随着各国社会经济的发展，全球婴儿死亡率不断下降。根据世界人口数据，2002年世界婴儿死亡率为55‰，但地区差异很大：欧洲、北美等发达地区的婴儿死亡率为7‰，除此之外还包括中国的欠发达地区为65‰。非洲的婴儿死亡率最高，为88‰。从国别或地区看，新加坡、中国香港、日本的婴儿死亡率都低于3‰，而非洲的莫桑比克高达201‰，而且，非洲有21个国家的婴儿死亡率超过100‰。

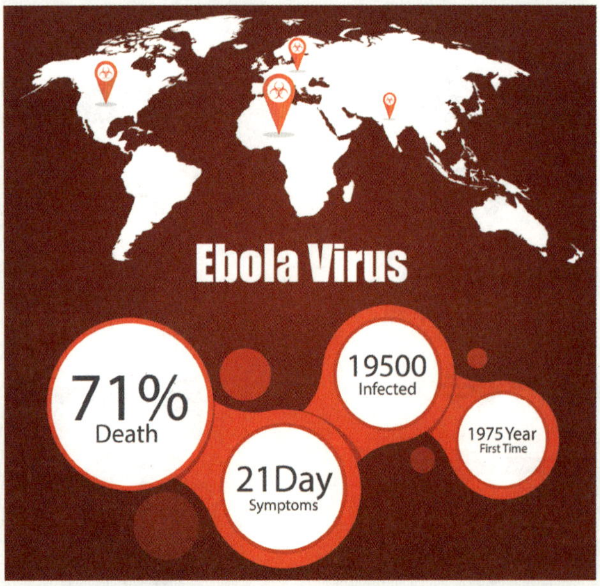

埃博拉病毒是一种十分罕见的病毒，最早在1976年发现于南苏丹和刚果（金）的埃博拉河地区。2014年，埃博拉病毒在西非等地区肆虐，造成大量人员感染与死亡。

人口预期平均寿命的国别和地区差异也很大。2002年世界人口的平均预期寿命为67岁，发达地区为76岁，欠发达地区为65岁。其中，非洲最低，为52岁，北美洲最高，为79岁。从国家或地区来看，非洲的博茨瓦纳、莱索托的预期寿命只有37岁；日本、中国香港最高，为81岁，加拿大、新加坡等国为79岁，美国为77岁。

失衡的人口文化素质

根据联合国教科文组织的统计，1997年世界15岁以上的男性人口中有21%是文盲，女性人口中有38%是文盲。联合国教科文组织把各国的文盲情况划分为三类：第一类，是文盲充斥，文盲率高达75%以上的国家。其中男性人口文盲率超过70%的国家有2个，都分布在非洲；女性文盲率超过75%的国家有9个，都分布在亚非两洲。第二类，是文盲率在20%—75%之间的国家。这类国家有100多个，其中没有一个是欧洲、北美洲国家。第三类，是文盲率低于20%的国家。这类国家包括基本消灭

巴西贫民窟的文盲儿童。在发展中国家大城市周边聚集大量贫困人口，而这些人口素质相对较低，他们的教育水平亟待提高。

文盲的发达国家，也包括亚非拉的发展中国家。

初级义务教育普及水平是衡量一个国家人口文化素质高低的另一个重要指标。目前，除少数发展中国家外，绝大多数国家都已经普及了小学教育。而发达国家的高等教育水平大大高于发展中国家，特别是美国、加拿大、日本等国家的高等教育水平在世界上居于领先地位。

“人口红利”与经济发展

日本是亚洲最早实现人口红利的国家，开始于20世纪30年代，持续了60年左右。其他亚洲国家和地区包括中国香港、韩国、新加坡、泰国、马来西亚、印度尼西亚、菲律宾和越南等，在晚于日本30年后出现人口红利，目前正处在人口的红利期。

中国近几十年经济持续快速增长已经成为一个世界“奇迹”，“人口红利”的影响是一个至关重要的原因。2012年，中国15—59岁劳动年龄人口在相当长时期里第一次出现绝对下降，这意味着人口红利趋于消失。

人口红利并不一定能带来经济增长，比如同样是处于人口红利期的国家，2013年新加坡的人均GDP超过5万美元，而越南人均GDP仅为1360美元。“红利”在很多情况下和“债务”是相对应的。与“人口红利”相对应的“人口负债”，就是不断加速的人口老龄化的影响。人口老龄化将会影响到一国经济的持续增长能力，在一定程度上削弱经济的竞争能力。

知识链接：人口红利

人口红利是指一个国家的劳动人口占总人口比重较大，为经济和社会发展创造了有利的人口条件，使得整个国家的经济呈现高增长、高储蓄和高投资的局面。只有抓住并很好利用人口红利才能使“红利机会”转变为“红利”。在人口红利期，如果劳动力资源无法得到充分利用，则当机会窗口关闭后，人口红利也会随之消失。

埃塞俄比亚街头人们在看书和画画。发展中国家的教育发展往往从最基本的扫盲开始，接受最基本的教育是这些人进入城市工作的保障。

第42—43页：香港拥挤的住宅区

香港房屋又高又密，一栋栋楼房就像一根根竹笋，插在一切可以利用的地面上。根据香港特别行政区政府统计处2016年8月11日发表的最新人口统计数字，2016年年中香港人口临时数字为734.67万人。按照香港特别行政区占地1105.6平方公里来计算，每平方公里人口为6645人，是全世界人口密度最高的城市之一。统计显示，香港私人住宅超过一半的实用面积小于50平方米。香港人均居住面积只有约16平方米，大幅落后于新加坡及内地的北上广。住房问题是香港发展的重要问题。

和平与冲突

人类历史的“正反面”

文明冲突是对和平的最大威胁，以文明为基础的国际秩序是防止世界战争的可靠保障。

——塞缪尔·亨廷顿

在历史的漫漫长河里，战争就像人类的影子，总是给文明的世界带来黑暗。瑞士计算中心曾经用电子计算机进行过运转计算，结果显示从公元前3200年到现在，在大约5000年的时间里，世界上共发生过14513次战争，夺去了36.4亿人的生命。在这期间，“无战争年”累计只有292年。

如影相随的冲突与战争

早期的战争和冲突都发生在各个地区内部，自从15世纪的地理大发现开始，各个大洲开始紧密联系在一起，东西方之间的文化、贸易交流开始大量增加，这给欧洲带来巨大财富的同时，带给原生居民的常常是死亡和占领，并由此开启了对广大亚非拉地区的殖民侵略，造成各个文明之间的矛盾和冲突。

进入20世纪后，与以往不同的是，人类经历了两次世界大战，战火殃及绝大多数国家和人民。据统计，第一次世界大战中就有870万人阵亡；第二次世界大战更造成5500万人丧失生命，受伤的平民数亦难以计算。随着1945年8月在日本广岛、长崎升起两朵“蘑菇云”，核武器很快就成为悬在全人类头上的利剑。

第二次世界大战之后，世界也没有实现和平，美国和苏联之间的“冷战”虽然没有造成大规模的“热战”，但是两大国之间的对立、冲突造成了巨大的危害。在全球大部分地区比较安稳的同时，局部战争频发，流血冲突屡见，民族纠纷，大国干涉，宗教仇视，这些都给人类的冲突带来了新的方式和内容。据联合国统计，从1946年至1985年，世界上共发生140余次局部战争和武装冲突，夺去了2100万人的生命。其中规模较大的战争，美国统计为60次，法国统计为70次。2001年美国发生“9·11”恐怖袭击事件，从此恐怖主义成为全人类共同面对的难题。

和平与发展是人类社会永恒的主题

与冲突相对应，和平也来之不易。人类历史上有战争的地方就有对和平的渴望和呼唤。到了20

1947年至1991年之间，以美国和北大西洋公约组织为主的资本主义阵营和以苏联、华沙条约组织为主的社会主义阵营之间展开了政治、经济、军事等全方位的斗争。这一斗争被称为“冷战”，“冷战”以苏联解体为终点。

军备竞赛是指和平时期敌对国家或潜在敌对国家互为假想敌、在军事装备方面展开竞赛。军备竞赛的目标是取得和维持军事优势，并把它作为推行外交政策的工具与手段。激烈的军备竞赛干扰了国际关系的正常发展，加剧了国家之间的猜疑和对立。

世纪，世界大战的惨烈、核武器的威胁、局部冲突和战争的接连不断，对战争提出了新的任务和要求。为此，国际社会先后有了 1920 年成立的国际联盟和 1945 年成立的联合国这两个国际组织，宗旨即维护世界和平和促进国际合作。20 世纪 30 年代，面对法西斯国家大肆的侵略扩张，世界人民结成国际反法西斯统一战线，用反法西斯战争打败了最疯狂的侵略势力，维护了世界和平。

第二次世界大战后，在超级大国核军备竞赛的威胁下，争取世界和平、反对霸权主义的运动此起彼伏，各国纷纷要求国家独立、经济发展和在公正平等的国际经济秩序下扩大国际合作。战后世界出现过几次和平运动高潮，例如 20 世纪 60 年代后期至 70 年代初，世界各国人民为反对美国侵越战争而开展了大规模的反战运动。

冷战结束后，国际社会在核裁军和核不扩散两个具有全球性影响的问题上取得较为显著的进步。并且随着全球化的推进，世界各国开始形成共识：在各国经济相互依赖、日益加深的世界经济格局中，对方的发展是自身发展的一个必要条件；对抗只会导致经济衰退或贫困，对话与合作才能带来共同发展与繁荣。

知识链接：文明冲突论

哈佛大学教授塞缪尔·亨廷顿认为，西方文明正在衰落，它在世界力量中所占的比重日益缩小；相反，亚洲文明却发展壮大；伊斯兰文明的人口在激增，打破了伊斯兰国家与其邻国的平衡关系。在 21 世纪初期，人类将经历非西方权力与文化的复兴，经历非西方文明内部相互之间以及其与西方文明之间的冲突。文明的冲突不可避免。

在当下，战争看似离我们很远，但不可忽视的是，局部地区依然战乱不止、动荡不安。亨廷顿认为文明冲突不可避免这一观点值得商榷，但正像他所说：只有建立公正平等的国际政治经济秩序，和平与发展才会遍地开花，处处清香。

联合国总部大楼（亦称联合国大厦）位于美国纽约市曼哈顿区的东侧，是联合国总部的所在地，是世界史上唯一的一块“国际领土”。联合国总部大楼始建于 1947 年，1952 年落成。美国政府为其提供建筑贷款。

生命繁衍的保障
平衡发展的世界

全球第 70 亿人出生在一个矛盾的世界里。我们有足够的粮食，但仍有许多人还在挨饿；我们目睹着奢华的生活，也有许多人穷困潦倒；我们拥有取得进步的巨大机会，但也面临着巨大的障碍。

——2011 年 10 月时任联合国秘书长潘基文在联合国发起的“70 亿人行动倡议”的致辞

英国经济学家马尔萨斯（1766—1834 年）曾在其《人口论》中悲观地预言，随着人类指数式的快速增长，粮食将难以供应。两个世纪过去了，世界人口的增长一次次打破了这个预言。然而，当地球的“人口时钟”一步步向前推进时，马尔萨斯的警钟似乎在更加响亮地提醒全世界：人类应更好地面对挑战、抓住机遇，使自身的繁衍与发展相匹配，真正实现人与环境的和谐可持续发展。

进入 20 世纪以来，世界人口数量不断增加。人口的迅速增加引发了资源紧张以及一系列的社会问题，如何将人口控制在合理的水平成为摆在当前紧迫的重要问题。

“人口时钟”发出警报

发展中国家和发达国家之间人口的差别依然很大。发展中国家人口正在以 1.7% 的年人口增长率增长，而发达国家的年人口增长率仅为 0.4%。在这些发展中国家，人口基数庞大、增速过快给各国的粮食安全、教育、医疗、就业都造成巨大的压力，从而阻碍了经济的发展。越来越多的国家已经认识到，实行计划生育、规划人类自身繁衍已成为发展的必要前提。韩国、印度等亚洲国家先后采取对人口的干预政策。肯尼亚于 20 世纪 60 年代成为撒哈拉以南非洲第一个实施全国性计划生育项目的国家，而在十多年后其总和生育率仍然为全球第一，人口过快增长引起的贫困问题日趋严重地阻碍发展，计划生育更受重视。

人口问题是一把“双刃剑”

人口问题是摆在世界面前最严峻的问题。一方面，适量、适龄、较高素质的劳动力是发展的重要动力，也就是“人口红利”；另一方面，人口老龄化、文化素质不高、性别比例不均衡，则会带来复杂的社会问题。因此，发展中国家应该充分利用自己的人口数量优势，并提升人口素质，实现“人口红利”；同时加强对安全避孕节育、出生缺陷预防、不孕不育防治等领域的科学研究，培养青少年良好的心理素质和行为习惯，优先发展教育，不断提高国民整体受教育水平，实施更加积极的就业促进政策，促进劳动力数量优势向劳动力素质优势转变。

无论在世界各地，人口都是引起周围环境以及其自身生存条件变化的主要因素。维持人口的稳定增长在地区、国家以及世界范围内都越来越被看作是可持续发展的重要内容，持续的自然资源生产力和环境卫生服务设施也被看作是实现社会人口与发展目标相协调的主要因素。在世界各地，人口、环境与发展之间能否实现良性循环，在很大程度上取决于某一特定社区和国家的情况，即政府和政策所能提供的配套服务，以及从根本上提高妇女社会和经济地位、普及对女童的教育、改善医疗和卫生条件、提高自然资源的利用率和改善生育医疗设施。当然，控制人口、提高质量需要大量投入。因此，发展中国家也需要发达国家提供必要的支援。随着避孕普及率的提高、现代避孕方法的推广，并伴随社会家庭观念与文化变迁，相信只要处理得当，人类最终能够实现人口合理增长的目的。地球村里的全人类虽然因为地域而分隔，但都生活在同一个时空内，彼此的生活是息息相关的。在全球共同发展的呼声下，为了实现全人类的“大同”，各个国家、国际组织等应该实行多方面合作，消除冲突和纷争，实现人口均衡发展，为人类的繁衍和共同幸福而努力。

知识链接：马尔萨斯陷阱

根据马尔萨斯的理论，人类的数量是按几何级数增长的，而人类赖以维持生存的物质资料却是按算术级数增长的。超出物质资料（主要指农业生产）增长的人口总会以某种方式被消灭掉。

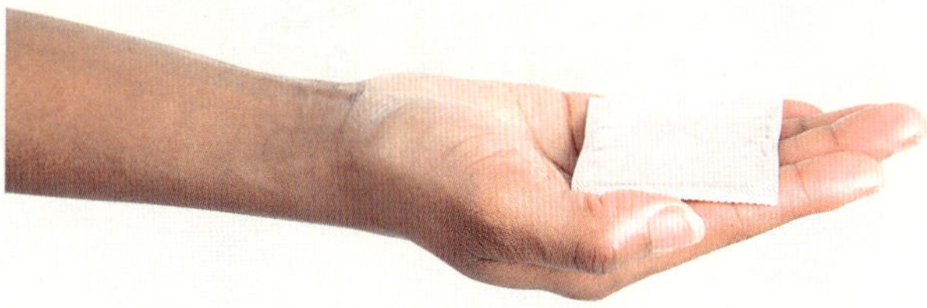

避孕套是以非药物形式阻止受孕的简单工具，亦有防止性病、艾滋病的作用。避孕套的使用是计划生育的重要手段。

中国计划生育邮票。中国的计划生育政策是为了缓解人口过快增长。国家根据现状，一度执行人口生育控制政策，符合当时中国国情。

经济主宰未来

16世纪开始的三角贸易写下了血与火的历史，这不光彩的一幕吹响了经济全球化的号角。工业文明带来了规模和效率，然而也赋予了战争前所未有的破坏力。在杀戮与苦痛中，人类逐渐走向成熟，试图用新的体系和制度规划前进的道路，用经验和梦想构筑未来的世界。当今世界已经紧密联系成一个整体，全球经济环环相扣。

全球化经济格局所影响到的，不仅是云霄中穿梭的庞然大物，也有我们手中的汽水饮料——正是在经济全球化的影响下，可口可乐的飘带字母成了世界上最有价值的商标。科技进步带来的信息化浪潮，让我们仅仅滑动指尖就能够完成购物。全球经济犹如在历史长河中破浪直行的万吨巨轮。当发达国家俱乐部在甲板上举办盛会之时，甲板下默默忙碌的加工厂劳工正在为这艘巨轮拧好每一颗螺丝钉。而是否会有人发问，未来拯救世界的诺亚方舟，或许也是出自他们之手呢？

接下来，你将看到资源和财富是如何在传统强国和新兴经济体的共同推动下，遵守一套统一的规章制度，在世界范围内流动与重组。其中关于全球经济的故事时时引人入胜，启迪人心。

经济全球化的产物

波音787客机与可口可乐

500年前，哥伦布通过环球旅行告诉世人，世界是圆的。500年后，熟知当今最先进技术的工程师告诉我，世界是平的。

——托马斯·弗里德曼

美国学者托马斯·弗里德曼曾经在十几年前高呼："世界是平的。"在他看来，地理阻隔、文化隔阂乃至于国家、种族间的差异都会慢慢消失，人们看似散居五湖四海，但实际上变得越来越像是住在同一个村落中的村民，在同一个市场上参与竞争，遵守同一套交流互动规则。而推动世界朝着这个方向发展的根本力量便是经济的全球化进程。其表现形式多种多样，既有生产领域的全球化，也有市场、投资领域的全球化。总的来说，经济全球化就是经济活动在全球展开，资源的调动、重组与分配以世界为单位来进行。大到飞机，小到饮料，几乎所有的商品都有经济全球化的影子。

生产全球化：波音 787 如何诞生

波音公司是世界上最大的飞机制造商，该公司在新型超远程客机的制造方面可谓人类世界飞机制造集体智慧和力量的最佳实证。在波音 787 的制造过程中，其全球化水平着实令人赞叹。

作为一个全球化生产的飞机型号，波音 787 的机身结构和发动机由 9 个国家的 12 个公司共同参与制造。例如美国的斯普利特公司负责制造前机身，中机身则分别由日本的川崎重工和意大利的阿莱尼亚宇航公司完成，后机身后段由韩国宇航公司

波音 787（Boeing 787）是全球首架超远程中型客机，于 2009 年完成首飞。该机型的开发和生产所涉及的厂商遍布全球，是众多供应商大规模合作的结果。波音 787 最大的特点是大量采用复合材料，减少飞机的燃料消耗，从而兼具效率和经济性。

生产，瑞典的萨博公司负责制造行李舱门，法国拉托科尔集团负责乘客门的制造，英国的梅西埃公司制造起落架。

波音公司将各部件的生产装配任务分配给全球各地的制造商，制造完好的部件再由世界各地汇集到美国西海岸的埃弗雷特（Everett）工厂。工厂地理位置独特，紧邻美国西海岸最大的公共海港码头。这座世界上最大的飞机组装工厂，拥有超过 300 万立方米的车间。世界各地的组件由货轮运输至此上岸，进入埃弗雷特工厂进行组装。

由于世界各地制造商的分工协作，波音公司得以减少自身的装配工序和仓储压力，在埃弗雷特工厂，波音公司只需要 3 天的时间，就可以完成机身的总装。这比同类型飞机生产减少了约 1/4 的时耗。

波音 787 能够在全球飞机市场的激烈竞争中脱颖而出、成为航空运输行业中的明星机型，固然离不开波音公司强大的科研实力和制造水平，但是也与其全球化生产的制造部署密切相关，正是由于生产过程中的分工细化、博采众长，787 型飞机得以大大降低生产成本，具备了很强的经济性。

有趣的是，波音 787 不仅是全球化生产的产物，而且在自身运营中也实现了全球化。它的身影遍及五大洲四大洋；至 2017 年 2 月为止，波音 787 系列飞机已经在大约 530 条航线上运载了超过 1.4 亿人次的乘客，并且从未发生过严重的航空事故。经济、安全、高效，这不正是全球化生产给人类带来的福祉吗？

知识链接：二十国集团

二十国集团（简称 G20）是经济全球化背景下产生的一个国际经济合作论坛。该论坛成立于 1999 年，是应对经济危机的国际协作机制，其宗旨是推动发达国家和发展中国家的交流，让各国有机会就市场问题进行开放式讨论和研究，以寻求有效的合作途径，进而促进国际金融和经济的持续发展。G20 的成立和运行是国际社会齐心协力应对经济危机的一个标志性事件，为原有的全球化治理机制增添了新的活力，新兴发展中国家在其中起到了越来越重要的作用，这意味着全球治理开始从“西方治理”转向“西方和非西方共同治理”。

冰桶上的老可口可乐标志。根据英国品牌评估机构金融品牌（Brand Finance）2017 年发布的“全球最有价值饮料品牌榜”，可口可乐品牌价值为 318.85 亿美元，名列第一。而在其他各种各样的品牌价值排行榜上，可口可乐也常年位居第一。经典的红底白飘带图案，已经成为美国文化的代表，传遍世界各地。

市场全球化：人们都爱喝可口可乐

饮料已成为现代人生活中不可或缺的一部分。在众多不同种类的饮料中，最受全球消费者追捧的莫过于可口可乐。1886 年的某一天，美国的药剂师约翰·彭伯顿（John Pemberton）发明了一种饮料，他将草药的提取物配以糖浆和水，受到人们的

2010 年上海世博会可口可乐馆，其主题为“快乐工坊”，传递一种快乐至上的品牌价值和企业精神。可口可乐馆外观简洁大方，外墙色彩鲜明，参观者进入巨大的“快乐工坊”主题场馆后，可以了解可口可乐公司 125 年来在包装上的创新和在传播积极快乐价值观上的不懈努力。

欢迎。由于该饮料大受欢迎，彭伯顿于 1892 年专门成立了一家公司，改行卖饮料。可口可乐在诞生之初，与市场上其他同类汽水饮料没有太大差别。当时仅美国市场上就有几十种汽水饮料。但可口可乐公司很早就意识到市场营销的重要性，因而在一开始就将大量的精力放在品牌塑造与市场营销上，不仅在产品包装设计、海报宣传上精益求精，而且花大力气赞助各类体育赛事，并通过将自身产品与音乐、时尚挂钩，营造青春无敌的浪漫形象以求抓住消费者。

虽然战争总是给人们带来灾难，但是第二次世界大战的爆发却给可口可乐公司提供了巨大的机会。在二战中，可口可乐作为一种休闲饮料，成为与枪炮弹药一样必不可少的消耗品。可口可乐公司董事长罗伯特·伍德鲁夫（Robert Woodruff）宣称：“不论我们的军队在什么地方，也不管本公司花多少成本，我们要让每个军人只花 5 美分就能享用一瓶可口可乐。”在极大的价格优惠下，可口可乐作为一种军队的补给品被配发到世界各地的战场上。可口可乐公司因此在各个战区建立了 64 家装瓶厂，只要将浓缩糖浆运至各地，就可

德国莱茵河畔城市杜塞尔多夫街头的一台可口可乐自动售货机。自动售货机兴起于 20 世纪 70 年代，被称为“24 小时不打烊的微型超市”，它不受时间、地点限制，能节省人力和销售成本。可口可乐公司在全世界拥有超过 50 万台饮料自动售货机，在方便人们生活的同时也极大地传播了品牌文化。

以由当地的工厂迅速生产出清凉可口的饮料。可口可乐公司也抓住机会，将此举通过新闻媒体传递给民众，树立起公司的良好形象。据统计，在整个战争期间，一共卖出100多亿瓶饮料，可口可乐成为美国文化的代表，成了当地人民甚至是交战敌人的“朋友”。

二战结束后，可口可乐公司就决定推行全球化发展策略，通过在体育、音乐、时尚领域的精耕细作，营造出一种全球通行的生活方式。伍德鲁夫在可口可乐公司近60年，将这种饮料推销到全球各地，他本人也因为成功的销售策略，被人们称为“可口可乐之父”。在伍德鲁夫的努力下，可口可乐也从发明之初的日均销量9杯发展到10亿瓶以上。

近年来，可口可乐公司更是积极拓展与全球性社交媒体的合作，在全球范围内推行更为精准化的营销。借助在全球范围内搭建的有形与无形的营销网络，可口可乐通过“润物细无声”的方式在潜移默化中沉淀出一种消费文化，让不同文化圈的人们都能够接受可口可乐的产品。

时至今日，可口可乐公司已经成为世界上最大的饮料公司，除了美名远扬的拳头产品可口可乐，公司旗下还有几百种饮料品牌线，其产品在200多个国家和地区常年畅销。目前，每天都有17亿人次在消费可口可乐公司的产品。大约每秒就有近2万瓶饮料售出。而可口可乐也不单单是用于解渴的饮料，更是一种文化象征。

与波音公司类似，可口可乐同样得益于全球化发展道路才有了今天的辉煌成绩。与波音公司不同的是，可口可乐的全球化道路并不是生产的全球化，而是市场营销的全球化。简单的一瓶可乐没有像飞机一样复杂的生产工序，虽然全球各地都有可口可乐的工厂，但这些工厂主要负责饮料的瓶装，可口可乐公司本身并没有践行在海外设厂生产以压低生产成本的路线，它的全球化进程更多的是营销与贸易上的全球化。

南非约翰内斯堡的巨幅可口可乐广告牌。可口可乐早在1928年就进入了非洲市场。针对非洲交通不便、基础设施建设薄弱的状况，可口可乐在非洲建立了3000多个小型通路中心，聘请本地人把饮料送到各零售店。这种配送模式对非洲整体经济产生了巨大影响。

经济全球化就像燎原的野火，所经之处，无不吞噬地方性的传统、习俗及由岁月光阴沉淀而成的独特性与厚重感。人、村镇、城市、国家都变成了一个个网的节点，节点的内在构造出奇地一致起来，人与人之间、国家与国家之间变得日益无法脱离彼此而独生，相互依存、携手共进、合作共赢成为新时代实现发展的唯一路径。

经济信息化

电子商务的兴起

忘掉小小的黑色星期五吧，双十一才是这个世界上最大的线上购物节！

——英国《每日电讯报》

财富的积累和调配一直都是经济运行与发展的核心主题。工业革命之后，新发明的交通工具和通信模式都为商品和财富的分配带来了新的便利。由技术突破引发的几次工业革命一路将世界经济推进快车道，20世纪中后期出现的计算机技术更是对世界的发展产生了颠覆性的影响，它的诞生彻底改变了整个人类社会的发展走向。财富，到底以什么方式进行分配和调动呢？信息化时代的电子商务给出了新的答案。

“双十一”网络购物节

互联网技术的发展促进了经济信息化和虚拟化发展，极大地改变了人们的生活习惯，越来越多的人喜欢待在家里，通过网络进行购物。商家借助网络平台的影响力使自己的商品和服务能够投送到全球消费者眼前。与此同时，资源的供需配置得到了极大优化。“双十一”线上购物狂欢节就是一个最明显的例子。

最初，11月11日只是因为每个数字都是“形单影只”的“1”，所以被学校里单身学生们戏称为“光棍日”，后来渐渐形成了一种校园文化并外溢到社会中，形成了民间流行的“光棍节”。11月这个月份又没有其他传统节假日，而节假日对于商家而言往往是一个开展促销活动的好时机，一些嗅觉灵敏的商家开始抓住“光棍节”来展开促销活动，阿里巴巴反应非常灵敏，很快就将“光棍节”与网购联系起来，最终将“双十一”运作成了全民购物狂欢的节日。目前，“双十一”已经从最初由淘宝商城主办的购物节变成了许多电商企业一齐展开优惠折扣的购物日，成为中国电子商务的年度盛事。

2016年11月11日，天猫“双十一”狂欢节创下1207亿元的交易额，借助其平台流动的商品和服务覆盖了全球230多个国家和地区，又一次开创了单日线上销售的巅峰。在这一天，共有6.57亿个物流订单生成，这意味着，从第二天开始，将有数亿个包裹行走在路上，从供应商的仓库运送到消费者手里。

阿里巴巴西溪园区又称“淘宝城”，位于杭州市余杭区，是著名电商集团阿里巴巴的总部所在地。该园区总投资超过13亿元人民币，由日本建筑大师隈研吾担纲设计，占地面积26万平方米，建筑面积29万平方米。园区设有研发中心、客服中心、网站运营中心、销售中心、培训中心等配套设施，可容纳1.5万名员工。

电子支付是指使用网络数据手段实现货币支付的行为。随着互联网的兴起和电子商务的繁荣，电子支付手段应运而生，它方便、快捷、安全，从诞生之日起就深受用户青睐。目前，支付宝为世界上最大的第三方网络支付平台，单日手机支付量超过 4500 万笔。

知识链接：比特币

比特币（Bicoin）是一种匿名的数字货币，它不受政府和银行的控制，在流通过程中可以有效隐藏使用者的身份。当前，比特币一般是用来购买网络服务、给游戏充值以及在接受比特币的网站上购买商品与服务。但是，比特币的匿名特性使其容易给非法交易制造温床，大多数国家的中央银行不承认比特币具备货币属性，但借助比特币开展交易已经成为一种全球性现象，由此彰显出越来越多的货币属性。

电子支付

2017 年 3 月 27 日凌晨的杭州城，天微微亮，街上行人稀少。两个年轻人蒙面持刀，抢劫了繁华街区凤起路沿街的三家便利店。劫匪闯进第一家店，抢到 1000 多元现金，心有不甘的他们流窜到另一家便利店，抢走了 600 多元。想想费尽心思才抢了这么点钱，还不够自己来到杭州的路费，劫匪决定再次铤而走险，然而事实又让他们失望了，第三家便利店只有几十块钱的零钱。几个小时后两名劫匪在网吧被警方抓获，被捕后的他们不禁哀叹：你们杭州怎么没现金呢？我们连路费都没挣到。该事件也因为其戏剧性上了新闻头条，引起全国人民关注。杭州也因为这次事件，有了新的绰号——不用现金的城市。

电子支付以其安全便捷的支付方式，越来越受到人们的欢迎，人们只需要掏出手机，扫一扫条码，瞬间就可以完成消费。这样既避免了传统支付过程中找零的烦琐过程，而且在遭遇小偷和劫匪时可减少经济损失。这种更加安全便捷的支付手段使得传统的现金支付逐渐退居幕后，电子支付成为时代主流。

“双十一”和电子支付的成功主要受益于经济的技术化、信息化和虚拟化的发展。现在，只要指尖在屏幕轻轻滑动，就能完成购物过程，这是多么不可思议的事情啊！我们也不禁要发问：未来的世界，纸币是否会像曾经的贝壳和金银元宝一样，成为历史文物呢？

比特币是一种虚拟的数字货币，由美籍日裔科学家中本聪于 2009 年开创。与其他货币不同，比特币不依靠货币机构发行，它根据特定算法计算产生，货币在所有权和流通方面具有交易的隐匿性，因此不存在通过大量制造来人为操作币值的行为。

传统强国的结盟
七国集团

选朋友要慢，换朋友要更慢。

——本杰明·富兰克林

19 世纪英国首相帕麦斯顿曾经说过一句著名的话："没有永远的朋友和敌人，只有永远的利益。"这句话受到政治家们的广泛认同。温斯顿·丘吉尔（Winston Churchill）在铁幕演说中更是将其誉为百年来英国外交的"立国之本"。而铁幕演说本身，也被历史学家认为是美苏冷战的序幕。从此，英美等资本主义国家组成北约集团，联合起来反对苏联为首的社会主义阵营。二战的惨烈程度旷古未有，人们久久未能从战争带来的巨大创伤中恢复，强国对抗逐渐转向经济舞台，而强国往往通过结盟的方式占据优势，分配利益。

七国集团的诞生

伴随着全球市场的形成，一个全球性的等级社会开始浮出水面。强国抱团结盟，构成了一个对外封闭、对内互利的圈子，借助圈子的壁垒与圈内人的相互帮助，全球市场上的优胜者们不断增强对全球市场规则制定的话语权与控制力，进而牢牢地占据着世界经济金字塔顶端。七国集团就是这样一个非常典型的强强联合的小圈子。

1975 年，美国、英国、法国、德国、意大利和日本这六个国家的领导人齐聚法国，其主题就是商讨如何应对当时全球经济面临的严峻挑战。第二年，六国领导人再聚首会商，新参会的还有加拿大的领导人，此后便形成一种惯例，七国领导人每年都会轮流举行首脑会议，"七国集团"这个名头便越来越响。1997 年，俄罗斯也加入进来，七国集团发展成八国集团，但由于近几年美俄在全球事务上的争执愈演愈烈，2014 年俄罗斯的成员国地位被暂停，小圈子的成员又恢复到七个国家。七国都在全球和区域经济一体化进程中发挥着重要作用，它们的一举一动都影响着全球经济的发展方向。

起源和影响

众所周知，七国集团的成员国都是发达国家，那么又是什么因素促使它们走到一起、互相抱团？

第一个原因是欧洲和日本的崛起打破了美国独占鳌头的局面。在二战之后很长一段时间内，美国在全球经济中处于领头羊的地位，美元是国际贸易

东京是世界上最繁华的城市之一，见证了二战后日本经济崛起。放眼望去，东京到处都是高楼林立、鳞次栉比的景象。

中最主要的结算货币，但随着日本和欧共体的崛起，美国对全球市场的控制力有所下降。而日本和欧洲对全球市场的诉求越来越强，在国际贸易中也有了更多的发言权。

另一个原因便是全球市场的一体化进程单靠一个国家的力量很难推进，需要几个大国通力协作。大国之间，既有合作也有竞争，在没有抱团并形成共识之前，七国之间经常出现恶性竞争的局面。比如，在德国和日本制造业崛起之后的一段时间内，美国和德国、美国和日本之间都曾爆发过比较激烈的“贸易战”，结果造成全球市场的全面动荡。为避免强国之间陷入恶性竞争、两败俱伤的局面，这些国家开始意识到要通过加强合作的方式、强化彼此间的政策协调来推进互利共赢。

七国集团借助协调机制，干预全球市场，从大局上稳定了国际市场的贸易、投资、货币金融秩序。但是，七国集团的抱团行为同样产生了负面影响，那就是维护强国联盟的利益，而发展中国家的利益被长期忽视，国际市场规则变得非常不公平，国家间贫富差距不断拉大。一些新兴的发展中国家深刻地认识到了这一点，进而开始进行广泛合作，以期望能够对现有市场规则进行调整，推动全球市场规则变得更加公平。

七国集团是由全球主要工业国家组成的政策商讨论坛，成员国包括美国、英国、德国、法国、日本、意大利和加拿大。它诞生于20世纪70年代，当时为应对“美元危机”“石油危机”等经济危机，主要发达国家成立了七国集团。

知识链接：经济合作与发展组织

经济合作与发展组织（Organization for Economic Co-operation and Development），简称经合组织（OECD），是由38个市场经济国家组成的政府间国际经济组织，1961年成立于巴黎。宗旨是共同应对全球化背景下的经济、社会等方面的挑战，帮助发展中国家改善经济状况。经合组织的成员国主要为美、英、法、德等社会工业化程度较高的发达国家，因此也有“发达国家俱乐部”的别称。

贸易战又称“商战”，是一场没有硝烟的战争，往往由国家间通过提高关税等形式实现。一些国家为了保护本国产品和市场，往往通过提高关税、倾销商品、外汇贬值等手段使本国产品和市场处于有利地位，实现本国利益最大化。

经济重心的转移

金砖国家

我们承诺坚持联合国宪章和国际法的宗旨和原则，致力于通过国际合作和强化区域一体化机制，实现经济可持续发展，增进人民福祉。

——金砖国家领导人第七次会晤乌法宣言，2015年7月9日

随着全球经济一体化的深入发展，世界范围内的竞争日趋激烈。为了尽可能长期保持自己的优势地位，实力较强的国家倾向于联合起来建立诸如七国集团这样的协商合作机制，借助“强强联合”的方式来巩固自己的强者地位。强国借助“朋友圈”巩固了自己的影响力，但也削弱了全球经济的活力。一些老牌强国开始躺在功劳簿上吃老本，这种故步自封带来的是发达国家经济体普遍面临经济增长乏力问题，技术更新变慢、社会活力降低，整体显现出封闭保守姿态。与此形成鲜明对比的，则是那些摩拳擦掌、意气风发的新兴经济体，其中一些国家在全球经济活动中异常活跃，其经济表现在全球经济万马齐喑的大环境里甚为亮眼。以金砖国家为代表的后起之秀渐渐显露出对全球经济的影响力，并开始推动市场规则朝着更加公平的方向发展。

金砖国家

金砖国家这一概念虽然早在2001年就被提了出来，但这些国家在全球市场上受到重视是在2008年全球经济危机之后。2008年的经济危机给全球经济带来沉重打击，许多国家在之后很长一段时间内都复苏乏力，但这次经济“大退潮”却让所有人都看到金砖国家在全球市场上的亮眼成绩，也让人们对金砖国家的发展潜力另眼相看。金砖国家的潜在“朋友圈”也在不断扩大，墨西哥、埃及、土耳其、尼日利亚、印度尼西亚、越南等国都开始向金砖国家这一团体靠拢。

2001年，高盛证券公司的首席经济学家吉姆·奥尼尔提出“金砖四国”的概念，选取巴西（Brazil）、俄罗斯（Russia）、印度（India）和中国（China）英文名称首字母组成“BRIC”一词，因其发音与英文词汇“Brick”（砖块）类似，故称金砖四国。2011年南非加入后，“金砖四国”变“金砖五国”，英文名称定为BRICS。

金砖国家的影响力

金砖国家陆续崛起，它们已成为新时期经济发展的新动力。2000年之后金砖国家的经济增长速度要比七国集团的增长速度高出5到6个百分点。它们采用与传统工业国完全不同的发展模式，仅用几十年时间就走完了传统工业国花费几百年才走完的道路。金砖国家的崛起从整体上改变了全球经济格局，全球经济的重心开始从大西洋沿岸转向太平洋、印度洋沿岸。随着新兴国家整体上经济实力的增强，它们之间的政治外交联系日益密切起来，这些国家也意识到应该作为一个整体同老牌发达国家组成的圈子展开对话。

知识链接：世界工厂

"世界工厂"是指凭借其生产活动对世界市场产生重大影响的工业产品生产基地。从历史上看，18世纪末至19世纪下半叶，英国在完成工业革命后，凭借机器大工业生产取得世界工厂的地位；19世纪后期到20世纪中叶，美国取代英国成为工业强国，各领域生产规模和出口份额都居世界前列；2009年，中国出口总额达到12016亿美元，首次位列全球第一，成为名副其实的"世界工厂"。

金砖国家与七国集团一样，也十分看重"抱团"的力量，并且经常通过集体磋商来推动一致行动。虽然金砖国家领导人之间集体磋商的模式没有七国集团那么正式化，但是通过一些非正式会议、论坛等，这几个国家的领导人不断加深对彼此的理解，强化"小圈子"之间的融合，进而在重大国家政治和经济议题上统一表态。新兴经济体抓住机会崛起，这些后起之秀在全球舞台上日渐活跃，用自己独特的经验给全球治理带来新的活力。

一直以来，金砖国家遵循开放透明、团结互助、深化合作、共谋发展的原则，促进成员国之间的共同发展，在全球范围内形成了较大影响。

全球市场规则的演进

布雷顿森林体系

如果把组建联合国的设想比喻为战争灾难里产生的建造诺亚方舟的冲动，那么布雷顿森林体系更像是一个重建圣经中通天塔的计划。

1944 年的夏天，全世界的目光都集中于欧洲，反法西斯的盟军刚刚在诺曼底登陆不久，战事如火如荼。与此同时，在美国新罕布什尔州的白山国家森林公园里，直到首都华盛顿一场没有硝烟的战争正在紧锣密鼓地进行着，宾馆会议室里不断传来讨论、争辩、质问声，从早到晚，连续不断。

布雷顿森林会议

1944 年 7 月 1 日至 19 日，44 个国家的 730 名代表齐聚华盛顿，讨论战后国际货币的安排。虽然与会国家众多，但真正的核心议题却是在老牌帝国英国和新霸主美国之间进行，两国对于战后世界经济秩序提出了各自的安排计划，一场关于世界货币的对决也就此展开。这场对决的主角是美国的财政部首席经济学家哈里·怀特（Harry White）和英国经济学家约翰·凯恩斯（John Keynes）。怀特早年服役于军中，之后获得哈佛大学经济学学位；凯恩斯则早已誉满全球，更是被后人称为“宏观经济学之父”。

1944 年 7 月，二战进入尾声，战后经济秩序的重建被提上日程。参加筹建联合国的 44 国受美国政府邀请在新罕布什尔州布雷顿森林（Bretton Woods）举行会议，商讨战后经济秩序，会议确定了美国的金融霸权。图为布雷顿森林中的一间小木屋。

早在 1943 年，“怀特计划”和“凯恩斯计划”就已经对外公布，两份计划显示了双方对战后世界经济秩序的构想，其主要分歧在于如何定位黄金和美元的关系。黄金自古以来就是货币之王。在近代国际贸易中，黄金更是起着货币调节器的作用，维持货币之间的汇兑关系。英国受两次世界大战影响，这个曾经控制地球 1/4 人口和领土的国家正面临一场“金融上的敦刻尔克”。而怀特虽然对凯恩斯的学识与名望仰慕已久，然而在谈判桌前却寸步不让，他的目的就是要让美元主导战后世界金融体系。

回顾历史，二战前的世界货币体系，主要分为美元区、英镑区和法郎区。20 世纪 30 年代，各国为了应对资本主义经济危机，竞相通过货币贬值的手段刺激出口，这样的结果只能是饮鸩止渴，加剧汇兑风险。二战的爆发打破了这种恶性循环，英法深陷战争泥潭，英镑和法郎急剧贬值，美国却大受其益，由于出口的刺激和黄金储备的增加，美元变得更加坚挺。最终，怀特战胜了凯恩斯，实际上是美国在实力上对英国的完胜。

体系评价

布雷顿森林会议是自 1919 年巴黎和会以来最重要的国际会议。作为世界上最大债权国的美国，达到了自己的目的，即按照自己的利益重建二战后的世界经济和政治秩序。虽然布雷顿森林体系已经在 20 世纪 70 年代破产，但是美元至今仍然是国际贸易中最主要的货币。世界银行的数据显示，2016 年，美元占世界各国外汇储备的比例，仍然超过了 63%。

有人认为，布雷顿森林体系高屋建瓴，为世界经济确立了稳定、公平的发展环境，因此为世界经济带来了 20 世纪五六十年代的复苏和繁荣。也有人认为，布雷顿森林体系只是美国利用债权国优势确立自身经济霸主地位的工具，黄金与美元挂钩的制度存在严重缺陷，美国的顺差或逆差都会动摇世界货币体系，从而导致了 20 世纪 70 年代该体系的破产。这两种观点无论孰是孰非，都无法否认布雷顿森林体系的历史地位。人们永远不会忘记，1944 年的那个夏天，各国经济学家和政治家们在布雷顿森林里经过艰难的讨论和争辩所做出的选择。布雷顿森林体系试图设计一个全球货币体系，并由一个国际机构管理，这是人类历史上前所未有的尝试。该体系下的国际货币基金组织和世界银行，至今仍在国际金融和贸易中起着重要的作用。

知识链接：世界银行

成立于 1945 年，在布雷顿森林会议后宣告成立。由国际复兴开发银行和国际开发协会等机构组成。其最初使命是帮助二战中受创国家恢复重建，1947 年成为联合国的专门机构，之后为发展中国家提供低息、无息贷款。在帮助发展中国家克服贫困、提高人们生活水平的过程中，世界银行发挥了重要作用。

美元诞生于 1792 年，今天的美元主管部门是美国国会，发行机构为联邦储备银行。二战后，西方主要国家达成协议，同意使用美元进行国际支付和结算。美元从此直接与黄金挂钩，在世界各国广泛使用，最终成为国际货币。

1944 年 7 月，布雷顿森林会议上各国代表团团长合影。这场会议共有 44 个国家的 700 多名代表参加，会议确立的“布雷顿森林体系”确立了美元在战后国际货币体系中的中心地位，奠定了美国成为世界金融霸主的基础。

世界经济发展
贸易自由化

贸易促进社会分工，更细的劳动分工促进专业化水平的提升、生产力的提高，后者进而带动需求与供给的增加，需求与供给的上升又进一步回过头来促进贸易的发展，使市场容量与深度发生新的升华。

——亚当·斯密《国富论》

贸易自由化是指一国对外国商品和服务的进口所采取的限制逐步减少，并为之提供贸易优惠待遇的过程或结果。无论是以往的关贸总协定，还是现在的世贸组织，都是以贸易自由化为宗旨。在贸易自由化过程中，各个国家通过多边贸易谈判，降低和约束关税，取消贸易壁垒，消除国际贸易中的歧视待遇，扩大本国市场准入度。

随着信息和物流服务的发展，全球贸易和商品运输正在发生重要的变化，人们可以通过网络轻松购买国外的商品，跨境电子商务在促进经济发展的同时提升了人们的生活质量。

贸易与服务自由化的发展

英国不仅是第一次工业革命的发源地，也是世界上最早实行贸易自由化政策的国家。随着生产和分工的不断国际化，各国贸易联系更加紧密，实现全球贸易自由化是人类的共同愿望。在世界贸易组织的规范和协调及各大跨国集团的努力下，国际贸易开始多元化、自由化发展。第二次世界大战结束后，世界经济日趋全球化和区域化。进入21世纪以来，贸易和服务贸易自由化的高速发展，多边自由贸易框架不断完善。据统计，全球服务出口2016年达4.77万亿美元，占贸易出口总额的23.5%，比2011年增加4.4个百分点。

困境与双刃剑

世界经济发展至今，贸易自由化面临两大困境。一是来自贸易保护主义的挑战。一些国家和产业在国际竞争中丧失了原有优势，为保护本国产业不受损失、维护其原有利益，而设置贸易壁垒。有资料显示，中国自20世纪90年代以来，遭遇的反倾销案件占世界总量的1/7左右，而加入世界贸易组织后这一比例大大增加。中国已经成为外国反倾销的主要目标国家。二是世界贸易组织自身的困难。世贸组织一切活动实际上都是围绕着多边贸易

在商品集散中心，大宗商品被放入集装箱等待火车、轮船等交通工具的运输。大型商品集散中心往往位于港口和火车站等交通枢纽附近。

知识链接：服务贸易自由化

服务贸易自由化是在经济全球化的基础上发展起来的，是贸易自由化在服务领域的具体表现。服务贸易自由化具有和货物贸易自由化不同的特点。从涉及范围看，服务贸易自由化更广，包括运输、旅游、教育、金融、通信等行业。从达成难度看，服务贸易自由化由于可能涉及国家的敏感行业，开发难度大，达成一致的难度也更大。

谈判及其所签订的协议展开的，其能力有限，因此在促进贸易自由化的过程中困难重重。

贸易和服务自由化可谓是一把双刃剑。它具有积极的经济效益，但也带来了一定的负面影响。一方面，世界各国不断加快贸易自由化的步伐，推动了双边经贸关系发展，给民众带来更多质优价廉的商品，也为推动全球自由贸易进程、促进全球经济发展作出了贡献。另一方面，通过引进外资、先进技术和管理经验，能够快速提高各国生产力和在国际市场的竞争力。如 1986 年墨西哥实行贸易自由化后制造业劳动生产率提高幅度从 2% 增加到 4%；20 世纪 80 年代中后期，自由贸易使得加拿大实际收入提高 8.6%。此外，自由化有利于各国商品的出口，帮助提高各国的综合国力。以中国为例，出口贸易作为经济增长的“三驾马车”之一，在过去几十年中为经济崛起作出了巨大贡献。

但是，在自由化的背景下，世界各国依旧面临巨大挑战。首先，国内企业和产品面对国际上大型跨国公司及其产品的竞争压力，其生存空间会受到严重挤压，将丧失部分原有的市场份额。1925 年至 1935 年间，福特、克莱斯勒、通用三大美国汽车公司在日本生产了近 21 万台车，占据日本汽车市场大半江山，日本本土汽车企业生存形势严峻。此外，若由其他国家提供信息技术和产品，极易造成各国国内信息的泄露，严重威胁国家安全。

福特野马车展。汽车商家往往通过展览会、展销会、博览会、商品交易会及其他交易会形式，促进汽车的销售。在展销会上，人们可以通过近距离接触和使用增加对商品的了解。

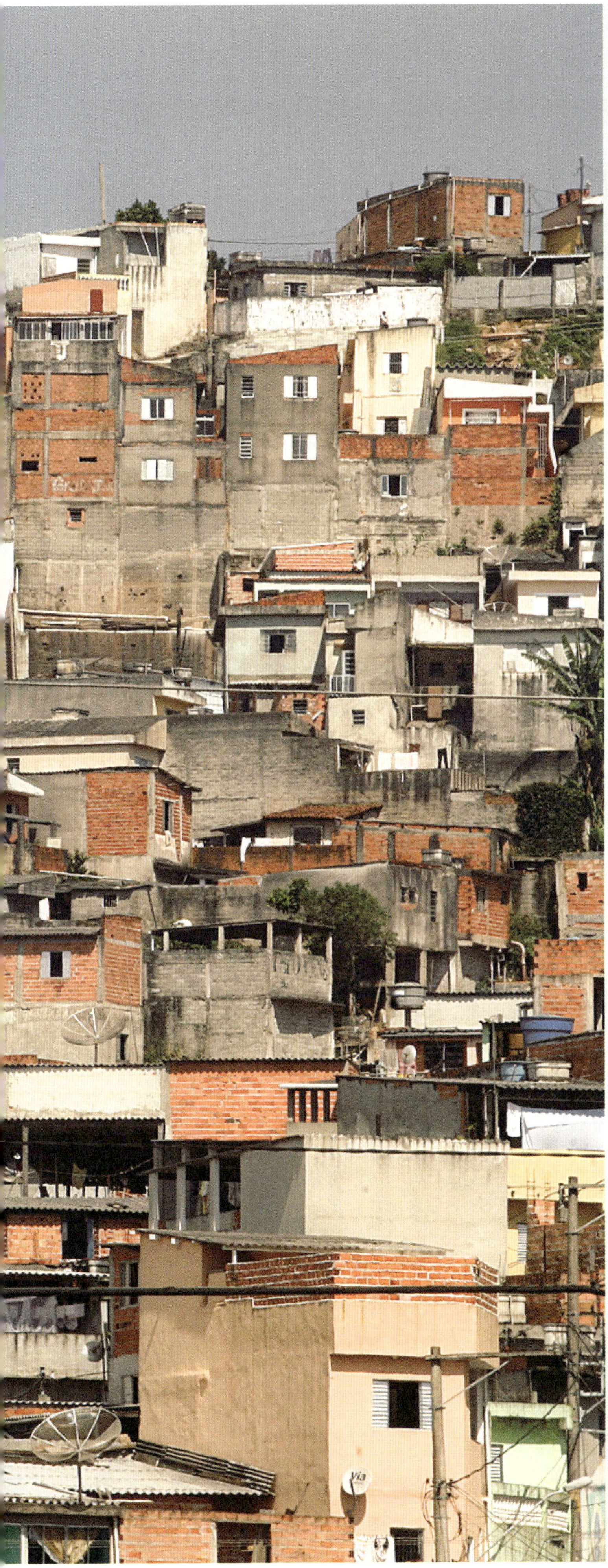

穷人和富人

在经济全球化加速发展的今日，工业化、信息化和城市化带动了世界各国的经济增长，人们的生活水平不断提高。但是，世界经济发展是不平衡的，一些发达国家与发展中国家的差距不断扩大，这种差距不仅体现在财富的数量上，还体现在信息、技术和人口质量上。在一些国家内部，贫富差距更为惊人，富人越来越富、穷人越来越穷的趋势不断扩大。据统计，目前世界上最富裕的1%人口掌握着全球一半以上的财富。这种情况特别令人担忧。

在一些发达国家出现周期性的生产过剩的同时，一些发展中国家则面临基本生存物资短缺的问题。贫困的现状使得人口的基本生活都很难保障，饮用水和粮食的供应成为国家政府首要考虑的问题。在一些国家，贫困导致犯罪率过高、社会失序等问题，这些问题的解决有赖于经济的快速发展及社会保障制度的建立和健全。

当世界越来越小，国与国之间、地区和地区之间的交流日益扩大的同时，如何促进经济的协调和稳定发展，增加低收入人群的经济收入是迫切需要解决的难题。

世界是平的

扁平化的世界

贫困不是结果，而是问题，经济发展能帮助人民脱贫，但脱贫更建立在可持续的经济社会发展之上。中国的成绩令世人瞩目，我们期待着能持续性地见证这样的进步。

——联合国千年计划办公室主任
米切尔·图米

10月17日，一个特殊的日子，这一天是联合国确定的“国际消除贫困日”，也是中国的扶贫日。2013年10月17日，让很多人欢欣鼓舞，因为这一年联合国计划到2015年将极端贫困人口减少一半的目标已经提前实现，全球总体富足，贫困只是局部现象！

贫困不是结果，而是问题

2000年，千禧年到来，人们在狂欢和兴奋中对新千年寄予了美好的希望。然而，当时世界最大的难题是贫困。那时，世界人口为60亿，却有接近1/4的人口处在“凄苦可怜和毫无尊严”的极端贫困中。

于是，191个国家的领导人端坐在联合国大厦里，商讨着如何消除贫困、实现全球共同繁荣。最终，大家决计到2015年要将全球贫困人口减少一半，重点帮助最不发达国家。

各国重点都放在经济方面，国际组织也进行相应的经济援助，以促进贫困国家的经济发展，进而减少贫困问题。很多国家开始通过对外开放寻求经济发展的动力，而此时发达国家的资本也正在寻找廉价的劳动力和市场。在两股力量交汇的地方，经济爆发出巨大的力量——中印等国制造业大力发

知识链接：最不发达国家

最不发达国家又称为“最穷国”，它主要指那些面临严重结构性障碍和经济高度脆弱的特定低收入水平国家。联合国为了消除全球贫困、促进共同发展而于1971年提出这一概念。联合国经济和社会理事会（ECOSOC）政策发展委员会负责最不发达国家标准的确定，但衡量标准不断变化，主要涉及三个方面：收入水平、发展的结构性障碍和经济脆弱性，同时根据国家的发展状况，确定了最不发达国家的进入和退出机制。最不发达国家1971年有24个，2015年有44个。

在雅加达的贫民窟，居民生活条件恶劣，疾病和蚊虫四处滋生，基本的清洁水供应也很难得到保障。

上海市的南京路，人们在此消费购物。广义的南京路包括南京东路与南京西路——南京东路主要是平价商业区和旅游区；南京西路则是奢华的时尚商业街区，以奢侈品和高端个性消费为主。

展，上亿的人口获得了制造业的工作机会，有了稳定的收入。

总体富足的社会

通过各国的持续努力，从 2002 年开始，全球基尼系数开始了工业革命以来的首次下降，恩格尔系数也在降低。人们看到发展中国家的赤贫者开始脱贫致富，全球走上共同富足，世界逐渐“扁平化”。

1990—2011 年间，中国的贫困人口减少了 6853 万，提前 5 年实现了减贫目标；印度、巴西等国也努力奋进，为世界贫困人口的减少做出了重大的贡献。到 2015 年，全球贫困人口已经减少到 8.36 亿，主要集中在南亚和撒哈拉以南的非洲。南亚的贫困人口虽然减少了 3.34 亿，但无奈基数太大，总计还有 2.86 亿。撒哈拉以南的非洲，资源匮乏、战争频仍，极端贫困人口不降反增，1990 年是 2.91 亿，2015 年达到 3.66 亿。

联合国的计划是，到 2030 年，消除极端贫困人口，让全球人口都过上有尊严的生活。我们拭目以待！

知识链接：基尼系数

基尼系数是由赫希曼发明的一个用来判断收入分配公平程度的指标，目前也是国际上惯用判断国家内部收入分配状况的一个重要的指标。影响基尼系数的因素主要有经济发展水平、政治经济制度等，政府政策是其中最主要的因素之一。基尼系数，从 0 到 1，当这个数值越接近 1 时，国家收入差距越大，一般数值大于 0.4 时，社会就容易动荡。日本是基尼系数最低的国家之一，发展中国家一般都在 0.4 之上。2021 年，中国的基尼系数是 0.466。

知识链接：恩格尔系数

它是恩格尔根据恩格尔定律得出的比例数，主要指的是食品支出占个人所有消费支出的比重。当前，它常用于衡量一个国家或地区民众生活水平和贫困程度，是国际通用的重要经济指标。恩格尔系数本身比较单一，因此在使用时，常从时间维度、价格因素和构建指标群三方面进行修正，以保证数据的准确性。一般而言，恩格尔系数在 59% 以上是贫困，50 %—59 % 为温饱，40 %—50 % 为小康，30 %—40 % 为富裕，低于 30% 为最富裕。2021 年，中国的恩格尔系数已经降到 29.8%。

贝宁的海岸市场。贝宁 2017 年居非洲最不发达国家之首，农业经济占主导地位，工业基础薄弱，国民经济对外依存度高，每年接受国际组织和发达国家的大量援助。

贫富差距

相对贫困与绝对贫困

富豪们愿意将自己的财富赠予低收入者是件好事，但不平等的根本问题在于，在现有税制下，一个超级富豪缴税的税率反而低于他们的秘书甚至是清洁工。

——“乐施会”政策主管劳森

2016年10月2日世界银行一份名为《2016年贫困和共同繁荣》的报告中提到，2013年，全球有7.67亿人口生活在极端贫困之中，比2012年的极端贫困人口减少了超过1亿；极端贫困人口占世界总人口比重从1990年的35%降至11%。

相对贫困与绝对贫困

按照经济学家和社会学家们的解释，绝对贫困是生存贫困，它是在一定的社会生产方式和生活方式下，个人或家庭依靠劳动所得或其他合法收入，不能满足最基本的生存需要，即维持人的生存的最低物质条件得不到保障，生命的延续受到威胁。相对贫困则包括两方面的含义：一方面是指由于社会经济发展，贫困线不断提高而产生的贫困；另一方面则是指同一时期，由于不同地区之间、各个社会阶层之间及各阶层内部不同成员之间的收入差别而处于生活底层的那一人群组的生活状况。

印度贫民窟街景。印度是世界第二人口大国，近年来经济发展也很快，但由于基础落后，人均GDP只有2000多美元，仍旧属于贫困国家，贫困问题十分严重。

绝对贫困往往更容易受到人们的关注。因为绝对贫困是指必需品的缺乏而导致生存受到威胁。这样的人群不仅与缺吃少穿、露宿街头、营养不良、面黄肌瘦、乞讨甚至与疾病和死亡联系在一起，往往还会陷入贫困的恶性循环之中。根据有关资料，目前，世界上还有28亿人每天收入不足2美元，占发展中国家总人口一半以上，其中有12亿人每天收入不足1美元。

容易“被误解”的相对贫困

相对贫困的问题则远不像绝对贫困那样触目惊心。20世纪90年代末《华尔街日报》上的一篇文章这样描述超过3000万“生活在贫困之中”的美国人的生活。文章写道：今天这些穷人有多穷呢？在1995年，41%的贫穷家庭拥有他们自己的住宅。平均每个穷人家庭拥有三间睡房、1.5个卫生间，一个停车间、一个阳台或者一个院子；七成的贫穷家庭有自己的汽车，其中27%有两辆以上；97%的贫穷家庭有彩色电视机，其中接近一半家庭有两台以上；美国的穷人比中产阶级更肥胖，因为穷人家孩子实际上比高收入家庭的孩子吃更多肉类，而对蛋白质的摄入，则两者都比正常的标准超出了一

圣保罗附近的贫民窟。由于贫穷和落后，这里充斥着暴力和犯罪，人民生活水平较低。这和城区的富人区形成鲜明的对比。

倍。这位作者据此指责，美国人口调查局关于美国贫困问题的报告夸大了美国的贫困并由此对人们形成误导。这是因为相对贫困是一种主观判断，它实际上是社会上多数人按照一定标准对于较低生活水平的确认，如有的国家以全国人均收入的一定比例作为贫困标准，而有的国家则以中位收入水平的一定比例作为贫困标准。而且，相对贫困具有历史动态性。随着不同时期社会生产力和生活方式的变化，贫困标准也有很大差别。

发达国家存在的贫困通常是相对贫困，且贫困人口主要集中在城市，属于城市贫困；发展中国家的贫困往往是绝对贫困，且绝大多数贫困人口集中在乡村，属于乡村贫困。不同国家国情不同，世界上也有很多国家处于绝对贫困和相对贫困比例相当的阶段。比如，中国因地区发展的不平衡、各个社会阶层之间和各阶层内部不同成员之间的收入不平衡，绝对贫困与相对贫困两者并存。

伦敦街头的乞讨者。在发达国家，贫富差距较为严重，像伦敦这样的富裕城市，仍有大量生活无依的乞讨者，他们大多集中在热闹街头和地铁附近等待救济。

知识链接：发达国家与发展中国家

发达国家，一般包括西方主要资本主义国家。发达国家主要分布在欧洲、北美洲、大洋洲、亚洲。其中，美国、日本、德国、法国、英国、意大利、加拿大是7个最大的发达国家。发展中国家，又称不发达国家或欠发达国家，是指政治上已独立，经济上比较贫穷，工业基础薄弱，人均国民生产总值较低的国家，大多数是第二次世界大战以后新独立的亚非拉国家，也包括东欧一些国家。中国属于发展中的社会主义国家。少数石油输出国人均收入虽比某些发达国家还富裕，但按其经济的发展水平和程度，仍属于发展中国家。

第70—71页：“贫困”话题的文字云

在当今世界，贫困问题仍很严重。在一些发展中国家甚至发达国家的落后地区，贫困仍是人们面临的主要难题。在影响贫困的因素中，人口数量起到很大作用。相较而言，在人口众多的发展中国家，贫困问题更为严重。由于历史和现实发展等原因，亚非拉是贫困问题多发的地区，这当中，撒哈拉以南的非洲又是极度贫困的地区，人们的温饱问题时常难以解决。欧美等现代化的先发国家中贫困问题则解决得较好，健全的福利制度使得贫困人口得以维持最低水准的生活。总之，解决贫困问题仍是21世纪人类社会的重大课题。

index
developing
basic
Soviet
resources
condition
World
clean
years
person
nutrition
age
levels
health
Bank
Central
1990s
experienced
defines
large
destitution
needs
lacking
billion
Sub-Saharan
also
income
compared
declines
less
countries
proportion
dropped
consistent
occurred
incomes
number
fewer
time

ulation
ty
ving
day
per
Asia
people
increased
capita
rate
East
million
economic
moderate
economies
worldwide
care
GDP
PPP
region
growing
set inability
resulted
shelter
usually
actually
fell
Africa
line
although
sharp
human
referred
data
drop
since
water
went
either
households
improvement
headcount
decreased
measured
country
refers
trough
subsequent
clothing
transition
recovered
combined
collapse
estimates
averages
Europe
Eastern
society
early
fallen
South
lived
latter
within
result
estimated
minimum
others
shows
level
world's
worldwide

不均衡发展

洁净水和粮食的供应问题

世界各国都有严重浪费水资源的现象，如果照此趋势下去，到2030年，全球将有40%的国家和地区面临干旱问题，而首当其冲的自然是本身就已经遭遇干旱问题困扰的国家。

——2015年3月20日发布的联合国年度报告

长期以来，世界饮用水问题和粮食问题困扰着人类，一直没有得到有效解决。粮食和饮用水问题是关系人类生存发展的最重要问题，如今这些问题不仅更加重要、复杂，也存在很多不确定性。

漂浮到海岸的海洋垃圾。海洋垃圾很多都是难以降解的塑料制品，它们一部分停留在海滩上，一部分漂浮在海面或沉入海底，这些垃圾对海洋生态系统的健康产生严重破坏。

洁净水供应不足

在一些非干旱地区，即使水资源总量丰富，也存在着严重的洁净水供应不足的问题。目前，全球每天有多达6000名少年儿童因饮用水卫生状况恶劣而死亡。洁净水供应不足问题已经成为目前世界上最为紧迫的卫生危机之一。水污染严重是湿润地区洁净水短缺的重要原因。在那些人口急剧增长的发展中国家，这一问题尤为严重。农村人口大幅度地向城市集中，是全球水污染现象日益严重的主要原因。例如，中国上海位于季风气候区，降水充足，四季湿润，又是临江傍海的城市，水资源总量相当丰富。但是，因为长江和太湖地区污染极其严重，而上海本身又处在酸雨区，几乎断绝了洁净水的获得途径，成了水质性缺水城市的代表。

粮食供应不均衡

当今世界面临日益逼近的粮食危机在人类历史上是前所未有的。历史上的粮食危机大都是由气候异常造成的，而目前的粮食价格上涨的根源却是多方面的。具体地说，全球变暖所带来的干旱和洪水等自然灾害增多，使得作物的生长环境被破坏；土地沙漠化严重，导致可耕地面积急剧减少；灌溉水源的匮乏，使得农作物在旱灾时不能被及时地浇灌；用于燃料生产的粮食大幅度增加以及人口增长的粮食需求上升。尤为严重的是粮食的低储备和高消耗同时出现，从而可能导致粮食高价和粮荒的发生。

从世界粮食生产方面看，美国、澳大利亚、巴西等国居于垄断地位。全球粮食产量的严重不平衡威胁到了一些发展中国家，特别是撒哈拉以南的非洲国家。长期以来，那里大部分的贫民都只能依靠外来粮食供应维持生活，粮食问题是这些国家发展中首先需要解决的。

目前，世界粮食价格的高涨与原油价格的攀升、以美国为代表的发达国家推广生物能源的做法是分不开的。据调查，美国目前用于乙醇燃料生产的玉米等作物的比例日益提高，美国成为世界上最大的乙醇燃料生产国。而发达国家生物能源的推广，使得汽车等能源产品与人争粮，最终导致世界粮食价格再创新高。

在当今全球一体化的背景下，粮食短缺的长期存在，不仅可能会在贫困的发展中国家引发政治动荡，而且也不利于发达国家的经济发展。要解决这一问题，需要各国联手，在农业生产、石油开发、生物能源、全球救济等各个领域共同努力与合作。

知识链接：水质性缺水

水质性缺水是指有可利用的水资源，但这些水资源受到各种污染，致使水质恶化不能使用而缺水。世界上许多人口大国如中国、印度、巴基斯坦、墨西哥、中东和北非的一些国家都不同程度地存在着水质性缺水的问题。水质性缺水的直接表象首先是环境的恶化，而受污染的水体勉强用作给水水源，一方面是处理工艺复杂，处理费用高昂；另一方面是难以保障处理后的水质达到优良。特别是随着近代工业发展，大量的、种类繁多的污染物进入水体，它们难于被水中微生物降解，却容易通过生物食物链富集于生物体，对人体造成危害。为了确保饮用水卫生，人们只好不断地提高饮用水卫生标准。

由于人类不合理的经济活动、气候变化等因素，一些干旱、半干旱和可见干旱灾害的半湿润地区土地发生了退化。土地荒漠化恶化了生态环境，加剧自然灾害发生，制约经济发展。

美国麦田。美国是世界重要的粮食生产国和出口国。美国地广人稀，耕地面积占全球的13%，但总人口不足全球的6%。美国充分利用农业高产及低成本优势控制全球农产品贸易市场份额的1/4，同时利用低成本优势控制部分农作物的定价权。

贫困产生的后果

滋生犯罪和社会失序

仓廪实则知礼节，衣食足则知荣辱。

——《管子》

作为第 31 届奥运会的举办地，里约热内卢有好几百个贫民窟，犯罪率也居高不下。在里约，每年超过 4000 人被杀害，速度堪比战场；因为非自然死亡率高，居住在贫民窟的人平均寿命比正常人低 7 岁。有媒体报道：相较于 2016 年奥运会的其他申办地，里约的暴力犯罪死亡率是芝加哥的 2 倍、马德里的 16 倍、东京的 22 倍。不难发现，人们缺乏最基本的生存条件，就会滋生许多非分之想。贫困迫使人们一次次铤而走险。

贫困与犯罪

贫困问题不只是一个经济问题，在一定条件下也可以转化为政治问题。当一部分人的生活难以为继时，就会诱发许多社会问题。目前，在全世界 70 多亿人口中，近一半人口每天生活费不足 5.5 美元，约 7 亿的极度贫困人口每天生活费低于 1.9 美元，其中失业和就业质量不高是诱发贫困的主要原因。贫困作为人类社会永恒的难题，与经济政治状况、工业状况、人口密度、教育制度等各种因素息息相关。当前，许多国家贫富差距日益增大，失业人口大量存在，贫困情况依旧严峻，因此各种社会问题日益突出。贫困带来的直接问题便是生活得不到保障，继而引发犯罪，造成社会失序等种种问题。

正如李斯特所阐述的那样，“大众的贫穷是犯罪的最大基础”。贫困是诱发犯罪动机的重要因素之一。心理学中将人类需求像阶梯一样从低到高按层次分为五种，分别是：生理需求、安全需求、社交需求、尊重需求和自我实现需求。假如连最基本的生理需求都无法满足，便会直接诱发犯罪动机，以求更快捷地满足个人所需。贫民窟作为穷人避难

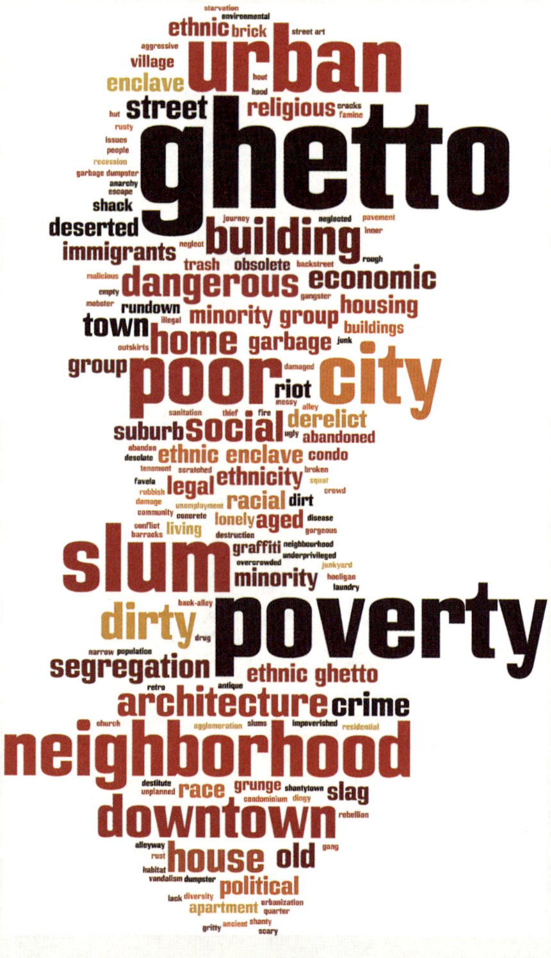

贫民窟词云。城市的贫民窟往往接纳大量的外来移民，种族、宗教、住房、卫生和犯罪问题在这里显得尤为突出。

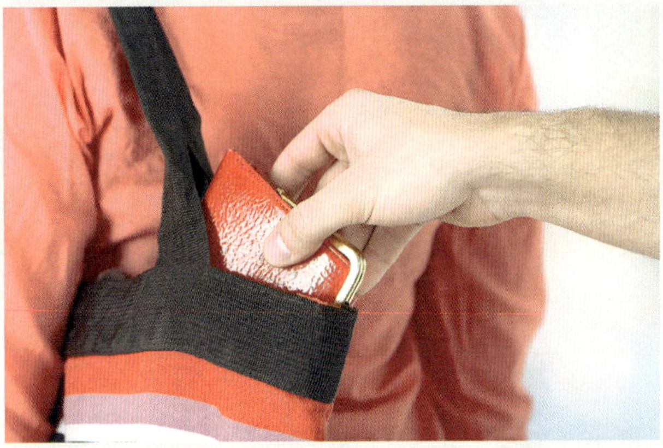

正在发生的扒窃。贫困是犯罪滋生的主要原因。城市的贫民窟往往是犯罪问题多发的地区，解决这些地区的犯罪问题要从发展经济和教育入手，提高教育和生活水平是降低犯罪率的根本。

所，有着恶劣的居住环境以及超高的犯罪率。目前，印度和巴西有世界上最大的贫民窟。联合国统计数字显示，印度的贫民窟人口达到了 1.7 亿。而巴西则约有 650 万人生活在近 4000 个贫民窟中。

贫困与社会稳定

贫困造成社会失序。良好的社会秩序和稳定的社会环境是发展的重要前提之一。但是，如果贫富差距过大，社会矛盾突出，一些社会成员便会为了基本的生存而走上违法犯罪的道路。长此以往，整个社会就会失去控制，陷入混乱之中。严重的贫困还会引起政治动荡，这样的现象不论在中国历史抑或世界历史中都屡见不鲜。1997 年的东南亚经济危机，给东南亚国家带来致命打击。时任泰国总理的差瓦立无力挽回局面，在一片骂声中下台。印尼同样面临经济全面崩塌，全国超过一半的人口生活在贫困线以下。经济危机引发政治动荡，国内局面混乱，首都雅加达街头打砸事件不断，笼罩在种族暴力和政治斗争阴霾下的印尼几近崩溃。因此，对于这些国家政府而言，扶贫除贫是维护社会稳定、促进社会发展的重要前提。

知识链接：我国的贫困现状

从 2014 年开始，我国将每年的 10 月 17 日设立为“扶贫日”。但是，由于历史、自然和社会等多方因素的影响，我国的贫困状况依旧十分严峻。按照农民年人均纯收入 2300 元（2010 年不变价，相当于每天 1 美元）的扶贫标准，到 2013 年底，我国农村贫困人口有 8249 万人；按世界银行每天生活费 1.25 美元的标准，我国农村贫困人口还有 2 亿多。一直以来，中国政府都致力于民生问题。经过改革开放 40 多年的不懈努力，已经帮助 7 亿多人脱离贫困，为改善人民生活作出巨大贡献。我国现为世界减贫人口最多和率先完成减贫任务的国家，为联合国实现千年发展目标作出了非常大的贡献。2013 年，我国减少贫困人口 1650 万，2014 年减少 1232 万。2020 年，中国现行标准下农村贫困人口全部脱贫，贫困县全部摘帽，贫困村全部退出，脱贫攻坚目标任务如期全面完成。

收入差距有着多方面的原因。从宏观角度来说，国家政策、经济制度、用工方式等都是影响收入差距的因素。从个人角度来说，受教育水平、专业、就业信息等也会影响收入差距。收入差距影响个人的生活水平。

流动的人口

现在我们把目光转移到人口话题，毕竟这个世界所有的伟大创造和进步，都离不开各地之间人的交流。离开了人，历史还有什么好讲的呢？

看吧，人与人之间从未像现在这般迅速地聚散离合。中东战火重燃，万千难民流离失所，顺着他们的迁徙轨迹，小艾兰·科迪在土耳其海滩上长眠不醒。而地球的另一边，和平稳定的中国一路突飞猛进，高铁以空前的速度和规模，拉近城市之间的距离。而城市也随着文明的进步，默默地守护人类的安居乐业：一方面，人口布局重组，或许科幻小说中的折叠城市，未来真的会和我们见面；另一方面，社会分工进一步细化，我们使用的一部小小的手机，都不动声色地经历了环球之旅。人是群体动物，本性倾向于“互通有无”。在此基础上，才有了劳动分工的产生。“申根签证”，让人在互通有无的路上，多了一张通行证，少了一块绊脚石。

人口从来没有像现在这般快速地分化和重组，聚集和离散。究其原因，有对新生活的无限憧憬和热爱，也有战乱造成的家破人亡和流离失所。生活总有悲欢离合，人类从未停下脚步。正如狄更斯所说：“这是最好的时代，这是最坏的时代；这是智慧的时代，这是愚蠢的时代；这是信仰的时期，这是怀疑的时期；这是光明的季节，这是黑暗的季节；这是希望之春，这是失望之冬；人们面前有着各样事物，人们面前一无所有；人们正在直登天堂，人们正在直下地狱。”没有什么能比这段话更好地概括本章的主旨了。

移民问题的缩影
艾兰·科迪

日头堕到鸟巢里 / 黄昏还没溶尽归鸦的翅膀 / 陌生的道路，无归宿的薄暮 / 把这群人渡到这座古镇上。

——臧克家《难民》

“独在异乡为异客，每逢佳节倍思亲。”虽然远离故土会使人犯“思乡病”，然而一旦有了迁徙自由，人们总是不由自主地奔向远方。第二次世界大战以后，移民的数量增加，范围扩大，形式多种多样。欧洲的移民情况较具典型意义，令人印象深刻。

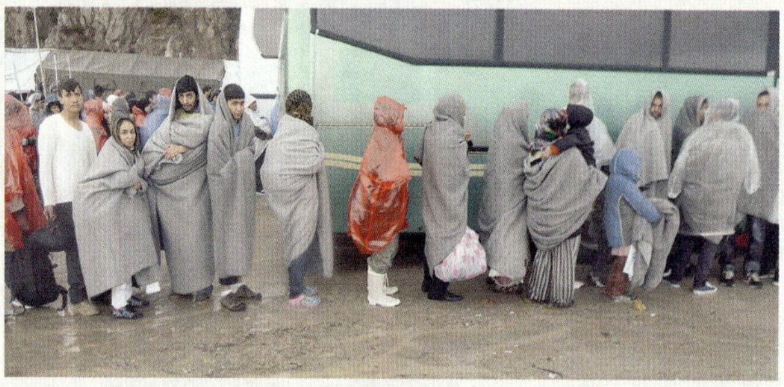

图为中东难民在希腊莱斯沃斯岛（Lesvos）排队上大巴的场景。莱斯沃斯岛为爱琴海第三大岛，为了逃避战火，来自中东国家的人们冒着危险踏上了欧洲的大地，其首选地便是距离中东较近的莱斯沃斯岛。大量难民的到来给岛上居民的生活造成了严重影响。

欧洲移民浪潮

二战后，欧洲发达国家凭借其稳定的国内环境和良好的教育医疗条件，如磁铁般吸引着外来移民。数百万来自中东和非洲的移民不断涌入欧洲，而许多欧洲国家则由于身陷困境，对移民持排斥态度，这就在文化和种族关系上引发了冲突。尽管许多移民在欧洲国家遵纪守法，辛勤工作，但是欧洲人仍然将他们视为赚钱走人的“客工”。

由于战争的影响，欧洲国家百废待兴，重建家园的各项工程使劳动力供不应求。南欧、中东和北非的大批工人得到机会在欧洲工作，为欧洲经济复兴注入了一股强大的动力。他们主要从事欧洲本地居民所不感兴趣而又不可或缺的工作，如建筑工、垃圾装卸工、清洁工等。然而好景不长，1973 年第一次石油危机发生以后，欧洲国家经济萧条，不再需要这么多工人，因此各国制定了较为严格的移民政策。有的欧洲居民认为，来自他乡的移民抢走了当地人的饭碗，抑制了工资水平，降低了人均福利。但是不可否认，外来移民为战后欧洲经济的发展作出了积极贡献。

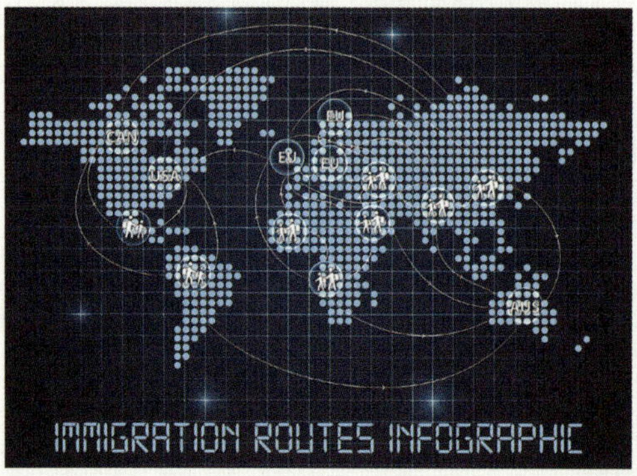

这张移民路线图反映了世界移民趋势的大致情况，主要是由发展中国家向发达国家移动。如拉丁美洲的移民流向美国，中东和北非的移民流向欧洲。

虽然移民政策越来越严格，但是 20 世纪 90 年代末以来，随着巴尔干半岛和中东局势的恶化，越来越多的难民加入移民大潮中。有的人甚至不惜冒着生命危险，非法偷渡。艾兰·科迪就是一个最典型的例子。

艾兰·科迪是一位三岁的叙利亚难民。小艾兰在从土耳其到希腊的途中溺亡。图为他的加拿大籍姨妈迪马·库尔迪在艾兰的画像前哭泣，其背景为布鲁塞尔示威活动中所绘艾兰形象。

艾兰·科迪之死

如果提及艾兰·科迪（Aylan Kurdi）这个名字，相信不少读者会感到陌生，但是如果看到那张著名的红衣蓝裤小男孩趴在海滩上的图景，很少会有人不知道。这是一张令无数人为之心头发颤的照片，照片中的男孩就是艾兰，他再也不会醒来。

2015 年 9 月 2 日，为了躲避叙利亚内战的战火，艾兰及家人在父亲的带领下，乘坐小艇从土耳其偷渡前往希腊。一艘本来只能搭载 4 人的小船硬是挤上了 15 人，严重的超载加上途中遭遇风浪，船只不幸倾覆，12 人溺亡，其中包括艾兰、他的哥哥和母亲。9 月 3 日，艾兰的尸体被冲上海滩，照片随即占领了全世界媒体的头条。

艾兰的悲剧是全世界千万难民的缩影，他的遭遇让世界震惊，世界各国开始关注难民问题并采取行动。联合国呼吁欧盟收容 20 万难民。欧盟各国做出回应，芬兰和英国表示要接纳更多难民；希腊政府表示会加快办理移民手续；德国政府更以宽容温和的姿态对待难民，事发后一个月内就有超过 10 万难民进入德国。

从古至今，人类迁徙的步伐从未停止。全球化时代是一个移民的时代，因交通的发展以及各国局势的变化，迁徙与移民的浪潮势不可当。全球移民人数 1965 年为 7500 万，到了 1990 年增长到了 1.2 亿，约占全球总人口的 2%。此后，移民的增长速度不断加快，而难民问题成为移民问题的一个缩影。其中，光是联合国难民高级专员办事处正式承认的难民就有 1300 万。国家之间搁置争端，为地球村的村民创造一个和平稳定的发展环境，这才是解决难民问题的根本。

知识链接：绿卡

绿卡（Permanent Resident Card）起源于二战后的美国，因其最初印刷在绿色纸上而得名“green card”，之后虽然不再使用绿纸印刷，这种通俗的称呼却被保留下来。根据美国法律，绿卡持有者属于无美国国籍、也不具有美国公民身份的外国移民。但是，其在美国境内基本享有和本国国民同等待遇（选举权和被选举权除外）。在广泛意义上，绿卡是一种给外国居民提供的永久居留许可证，持有者享有在签发国的永久居留权。

图为反映中东难民向往欧洲大陆生活的绘画。一位难民儿童站在欧洲地图前，铁丝网将其与欧洲大陆隔开。铁丝网的一侧为儿童的背影，另一侧则是象征着健康、教育、医疗、食物、未来的欧洲大陆。许多难民为了过上有尊严的生活，不畏艰险地漂洋过海踏上欧洲大地。

交通运输革命的代表
中国高铁

曾上青泥蜀道难，架空成路入云寒。如何却向巴东去，三十六盘天外盘。

——北宋·王周《路次覆盆驿》

和李白的《蜀道难》所表达的主题一样，宋人王周的这首诗也描述了蜀道的艰难险阻。可见几千年来，入蜀之路从来都是坎坷不断，令人望而生畏。云层中穿梭的飞机虽然早已让天堑变通途，但受制于天气因素和本身运载量的限制，航空运输有其先天不足。而如今，从上海开往成都的G1974次列车，只需要12小时40分钟就能完成这横贯半个中国的漫漫长路。横贯东西的铁路线，穿越崇山峻岭，横跨峡谷河流，古人耗费数月的旅途，如今朝发夕至。这一切，要归功于科技的发展和交通运输的革命。中国铁路的发展史正在掀开新的篇章！

第一条铁路

1814年，英国人史蒂芬孙（George Stephenson）制造了一台蒸汽机车，这台机车运行速度很慢，每小时只能行驶6.4公里——这几乎和人步行速度差不多。1825年，英国建成第一条铁路，从斯托克顿（Stockton）到达林顿（Darlington），史蒂芬孙制造的小火车以每小时24公里的速度跑完了40公里的路程。尽管速度很慢，但是这列装载90吨货物和450名乘客的列车，还是改写了历史，人类从此有了全新的运输方式。铁路和火车的发明，给人们的生产和生活带来了极大的方便，也引发了交通运输业的革命。两百年来，人们不断改进技术，才有了今天稳定、高速、安全的高铁运营。

最快的列车

1964年10月1日，日本新干线铁路通行，这条连接东京与大阪之间的铁路在东京奥运会前夕通车营运，被认为是现代铁路革命的开始。铁路革命是重新检修铁路，使用全自动化控制火车，以达到提高铁路时速、保证列车的全天候运营的目的，进而“比汽车快一倍，比飞机便宜一半”。

2007年4月3日，法国的TGV双层列车经过连续14分钟的加速，达到了574公里的时速，创造了运营火车的最高速度。这几乎是人类第一列火车速度的100倍。而中国南车集团（现中车集团）制造的CIT500型列车，则在2014年的一场测试中跑出了605公里的时速，这意味着该列车每秒钟飞驰168米！

未来的列车会达到什么样的时速？交通运输将

1814年，史蒂芬孙制造了蒸汽机车，时速仅为6.4公里。它在前进时不断从烟囱冒出火来，因此被称为“火车”。火车发明后，铁路交通迅速发展，给人们的生产生活带来了极大便利。图为史蒂芬孙发明的火车。

以何种方式呈现？没有人可以给出确切的答案。的确，科技的飞速发展让我们有了太多的想象空间。

最繁忙的铁路线

1898年，中国清朝政府铁路总公司督办盛宣怀与英国怡和洋行签约，准许英商出资在华修铁路。1908年，沪宁铁路建成通车，沿线设37个车站。当时，从上海到南京的火车需要10个小时。102年后的2010年，沪宁城际铁路修成通车，现在这条线上最快的一趟车，从上海到南京只需要59分，几乎比一百多年前提高了9倍。

如今，每天都有270多趟列车穿梭于上海和南京之间，几乎不到10分钟就有一趟列车。如果你生活在上海，早上起来吃份生煎包，踏上去往南京的列车，在古朴庄重的明城墙上踱步后，再去往无锡品尝酱排骨。如果你还有兴致，可以在苏州下车，体验拙政园的雅致。最后回到上海，而此时，魔都的夜生活才刚刚开始。这就是高铁带给人们的生活，它让城市与城市之间变得更近，让人可以在一天之内前往许多城市体验不同的生活。

这条世界上最繁忙的铁路线，是中国经济高速发展的象征。沪宁城际铁路拉近了沿线6000万人相互间的距离，极大地便利了人们的出行。中国高

知识链接：真空高速列车

真空高速列车也叫“超级高铁”，是运用管道磁悬浮技术，使列车在无阻力的真空管道中高速运行，因而可以降低能耗、提高速度，理论时速可超过1200公里。中、美、瑞士等国的科学家都在开展相关实验和论证。目前该技术仍停留在实验室测试阶段。据报道，2016年5月，美国高铁公司在内华达州的沙漠里进行了相关技术测试。

1964年在日本诞生的新干线（Shinkansen），是当时世界上最先进的高速铁路系统之一。新干线列车的运行时速可达到270—300公里，以其稳定性而闻名于世。截至2016年3月，新干线总长度达到2765公里，以其便利性极大促进了日本国内旅游业和交通运输业的发展。

2014年，第二届夏季青年奥林匹克运动会在南京举行，204个国家的3787名运动员齐聚南京。以往运动员出行大多选择飞机，而由于中国高铁近几年的高速发展，其便捷性和稳定性得到了世界认可，在前往南京的旅途中，大多数运动员选择了高铁出行。图为南京市青奥村高铁动车。

和谐号动车组是我国在引进国外技术的基础上设计生产的高速动车组，其最高时速可达 380 公里。它的下线，标志着中国成为世界上少数几个能够自主研制时速 380 公里动车的国家。

铁以成熟的技术和配套服务设施，越来越多地影响世界各地的人们。2016 年，中国本土高铁里程近 2 万公里，并承接亚、欧、非三大洲高铁的修建。

铁路时速 500 公里、汽车实现无人驾驶、百元机票成常态，这些交通运输方面的变革随着第三次工业革命的浪潮而进入我们的视野，最终汇成了一场交通运输革命的洪流。在这场交通运输革命当中，数字化、环保化是主要特征，传统交通运输的各个部门开始焕然一新。

交通数字化

交通运输的数字化，意味着智能化。现代计算机技术应用到各式交通工具上，使得其不再是简单的交通工具，而是一个连接无限大空间的智能设备。除了前文介绍的铁路运输飞速发展外，交通运输数字化还体现在汽车、航空方面。

汽车运输的数字化，数字化汽车会装置 3D 显示、语音控制和各种 APP 等，使人能够方便快捷地操控汽车，云端也会自动记录相关的驾驶数据，提升驾驶技巧和能力，同时让汽车不再成为简单的

无人驾驶电动汽车代表着交通运输的未来，其关键技术包括环境感知、视听认知、智能决策与控制。该车能够对车道线、交通信号、障碍物方面实行有效识别，而电力驱动则作为新能源的代表，可以有效缓解能源和环境压力。

驾驶工具。而仅就驾驶而言，无人驾驶汽车已经研发测试成功，人也能从驾驶中解放出来。

航空行业本就是高技术、精密行业，其数字化一直处在制造行业的先列。在新时期，智能化更多地体现在航空部件制造的智能化，能够灵活制造多种飞机，实现飞机的个性化定制。同时，飞机发动机上的传感器能够自动检测和分析各种数据，提升飞行安全性。飞机在所有交通工具中也是事故率最低的一种。随着技术的提升，飞机制造和使用的成本降低，航空运输成为被更多使用的交通运输手段。

知识链接：数字化

数字化（Digitization）是将信息转化为数字、数据，进而建立数字化模型，转化为二进制的计算机语言，进行处理的过程。数字化的优点是存储比传统存储更加简单、方便、稳定性高。数字化技术是计算机技术、多媒体技术以及互联网技术发展的结合体。美国科学家香农的采样理论为数字化奠定基础；20 世纪 80 年代，数字化技术发展逐渐成熟。目前，全球数字化程度最高的国家是爱沙尼亚，该国电子病历和处方全国联网，99% 的银行交易在线完成，它也是全世界第一个政府无纸化办公和举行网上投票选举的国家。

环保化

21 世纪以来，石油等能源日益减少，各种恶劣极端气候出现，使人们开始反思过往，进而追求一种环保的生活方式。交通运输各行业作为最直观的能耗产业，呈现出更加明显的环保化趋势。

汽车运输的环保化首先体现在汽车动力的环保化。它从燃油变成混合动力及电动，尤其是纯电动汽车得到推广，展现出对环境不满、要求改变的态度。同时，人们的出行习惯发生变化，从拥有私家车转向使用拼车、乘坐公共交通工具，由此产生了新型出租车模式。

航空方面，环保化主要体现在新材料运用以及对传统材料的利用率提高两个方面。航空材料从原始的贵金属诸如铝合金、钛合金、铝镁合金等发展到复合材料。在飞机机体、发动机风扇等方面，复合材料得以成功应用。在传统部件制造中，材料的利用率往往只有 10%，最严重的甚至只有 2%，新的技术使得材料的利用率有大幅度提升，减少浪费。

“特翼”（Twizy）是一款两座微型电动车，由欧洲著名的雷诺汽车公司制造，2012 年起在欧洲市场销售。该车外观紧凑，内部设计简洁朴素，重量仅为 467 公斤，充满电只需 3.5 小时，可行驶 100 公里，最高时速不超过 75 公里。

水路运输作为传统低碳、环保、节能的代表，在新时期逐步推广，“水水联运”成为各大航运中心的核心内容，集装箱枢纽港的主要运输方式都是“水水中转”。为了加强管理，提升“低碳化”程度，标准化船型建设也得到推广，水路疏浚和港口建设提上日程。

当然，交通运输革命还在继续进行。未来我们的出行会以何种形式呈现，令人关注。

人口布局的重组
城镇化

出生在一座著名的城市里，这是一个人幸福的首要条件。

——古希腊哲人欧里庇得斯

城市是人类文明的重要组成部分。早期人类三五成群、渔猎而食，居无定所。随着生产力的发展和社会分工的需要，人们聚集在一起劳作，于是逐渐有了村落和城市。美国学者芒福德（Lewis Mumford）认为，人类文化的重要表征，一个是语言文字，另一个就是城市。城市如同语言文字一样，为人类文明的进化提供了载体。城市不仅是人们生活、工作、休息的地方，也是一种文化容器，可以孕育新的文明。

城市的历史

世界上最早的城市出现在西亚两河流域的乌尔（今伊拉克穆盖伊尔地区），公元前4000年左右，苏美尔人在这里定居，后来逐渐发展成为乌尔第三王朝的首都。据考古学家研究，乌尔的遗址中有商业设施、作坊、仓库、公共中心等建筑，具备了城市的主要功能。其中一些塔庙虽然经历了数千年风沙的洗礼，至今仍然矗立不倒，向人们诉说人类最早的城市历史。

现代城市拥有良好的供水系统，而两千年前的古罗马人有同样想法。古罗马渡槽建于公元前1世纪，是古罗马水利工程师为人类文明和卫生的生活方式做出的一项重要贡献。渡槽无论是在形式上还是功能上，都体现了罗马帝国建筑的精湛工艺和恢宏气势，兼具艺术性和实用性。

公元前753年，罗慕路斯兄弟在台伯河边建立起罗马城，经过数百年发展，罗马城成为地中海地区最大城市，繁盛时人口百万。对于后来的城市发展最重要的是，罗马具备了多层建筑技术和排水工程，使其能够容纳百万人口。罗马的建筑代表了古典时期最高水平，有一种多层公寓“因苏拉”（Insula），这种公寓能够容纳较多人口居住。以330平方米的公寓为例，可以容纳40多人居住，而鼎盛时期罗马城有4万多栋这种公寓。此外，罗马有很强大的供水、排水系统等公共设施，据估算，在20平方公里不到的城市里，每天通过下水道运走的便溺物超过200吨。罗马城的结构和设计为后来城市的发展提供了宝贵的经验。

18世纪，不列颠岛上轰鸣的蒸汽机改变了人类千百年来的生产生活方式，英国率先进行城市化探索，踏上建设现代城市的道路。便利的交通条件、宽松的社会环境、蒸汽机的广泛应用都推动了英国城市化的进程。1850年，英国城市人口占总人口比例超过50%，标志着英国成为世界城市化建设的先驱。英国人对于城市建设和治理的经验，或多或少影响了其他国家的城市建设。

鸟巢体育馆又称国家体育场，位于北京市朝阳区奥林匹克公园，占地面积 21 公顷，拥有 9.1 万个观众座席。鸟巢外形如同孕育生命的“巢”和摇篮，寄托着人类对未来的希望。2008 年，北京奥运会的开闭幕式在此举行，鸟巢自此成了世界焦点建筑。

北京折叠

在交通运输发达、人口流动频繁的当今社会，城市对于人口布局的重组，有着重要的意义。科幻作家郝景芳在她的中篇小说《北京折叠》中讲了这么一个故事：总人口 8000 万的北京城被人为地划分成三个彼此隔离的空间，人们以 48 小时为周期轮流作息，第一空间 500 万人口，享受最长的作息时间，从清晨 6 点到第二天清晨 6 点；第二空间有 2500 万人口，作息时间从次日早上 6 点到晚上 10 点；第三空间住着 5000 万人，他们只能在第二天的晚上 10 点到早晨 6 点之间生活。在折叠的北京城，时间和空间都经过了规划和分配，大地翻转，空间休眠，周而复始。作者通过对这三个折叠空间的规划和安排，分别描述了上层社会、中产阶级和底层民众三个阶层的生活，北京折叠因为对城市中社会分层的关注彰显出强烈的现实意义，也因此获得了“2016 年雨果奖最佳短中 / 中短篇小说”的奖项。

知识链接：联合国人居署

联合国人居署全称为“联合国人类住区规划署”，它是联合国负责人类居住问题的机构。人居署执行主任，一般由联合国副秘书长担任。人居署于 2002 年正式成立，其前身是联合国人居中心，其主要目标是“所有人都有合适的居所”和“在城市化过程中的可持续性人居发展”。人居署为推动人居领域发展，设置了三个奖项：“联合国人居奖”“联合国人居特别荣誉奖”及“联合国人居署迪拜最佳范例奖”。

不可否认，在城市化飞速发展的今天，人们的城市生活的确面临一些问题，就像《北京折叠》中所描述的那样：空间拥挤、文化冲突、环境污染、阶层对立、资源分配不公等。未来的城市生活，是否能成为让人类过上有尊严、健康、安全、幸福生活的地方呢？我们拭目以待。

北京南锣鼓巷建于元朝，距今已有 740 多年历史，是北京最古老的街区之一，巷内胡同深邃、府邸密布，是元朝大都棋盘式城市建筑的完美体现。南锣鼓巷如今云集了趣味盎然的各色小店，成了北京的城市地标之一。

精细化 劳动分工

分工过程需要并产生了社会秩序、社会和谐与社会团结，分工形塑了社会连接的方式。

——法国社会学家涂尔干

2014年4月，德国汉诺威，工业博览会的展出让人们热血沸腾，因为它表明第四次工业革命已经悄然而至。此时，人们突然意识到伴随这次技术革命产生的劳动大分工早已神不知鬼不觉地正在进行中，新的行业和部门接二连三地出现。

劳动分工发展历程

人是群体动物，本性倾向于“互通有无”。在此基础上，劳动分工产生了。最初的劳动分工只是简单的自然分工，男狩猎、女采摘；随着生产技术的提升，在“无形的手”指挥下，社会分工不断细化。尤其是到了蒸汽时代，在大机器推动下出现工厂制，劳动分工开始规模化和标准化，比如制作绣花针，古代一个人即可完成，到了18世纪的工业时代则有18道工序，由18个人来做。

英特尔公司（Intel Corporation）总部位于美国加利福尼亚州，是世界上最大的芯片制造商。英特尔公司虽然拥有数千个供应商为之提供材料和服务，但在核心产品芯片上却不外购任何重要环节，研究、开发全部集中在公司内，制造工厂均由英特尔自行建造。图为英特尔芯片。

时间到了今天，世界已经进入高度机械化和全球化阶段，旧的生产结构和模式都在变化。但是在全球竞争之下，各个行业自身都更加注重精细化，分工细化的趋势没有变。

劳动分工精细化的可能性

现代社会，由于科技发展和国际贸易等条件，行业分工能够进一步细化，从而推动劳动分工的细化。

首先，技术的进步为分工的细化提供保障。比如农业，过去分析整体肥力等都是以亩或者英亩为单位，现在借助于遥感技术、地理信息技术系统和全球定位系统等，可以做到以平方米甚至平方分米为分析单位；同时作物生长过程中所需要的阳光、水分、养料也能细化到每个具体的时间段，这就使得相应工作人员的分工精细化。其次，技术的进步使得消费者能够更加关注细节，同时推动分工的细化。比如服务业，无论是在吃、穿、住、用、行还是在金融等其他部门，人们能够通过社交媒体等最新技术手段获得全面信息，点评、分析各家服务水准，进而选择最优的消费对象，这就使得服务者更加注重分析各项细化指标，推动工作的精细化，进而实现内部分工细化。

2016 年 3 月 14 日，德国汉诺威国际信息及通信技术博览会，富士通公司展台。富士通是世界领先的日本信息通信技术企业，提供全范围的技术产品和服务。在新来临的信息时代，富士通在全球拥有约 16 万名员工，客户遍布世界 100 多个国家。

知识链接：看不见的手

它是一个经济学概念，最初是由亚当·斯密提出来的。斯密分析称，人们出于私利而进行商品生产、交换活动时，促进了公共利益，导致这种结果的原因是“看不见的手”。对于“看不见的手”，斯密的本意是“造物主”。但是，这一概念是用隐喻的方式阐释一种经济现象的原因；当后人找到最终原因是“市场”时，就用“看不见的手”来代指市场，将价格体系、市场调节、价值规律等内容也纳入其中。

同时，通信、交通迅速发展，WTO、欧共体等全球组织进一步推动全球运输，降低国际交流成本。一个厂商为了得到最“物美价廉”的零部件，可能会在全球寻找生产部门。这就使得国际分工对象从产品分工，扩展到生产、制作环节，并向遍布于产品价值链中包含研发、设计、生产与销售的各个环节延伸。比如 iPhone 手机就是由全球多家企业共同创造的，设计研发在美国，手机中的 CPU 是由韩国的三星代工厂生产，强化玻璃是由日本和韩国的工厂生产，组装是由中国的工厂进行。日本丰田汽车的零部件就是由 20 多个国家、160 多家企业共同生产的。

面对生产、经营的分工细化，企业和社会的管理也进一步精细化，由此出现管理人员分工的精细化。在企业中，开始出现针对员工和生产内部各个层面进行监管的人员，比如对员工进行心理检测、人员评级的量化评定分析等。而在国家层面，由于社会分工的细化，国家在进行管理时，也要有对应的管理。当然，国际管理也是如此。劳动分工的精细化，使得人们更加专注于某一细小领域，这一方面有利于人们专业技术水平的提升，另一方面也催生了更具有宏观能力管理的人员。社会发展因此呈现出一种更加多元、复杂的趋势。

由总裁（President）、销售（Sales）、招聘（Recruitment）、办公室（Main Office）等体现公司组织结构词组成的词云。词云是对网络文本中出现频率较高的关键词予以集中和突出，使浏览者通过最直接简短的接触就可以把握主旨。

重新定义 边界安全

秦筑长城比铁牢，蕃戎不敢过临洮。
虽然万里连云际，争及尧阶三尺高。
——唐·汪遵《咏长城》

每个国家都有自己的边界。从古至今，一些统治者往往采取修筑城墙和堡垒的方式，在边境线建立防线，以维护边界安全，保护境内百姓的安居乐业。中国历代王朝几乎都有修建长城的历史，长城在历史的进程中成为中华民族的精神图腾，代表了反抗侵略、保卫家园的民族精神象征。两千多年前的中国，秦始皇曾派蒙恬率30万人修筑长城，抵御北方匈奴进犯。修建城墙维护边界安全不是中国王朝统治者的专利，公元2世纪时罗马统治者，也在不列颠岛上修建了城墙、瞭望塔等防御工事，建立戍边系统，以抵御北方苏格兰人的入侵。

由于历史的变迁和现代战争的巨大破坏力，传统的边界防御系统正在失去意义，二战中法国马奇诺防线的失败就是最好的例子。

马奇诺防线是法国在一战后为防止德军入侵而在东北部边境修筑的堡垒防御体系，防线由钢筋混凝土构成，十分坚固。然而，该防线却因二战中德国绕行而未能发挥作用，此后成为表面坚固实际毫无价值的东西的象征。图为阿尔萨斯地区的马奇诺防线索恩堡工程入口。

马奇诺防线

由于受到一战后国内和平主义和消极防御的影响，1929年，法国陆军部长马奇诺下令在法国东北部防线修建一系列军事工事，以维护边境安全。整个防线共构筑工事约5800个，其中最坚固的钢筋混凝土工事厚度达3.5米，装甲工事厚度达300毫米。1940年5月，德军主力绕过马奇诺防线，通过北部的阿登山区占领了法国北部，使防线彻底失去作用。马奇诺防线也被后人用来隐喻那些看上去表面坚固，实际上毫无价值的事物。法国通过建立边境连绵不绝的要塞工事抵御德军的计划落空了，这给后人留下了启示：边境安全并不是靠坚固的工事和强大的武力可以守护的。二战后，欧洲各国铸剑为犁，在边境管理上有了新的举措，打破了以往数千年的理念。

申根协定：消失的国境线

1985年6月，在卢森堡小镇申根，德国、法国、荷兰、比利时、卢森堡5国签订了《申根协定》，协定规定签字国之间不再对公民进行边境检查等，人们为此奔走相告。《申根协定》内容繁多复杂，其中最主要的一点就是确立了这样一个原则：申请人一旦获得其中一个国家的签证，便可以在有效期内在所有成员国之间自由旅行。

《申根协定》实施以来，大大促进了成员国之间的商品和人员流动，广受欢迎，因而新的成员国不断加入。1990 年 6 月，西班牙、葡萄牙、意大利和希腊 4 国加入《申根协定》。1996 年，北欧的瑞典、芬兰、丹麦、挪威和冰岛 5 国加入。2011 年 12 月，随着小国列支敦士顿的加入，申根的成员国达到 26 个。这些国家被称为“申根国家”。申根协定的实施，取消了成员国之间的边境检查点和边境管制，促进了商品和人员在不同国家间的自由流动。这就意味着，成员国之间的边境线消失了，人类社会数千年的边界管理制度发生了重大变化。《申根协定》是特定地区特定时期的产物，并不适用于所有国家和地区，比如具有重要影响力的欧洲大国英国就始终没有加入《申根协定》。

诚然，国家总是要根据它所面临的具体情况来确定边境的开放与管控。传统上，边界线往往剑拔弩张，充满火药味。随着经济的全球化，人们的交流日益频繁，提高效率的需要促使边界线的“屏蔽效应”减弱。而与此同时，国际社会一些新的因素影响到了国家安全，走私、偷渡与非法移民等事件成为新的时代难题。

申根是卢森堡东南端一个人口不足 450 人的安静小镇，地处法、德、卢三国交界之处。1985 年，德、法、比、荷、卢 5 国在这里签署了《申根协定》，拉开了国家间居民自由流动的序幕。图为当地为了纪念《申根协定》签订而竖立的纪念柱。

知识链接：美－墨边境墙

美国－墨西哥边境墙修建于 2006 年，由一系列混凝土墙和铁栅栏组成，旨在防止拉美非法移民通过美墨边境线进入美国。根据美国海关和边境保护局（U.S. Customs and Border Protection）的报告，边境墙的长度至 2009 年为止达到 930 公里，散落分布在 3201 公里的美墨边境线上。2016 年，美国总统候选人特朗普宣布，若是竞选总统成功，将在边境线上修建一道完整的隔离墙，此言论引发全球关注和争议。2020 年 1 月 20 日，美国总统拜登发布停止修建美－墨边境墙的行政令。

美国加利福尼亚州和墨西哥城市蒂华纳之间由铁皮制成的边境墙，如今已锈迹斑斑。在美墨边境的暴力、走私和非法移民活动愈演愈烈之际，2006 年美国开始修建边境墙，2010 年奥巴马政府搁置了修墙工程。特朗普上台后，再次启动这一工程。

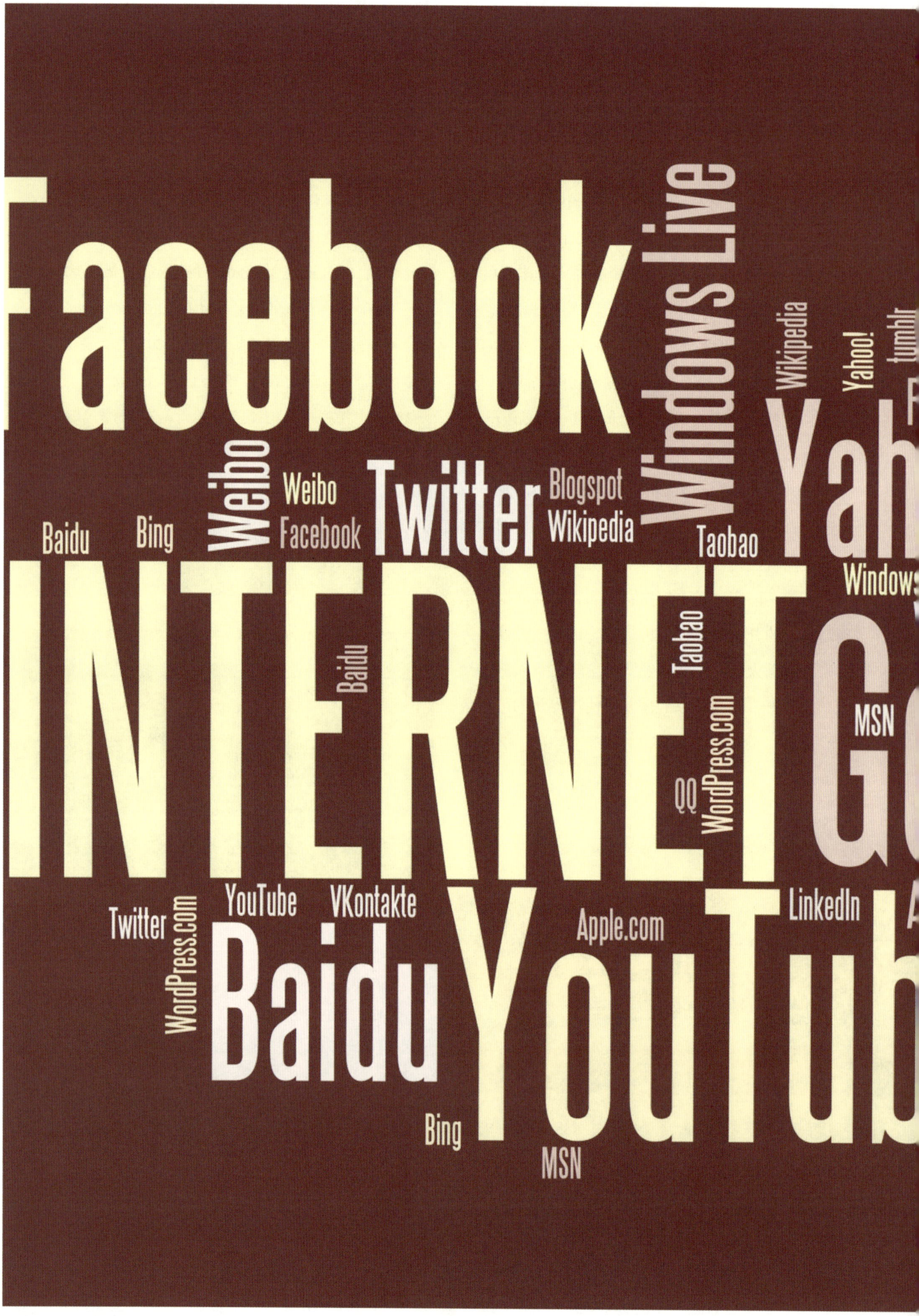
Facebook
Windows Live
Wikipedia
Yahoo!
tumblr
Weibo
Weibo
Twitter
Blogspot
Wikipedia
Baidu
Bing
Facebook
Taobao
INTERNET
Taobao
Baidu
MSN
WordPress.com
QQ
Twitter
WordPress.com
YouTube
VKontakte
LinkedIn
Apple.com
Baidu
Bing
MSN

信息革命

自从人类进入文明社会以来，信息的传播先后经历了多种变化，从最初的语言、文字到造纸术和印刷术的出现，信息传递的方式不断革新。然而，自20世纪计算机网络技术出现以来，以信息高速公路著称的网络信息传播飞速发展。今天，信息传播更加便捷，我们可以通过网络电视直播即时饱览全世界正在发生的事情；一些人类足迹难以到达的地方，通过新的信息技术随时可以呈现在荧屏上。在中国，随着网络信息技术的进步，无人机航拍让人可以俯瞰神州大地。在美国，信息革命时代的到来，让总统大选跌宕起伏，传奇网络黑客阿桑奇的解密经常震动着美国政坛。在经济领域，大数据时代带来的变革正在颠覆传统的商业模式，商品服务因大数据的分析而更加人性化、便捷化。如今，信息技术颠覆了传统的信息传播和教育，跨越式发展正在这一领域上演。在信息革命为我们提供便利的同时，网络安全问题也对人类社会发展构成新挑战。黑客袭击和电信诈骗屡禁不止，信息革命这把双刃剑如何使用又在考验人类的智慧。

小镜头，大世界
无人机航拍看中国

计算机和互联网产业大规模发展时，我们因为没有掌握核心技术而走过一些弯路。在物联网的发展中，要早一点谋划未来，早一点攻破核心技术。

——温家宝

从海南岛眺望一望无际的碧海，从华山之巅俯瞰千年文明演进；穿越雪山荒漠探寻丝路奇迹，置身冰雪世界感受东方莫斯科的魅力，我们的世界在无人机航拍的镜头下无限延伸……

良心纪录片初登荧幕

2016年底，中央电视台推出了一部让人耳目一新的纪录片《航拍中国》，纪录片从多视角俯瞰祖国天南海北的壮丽美景。在美丽的海南岛，风光旖旎的沙滩、一望无际的碧海，都随着镜头的推近走进我们的视野。从传统的捕鱼晒盐，到今日飞驰的高铁，一部无人摄影机将传统与现代的融合展现在观众面前。在中华文明的发祥地，拥有八百里秦川的陕西，航拍无人机翻越华山之巅，低空掠过黄河水面，让镜头前的我们不用跋山涉水即可身临其境地感受秀丽河山的壮美。穿越沙漠绝壁，鸟瞰冰雪湖泊，航拍技术在向我们展示高分辨率的美景时，也透视着信息技术带来的进步。这次航拍中国之所以引起热烈反响，航拍无人机功不可没。

视觉盛宴的背后

无人机航拍摄影是以无人驾驶飞机作为空中拍摄平台，地面人员通过遥控设备，指挥无人机运行。这当中无不显露出信息技术的身影。从机载遥感设备，如高分辨率数码相机、轻型光学相机、红外扫描仪，激光扫描仪、磁测仪图像获取设备，直到随后对拍摄内容的处理，依赖信息技术对图像信息进行处理，并按照一定精度要求制作成图像。从无人机起飞的那一刻，到纪录片登上屏幕，整个

图片为无人机航拍的中国新疆伊犁特克斯县八卦城。照片展现了八卦城整体风貌，其面积约8352平方公里。从空中鸟瞰，整个县城道路四通八达，房屋建筑错落有致，64卦街道布局呈圆形放射状，该城被列入国家历史文化名城。

过程集成了高空拍摄，遥控、遥测技术，视频影像微波传输和计算机影像信息处理的新型应用技术。

除了技术设备上的硬件要求，如何将人性化的需求与技术进步相融合也是航拍的目的之一。为了使观众获得视觉上的享受，《航拍中国》的拍摄内容囊括了多种地形地貌，从南到北气候环境差异大，从东到西自然生态各不相同。这次拍摄跨越 6 个省级行政区域，遍布祖国大江南北。拍摄时间长达一年，动用了 16 架载人直升机、57 架无人机，总行程近 15 万公里，相当于环绕赤道 4 圈，积累了大量珍贵的 4K 空中影像。当你我在荧屏前享受这视觉盛宴之时，技术进步已经悄然走进并改变我们的生活。和多年前的拍摄技术相比，此次无人机航拍突出了小型轻便、低噪节能、智能高效、影像清晰等特点。

无人机航拍拍出美好前途

跟随《航拍中国》的镜头，一览祖国经济建设迅猛发展和各地区面貌的巨大变迁。跟随无人机航拍的飞行轨迹，那些人迹罕至的原始森林、雪山高原、沙漠绝壁等风光正一步步走进我们的视野。在不久以后，以无人航拍技术为空中遥感平台，能够快速有效地实现对旧有地理资料的更新。在交通运输、国土整治监控、农田水利建设、基础设施建设、环保和生态建设等方面，都对最新的地物形态资料提出更高的要求。我们利用遥感航拍技术更新的地理资料对地区的经济建设起到了促进作用，为城镇发展提供综合地理、资源信息。正确、完整的信息资料是科学决策的基础，为新时期的经济、社会全面发展提供强大助力。

无人航拍飞行器，带有 GPS 辅助悬停系统，可根据卫星导航系统定位，实现稳定、定高、定点悬停。航拍器通过空中拍摄展现出人力无法实现的拍摄效果。它可以进行每秒高达 30 帧的 4K 高清视频录像，1200 万像素的静态照片呈现镜头下的每一个细节。

知识链接：知识经济

知识经济（Knowledge Economy）是以知识为基础的经济，与农业经济、工业经济相对应的一个概念，是一种新型的富有生命力的经济形态。工业化、信息化和知识化是现代化发展的三个阶段。创新是知识经济发展的动力，教育、文化和研究开发是知识经济的先导产业，教育和研究开发是知识经济时代最主要的部门，知识和高素质的人力资源是最为重要的资源。

美国 MQ1 捕食者无人机是美军远程中高度监视侦察机，该机携带有精确制导武器，可随时对地空目标发起攻击。该机装有合成孔径雷达、电视摄影机和前视红外装置，可通过卫星通信系统将图像实时传输给指挥部，其分辨率可达 0.3 米精度。

互联网时代的传奇较量

阿桑奇 VS 希拉里

互联网的世界里
你我相距万里
手指轻轻一点
你我触手可及
互联网的世界里
一枚小小的鼠标
拥有改变世界的能力

2010年12月16日，英国伦敦最高法院大门前，一个中年人高举英国最高法院准予保释的文件大步走出法院大门，面对媒体和镜头，他说："能再次呼吸到伦敦的新鲜空气真好。首先要感谢全世界在我离去这段时间相信我，支持我的团队的人；感谢我的律师们，感谢他们勇敢和极其成功的斗争；也感谢我的保释人，在困难面前仍然出资的人；还有媒体朋友们，在工作中不盲从，而是更加深入地思考；最后我还要感谢英国司法本身，哪怕公正不是最后结局，也还没有完全丧失……"发表完讲话以后，此人随即乘车离去。他既非商业富豪，又非政坛精英，也不是娱乐明星，之所以让全世界媒体聚焦，是因为他是世界上知晓秘密最多的人——维基解密创始人朱利安·阿桑奇（Julian Assange）。

天才黑客

朱利安·保罗·阿桑奇出生于澳大利亚，由于家庭因素，少年时代即随着家人多次辗转于不同的地方。7岁那年，阿桑奇的母亲改嫁，阿桑奇和他同母异父的弟弟过着流浪般的生活。少年时代的阿桑奇就表现出计算机技术方面的天赋。16岁那年，不安分的阿桑奇成为一名网络黑客，在朋友送给他的电脑中学会了破解常规。20岁时，阿桑奇成功侵入加拿大的电信公司。2006年，35岁的阿

朱利安·保罗·阿桑奇，是维基解密的创始人。维基解密通过黑客技术披露公共治理机构的秘密文件和信息。维基解密自创始以来，披露了多国机密文件，其中较为重要的有9万多份驻阿美军秘密文件的泄密。阿桑奇因此被称为"黑客罗宾汉"。

桑奇创立维基解密网站，从此打开了虚拟世界通向现实世界的秘密通道。通过维基解密，许多让各国政府守口如瓶的秘密不断被曝光，牵扯的国家越来越多。阿桑奇想要利用网络技术让更多人了解政府的腐败。他说："信息的传播可能会揭发犯罪，或使一个制度难堪，但我们视之为一项权利、一种责任。"自维基解密创建以来，阿桑奇的"猛料"也让世界为之震撼。

2007 年维基解密曝光肯尼亚政府高层腐败证据，直接影响肯尼亚大选。同年，它曝光美国"关塔那摩监狱管理指导手册"。该手册内容显示，监狱有权阻止红十字会工作人员探视囚犯。这在美国引起人权组织的强烈抗议。2008 年维基解密暴露肯尼亚警察滥杀无辜事件；2009 年 8 月，披露 Kaupthing Bank（冰岛最大的银行）内部文件，导致 2008—2011 年冰岛金融危机；2010 年 4 月，维基解密在一个名为平行谋杀（Collateral Murder）的网站上公开了 2007 年美军在伊拉克空袭时杀死无辜平民和两名路透社记者的视频；同年 10 月，维基解密公开了伊拉克战争记录，被 BBC 称为历史上最伟大的维基解密文件。近年来，阿桑奇的"维基解密"多次曝光美国监听他国高层领导人的资料，阿桑奇的一言一语都牵动着美国政客的敏感神经。

知识链接：维基解密

维基解密（又称维基泄密、维基揭秘），主要通过协助知情人让组织、企业、政府的运作更加透明的无国界、非营利性互联网媒体组织。其创始人是朱利安·阿桑奇。该组织成立于 2006 年，专门公开匿名来源和网络泄露的文件，涉及内容较多。维基解密大量发布机密文件的做法使其饱受争议。该组织曾宣称网站的创立者包括来自美国、中国台湾、欧洲、澳大利亚和南非的政治异见者、记者、数学家以及小型公司的技术人员。其顾问委员会的成员包括记者、受到政治迫害者、反贪污分子、人权分子、律师，还有密码学者。

希拉里的"眼中钉"

2016 年美国总统大选引发全球关注，特朗普和希拉里在各种场合的交锋不亚于好莱坞大片。在竞选过程中，

近年来，维基解密通过各种手段获得大量鲜为人知的战争机密。2010 年，该网站公开了美军在中东地区虐杀平民的视频。维基解密对该事件的披露引起国际舆论高度关注。图为维基解密在战争犯罪现场的调查车。

民主党候选人希拉里·克林顿不仅要应付竞选对手唐纳德·特朗普，还要处理来自网络世界的“流言蜚语”。而传奇黑客阿桑奇就被认为是希拉里败选的“场外助攻”。美国总统被认为是全世界权力最大的人，但在这个网络引发变革的时代，阿桑奇凭借网络时代的信息技术让美国政坛震颤。

2016年7月，在民主党大会前夕，维基解密公布了民主党内部2万封邮件。邮件内容公布后，舆论哗然，尽管民主党作出各种回应，但收效甚微。这次解密成为继20世纪70年代“水门事件”后又一巨大竞选丑闻。其后，民主党主席黛比·沃瑟曼·舒尔茨下台，民主党阵营受到动摇。这次邮件门事件再次将传奇人物阿桑奇推到风口浪尖。阿桑奇扬言将利用其掌握的毁灭性信息断送希拉里的政治前程。根据俄罗斯电视台报道，维基解密网站在大选期间分批次曝光了希拉里竞选团队主席约翰·波德斯塔的数万封电子邮件，内容涉及希拉里对华尔街的闭门有偿演讲、希拉里竞选团队动用媒体抹黑竞争对手，以及克林顿基金会涉嫌“权钱交易”等。

阿桑奇尽管在网站上说明自己从未有意通过曝光民主党总统候选人希拉里及其竞选团队的邮件来影响美国大选，并表示此次秘密文件的公布，是“捍卫了公众的知情权”。但是，这次公布行动对希拉里竞选产生极为不利的影响。它不仅使希拉里的支持率骤然下降，一度落后特朗普五个百分点，也导致民主党内部出现分歧，希拉里和桑德斯的粉丝团逐渐分裂，尽管两位民主党竞选人握手言和，但是选民间的分歧已无法弥补。桑德斯在演讲中呼吁其粉丝团结，希望他的支持者们继续支持希拉里，但不少粉丝表示，他们宁愿把票投给特朗普，也不会支持希拉里。早在2016年2月，阿桑奇就表示：支持希拉里当总统，等同于“支持无尽的愚蠢的战争”。阿桑奇认为希拉里的误判将会把美国绑上战争的车轮：“她是一个判断有问题的主战派，她将情绪冲动地把人们带入战争中。”

2016年6月12日，阿桑奇告诉英国媒体主持人罗伯特·佩斯顿，维基解密握有“关于希拉里的电子邮件，即将发布”，“内容非常有趣”。阿桑奇在接受采访时表示，希拉里既是“维基解密”所要对抗的腐败的代表，也是法律和言论自由的破

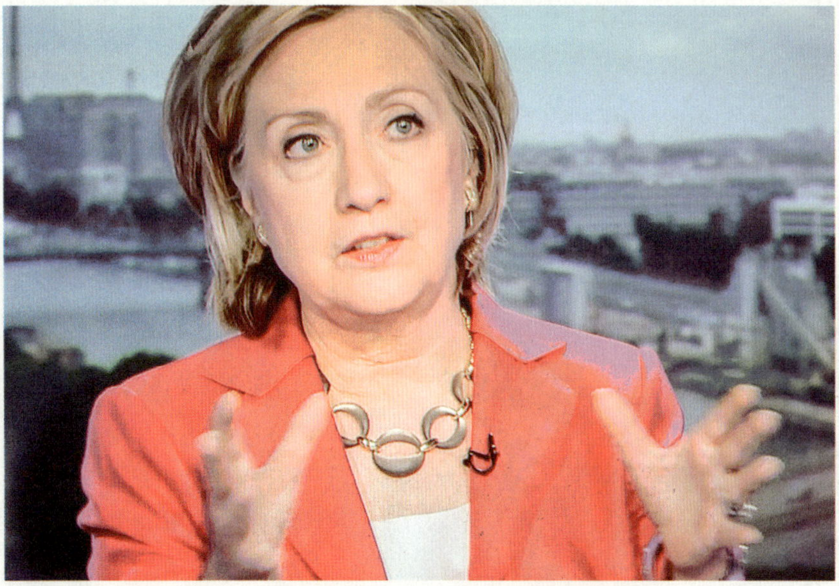

电视屏幕上的女性是曾任美国国务卿、美国总统2016年候选人之一希拉里·克林顿。在美国大选期间，维基解密公布了希拉里·克林顿在担任国务卿期间利用私人邮箱处理公共文件，致使希拉里深陷“邮件门”困境，这成为希拉里在2016年大选期间落后于特朗普的重要原因。

唐纳德·特朗普，美国共和党政治家，第 45 任美国总统。特朗普多次表示要让美国再次强大并强调美国优先。特朗普上台后遭遇美国史上严重的反对浪潮。同时，在朝核问题上，特朗普在 2017 年 9 月联合国大会上声称："如果美国被迫自卫或保护盟国，那么将别无选择去彻底摧毁朝鲜。" 2024 年 11 月，特朗普再次当选美国总统。

知识链接：《阿桑奇自传：不能不说的秘密》

《阿桑奇自传：不能不说的秘密》是维基解密创始人朱利安·阿桑奇的自我解密。作者阿桑奇是维基解密创始人，他在 2010 年"《时代》读者心中的年度人物"投票中位居榜首，他还获得萨姆亚当斯"情报界正直奖"。2011 年 5 月，阿桑奇获得悉尼和平奖，并获诺贝尔和平奖提名。阿桑奇在该书中回忆了自己童年的流浪漂泊，如何成为一名网络黑客，以及如何冲破各方限制创建维基解密互联网媒体组织。阿桑奇在书中详述了自己如何获取有关秘密文件，也对迫害自己的政府表示抗议，因此该书被看成是阿桑奇的回忆录，也被视为他的解密战斗宣言书。此书的附录部分公布了一些重量级的解密文件。

坏者，并认为希拉里当选将会给美国带来更多的问题。

英雄还是威胁者

有人指责阿桑奇打着自由公正的旗号损害美国和其他国家利益。美国国务院发言人克劳利说，美国官方非常认真地对待机密信息的处理，把这类材料发送给无权获取机密情报的人是违反美国安全的。如今，美国总统大选早已落下帷幕，阿桑奇在希拉里败选中究竟发挥了多大作用我们不得而知，但可以确定的是在大选期间，维基解密曝出的种种猛料让希拉里疲于应付。关于阿桑奇和维基解密的种种看法，人们也存在争论，有人认为，阿桑奇让我们了解更多有关公民利益的绝密信息，是对公众权利的捍卫。

从阿桑奇利用互联网等信息技术影响美国大选的情形可以看出：互联网正在变革我们身处的世界。互联网技术就像一把双刃剑，既可瞬间传递有效信息方便人类生活，又可以让每个人的信息安全受到威胁。当我们在享受物联网世界带来的种种智能化、人性化服务时，电信诈骗等网络安全事件造成的伤害也不胜枚举。

危机与商机 大数据时代的困与变

这是最好的时代
这是最坏的时代
这是大数据的时代

随着信息技术的不断进步，特别是移动互联网与物联网打造的移动社区及物理世界之间相互融合，数据分析正在改变世界，当人们在使用数字化、智能化、人性化的技术产品时，数据安全的隐患也相伴而生。无论是12306的信息漏洞还是沃尔玛的商业优势，都与我们身处的大数据时代有关。

12306网站的数据危机

近年来，在互联网技术的进步和大数据应用的助推下，数据经济为人们的生产和生活带来方便。但是，大数据和分享经济是把“双刃剑”，一些别有用心的不法分子通过挖掘个人信息和数据分析，给社会安全带来挑战。2014年12月，国内最大的漏洞报告平台乌云官网发布报告称，铁路局售票官网12306用户数据在互联网疯传，大约13万用户的身份信息数据，包括姓名、账号、密码、身份证号、手机号、邮箱等遭到泄露。这些用户私密数据被公开售卖，许多已购票用户遭遇“被退票”。在对泄露账号的随机抽查中，许多用户的信息经过验证都可以登录铁路局售票官网，而这些数据泄露究竟是12306官网还是其他售票平台尚不可知。

信息一出，社会各界舆论哗然。12306网站作为政府部门网站，竟被黑客攻破，在大数据时代，个人信息安全怎样得到保护呢？12306回应说，这些泄露资料当天主要在一些黑客论坛里流传，但对这些客户的信息安全威胁已经存在。事实上，许多12306用户的常用联系人都包含多位亲友信息，一旦一个账号被攻破，其他账号的数据信息也将瞬间泄露，形成连锁反应，可能加速扩大事件的影响面。

沃尔玛的数据商机

通过数据挖掘解决商业问题的案例在美国早已有之，超级商业零售连锁巨无霸沃尔玛百货有限公司（Wal Mart）是一家美国的世界性连锁企业，公司营业额领跑全球。沃尔玛周到的商品服务往往让

国家铁路局12306官网主要为旅客出行开展铁路交通服务，其服务范围包括车票查询、网上订票、铁路知识和新闻公告等。同时，12306网站也开展货运服务信息查询，为货物运输提供便捷服务。

黑客一词源于英文 hacker，是指未经允许擅自侵入另一计算机程序或网络者，非法获取或篡改他人信息者。近年来，黑客引发网络安全危机，既造成个人信息泄露等，也危害国家安全。

知识链接：大数据时代

“大数据时代”这个词最早为麦肯锡(McKinsey)所提出，他认为“数据已经渗透到当今每一个行业与业务职能领域，成为重要的生产因素”。后来，这个词被提及的频率越来越高，人们逐渐用它来描述和定义信息爆炸时代产生的海量数据，并命名与之相关的技术发展与创新。大数据在军事、商业、交通、通信等方面早已出现，随着互联网技术和信息传播技术的发展，这种便捷的数据分析和统计更加普遍，人们之间的交流越来越密切，生活、工作、学习都比以前更加方便，进而带动了科学技术的发展。

消费者倍感亲切。沃尔玛推行“一站式”购物新概念，顾客可以在最短的时间内以最快的速度购齐所有需要的商品，正是这种快捷便利的购物方式吸引了现代消费者。

沃尔玛之所以能够提供人性化和便捷化的销售服务，与其建立的消费者信息数据库密不可分。沃尔玛拥有世界上最大的数据仓库系统之一，随着信息化社会的到来，沃尔玛针对不同的目标消费者，采取不同的零售经营形式，分别占领高、中、低档市场。沃尔玛拥有针对高中低消费人群的山姆会员店、平价购物广场和综合性百货商店等。沃尔玛曾经让人津津乐道的消费模式“啤酒加尿不湿”销售组合即来源于对数据的挖掘。

为准确了解顾客在其门店的消费习惯，沃尔玛对顾客的购物习惯进行多样化分析，通过数据分析能够准确知晓顾客的购物偏好。在美国，年轻父亲下班回家买婴儿尿不湿是最平常的家务，而沃尔玛的数据挖掘发现，这些顾客群体中有30%—40%的人也会同时为自己买啤酒，这就无形中增加了啤酒与尿不湿共同购买的情况。沃尔玛随即提供人性化的服务并将它与提高销售额相结合，在门店将尿不湿与啤酒并排摆放在一起，从而带来尿不湿与啤酒销售量的同步增长。沃尔玛的这一销售成功之道与其进行的数据挖掘密不可分。

沃尔玛百货有限公司是美国著名的世界连锁企业。总部位于美国阿肯色州本顿维尔，主要经营零售业，在美国《财富》杂志世界500强企业中领跑全球。沃尔玛公司在全球15个国家有8500家门店。

“你”的时代
网络新媒体的兴起

当我面对一群人，或是大众传播媒体谈话时，我总是假想自己是和一个人进行推心置腹的谈话。

——美国社会学家伯纳德·巴伯

生活大爆炸的时代已经到来，以大众传媒技术的发展与普及为基础的媒介文化，加快了信息传播的速度，缩短了交往的时空距离，实现了跨越时空的互动。媒介文化的兴起有助于重构现代社会信息传播，新媒体的兴起让更多人在更多领域进行互动。从“你”的时代到智能的时代，信息传播的跨越式发展正在改变世界。

“你”的时代

2006年底，美国《时代》周刊年度人物评选封面上没有出现任何政治精英或商界领袖等著名人物的头像，取而代之的是一台电脑，一个大大的英文单词“You”出现在电脑显示器上。让自己出现在《时代》周刊的封面上也许是很多人梦寐以求的事。这个“你”的出现却宣告媒体传播新的时代到来了。在新媒体时代，我们每个人都是主角，我们不再是网络信息的被动接受者，我们每天都在制造新闻，并通过不断推陈出新的网络平台将信息传递出去。

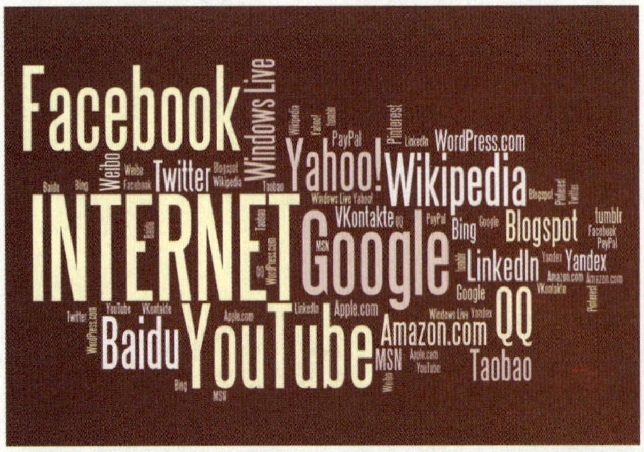

互联网技术发端于20世纪下半叶，经过几十年的发展，如今已经渗透进了人们日常的学习、工作、生活、娱乐等各个方面，极大地改变了世界面貌。如今，互联网技术应用日益广泛，涵盖了网络通信、娱乐、电子商务、网络金融和教育等领域。

知识链接：信息高速公路

信息高速公路是由美国前副总统阿尔·戈尔提出，意指通过互联网技术，实现大量快速的信息传递，让所有美国人实现便捷化的信息共享。美国的信息高速公路计划有着先进的技术依托，特别是与20世纪末人类在信息技术光电子、声像、计算机、通信等相关领域的突破性进展密切相关。其具体计划是，用20年时间，耗资2000亿—4000亿美元，以建设美国国家信息基础结构，作为美国发展政策的重点和产业发展的基础。信息高速公路建设被认为会永远改变人们的生活、工作和相互沟通的方式，产生比工业革命更为深刻的影响。

智能的时代

与传统媒体相比，智能设备的不断革新让新媒体在传播内容方面更为丰富，文字、图像、声音等多媒体化成为一种趋势。在这个瞬息万变的社会，我们每个人都从“旁观者”变成“当事者”。在中国自从QQ、博客、微博、微信、直播等社交媒体出现后，每个人都可以通过网络让自己成为信息传播的主体。我们可以通过智能手机通话、发短信，还可以用它玩游戏、听音乐、浏览视频等，将多种媒体的功能集合于一身，实现声音、图片、文字等多种信息的同步传输。人们的视野也更加开阔，摆脱了传统信息传播在时空距离和传播内容方面的局限，信息的选择和接收也更加便利。

知识链接：微课

“微课”是指按照新课程标准及教学实践要求，以视频为主要载体，记录教师在课堂内外教育教学过程中围绕某个知识点（重点难点疑点）或教学环节而开展的精彩教与学活动全过程。随着手持移动数码产品和无线网络的普及，基于微课的移动学习、远程学习、在线学习、“泛在学习”将会越来越普及，微课必将成为一种新型的教学模式和学习方式。

新媒体VS传统媒体

2016年美国总统大选期间，世界各地的人们都可以通过各种移动网络设备，看到特朗普和希拉里在各种社交媒体和新闻画面上的交锋。广大网民通过互联网表达对总统候选人的种种看法。作为美国的传统主流媒体，许多报纸期刊支持希拉里，一些电视媒体也倾向于支持希拉里。但是，在一些网络社交媒体上，却出现很多特朗普的支持者。美国精英阶层和草根阶层在总统选举中的不同态度，在不同的信息传播媒介中得以反映。电视和报刊的信息接收者大多是中产阶级，而新兴自媒体反映的更多是普通群众的观点。2016年美国总统大选期间，美国主流媒体——报刊，几乎一边倒地唱衰特朗普。而在更广泛的社交平台，民意认为特朗普的美国利益至上更符合他们的需要。希拉里直说提高关税，私人邮件处理公务和官商勾结钱权交易等问题则让普通民众感到厌恶。

微信是腾讯公司于2011年1月21日推出的一个为智能终端提供即时通信服务的免费应用程序。经过多年发展，微信已成为当下中国最流行的网络社交软件，其手机用户目前已超过9亿人。通过微信平台，人们可以即时传送语音、视频、图片和文字，可实现单人或多人交流。

Facebook，又称脸书，是美国的社交网络服务网站，创立于2004年2月4日，创始人为马克·扎克伯格。Facebook通过移动互联网技术促进了网络社交的快速发展，被视为世界排名第一的照片分享站点。截至2017年第二季度，Facebook月活跃用户首超20亿，净赚39亿美元。

正义之剑？

历史上最严重的黑客侵袭事件

他们拥有高超的计算机信息技术，
他们是网络黑夜的幕后推手，
他们是来无影去无踪却瞬间制造网络瘫痪的黑客。

随着移动互联网技术的发展，新的网络安全问题日益成为社会隐患，一些网络罪犯也开始利用黑客技术四处发起攻击，从电信诈骗到身份信息和隐私的泄露不胜枚举。网络安全问题不仅涉及个人，也在一些大的公司企业上演。黑客组织“正义之剑”对沙特石油公司的攻击即是一例。

一封神秘的邮件

2012年，沙特阿拉伯国家石油公司的办公室内，网络办公人员收到一封有关企业业务的邮件，正是这封看似平常的邮件引发了历史上最为严重的黑客入侵事件。石油公司的技术人员像往常一样点开邮件，黑客乘机控制沙特公司的计算机，一场网络灾难拉开序幕。时值伊斯兰斋月，黑客组织便利用这一时间节点发起攻击。在8月15日的上午，数名员工注意到计算机一直闪烁，紧接着，他们电脑中的文档全都不翼而飞，直至计算机瘫痪。为了防止病毒传播，技术人员只得拔掉网线，切断网络。

沙特公司的噩耗

沙特公司负责当时全球10%以上的石油生产。在放弃使用计算机以后，该公司工作人员只得采用

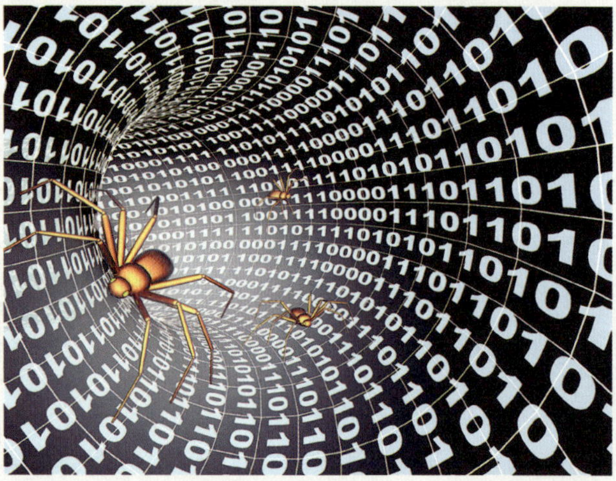

一般认为，网络漏洞是计算机网络中对系统组成和数据造成损害的一切因素。网络漏洞是在硬件、软件、协议的具体实现或系统安全策略上存在的缺陷，可以使攻击者能够在未授权的情况下访问或破坏系统。

早已淘汰的办公设备；由于资金来往渠道中断，许多石油运输车暂时停运，石油供给也逐渐停止。整个石油生产链均在这次黑客袭击中受到毁灭性冲击。事发后，黑客组织“正义之剑”声称对此事负责，他们站在道德的高地上，抨击政府的种种罪恶行径，声称日后再有像沙特公司这样支持独裁统治的机构，还会采取类似的攻击。

事发时，沙特公司的石油日产量约为950万桶。当办公网络和资金运营遭受影响后，只有一些自动化设备如钻机、抽油机和泵送等机械能够运

转，公司的其他部门运营均受到严重影响。由于网络办公无法进行，石油销售和订单往来等业务变得异常烦琐。大量的工作报告和企业合同只能通过打字机和传真机进行打印、传送，工作效率大大降低。作为石油生产大国，沙特石油公司的业务遍布全球，而成千上万的订单往来使公司的业务量非常大，低效率的业务处理使公司遭受严重的经济损失。为解决国内需求，公司只得一度向国内免费提供石油。

沙特石油公司的反攻

为了尽快扭转公司局面，公司加紧查找技术缺陷，并查杀病毒。经过连日的查找后，沙特石油公司连同外聘的网络技术专家发现黑客使用了一种名为沙蒙（Shamoon）的病毒，这种病毒能抹除计算机硬盘驱动器上的所有内容。正是那封神秘邮件将病毒植入石油公司内的计算机设备。公司领导人意识到此次黑客袭击给国家石油运输和经济发展带来的危害。为防止此类危害再度上演，沙特石油公司进行了反击，公司派代表直接飞往东南亚的计算机制造厂，采购大量计算机硬盘驱动器，意在更新和解决公司的计算机设备问题，实现公司计算机设备的更新换代。经过数月努力，沙特石油公司在网络安全和培养技术人员方面有了很大改观，公司的石油生产回归正常轨道。尽管公司为此付出巨大的经济代价，但这次黑客袭击也敲响了网络安全的警钟，一些政府部门和企业从中吸取教训并开始采取行动，打造安全的网络环境。

知识链接：斯诺登

2013 年 6 月，美国前中情局（CIA）职员爱德华·斯诺登将两份绝密资料交给英国《卫报》和美国《华盛顿邮报》，并告知媒体何时发布。按照设定的计划，2013 年 6 月 5 日，英国《卫报》先扔出了第一颗舆论炸弹：美国国家安全局有一项代号为“棱镜”的秘密项目，要求电信巨头威瑞森公司必须每天上交数百万用户的通话记录。次日，美国《华盛顿邮报》披露称，过去 6 年间，美国国家安全局和联邦调查局通过进入微软、谷歌、苹果、雅虎等九大网络巨头的服务器，监控美国公民的电子邮件、聊天记录、视频及照片等。

沙特阿拉伯是世界上石油储量、产量和销售量最多的国家之一，被称为“石油王国”。石油收入构成整个国家的经济支柱。近年来，随着世界能源变革的不断推进，沙特阿拉伯的石油经济面临严峻考验。

爱德华·斯诺登（Edward Snowden）曾是美国中央情报局技术分析员。2013 年 6 月，斯诺登向媒体揭露了美国国家安全局关于棱镜监听的秘密文件。棱镜项目是美国国家安全局自 2007 年起开始实施的绝密电子监听计划。为躲避美国政府通缉，斯诺登流亡俄罗斯。

总统竞选的新战场
虚拟疆域

希拉里，一位职业政客，因“邮件门”而马失前蹄；
特朗普，一名职业商人，因“推特”而问鼎总统宝座。
二人的角逐，正是虚拟空间的一场争夺战。

尽管人们对“虚拟疆域”的定义尚无定论，但大体而言，虚拟疆域包括狭义与广义两类。狭义的虚拟疆域，即国际信息互联网络，特指通信网络、计算机、数据库以及日用电子产品集于一体的电子信息交换系统。广义的虚拟疆域主要是指由宇宙空间、信息空间和心理空间构成的没有国界的无限空间。随着信息时代的来临，世界各国日益关注虚拟疆域的重要性。在2016年的美国大选中，虚拟疆域是总统候选人角逐总统宝座的关键战场。希拉里·克林顿对决唐纳德·特朗普，一位是身经百战的职业政客，一位是毫无从政经验的商人；一位是深陷“邮件门”的前国务卿，一位是玩转推特（Twitter）的经济大亨；两人在虚拟疆域中展开了一场别开生面的搏斗。

2015年6月26日，前国务卿和民主党籍总统候选人希拉里·克林顿在弗吉尼亚州费尔法克斯的乔治·梅森大学发表讲话。根据联邦法官的命令，美国国务院公布了希拉里·克林顿在任美国国务卿期间收发的部分电子邮件，这些邮件多达3000页。自从希拉里宣布参加美国总统大选，她在2009年至2013年担任国务卿期间使用私人邮件处理公共事务一直是争议的焦点。

身陷“邮件门”的希拉里

2015年3月，《纽约时报》率先披露，希拉里在担任国务卿期间，从未使用域名为“@state.gov”的政府电子邮箱，而是使用域名为“@clintonemail.com”的私人电子邮箱和位于家中的私人服务器收发公务邮件。次日，希拉里在推特上主动要求国务院公开她已经提交的3万封邮件，她还称自己删除了另外3.2万封私人邮件。3月10日，迫于各方压力，希拉里召开记者会首度公开承认自己在任国务卿期间，为图方便而使用私人邮件处理公务，同时坚称并未违反相关法规。

希拉里在2015年4月宣布竞选总统，但蔑视规则、缺乏诚信的形象给她的竞选之路蒙上了阴影。随后，联邦调查局对希拉里展开调查。7月，联邦调查局局长詹姆斯·科米（James Comey）表示，希拉里担任国务卿期间在处理最高机密电子邮件方面“极为粗心”，但没有证据显示她“有意违反法律”，建议不对这位民主党总统候选人提起公诉。10月28日，离大选日剩下10天左右，美国联邦调查局突然决定对希拉里的邮件事件重启调查。这无异于一枚深水炸弹，本已趋向稳定的选情再起波澜。在这个调查中，希拉里领先共和党人特朗普的优势仅为1%（46%：45%）。而在一周之前，希拉里还大幅领先特朗普12个百分点。虽然在选举开始前做出不建议起诉的决定，但联邦调查局的这番“折腾”无疑使希拉里一度明显的领先势头受到打击。

“邮件门”让希拉里呈现出非常负面的形象：蔑视规则、凌驾于法律之上、受到舞弊体系的保护。这促使渴望改变、渴望以不确定性来替代确定性的那部分美国人，做出了不利于她的决定。

2017年8月24日讯，希拉里的新书《发生了什么》近日即将出版，希拉里在书中回忆总结了2016年美国大选的经历。其中，希拉里指责称，特朗普在一次电视辩论过程中，始终紧紧跟在自己身后，这种跟踪让她起鸡皮疙瘩。

“推特总统”特朗普

与希拉里不同，特朗普在政治圈里绝对是一个不折不扣的新人，但特朗普知晓如何借助网络的虚拟疆域左右民意。特朗普的法宝之一便是推特，以致有人戏称他为“推特总统”。特朗普在推特上通过不断制造新闻、推销竞选口号以及直接攻击竞争对手等方式保持自己的媒体关注度。

特朗普的推特粉丝量是两党竞选人中最多的。

推特是网络社交网站Twitter的非官方中文惯称。通过推特社交网，用户可以推送个性化动态、个人想法、观点等，并以短信形式将这些信息发送到手机和网站群，不同用户可通过该平台进行交流、互动。推特是目前全球互联网上访问量最大的十个网站之一，2023年7月，Twitter正式改名为X。

进入他的推特主页可以发现，他于2009年3月18日加入，截至2016年5月12日已有813万粉丝，共发出3万余条推文。相比之下，民主党竞选人希拉里有粉丝620万，桑德斯仅有粉丝215万。粉丝数量的多少影响着竞选人制造话题的讨论程度，以及媒体的关注度。特朗普借助其大量粉丝，在推特上赢得了极高的曝光率。

特朗普在推特上发布3万多条推文，是所有总统竞选人中最多的。特朗普常用话题标签，借以抬高自己、贬低别人，特朗普最经常使用的标签是“特朗普2016”，其次是大选的口号“美国再次伟大”。特朗普喜欢在推特上以标签的形式给竞选对手起贬低性的外号，比如“狡诈的希拉里”。特朗普正是借助推特这一媒介，影响选民，最终登上了总统宝座。

纵观希拉里与特朗普的总统竞选战，明显可以看出虚拟疆域对他们二人的影响，前者在虚拟疆域里丢城失地，后者则攻城略地，进而也就决定了二人的命运。

六度空间 “地球村”的连通器

地球这端，
祈祷、欢笑、迷茫。
地球那端，
神秘连接，你我与共。

1967年，哈佛大学心理学家米尔格兰姆（Stanleg Milgram）做了一个连锁信实验，他随机把信件发送给美国不同城市的居民，希望所有人把信件寄给波士顿的一名股票经纪人。让人欣喜的是，每封信大概经过六次就能寄达。这让人相信每个人之间都有联系。

小世界理论

米尔格兰姆的这个邮件测试，虽然看起来很简单，然而却产生了意想不到的效果。根据这个实验，他最后推断出了一个特别的理论，这个理论对现代人际交往等都产生了巨大影响。这个实验被称为经典六度空间实验，这个创造性理论被称为小世界理论。

小世界理论让当时的人们感到匪夷所思之处就是，世界上任何两个人之间都能联系到彼此。当然，这个联系需要有人来牵线，最多需要的牵线人也只是六个。任何两个陌生人之间都有机会互相“认识”，人与人之间的联系变得容易。受这个理论的激励，1985年美国上映了一部名字叫《六度空间》的电影。在这部影片中，六个互不相识的陌生人，因为错综复杂的人际网，彼此建立了生活联系，互相渗透到他人的生活中，最后变成你中有我、我中有你。

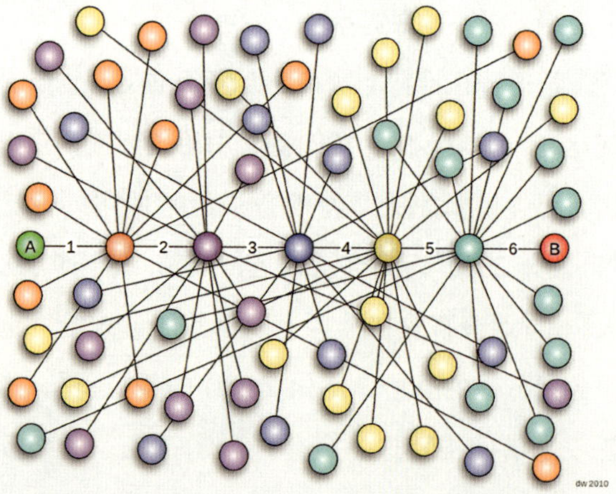

六度空间是指两个陌生人之间可通过不超过六个人发生联系，一个人可最多通过六个人就可以认识任何一个陌生人。该现象由美国社会心理学教授斯坦利·米尔格兰姆通过实验所得出。当前运用六度空间理论的领域有：直销网络、电子游戏社区、SNS网站和BLOG网站。

知识链接：地球村

它形容由于现代科技的发展，传统的时空概念被打破，整个地球变得像“村落”那样小。加拿大传播学家M.麦克卢汉在1967年首次提出了“地球村”概念。在《理解媒介：人的延伸》一书中，他指出“任何公路边的小饭店加上它的电视、报纸和杂志，都可以和纽约、巴黎一样，具有天下在此的国际性。”

当然由于各地语言文化、风土人情不同，“地球村”并没有完全建成，尤其是那些原始部落还没有完全进入“地球村”。

Gmail 是谷歌开发的电子邮箱，可为用户永久保留重要的邮件、文件和图片。Gmail 可以使用多种语言收发和阅读邮件，界面支持语言有 38 种，可以直观、高效且实用地向用户提供电子邮件服务。

没有陌生人的地球村

当然，小世界理论只是书面的说法，如果没有特殊需要既不会想到也不会真的去联系陌生人，毕竟通过邮寄信件的方式，成本会很高。

随着计算机技术的发展，六度空间理论开始变得很容易实现，最先成功运用六度空间理论的是谷歌。2004 年，谷歌邮箱 Gmail 诞生。作为一个邮箱系统，Gmail 拥有强大的存储功能，它的存储量远远超过当时通用的雅虎和微软。基于这一特殊优势，Gmail 成为人们梦寐以求的电子邮箱。然而，让人沮丧的是 Gmail 并没有开放注册，如果你要使用 Gmail 注册，你就必须要有已注册用户给你发送邀请码；否则，你就需要到“黑市”去购买。最贵的时候一个邀请码的价格是 150 美元！通过这种“邀请码模式”，人们开始扩展自己的交际圈，通过各种方式来获得邀请码，Gmail 的用户也由此产生。“当一个陌生人的邮件发来 Gmail 邀请，从此一个 Google 死忠粉诞生了。”

当然，在 Gmail 获得巨大成功之后，更多的网络通信技术开始使用这种六度空间理论，比如我们目前常用的社交媒介——微博和微信等。在微信朋友圈中，你只能看到你们共同好友之间的“点赞”和“评论”。通过这种手法，你会知道你与别人之间建立了怎样的联系，这种联系最后将使得你们进一步拓展自己的人际圈。

知识链接：3D 技术

它指的是三维空间成像技术。D 表示维度，是英文 Dimension 的首字母。传统的成像是 2D，即平面成像。与 2D 相比，3D 会使图像产生如现实生活一样的立体感，让人有身临其境的感受。目前在影院、游戏中采用 3D 技术较多。

3D 技术依靠的基本原理是偏光原理。该原理最初是由英国科学家温斯特发现的。1839 年，温斯特发现了人的两眼间距差导致双眼看事物不同，进而产生了立体感。

感谢网络等媒介，让六度空间理论得到更加实际的运用，虽然地球现在有 70 多亿人口，但是如果我们愿意，我们就可以进入到别人的生活中，看到他们的生活状态，感受那些人的感受，真正做到“心连心”。近年来，随着 3D 技术的推广，信息变得更加立体真实，世界变得越来越小！

3D 技术还原两只异特龙正在攻击另一只体型较大的腕龙，两种恐龙都生活在侏罗纪晚期。近年来，随着 3D 技术的不断进步，人们可以根据残留古生物的化石，借助高科技仪器，实现对古生物模型的重塑。

气候变迁

大自然是造物主对人类最珍贵的赏赐，明媚的阳光，新鲜的空气，还有活跃在大自然中的各种动物，这些都是人与自然共同的财富。自工业革命以来，人类利用自然的能力提高，人与自然的矛盾也开始加剧。当前，气候变迁引起的种种不良后果正在上演，因气候变迁引发的自然灾害正在增多。在英国伦敦，一场大雨导致整座城镇浸泡在水中，肆虐的洪水冲垮桥堤让人们付出生命的代价。在南太平洋，由于全球变暖导致的海平面上涨，许多岛屿开始沉没，岛国图瓦卢正面临无处为家的困境。还是在英国，空气污染让几千人失去生命，雾都昔日的光辉早已泯灭在污浊的空气中。空气不能呼吸，水不能饮用，我们美好的家园将向何处去？为了重建昔日的秀美山川，世界各国开始行动，联合国已经出台多个气候变化议程，虽然各国之间存在分歧，但节能减排的行动已经在世界各地陆续推进。在伦敦贝丁顿，零碳社区已经出现，引起多个国家和地区的兴趣。在荷兰，从风力火车到能源地图，更多的绿色证书还在制作中，更多的美丽故事还在诉说……

惊魂 48 小时

英伦水患

气温升，暴雨来，
气候无常，英伦遭殃；
水面涨，陆地淹，风雨惊魂，
人类何去何往。

2009 年 11 月 18 日凌晨两点，在素有雨郡之称的英国坎布里亚郡（Cumbria），睡梦中的人们被屋外的滂沱大雨惊醒了。大雨瓢泼而至导致河水水位暴涨，漆黑的夜让人们陷入无限的恐惧之中。

风雨袭来，上演英式惊魂

库克茅斯小镇的一位酒吧老板在忙碌了一天后正准备关上店门回家，但屋外不断上涨的水位让他望而却步。暴雨引发的洪水顷刻间将小镇的中心广场淹没，酒吧老板只好退回房间等待。

大雨不停地下着，已经过去快一夜了，仍未有丝毫停止的念头。雨水继续向英格兰北部、苏格兰南部以及爱尔兰部分地区逼近。19 日，环境局统计数据显示，在大雨来临后的 24 小时内，降水量最高地区竟达到 314 毫米，创下英国有记录以来日降水量最高的纪录，堪比往年同期的月降水量。短短一天的降水量，有些地方的积水就已经没过膝盖，一些汽车的车窗也被洪水没过，一些人爬上车顶等待救援。肆虐的洪水像飞鱼般穿梭在城镇的大街小巷，大大小小商店的房屋窗户都被顺流而来的瓦片击碎，水面上漂浮着各种器物，而积水仍在上涨。

水涨桥动，城市飘摇

两天过去了，无休无止的降雨抬高了河流的水位，专家开始担心高水位对桥梁的影响。惊险的一幕还是发生了。20 日凌晨，诺斯赛德大桥在洪水的冲击下开始晃动，如同惊心动魄的救险大片上演。诺斯赛德大桥位于坎布里亚郡沃金顿市的德文特河上，多年来一直是当地繁忙的交通枢纽。暴雨来袭伴随着不断上涨的水位，让这座大桥经受考验。

大桥附近居民，时年 47 岁的布伦丹 · 皮克林

2009 年 11 月 19 日，强风暴袭击英国波斯考尔海岸，巨浪席卷海岸码头，致使英国许多地区遭到大风和暴雨袭击。近年来，随着全球气温变暖，大气环境异常和大西洋海温变化使得海洋气候变化多端。在冬季，海面气温高导致海面水汽增多，进而带动冬季风暴频发。

2009 年 11 月 19 日，英国，洪水来袭。英国气象部门当天对苏格兰西南大部与英格兰西北地区发布了洪水警报。此次洪水由强降雨天气导致，肆虐的洪水淹没多家商店。近年来，由于全球气温变暖，大西洋在冬季降水增多，地处大西洋之中的英国首当其冲，其遭遇到的洪水威胁不断增多。

知识链接：温室气体

温室气体指的是大气中能吸收地面反射的太阳辐射，并重新释放辐射的一些气体，如水蒸气、二氧化碳、大部分制冷剂等。它们会导致地球表面升温，类似于温室截留太阳辐射，并加热温室内的空气。这种温室气体使地球变暖的影响称为“温室效应”。水汽、二氧化碳、氧化亚氮、氟利昂、甲烷等是主要的温室气体。

见雨势变小，便想离开家去桥对岸的自动取款机取钱，就在此时，危险正在悄悄地逼近诺斯赛德大桥。皮克林回忆自己当时正走出家门，一声巨响把他吓坏了，那声音像是庞然大物脆裂的感觉，他在走向桥边时惊讶地发现桥上的护栏缺了一块。皮克林立即警觉到，大桥随时有坍塌的可能，而桥面下湍急的河水足以卷走一切。如果此时有人有车过桥，那后果难以想象。

说时迟那时快，正当皮克林意识到大桥有坍塌的危险时，一辆小汽车和两辆货车即将过桥。情急之下，皮克林不顾生命危险冲向车的前方，用身体挡住了它们的去向。随后，皮克林拿出手机拨打报警电话。接线员原以为皮克林所说的桥是德温特河上的某座小桥，在明确得知是那座最大的诺斯赛德

在洪水冲击下垮塌的诺斯赛德大桥。

大桥时，接线员立刻紧张起来，并迅速派警员前往现场。这边皮克林刚挂掉电话，那边桥对岸驶来一辆巴士。巴士的车头已经赶到桥上，皮克林连忙冲司机大喊让他倒车，然后再横过来堵住身后就要上桥的车。不久，救援人员赶到现场，其中一位警员就是比尔·巴克，他们开始指挥疏散桥两边的车辆，试图控制现场。

就在这时，恐怖的一幕发生了：整座大桥开始剧烈地晃动，桥基上的石块开始崩裂掉进滔天洪流之中。顷刻间，桥不见了。来不及闪躲的警员巴克也随着轰塌的桥体一起被卷进湍急的河流中。在警员的一番搜救后，巴克的尸体在距离出事地河流下游的十多公里处被找到。21 日，英国首相布朗出席了巴克的悼念仪式。而舍己救人的皮克林也成了全国英雄，现场目击者玛利·兰开斯特赞扬说，如果不是皮克林，好几辆车都会在桥上，“他阻止了一场惨剧的发生，没有更多的人被卷入水中，这简直就是个奇迹”。

知识链接：温室效应

又称“花房效应”，是大气保温效应的俗称。大气能使太阳短波辐射到达地面，但地表受热后向外放出的大量长波热辐射线却被大气吸收，这样就使地表与低层大气温作用类似于栽培农作物的温室，故名温室效应。自工业革命以来，人类向大气中排入的二氧化碳等吸热性强的温室气体逐年增加，大气的温室效应也随之增强，引发了一系列问题，世界各国对此日益关注。

防患未然，你我同行

近些年来，像英国这样遭遇极端恶劣天气的情况越来越多，给人们的生产和生活都带来极为严重的不利影响。在过去几年，英国多地遭遇暴雨袭击，暴雨成灾已经成为英国的心头大患。每年雨水带来的灾难都会让英国遭遇严重的经济损失。尽管

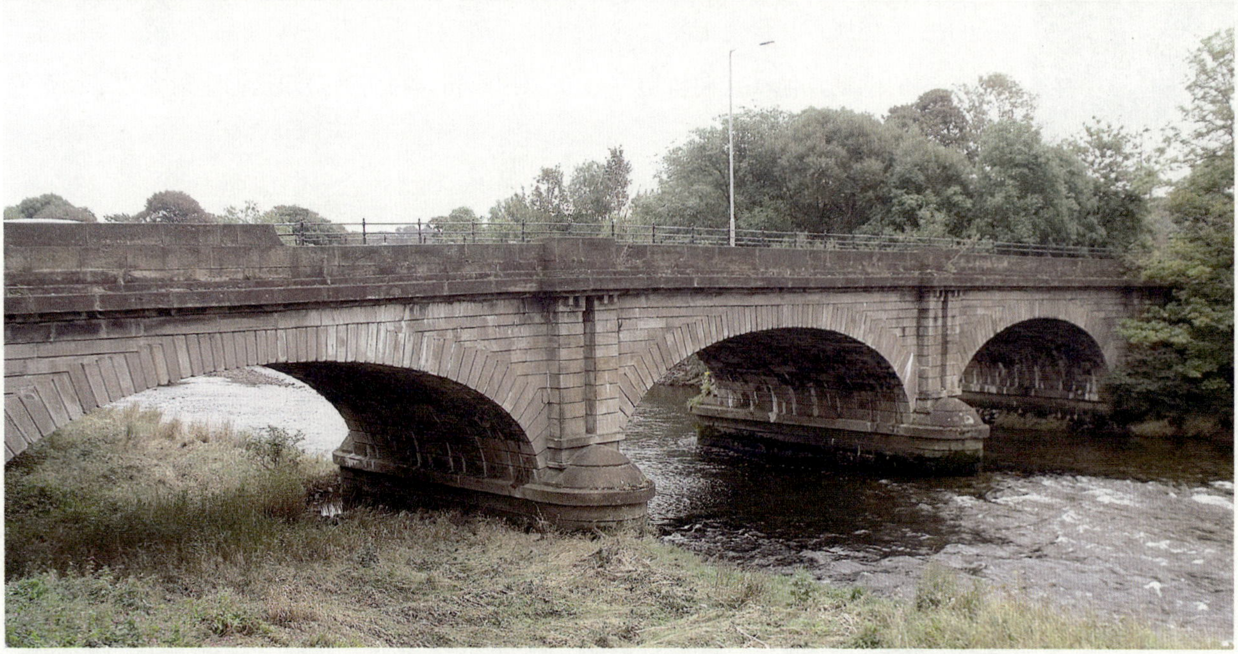

卡尔瓦大桥（Calva Bridge）位于英格兰西北部的坎布里亚郡，该桥已通行近 180 年。2009 年 11 月，由于遭遇特大洪水，卡尔瓦大桥主桥拱出现裂缝，英国警方在对桥梁进行紧急安全评估时发现这一问题并将大桥停用。

2009 年 9 月 13 日，时为英国王储查尔斯王子探访遭受洪灾的地区，图为查尔斯在慰问一家灾民。但探访洪水灾区时，查尔斯全程“笑不拢嘴”遭到国民诟病。

风雨英国

到目前为止，降水增多与气温上升之间是否有着必然联系，我们不得而知，但是通过对洪水和气温变化之间的数据分析引人深思。洪水专家金斯·梅勒霍恩说道：“单一的事件不能看作是气候变化的迹象。但当你看到一系列这样的事件时，也许就是时候说有东西改变了。”值得一提的是，2016 年 6 月，正当人们就“脱欧”还是“留欧”的重大历史性问题举行公投之际，又一场罕见的暴雨袭来。有不少人称，这场暴雨最可怕的地方在于它直接将英国与欧洲冲散了。由于暴雨及后续的洪水正值英国公投时期，对投票确实产生了很大的影响。一位分析师表示：公投的两派旗鼓相当，最终决定因素可能是天气。因为暴雨将导致留欧派的投票率降低，脱欧派的胜利或许真的与此有一定关系。因为脱欧派是激进的改革派，他们不满足于现状，因而投票意识更强；而留欧派则是相对平静的保守派，投票意识不够强烈。投票当天是工作日，大多数人打算下班后去投票站，而突如其来的暴雨使得城市交通陷入困境，前往投票站需要付出更多精力和时间，大量投票意愿不高的留欧派选择先回家再说。相较之下，脱欧派投票的积极性很高，暴雨也阻挡不了他们投票的热情。

洪灾早就成为英国的“历史性话题”，但近 10 年来这种灾难的发生愈加频繁，人们在描述所发生的洪灾前都多了一些频率修饰词，如“几十年一遇”“百年一遇”“千年一遇”。于是专家开始解释这些不寻常背后的原因。英国机械工程师协会的工程主管科林·布朗认为，更多的狂风肆虐和飓风侵袭与全球气候变暖有关，当气温升高暴风雨数量就会明显增多，飓风经过海洋会带来更强大的风暴潮。英国气象局哈德利中心的彼得·斯托得博士在其所从事的研究中得出这样的结论：“包括英国在内的北半球中纬度地区雨量增加有人为因素。这意味着雨量增加并不仅仅是气候天然的可变性造成的，其中还有人为温室气体排放导致的气候变化因素。”2004 年，英国政府首席科学顾问戴维·金爵士主持撰写、由 60 名环境专家和气象专家参与起草的报告《未来的洪灾》指出：由于全球气候变暖，洪灾发生的频率会越来越高。另外，气温的持续升高同时导致海平面不断升高，因此，近 400 万英国人的住宅在未来十年间有可能被洪水吞灭。此外，英国一些城市至今沿用维多利亚时代的古老排水系统，一旦发生洪灾，洪水很容易倒灌进房屋内部，让人们流离失所。

消失的海岸线

岛国图瓦卢的亡国之忧

冰川退却，
爱斯基摩人在新露出的地面上手舞足蹈。
海面上涨，
图瓦卢人在将被海水吞没的家园中黯然流泪。

近年来，全球变暖似乎给北极圈里的爱斯基摩人带来福音，不断融化的冰川让他们手舞足蹈，因为冰川下沉睡了数千万年的土地和资源将会带给他们更加富裕的生活；而远隔数万公里的太平洋上，不断上涨的海水在逐渐吞噬着图瓦卢人最后的生存之地。

海面上涨，几家欢喜几家愁

当前，气候变化已经成为全球面临的严重挑战之一。全球变暖造成的自然灾害和温室效应，已经使太平洋地区数十个岛国面临将要消失的厄运，而今后数年内环境问题还可能导致某些地区人口大迁徙、能源短缺以及经济和政治动荡。世界各地将近70%的海岸带，特别是地势较低的三角洲平原将成泽国，海水可入侵二三十到五六十公里。而那些随着海平面上涨，地势低于海平面的沿海地带，将面临被海水淹没的危险。如果温室气体排放不能得以有效控制，河海水位上涨将会淹没许多世界名城，其中包括纽约、伦敦、阿姆斯特丹、威尼斯、悉尼、东京、里约热内卢、天津、上海、广州等地。南太平洋和印度洋中一些低平的岛国也将处于半淹没状态。

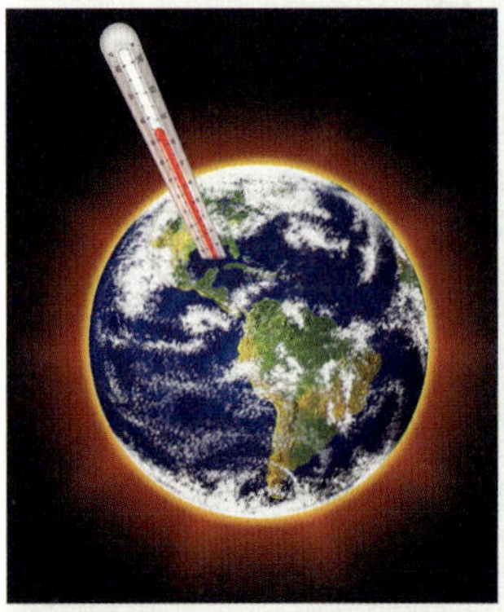

人类在生产和生活中焚烧化石燃料或砍伐森林，会造成温室气体增多。温室气体对外无法阻挡太阳辐射的可见光，对内强烈吸收地面辐射中的红外线，从而产生温室效应。全球变暖会使冰川和冻土消融、海平面上升等，并威胁自然生态和人类的生存。

为什么流浪，流浪远方

太平洋岛国图瓦卢就面临这种可怕的沉没命运。从1993年到2012年，图瓦卢的海平面总共上升了近10厘米。若按照这个速度继续下去，半个世纪以后，图瓦卢海平面将上升37.6厘米。海平面的上涨意味着陆地面积的缩小，这意味着50年以后，超过一半的图瓦卢国土将永远沉没于海洋之中。2001年11月图瓦卢领导人在一份声明中说，他们对抗海平面上升的努力已宣告失败，该国居民将逐步撤离。

天大地大，何处是家

图瓦卢人的故乡位于南太平洋，由9个环形珊瑚岛群组成，而陆地面积仅26平方公里。首都富纳富提位于主岛上，面积不超过2平方公里。侵袭岛上最大的巨浪高达3.2米，而图瓦卢海拔最高的地点只有4.5米。

在接受中国《广州日报》采访时，图瓦卢环境部部长说："过去，图瓦卢人的主要食物是一种名叫Pulaka的芋头，大约能长到1米高，以前居民都是在洼地里种植Pulaka和一些蔬菜，因为洼地的海拔比海平面要高，地表可以储存一层薄薄的淡水。现在，洼地已经低于海平面，渗出来的全是海水，无法种植芋头和蔬菜，图瓦卢人民生活所需的食物绝大部分都要依靠进口。”

由于缺乏土地资源，图瓦卢没有完整的农业生产，更没有工业，只有一些零散的服务业，当地人的生计主要依靠出国务工或国外亲戚的帮助。也就是说，图瓦卢已经没有任何产出了，小到毛巾牙刷、大到空调摩托车，全部都要依赖进口。物以稀为贵。在图瓦卢，商品的价格非常昂贵。曾有中国记者在2009年的调查中发现：图瓦卢超市里1条普通毛巾约合17美元，1个收音机则合35美元，1瓶矿泉水都要2美元。这样看来，即使我们生活中最普通的生活品，在图瓦卢也称得上是奢侈品了，这对于本就贫困的当地人来说可谓雪上加霜。

知识链接：海平面

海平面是海的平均高度，指在某一时刻假设没有潮汐、波浪、海涌或其他扰动因素引起的海面波动，海洋所能保持的水平面。海平面上升是由于全球气候变暖、冰川融化、海水变热膨胀等原因造成。

图瓦卢潟湖入口，潟湖是指被沙嘴、沙坝或珊瑚分割而与外海相分离的局部海水水域。图瓦卢由环形珊瑚岛群组成，被称为“九颗闪亮明珠”，这些珊瑚潟湖由环状珊瑚礁环绕或由坝状珊瑚礁相隔而成。

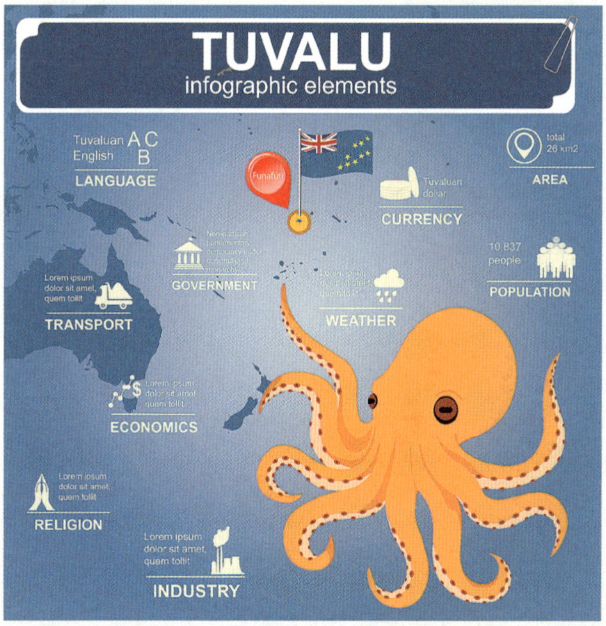

图瓦卢是仅次于瑙鲁的世界第二小岛国，由南太平洋9个环形珊瑚岛群组成，国土面积约为26平方公里。图瓦卢人口1万多，交通以水运为主。

对于未来的出路，图瓦卢人感到绝望。到2009年，有6000多人已经离开图瓦卢移民海外，留在国内的人口目前只有1万人。他们承受着巨大的生活压力。在生活设施方面，图瓦卢只有一所高中，连一个技工学校都没有。所以，即便是出国务工，也只能做技术含量较低的工作，比如体力繁重的水果种植业和农业、城市保洁等。即使图瓦卢居民想要逃离即将被海水淹没的故土，目前再没有国家愿意接收图瓦卢移民。

“雾都”
伦敦的痛苦记忆

这是光明的季节，这是黑暗的季节；这是希望之春，这是失望之冬。

——查尔斯·狄更斯

2016年，网络关于空气污染尤其是雾霾的段子层出不穷：雾霾，我只吸北京的，相比冀霾的厚重，鲁霾的激烈，蒙霾的阴冷，我更喜欢京霾的醇厚、真实和独一无二的乡土气息。调侃的背后是人们对空气污染的痛苦担忧。类似情形在20世纪的英国早已上演。工业革命后，英国煤炭行业获得巨大发展，高耸的烟囱冒出滚滚浓烟，当时人们认为这是英国工业崛起的象征，但烟雾产生的危害愈发严重。对英国人来说，最痛苦的记忆就是1952年的伦敦烟雾事件。

圣诞节前的惨剧

1952年12月4日至9日，圣诞节前的20天左右，英国伦敦并未呈现任何节日前的欢乐氛围，相反，许多人沉浸在失去亲人的悲痛中，带来伤亡的不再是七年前盘旋在伦敦上空的德军轰炸机，而是弥漫在空气中让人防不胜防的雾霾。12月初，伦敦上空出现逆温现象，空气对流减弱，空气处于十分稳定状态。工业生产和交通运输产生的大量废气等聚集在空中难以消散。同时，英国冬季大部分地区处于高气压控制之下，气流下沉导致污染物难以向高层大气扩散，加重了空气的污染程度。许多人在吸入有害气体后患上各种呼吸类疾病，许多人出现胸闷、窒息等不适感，发病率和死亡率急剧增加。据英国环境污染负责人厄尔斯特·威廉金斯博士统计，在雾灾发生的前一周，伦敦死亡人数为945人；而在大雾期间，大雾所造成的慢性死亡人数约8000人，死亡总人数超出往年近4000人。

窒息的伤痛之源

1952年冬日的伦敦阴冷潮湿，受海洋性气候的影响，空气潮湿，高气压笼罩下的空气水平流动差，大量工厂生产和居民燃煤取暖所排出的废气难

1952年冬季，伦敦经历了连续多日的无风天气，居民在冬季使用燃煤供暖，市区工业生产采用燃煤火力发电。无风天气使煤炭燃烧产生的一氧化碳、二氧化硫、粉尘等气体难以消散，从而引发持续多日的雾霾天气，约8000人因此而死于呼吸系统疾病。

以消散，粉尘和空气中的水汽结合，积聚在城市上空。伦敦城笼罩在这片黑暗的迷雾中，成为一座雾都。雾都之下，由于空气可见度低，许多人只好选择步行，小心翼翼地沿着人行道摸索前进。浓雾之中的路灯发出暗淡的光，犹如黑暗中的点点星光。直至 12 月 10 日，强劲的西风吹散了笼罩在伦敦上空的恐怖烟雾。

自第一次工业革命以来，煤炭成为工业生产和家庭生活的主要燃料，因此煤烟排放量急剧增加，致使空气污染问题越来越严重。同时，英国冬季比较寒冷，居民家庭普遍要烧煤取暖，使烟尘排放量比平时更大。这次灾难性的伦敦雾产生的直接原因是燃煤产生的二氧化硫和粉尘污染，间接原因是开始于 12 月 4 日的逆温层所造成的大气污染物蓄积。燃煤产生的粉尘表面会吸附大量水汽，这样便形成了浓雾。煤炭粉尘催生二氧化硫，从而生成对呼吸器官危害极大的硫酸雾滴。

知识链接：雾霾

雾霾是雾和霾的组合词，是特定气候条件与人类活动相互作用的结果。高密度人口的经济及社会活动必然会排放大量细颗粒物（PM2.5），一旦排放超过大气循环能力和承载度，细颗粒物浓度将持续积聚，此时若空气流动较差，极易出现大范围雾霾。

北京奥林匹克公园位于北京市朝阳区，地处北京城中轴线北端。公园集中体现了“科技、绿色、人文”三大理念。但在近几年冬季，北京受雾霾问题影响较为严重，给人们的生活出行造成很大不便。雾霾中奥林匹克公园的建筑物和行人看上去十分模糊。

英国的行动

伦敦烟雾事件引起社会各界的高度关注，英国政府随即采取应对行动，避免灾难重现。1956 年，英国议会通过了世界上第一部现代意义上的空气污染防治法——《清洁空气法》，并对生产和民用的炉灶进行改造。继而，推广天然气在居民生活中的使用，减少煤炭用量，冬季采取集中供暖；对于用煤量较大的工业部门，政府强制其搬迁到郊区；在城市里设立无烟区，区内禁止使用可以产生烟雾的燃料。20 世纪 60 年代后期，随着英国产业转型，政府再次要求使用煤炭的工业部门必须加高烟囱，将烟雾排放到更高的空域，这有利于疏散大气污染物。1974 年，政府又出台了《空气污染控制法》。在一系列“治雾”猛药下，伦敦最终摘掉了戴在头上多年的“雾都”之帽。

纳尔逊纪念碑位于伦敦市中心特拉法加广场，用于纪念在英法特拉法加海战中殉亡的海军上将霍雷肖·纳尔逊。每年圣诞节，伦敦居民便会聚集到特拉法加广场狂欢。1952 年 11 月—12 月的伦敦烟雾导致数千人死亡，雾霾中模糊的纪念碑也给当年的圣诞增添悲情氛围。

全球行动

联合国气候变化议程

列星随旋，日月递炤，四时代御，阴阳大化，风雨博施。万物各得其和以生，各得其养以成。

——《荀子·天论》

1972年6月5日—16日，瑞典首都斯德哥尔摩，113个国家数百名政治家、科学家和学者会聚一起，神色凝重地讨论气候问题。这是人类第一次在全世界范围内研究保护人类环境的会议，因为大家意识到我们“只有一个地球”，而她现在正面临危险！

全球气候问题

有些事情，当它还没有发生时，你永远不会知道后果有多么严重；有些事情，当它已经发生，你没有见证，你永远不知道后果有多么恐怖；有些事情，当它正在发生，而你恰巧就在附近，你永远不知道自己有多想改变过去。气候问题，就是如此。

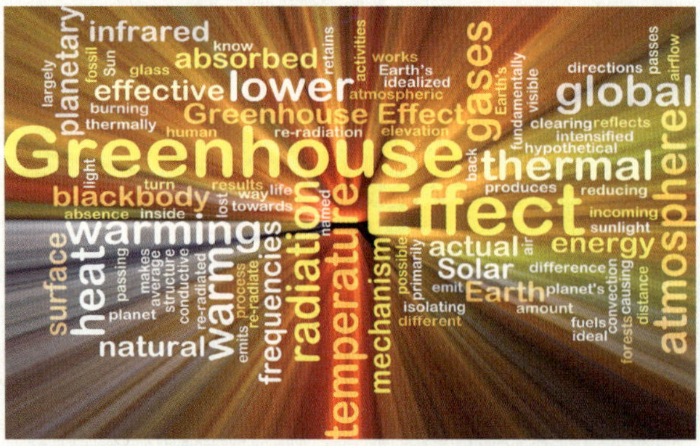

温室效应词云。温室效应又称“花房效应”，是大气保温效应的俗称。随着人类生产和生活向大气中排放的温室气体增多，太阳辐射穿透大气层将热量传到地表，地表受热后向外放出的大量长波热辐射线却被大气吸收，地表吸热多、散热相对少，温室效应由此产生。

知识链接：《联合国气候变化框架公约》

简称“框架公约”，1992年联合国谈判委员会在巴西里约热内卢举行的联合国环境与发展大会签署此公约。该公约具有法律效力。它主要关注的是气候问题，尤其是二氧化碳等温室气体排放而造成全球变暖问题，是全球第一个关于温室气体排放的公约。

1994年3月21日公约正式生效。自其生效至今对中国大陆和澳门都有效；2003年5月起，对香港特别行政区生效。截至2016年6月，该公约有缔约国197个。

它牵一发而动全身，多米诺骨牌一推，连串后果总是难以设想。虽然早在1896年，瑞典科学家斯万就曾提出，二氧化碳排放量过多会导致全球变暖，但并没有引起国际社会的重视。随着科学家对科学问题探讨的深入，到了20世纪70年代，气候问题的严重性才逐渐被大众认识，全球治理的帷幕由此拉开。

联合国行动

1972年，联合国人类环境会议开始重点关注环境问题。经过一系列的会议商讨，出台了著名的《联合国人类环境会议宣言》，以全球变暖为主要特征的全球气候变化问题从此开始受到密切关注。

2013 年 11 月 19 日，在波兰首都华沙，《联合国气候变化框架公约》第 19 次缔约方会议暨《京都议定书》第九次缔约方部长级会议开幕，联合国秘书长潘基文和波兰总理图斯克出席。

到了 20 世纪 80 年代，无论发达国家还是发展中国家，普遍遭遇了洪水、热浪、干旱、飓风、土地沙漠化、海平面上升等重大气候灾害或环境灾难。国际社会对气候问题的关注度日益提高。1988 年，世界气象组织、联合国环境规划署组建联合国政府间气候变化专门委员会，以进行气候评估。

20 世纪 90 年代，联合国开始组织各个国家采取实际行动，以减少气候问题。首先出台的是《联合国气候变化框架公约》，气候改善的实际工作规划就此开始；在此推动下，环境友好的措施已经得到公众认可，越来越多的企业执行环保方案。1995 年，第一届联合国气候大会召开，人们开始对环境问题进行定期讨论追踪。随后《京都议定书》签署，各签署国的碳排放量按规定将逐步减少。

随着国际合作越来越深入，气候改善逐渐步入正轨。愿未来青山永在，绿水长流。

知识链接：联合国气候大会

它是联合国气候变化框架公约缔约方旨在讨论公约执行等相应问题而举行的会议。1995 年 3 月 28 日，缔约方在柏林举行了首次会议，此后每年都会召开会议。2024 年，第 29 届联合国气候变化大会在阿塞拜疆巴库召开。

2000 年 11 月，在海牙召开第 6 次缔约方大会，美国作为当时世界上最大的温室气体排放国则坚持要大幅度折扣减排指标，导致休会，延期至 2001 年 7 月在波恩继续进行。因此 2001 年，共举行了两次大会。

知识链接：《京都议定书》

《京都议定书》全称《联合国气候变化框架公约的京都议定书》。1997 年 12 月，《框架公约》缔约国在京都召开三次会议后签署通过了该议定书。它是《框架公约》的补充条款，遵循了《框架公约》“共同但有区别的责任”原则，即发达国家和发展中国家承担不同义务。2005 年 2 月，议定书生效。

议定书通过后，在开放签字期间，有 84 个签字国。截至 2009 年 2 月，成员国有 183 个。美国虽然签署了该议定书，但在国内审核过程中并未通过，由此宣布拒绝批准该议定书，成为第一个退出该议定书的国家。

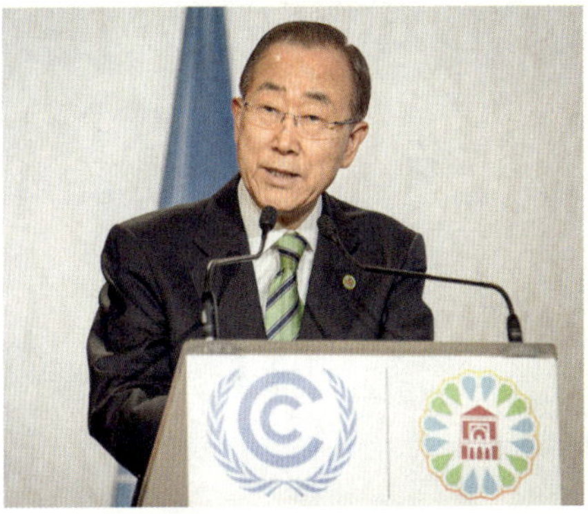

2016 年，时任联合国秘书长潘基文在第 22 届联合国气候变化大会上发言，这是《巴黎协定》正式生效后的一次“落实行动”的大会。其重要目标是，将全球气温控制在比工业革命前高 2 摄氏度以内，并努力控制在 1.5 摄氏度以内。

绿色标杆

伦敦贝丁顿“零碳社区”

人生欲求安全，当有五要。一是清洁空气，二是澄清饮水，三是流通沟渠，四是扫洒屋宇，五是日光充足。

——南丁格尔

在全球变暖引起气候恶劣变化的今天，节能减排已成为世界各国的共同追求。在英国伦敦西南郊的萨顿镇，一个小区蜚声国内外，该小区自从2002年建成以来曾获得一系列重大奖项，并吸引世界各地的游客参观学习。这个小区就是世界上第一个零二氧化碳排放社区——伦敦贝丁顿“零碳社区”。

低碳建筑

该小区有着独特的外观结构，与以往的建筑风格不同的是，它将零二氧化碳排放的理念应用到建筑设计和构筑过程中，从而实现从建筑选材到居民入住、生活出行等低碳排放一站式成型。

英国贝丁顿生态社区从建筑选材到建筑主题设计，每个部分都融入节能环保的设计理念，同时不失房屋本身的舒适。生态村在交通和能源利用方面也做到了节能减排，被称为英国第一个也是世界第一个“零碳社区”。

该建筑由世界著名低碳建筑设计师比尔·登斯特设计，是英国目前最大的生态环保社区。在建筑材料的选用上，为了不造成资源浪费，建筑过程中的许多材料均取材于工业和建筑废料。由于靠近一座废弃的火车站和拆毁的建筑厂房，“零碳社区”建造过程中的许多钢材、玻璃等均就地取材，这不仅大大降低了建筑成本，也使得建造过程中减少了10%以上（约800吨）的二氧化碳排放量。

零碳供暖

为降低居民生活中的二氧化碳排放量，“零碳社区”利用太阳能等非石化能源。为应对英国冬季的寒冷天气，建筑师对屋顶、墙体及地面进行特殊设计，均采用高质量的绝缘材料，从而保障了冬季的室内温度。墙体的构造也使用夹心设计，在墙体中填充绝缘纤维，有效防止室内温度外散，达到冬暖夏凉的舒适效果。社区的楼顶安装了摇头式通风装置“风帽”，可根据风向调整风口，从而将室外的空气引入室内，达到空气净化效果。此外，通风设备内部的热交换器可回收排出废气中的大部分的热量，并将之传导、引入室内的新鲜空气，有效防止能量外散。

小区内设有废物利用发电厂，并将发电过程中的热量用于居民用水加热，社区内的每户家庭都装

贝丁顿社区的屋顶看着像烟囱一样颜色各异的装置是通风口，该通风口在进行室内外通风的过程中，不会导致屋内热量流失。屋顶植被可有效保持室内恒温，使房屋冬季保温，夏季屋顶植被开满鲜花很好地装扮了整个社区。铺设在屋顶的太阳能板也能有效保证居民用电。

知识链接：节能减排

从广义上来说，节能减排是指节约物质资源和能量资源，减少废弃物和环境有害物（包括“三废”和噪声等）排放；狭义而言，节能减排是指节约能源和减少环境有害物排放。

有热水桶，可用于辅助取暖。采取这些保暖措施后，居民家中就不必安装其他耗能取暖设备，这就减少了一大块能源消耗。“零碳社区”还采用屋顶绿化的方法保持室内温度，将半肉质植物覆盖于屋顶，大大减少了冬天室内的热量散失，既起到绿化美观又降低了居民采暖制冷的能耗。设计师邓斯特介绍说，“零碳社区”或者说是“低碳社区”可针对不同的气候环境实施多样化设计方案，可以在更多的国家和地区推广。此外，“零碳社区”的房屋也有独特的雨水回收和再利用方式。由于伦敦降雨量丰富，通过对雨水以及生活污水的回收利用，可大大节约自来水使用量。屋顶和花园的雨水收集设施通过管道把雨水引入房子下面的储水器里，经过过滤后用于卫生间清洗和绿化植物灌溉。

绿色出行

为引导用户绿色出行，减少私家车使用，“零碳社区”设计师也在增加电动车使用和太阳能利用方面下了功夫。社区每户都安装了太阳能光电板，居民家中的热水和电车充电都来自暖暖的阳光。这些太阳能光电板可为40辆汽车提供电力，为居民提供了便利的自行车和电动车的使用机会，为私家车主提供其他选择。此外，社区在配套设施建设上采取了减少居民开车远行的做法。这给居民提供了在家办公的机会。小区内配有商店、咖啡店、带托儿功能的健身中心等设施。小区内的商店为居民提供新鲜蔬果送货上门，大大减少了居民的开车出行。

贝丁顿社区绿化状况较好，绿化植物能有效改善城市空气质量，既能吸收二氧化碳，释放氧气，还能吸附有毒气体。图为贝丁顿社区开放的郁金香。

火车、地图、证书

荷兰的新能源之路

每年5月第二个星期六是荷兰的“风车日”，不管蓝天白云，不论阴天下雨，全国风车一齐转动，有的悬挂国旗，有的装饰花环、彩带。风叶转啊！转啊！转啊！兀自按着自己的节拍旋转着，风车的年代不曾老去。

——丘彦明《在荷兰过日子》

荷兰素有“风车之国”之称，对于风车的使用可以追溯到几百年前，利用风能的风车现在已经成为荷兰国家的象征。在几个世纪前，荷兰人用风车磨面；今日，荷兰人用风车助推火车。

风能火车

风力发电是荷兰重要的电力来源之一。而将风力发电用作火车动力将大大减少碳排放量。荷兰全国火车每年大约使用12亿千瓦时电力，相当于首都阿姆斯特丹所有家庭全年用电量。荷兰的风力发电系统每年能够产生74亿千瓦时的电量，但经常供不应求，因此需要向邻近的比利时、芬兰等国家购买风力能源。为了减少火车用电的碳排放量，荷兰最大的铁路公司与能源公司进行合作，在2017年1月全部实现风力火车运行。两家铁路公司和能源公司宣称，它们下一个目标是在2020年之前，将乘客人均耗电量比2005年降低35%。风力火车是荷兰在节能减排方面的典范。火车全面使用风力发电，大大减少荷兰的交通碳排放量。荷兰在新能源利用方面的创新仍在继续，近期又发明了能源地图以实现能源的清洁和可持续发展。

荷兰旧式风车磨坊主要采用风能转动装置，带动内部器械转动，实现食物原料的加工。这种风车装置在欧洲出现较早，19世纪盛行，当时荷兰有1万多架风车。随着两次工业革命的推进，涡轮和燃油机械取代了风车磨坊，但其依靠风力无污染的特点仍受人们青睐。

能源地图

阿姆斯特丹坐落在荷兰的西北部，是荷兰最大的城市，也是荷兰美丽的城市之都，整个大都市圈人口近700万，而且在不断扩大。根据早年数据统计，该市面积为219.4平方公里，人口密度为每平方公里4457人。如何实现能源的清洁和可持续发展，是阿姆斯特丹城市乃至荷兰全国一个非常现实的问题。尽管荷兰是天然气大国，北海的格罗宁根气田不仅可满足荷兰需求，还可以出口到欧洲其他国家，但阿姆斯特丹并没有因为资源丰富而鼓励使用天然气。阿姆斯特丹的天然气消费主要用于冬季供热。为减少天然气供暖，政府鼓励采用可再生能源。近年来，阿姆斯特丹在智能家居、光伏利用、废物发电等方面走在世界前列。在这一系列举措中，发挥重要枢纽作用的是能源地图。

能源地图是利用互联网信息技术建立的有关能源使用状况的网上数据库。与普通地图不同的是，能源地图主要显示的是能源信息，其目的是让市民随时了解城市的能源使用状况，思考如何让城市变得更加低碳。通过热扫描，能源地图可显示居民家中的保温情况。居民可以在地图上找到自己家的位置并了解自家能源使用状况。能源地图用不同的颜色提醒居民屋顶保温情况，方便居民做出调整。能源地图也便捷了能源服务的公司，使它们可以按图索骥和对能源数据进行分析，大大提高了工作效率。

知识链接：新能源

指刚开始开发利用或正在积极研究、有待推广的能源，如太阳能、地热能、风能、海洋能、生物质能和核聚变能等。

风力发电是利用风能带动风车叶片旋转，再通过增速机将旋转的速度提升，以促使发电机发电。风能是潜力较大的新能源，较之于传统火力发电带来粉尘等污染，风力发电更加环保，且能够产生非常巨大的电能。

阿姆斯特丹人工开凿或修整的运河道有165条，整个水城河网纵横交错，被称为“北方威尼斯”。荷兰在历史上航运发达，素有“海上马车夫”之称，完成于17世纪的阿姆斯特丹运河显示了当时荷兰在政治、经济和文化方面蓬勃发展的成就。阿姆斯特丹运河已正式列入《世界遗产名录》。

绿色证书

荷兰作为低地国家，缺少水电和地热能，但在新能源的应用推广方面位居世界前列。荷兰的新能源以风力、太阳能为主。为鼓励使用可再生能源，荷兰自20世纪90年代开始就致力于建设能源使用的“绿色证书”交易系统。绿色证书是一种可以在欧洲市场上自由交易的绿电指标商品。为了推广使用再生能源，由专门的认证机构给可再生能源产生的每1000千瓦小时电力颁发一个专有的编码作为绿色证书。

目前，荷兰用电66%以上靠采购绿电，这一方面是因为绿电价格低廉，同时也与公民的环保意识有关。荷兰的绿电价格与化石能源价格（灰电价格）相差不大，除海上风力发电的绿电价格高昂外，越来越多的绿电套餐包月价跟灰电价格趋同。人们在生活用电和工业用电方面都更在意电力来源以及电力消耗对生活环境的影响，关注污染和气候变化对荷兰的负面影响。

不停地寻找
我们正在逝去的家园

怀念，清澈见底的潺潺溪流和阳光明媚的碧空蓝天。
怀念，郁郁葱葱的山坡高岗和我们正在逝去的美好家园。

清晨的阳光不再明媚，当空气中的雾霾令人无法呼吸，当河流污染散发出刺鼻的气味，当湖泊干涸，荒漠肆虐，我们才猛然惊醒：我们美好家园的生态环境已被破坏得不堪入目。

可怕的生态破坏

曾几何时，小河流水清澈见底，青山绿水宛若画卷。但长期以来，当生态环境遭受越来越多的破坏时，我们离曾经的美好也越来越远。我们一直以为自己生活的地球地大物博，资源丰富。然而，由于人类不合理地开发利用自然资源导致水土流失，草场退化，土壤沙化、盐碱化、沼泽化，湿地遭到破坏，森林、湖泊面积急剧减少，矿产资源濒临枯竭，野生动植物和水生生物资源日益枯竭，生物多样性减少，旱涝灾害频繁，水体污染，以致流行病蔓延。在快速的工业化和城市化生活过程中，我们感受到生产进步给生活带来的种种便捷，但生态平衡遭到破坏导致生态系统的结构和功能严重失调，从而威胁到人类的生存和发展。

生态信息图表是为了警醒人们：爱护地球家园生态。

触目惊心的死亡数字

生态环境的恶化给人类带来的影响是灾难性的。1943 年，美国洛杉矶市汽车排放的大量尾气在紫外线照射下产生化学烟雾，使大量居民出现眼睛红肿、流泪、喉痛等，死亡率明显升高。1948 年美国宾夕法尼亚州多诺拉镇，因炼锌厂、钢铁厂、硫酸厂排放的二氧化硫及氧化物和粉尘造成大气严重污染，5900 多人患病，事件发生的第三天有 17 人死亡。1952 年，英国伦敦由于工业生产及冬季燃煤排放的烟尘和二氧化硫在浓雾中积聚不散，头两个星期死亡 4000 人，之后的两个月内又有 8000 多人死亡。1961 年前后，日本四日市由于石油化工和工业燃烧石油排放的废气严重污染大气，居民呼吸道疾病骤增，尤其是哮喘

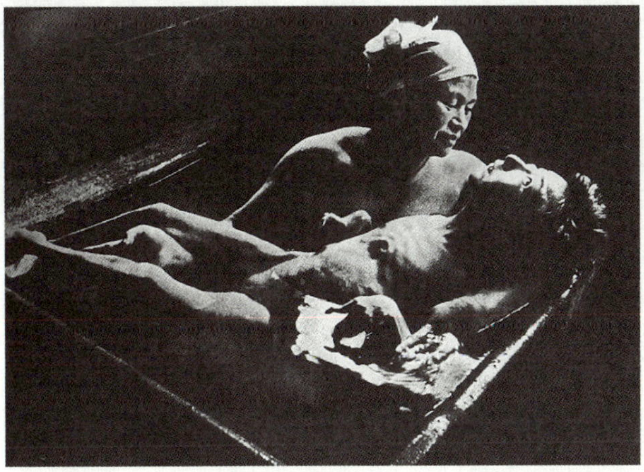

1956年，日本熊本县水俣湾由于工业废水排放污染物引发的异常病症，病情较轻的患病者表现为口齿不清、面部痴呆、手足麻痹变形、视觉感觉障碍；重度患者表现为精神失常，身体弯弓高叫，直至死亡。“水俣病”的产生被称为世界八大公害事件之一。

病的发病率大大提高，50岁以上的老人发病率约为8%，死亡10余人。1953年至1956年，日本熊本县水俣市因石油化工厂排放含汞废水，人们食用被汞污染和富集了甲基汞的鱼、虾、贝类等水生生物，造成大量居民中枢神经中毒，死亡率达38%，汞中毒者达283人，其中60余人死亡。1955年至1972年，日本富山县神通川流域发生“痛痛病”事件，因锌、铅冶炼厂等排放的含镉废水污染了河水和稻米，居民食用后中毒，1972年患病者达258人，死亡128人。这些触目惊心的数字背后是人与自然关系紧张的可怕后果。保护生态环境已刻不容缓。

共建美好家园，世界在行动

当前，世界各国都已意识到保护生态环境的问题。早在1992年5月，就有178个国家的领导人相聚巴西的里约热内卢，共同商讨保护环境的问题。这些国家的领导人计划保护地球环境，减少温室气体排放，促进人类的福祉和发展。1997年，160个国家在日本京都签订了旨在减少二氧化碳排放的《京都议定书》。由于减少排放会在一定程度上制约经济发展，美国这个二氧化碳头号排放国拒绝执行《京都议定书》。2002年，被称作“地球峰会”的世界可持续发展大会在南非召开，各国领导人和科学家继续商讨改善环境的计划。同时，中国也把保护环境作为基本国策，中国共产党第十八届五中全会会议提出：加大环境治理力度，以提高环境质量为核心，实行最严格的环境保护制度，深入实施大气、水、土壤污染防治行动计划，实行省以下环保机构监测监察执法垂直管理制度。相信在世界各国的努力下，我们将会重新看到绿水青山，我们美好的家园定会重现！

知识链接：电影《森林卫士》

讲述了在茫茫的林海雪原里，克里斯托坚定地守卫着脚下的土地、森林和森林里的动物。克里斯托经历过战争，他对生命有着与众不同的理解和感悟，他认为每个物种都应受到尊重，他守护的不只是森林，还有人类的道德底线和精神底线。

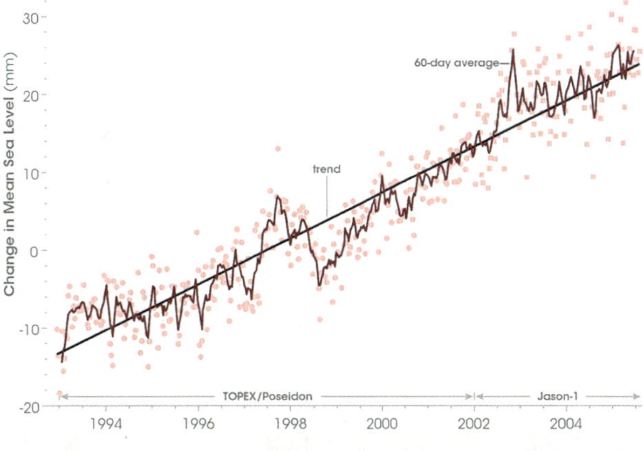

图为全球性海平面上升现象。在过去20年中，海平面上升加速的情况可能比之前预想的更加严重。

自然界遭遇空前生存危机

天空是鸟儿的家，河流是鱼儿的家，美丽的自然界是我们共同的家园。随着全球变暖、大气河流污染、过度放牧和砍伐……我们的地球家园正在遭受破坏，许多珍稀动植物已从生物链上消失。由于河流水体污染和城镇化建设，一些动物的数量正在减少，昔日的蛙声蝉鸣正在远去。由于气候变暖，高原冰雪融化，一些动物的栖息地在不断缩小，有着“高原气压计”之称的雪豹不仅要面对气候变化带来的险恶环境，而且遭到人类的大肆捕杀。此外，一些珍稀野生动物因其自身药用价值而引来杀身之祸。近年来，关于走私穿山甲的新闻报道不断见诸报端。为满足味蕾的享受，一些人也将穿山甲做成菜肴端上餐桌。自然界的生存危机变得日益严重，生物链的变化也会让动物的生存状况遭到破坏。一个物种的消失往往导致数十种物种的灭绝，一种生物的闯入也会打乱整个食物链。在澳大利亚，由于一时的疏忽，逃窜野外的兔子引发了百年的人兔大战，酿成全国性灾难，但仍未能调和人与自然的矛盾。

地球母亲

人类和动物的共同家园

明月别枝惊鹊，清风半夜鸣蝉。稻花香里说丰年，听取蛙声一片。
七八个星天外，两三点雨山前。旧时茅店社林边，路转溪桥忽见。
——辛弃疾《西江月·夜行黄沙道中》

上面这首词为我们勾勒出一幅恬静的田园生活场景。那句“稻花香里说丰年，听取蛙声一片”让人感受到丰收的喜悦，在词人那里，俨然听到群蛙在稻田中齐声喧嚷，争说丰年。然而，工业化带来的喧嚣打破了这种场景。由于人们不合理的开发利用，争说丰年的蛙声正“渐鸣渐远”，我们建设的美好家园成了动物回不去的故乡。

栖息地不断缩小

青蛙爱吃小昆虫，尤其善于捕捉活动中的小型昆虫，被称为庄稼的好朋友。由于青蛙裸露的皮肤不利于体内水分的保持，它们一般栖息在河流或雨林等潮湿的地方。小蝌蚪只能生活在水中，长大后才可以到湿润的陆地上生活。青蛙用肺来呼吸，但也可以通过湿润的皮肤从空气中吸取氧气。青蛙平时栖息在稻田、池塘、水沟或河流沿岸的草丛中，这有利于其捕获蚊虫。近年来，人类的生产活动范围扩展，许多湿地资源遭到破坏。湿地围垦、湿地环境污染、湿地水资源过度利用、水利工程建设和城市建设等不合理利用导致湿地生态系统退化。青蛙的栖息地范围不断缩小。由于农业生产中使用化肥和杀虫剂，湿地水污染极其严重。在农药喷洒过程中，作物上残留的毒药会随着雨水流入河流，造成河流水体污染。青蛙在食用中毒的昆虫后也会受到影响。研究表明，化学污染造成青蛙不良变异、寿命缩短。如在哥斯达黎加的森林和澳大利亚高地雨林中青蛙已经因此灭绝。

青蛙由于外表裸露不能有效防止体内水分蒸发，一般选择在池塘、水沟或河流沿岸的草丛中栖息。青蛙主要捕食小型昆虫，一般是夜晚捕食。目前，全世界青蛙数量迅速减少，主要原因是环境污染、气候变化以及人类扩张造成栖息地缩小等。

数量不断下降

除了栖息地范围缩小外，近年来科学家发现噪声污染导致青蛙数量急剧减少。青蛙主要是通过叫声来吸引异性交配，但在工业化和城市化进程中，人类活动范围不断扩大，新的住宅区和公路网不断蚕食着青蛙的生活空间，噪声污染就对青蛙的繁殖产生破坏性影响。在青蛙交配期间，雌蛙往往会选择

由于人类的扩张，池塘和湿地急剧减少。图为深圳城中村池塘也吸引了很多垂钓人。

知识链接：湿地资源

湿地是重要的国土资源和自然资源，具有多种生态调节功能。湿地与人类的生产和生活息息相关，是自然界最富生物多样性的生态景观和人类最重要的生存环境之一。湿地在抵御洪水、调节径流、蓄洪防旱、控制污染、调节气候、控制土壤侵蚀、促淤造陆、美化环境等方面有重要作用，因此被誉为“地球之肾”。

叫声大、鸣叫频度最快的雄蛙作为交配对象。受其他声音影响，尤其是工业社会的噪声污染，雌蛙能够听到雄蛙鸣叫的距离大为缩短。澳大利亚学者帕里斯称，在噪音环境中，雄蛙为了吸引雌蛙，往往要提高音调，并且所耗精力比在正常情况下更多。此外，那些天生音调就比较低的青蛙所受影响就更大了，因为公路上飞驰的车辆和企业生产轰鸣的发动机都会带来噪声污染。受到噪声影响，青蛙繁殖数量急剧下降。自2000年以来，帕里斯对104个池塘的青蛙进行研究发现，这些池塘青蛙数量以及种类一直在下降。

宁夏回族自治区石嘴山沙湖湿地拥有上万亩水域，水域与沙地相辉映，水产丰富，除鱼类外，还有芦苇和荷花种植水域。这里从1990年开始建设，目前已经吸引百万只鸟栖息繁殖，被列为国家级自然风景保护区。

保护动物栖息地，利在当代，功在千秋

社会需要发展，需要进步，但如何在发展进步的过程中与自然和谐共处，这是我们必须思考和解决的问题。任何物种的存在对于维持生态系统的健康和可持续性都起着至关重要的作用，而野生动物保护的核心就是栖息地保护。对任何生物的保护，既是为人类子孙后代的发展留下资源和发展机会，也是维系人类自身的生存发展。随着社会的进步，人类对自然环境的保护意识也越来越强。“先污染后治理”已成为过去时，越来越多的自然保护区相继建立，旨在为野生动物提供适宜的生存环境。在我国第十二届全国人大常委会第十八次会议审议中，《中华人民共和国野生动物保护法（修订草案）》增加了保护野生动物栖息地的内容。在我国，保护野生动物栖息地已纳入法制轨道。

第130—131页：中国辽宁盘锦湿地

盘锦是驰名中外的湿地之都、生态家园。世界第一芦苇荡、天下奇观红海滩，独特的自然风貌使盘锦成为富有个性的旅游城市。

濒临灭绝的“气压计”
高原雪豹

人生，就是在杀戮和无聊之间徘徊。反抗，只会增加你的痛苦。放心，它跑不了。冷风中有熟悉的血腥味。

高原“气压计”

雪豹是一种大型猫科食肉动物，由于常在雪线附近和雪地间活动而得名。它是国家一级保护动物，处于高原生态食物链的顶端，被人们称为“高海拔生态系统健康与否的气压计”。雪豹是食肉动物，有固定洞穴，多在晨昏时觅食。在高原地区，雪豹以捕食山羊、岩羊、斑羚等各种高山动物为主，偶尔攻击牦牛。雪豹夏季居住在海拔5000—5600米的高山上，冬季一般随岩羊下降到相对较低的山上；雪豹的活动范围与其捕获猎物的活动范围相关。雪豹往往单独活动，它们的种群密度非常低，山区平均每100平方公里不到1只。在中国，雪豹数量甚至比大熊猫还少，所以被列入“濒临灭绝的十大野生动物”目录。

雪豹栖息在高原地区，我国青藏高原及帕米尔高原是雪豹主要分布区，雪豹全身灰白色，是有黑色斑纹的食肉动物。栖息于海拔2000—6000米的高山裸岩、草甸、灌丛和山地针叶林边缘。近年来，雪豹因毛皮珍贵而被偷猎者大量捕杀，数量锐减。

艰难的生存

在中国，雪豹主要分布在昆仑山、帕米尔高原、天山及阿勒泰山区的雪线附近。高海拔地区生态系统脆弱，气温低，动植物数量少，一旦遭到破坏便很难恢复。近年来，随着科学技术的进步，人类活动范围不断增加，雪豹分布区内开始出现越来越多的人类开采活动。高原地区的生物链受到干扰。其中北山羊等野生动物在很多地区濒临绝迹，雪豹食物来源愈加稀少。在昆仑山等地矿业开采中，重型机械甚至开到了海拔5000多米的地方。一些私人矿点为开山取石采取爆破活动，这导致雪豹的活动范围大为缩小。随着地表植被的破坏，野生动物数量急剧下降，生态系统的恢复十分艰难。

此外，由于全球气候变化和温室效应，高原雪线不断上升。在雪豹分布区域，温度升高导致森林植被分布基线日益向更高海拔地区收缩。人类活动如农业开发和放牧都在不断地侵蚀着雪豹的生存空

知识链接：物种灭绝

泛指植物或动物的种类不可再生性地消失或破坏。一株植物枯萎，一只动物死亡，有时并不仅仅意味着单个生命有机体的消失，也许凑巧是整个物种的灭绝。在世界范围内，生物物种正以前所未有的速度消失。

间，过度放牧和围栏使许多草地遭到破坏难以恢复，进而加速雪豹栖息地的退化和破碎化。根据世界自然基金会的研究报告显示，如果人类不能改变未来全球气候变化的趋势，1/3 的雪豹栖息地将不再适合雪豹长期生存。

自然保护区

是指在有代表性的自然生态系统、珍稀濒危野生动植物物种的天然集中分布区、有特殊意义的自然遗迹等保护对象所在的陆地、陆地水体或者海域，依法划出一定面积的区域予以特殊保护和管理。中国的自然保护区分为国家级自然保护区和地方各级自然保护区。在国内外有典型意义、在科学上有重大国际影响或者有特殊科学研究价值的自然保护区，被列为国家级自然保护区。

惨遭杀戮

在栖息地遭到破坏后，雪豹被迫下山。但是，人类活动对雪豹的伤害仍在继续。由于雪豹有着漂亮珍贵的毛皮，国际市场上雪豹的毛皮价格持续走俏。雪豹皮的毛皮大衣一度成为地位和身份的象征。除了毛皮的经济价值外，雪豹的骨头据说同虎骨一样具有重要的药用价值。尽管雪豹被列为珍稀保护物种，但在巨大的经济利益驱使下，总有人铤而走险猎捕雪豹。由于雪豹在不同季节的活动路线较为固定，这为人们捕杀雪豹提供可乘之机。在我国的新疆、西藏，雪豹贸易屡禁不止，喀什一度存在全世界最大的雪豹贸易黑市。除了经济利益驱使外，人与自然的矛盾也加剧了人类同雪豹的冲突。随着野生食物来源的减少，饥肠辘辘的雪豹开始捕猎牧民的牛羊。一些牧民的报复性猎杀也导致雪豹数量的减少。如何使雪豹免遭灭绝，成为人类面临的难题。

袋狼又名塔斯马尼亚虎，是一种起源于澳大利亚塔斯马尼亚岛和巴布亚新几内亚的肉食性有袋动物。母袋狼有育儿袋，产下的幼兽在育儿袋中发育。19 世纪初，一些农场主以保护农场羊群为由开始大肆捕杀袋狼，直接导致袋狼灭绝。

为保护高原雪豹，我国已将其列为国家一级保护动物，并加大了对非法狩猎雪豹及非法交易雪豹毛皮的打击力度。图为被救助的雪豹在新疆精河县被放生。

买卖=伤害

珍稀动植物越来越少

谁道群生性命微，一般骨肉一般皮。劝君莫打枝头鸟，子在巢中望母归。

——白居易《鸟》

近年来，网络上关于非法捕杀、买卖、走私、食用珍稀野生动物的新闻层出不穷。这些新闻反映的是人与自然之间深深的矛盾。我国珍稀保护动物穿山甲就承受着这种矛盾带来的痛苦。

猎杀穿山甲

2015年1月16日下午，广州市公安局森林分局查获一起特大非法收购、出售国家二级重点保护的珍贵、濒危野生动物穿山甲鳞片案件，现场缴获穿山甲鳞片约2000公斤，该批货市场终端价值约4000万元。据专家计算，以每条穿山甲个体大小论，仅仅能有400—600克的穿山甲鳞片；以每条穿山甲的鳞片重500克计算，这批鳞片至少让4000条穿山甲死于非命。穿山甲属于国家二级保护动物，穿山甲非法贸易载入了华盛顿公约即《濒危野生动植物种国际贸易公约》。该公约极力管制濒危野生动植物的非法贸易，得到了国际社会的认同。尽管穿山甲受到了世界各国官方的保护，但非法分子仍肆无忌惮地捕杀、买卖穿山甲。许多人认为，穿山甲具有珍贵的药用价值，一些人更是明目张胆地把穿山甲做成菜肴，端上餐桌。

正在觅食蚂蚁的穿山甲。穿山甲多生活在亚热带的落叶森林，大多夜间出外觅食。穿山甲外壳为角质鳞甲，其鳞片具有药用价值，大量捕杀和走私为穿山甲带来灭顶之灾。尽管我国将穿山甲列为国家二级保护动物，但犯罪分子走私穿山甲的活动仍屡禁不止。

消失的动植物种类

中国是濒危野生动植物分布大国。据不完全统计，列入《濒危野生动植物种国际贸易公约》附录、原产于中国的濒危动物有120多种，列入《国家重点保护野生动物名录》的有257种，列入《中国濒危动物红皮书》的鸟类、两栖爬行类和鱼类有400种，列入各省、自治区、直辖市重点保护野生动物名录的还有成百上千种。

中国地域辽阔，自然条件优越，动植物资源丰富而且都经历了物竞天择、适者生存、不断进化的过程。但是，它们却经不起人类的践踏和蹂躏，它们的栖息地不断缩小，生存环境不断遭受威胁。据统计，中国现有野生植物物种中，约有6000种植物处于濒危或濒临灭绝的状况，并且已有100多种植物处于极危，有相当大一部分植物物种在野外已经不存在。我国生物物种数量越来越少，平均每天就有一类濒危甚至濒临灭绝。由于物种之间的相互依存、相互制约的关系，一个物种的消失常常可导致另外10—30种生物的生存危机，由此可能最终导致整个生态系统的崩解。我国正处在物种灭绝危机的边缘，每年都有越来越多的植物物种在悄无声息地消失。

高居食物链顶端的人类

珍稀动植物数量不断减少的原因，既有自然因素，也有人为因素。自然原因是，物种的自我进化难以适应自然气候的变迁，被自然淘汰。更主要的是人为原因。随着科学技术的进步，人类征服自然的能力不断提高。许多珍稀野生动物被端上人类的

大熊猫体色为黑白两色，被誉为“活化石”和“中国国宝”，属于中国国家一级保护动物。世界自然基金会将大熊猫列为形象大使，是世界生物多样性保护的旗舰物种。大熊猫的生存状况曾一度濒危。我国一直重视保护大熊猫栖息地，大熊猫的生存状况因此明显改善。

知识链接：食物链

食物链是指生物相互制约、相互依存所形成的食物网络关系。食物对任何生物来说都是极为重要的，它能供应生命所需的能源，修补受损机能及供生长之用。吃和被吃的行为在生物之间是紧密相连的，这就促成了食物链的形成。按照生物间的相互关系，一般又可把食物链分成四类：捕食性食物链、碎食性食物链、寄生性食物链和腐生性食物链。

人类高居食物链顶端。图为香港市民在商场准备年货。

餐桌。每个物种都是自然环境中的重要一员，彼此通过食物链互相依存、互相牵制。一旦食物链的某一环节出现问题，整个生态系统的平衡就会受到严重影响。如20世纪，由于认识不足，我国出现打麻雀运动，这导致农田害虫几乎没有天敌，对农业生产造成不利影响。近年来，由于大量使用农药和化肥以及猎捕活体用于宠物贸易，食虫鸟类数量急剧减少，导致松毛虫、蝗虫等森林和农作物病虫害大面积发生。为不使人类成为消失的食物链的最后一环，未来社会必须建立在可持续发展的基础之上，应该对自然资源进行合理合法利用。

生物链遭遇人为破坏 “人兔大战”

兔饥食山林，兔渴饮川泽。与人不瑕玼，焉用苦求索。天寒草枯死，见窘何太迫。上有苍鹰祸，下有黄犬厄。一死无足悲，所耻败头额。敢期挥金遇，倒橐无难色。虽乖猎者意，颇塞仁人责。

——（宋）秦观

看似可爱温顺的兔子，却在澳大利亚大陆上演过一场长达百年、惊心动魄的“人兔大战”。1859年，一位名叫托马斯·奥斯汀的英格兰农场主来到澳大利亚。在英国，狩猎是贵族在自己庄园的重要活动之一。为了给自己的移民生活增添乐趣，奥斯汀把从英国带来的24只欧洲兔、5只野兔放养在领地。正是奥斯汀的这次意外失误开启了澳大利亚历史上的百年“人兔大战”。

兔子大军

澳大利亚气候宜人，还拥有广袤的草原，草原上生存着袋鼠、袋狸等野生动物。同时，这些天然草场也满足了牧民的放牧需要，牧民在广阔的草原上饲养牛羊。澳大利亚因此被称为骑在羊背上的国家。由于一时疏忽，奥斯汀圈养的兔子逃离出去，在广阔无际的草原上成为野兔。同时，又有一些移民将带过来的兔子放到野外。这些欧洲兔繁殖能力极强，加上丰富的青草和有利于打洞的疏松土质，短短几年便肆虐遍野。

兔子在动物分类学上属于哺乳动物中的兔形目，有很多品种。据美国兔子繁殖者协会统计，全世界的纯种兔品种大约有45种，再细分下去可分为四大类，就是食用兔、毛用兔、实验兔和宠物兔。

反客为主

澳大利亚没有鹰、狐狸和狼等兔类的天敌，兔子可以肆无忌惮地向澳大利亚其他地区扩张。到1926年，全澳大利亚的兔子数量已经增长到了创纪录的100亿只，游荡的兔子大军改变了草原上的生态平衡，庄稼、牧草和树皮都成为兔子的食物来源。兔子的强行加入打乱了澳大利亚草原上原有的食物链，许多牧场被兔子占领，给牛羊的生存带来严重危机，澳大利亚的畜牧业、养殖业遭受重大损失。

此外，澳大利亚一些野生动物如小袋鼠、袋狸等动物的洞穴、食物被兔子霸占，数十种生物因此从生物链上消失。

灭兔行动

为了对付泛滥成灾的兔子，澳大利亚人开始了一场历时百年的世纪灭兔行动。他们先后采取猎杀、毒杀、拦截等多种手段，并出动飞机喷洒毒药。尽管这些措施有助于减少兔子数量，但对于数量庞大的兔子来说只是杯水车薪，况且这些灭兔措施同样对其他生物造成伤害，使草原的生态系统遭到破坏。无奈之下，澳大利亚政府又采取“以毒攻毒”的策略，试图通过引进兔子的天敌狐狸消灭兔子。此举适得其反，狐狸的到来不仅没能减少兔子的数量，却使行动迟缓的袋鼠受到威胁。无奈之下，澳大利亚政府又于20世纪引入微生物病毒寄存在兔子体内，最终使兔子的数量受到限制。但是，这场战役并未结束，一些兔子逐渐恢复了繁殖能力，再次成为澳大利亚的威胁，政府每年在灭兔上的花销依然很高。

知识链接：生态平衡

生态平衡是指在一定时间内生态系统中的生物和环境之间、生物各个种群之间，通过能量流动、物质循环和信息传递，达到高度适应、协调和统一的状态。当生态系统处于平衡状态时，系统内各组成成分之间保持一定的比例关系，能量、物质的输入与输出在较长时间内趋于均衡，结构和功能相对稳定，在受到外来干扰时，能通过自我调节恢复到初始稳定状态。

1900年的澳大利亚“猎兔者”

痛定思痛

澳大利亚兔子的泛滥，只是人为破坏生物链而带来恶果的典型事例。生物链遭到人为破坏的例子不胜枚举。比如在20世纪我国从南美引进水葫芦作为猪饲料，但水葫芦的疯长造成水中缺氧、鱼虾死亡和水污染。为清除水葫芦，政府每年都要付出巨大开支。

人类只有在饱尝生物链破坏的恶果后，才明白生物链的重要性，重新审视自然与人类的关系。无论是澳大利亚兔子的泛滥，还是中国麻雀遭到大量捕杀，这些都充分说明大自然是个环环相扣的链条。人为破坏生物链，会导致生态失衡，而生态失衡带来的却是无法估量的后果。只有尊重自然界的客观规律，生态才能恢复往日的平衡。

随着社会经济的快速发展，环境污染问题对人类生存和可持续发展造成威胁。一些人主张先污染后治理，认为在经济发展的一定阶段，不得不忍受环境污染，经济发展到一定水平才可能有效地去治理。也有人认为，环境保护不应当落后于经济发展，因为生态平衡的恢复不是想做就做得到的。

医学成就

生命的珍贵在于它对每个人来说都只有一次，如何健康地生活，一直是人类永恒的追求。在医学技术手段还不发达的远古时代，人们便有着对长生不老的执念。经历不断地探索积累，人类取得巨大的医学成就。从对身体器官组织的治疗到对生命元素的细微探索，一个个医学奇迹不断涌现。在医疗技术不断取得新进展的情况下，许多被忽视的领域走进医学的视野。脐带血，曾被认为是无用之物，在孩子出生后便被抛弃。在医务人员的探索下，脐带血被证明含有生命的种子。基因治疗，将缺陷基因换成正常基因让人们燃起对生命的希望。经历最初的希望到困难和波折，基因治疗的成功案例不断增多，但当前基因治疗只让极少部分患者状况好转。生命的存在本身就是奇迹。医疗的进步让人产生重生的希望。冷冻复活技术究竟是幻想还是希望，令人拭目以待。尽管医疗技术在过去取得极大进步，但人类不能将全部的生命希望寄托于医学技术。健康的身体需要健康的生活，自然医学和营养学的结合及其明显的医养效果，显示出人类回归自然的重要性。

生命的种子

脐带血的妙用

旧的换掉，我们重新筑巢，看眼角耳际，开出花朵。

2005 年，电视剧《血玲珑》在中国大陆热播。它讲述的故事是，一位妈妈为了挽救自己重病的女儿历经周折生了二胎，用新生儿的脐带血救治女儿生命。该剧引起人们对于脐带血的关注，其实国际上在 1988 年就成功利用脐带血救治了患病儿童。

知识链接：干细胞

它是一种没有充分分化、尚不成熟的细胞，具有再生各种组织器官和人体的潜在功能，医学界称为“万用细胞”。干细胞按性能可分为全功能干细胞和多功能干细胞。全功能干细胞能分化出机体的所有组织和器官，也可以在体外环境下无限制地、无差别地增殖下去，克隆就需要此种细胞。多功能干细胞具有修复和再生能力，如造血干细胞、神经干细胞。成体干细胞在机体内的含量非常少，很难分化，而且数量也随着年龄的增长而减少。

脐带血的采用

1988 年，对于一个患有范科尼贫血的法国小男孩来说，这一年意义非凡。因为这一年，血液专家格卢克曼（Gluckman）先生在国际上率先成功采用脐血造血干细胞移植，救了这个小男孩的命，由此开启脐带造血干细胞移植时代。

脐带血本是胎儿出生、脐带结扎并离断后残留在胎盘和脐带中的血液，通常是在胎儿出生、剪断脐带后的几分钟内被采集，对母亲和孩子都没有不良影响。在过去，脐带血一直被认为是无用之物，小孩出生后，脐带血就被抛弃。

然而，随着科学发展，科学家在脐带血中发现了“生命种子”——造血干细胞。在此之前，造血干细胞的移植主要靠骨髓移植。然而，骨髓移植对配型要求高、对捐献者身体损伤大，同时骨髓库是信息库，如果需要获得捐献，则受捐献者身体状况、捐赠意愿等各种条件影响很大，因此提供骨髓周期时间长、难度大，所以医学家希望有更加便捷的替代方案。

相对骨髓，脐血中的干细胞比较原始，配型要

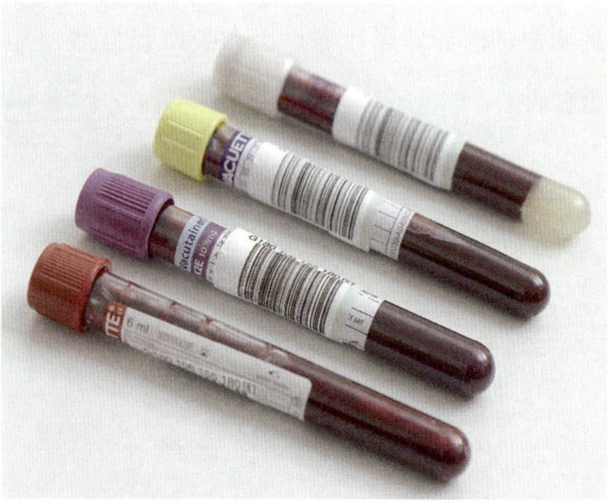

用于采集干细胞的脐带血。脐带血的采集是在新生儿出生以后，在贴近母端止血钳处消毒并将针头插入脐静脉，采集脐血。脐带血里含有大量的干细胞，是人体主要细胞。有学者认为，脐带血除了用于治疗贫血之外，还可以在癌症、先天代谢失常、免疫功能不全等疾病治疗中发挥作用。

求低，因此脐血造血干细胞移植成为医学界希望深挖的领域。当然，为了获取脐血而怀孕的风险大、等待的时间太久；同时，每个新生儿的脐带血含量很少，只能治疗20公斤左右的小孩，脐血移植也很受限制。

脐血移植的发展

为了保证脐血的有效存储，各国在进行脐血救治的医学探索时，也在进行脐血保存研究，建设了“生命银行”用于保存脐血。

1993年，美国完成了第一例非亲缘脐带血移植。因为“生命银行”是实体库，当病人需要造血干细胞时可以直接调用，快速配型，能迅速救人。当发现脐带血的造血干细胞可用于无血缘关系的移植，并且成功率高于骨髓移植后，脐血捐献增多，脐血移植开始广泛应用于儿童病治疗。2000年，在北京大学血液病研究所，世界首例双份脐带血移植治疗急性淋巴细胞白血病获得成功，患者体重达95公斤，脐血移植开始扩展到成人。

随着生命银行的建设，脐血库中脐血含量增多，脐带血作为造血干细胞的重要来源得到推广应用，全世界以脐血进行造血干细胞移植的案例呈现指数增长。1988年，全球第一例脐血干细胞移植成功；到2002年，全球有大概2000例移植成功；截至2013年8月29日，仅日本脐带血库网络进行脐血移植案例超过1万例，居全球之首。当前，脐血移植可以治疗疾病的范围已经扩大，未来还有很广阔的发展空间。

知识链接：生命银行

脐血含有原始干细胞这种“救命宝贝”，因此脐血库常被称为生命银行。脐血在存储前都要经过设备检测，检测合格的脐血存储在–196度的液氮罐内。各国的脐血库一般都分为公共库和自体库。公共库主要存放公共捐赠的脐血，对所有使用者开放，捐赠者具有优先匹配权。新生儿的脐血如果存放在自体库，则脐血只供保存者及家人使用，要收取高额的保管费。1992年，在美国纽约成立了世界上第一家公立脐带血库。1996年，中国第一家脐血库在北京建成。

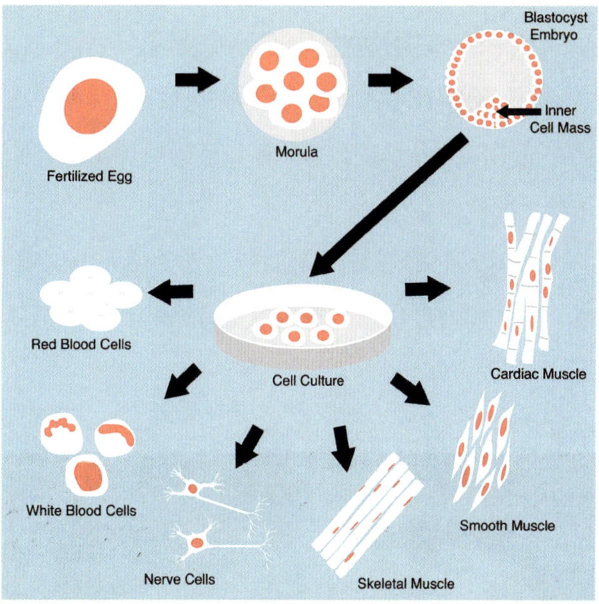

干细胞是一类具有自我复制能力的多潜能细胞。在一定条件下，它可以分化成具有多种功能的细胞。干细胞的用途非常广泛，科学家已经能够在体外鉴别、分离、纯化、扩增和培养人体胚胎干细胞，并用干细胞培育出一些人的组织器官。

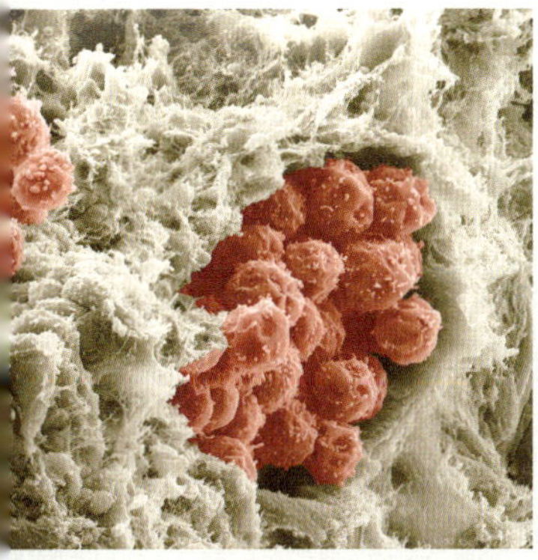

造血干细胞是血液系统中的成体干细胞，是一个异质性的群体，具有长期自我更新的能力和分化成各类成熟血细胞的潜能。在一些血液病临床治疗中，造血干细胞移植广泛应用于血液系统疾病以及自身免疫疾病。

解开生命密码 基因治疗

初识，欣喜万分。
我们把太多的厚望寄予你的身上。
从盲目乐观，到失望与怀疑，到拨云见日，
基因治疗的奇迹还在出现。

1990 年 9 月 14 日，在美国马里兰州贝塞斯达市卫生研究所的医疗中心，医学家安德森等人将修改了基因的白细胞注入一个 4 岁小女孩的静脉，世界首例“基因疗法”付诸实施。20 多年过去了，基因疗法并未取得人们期望的成绩，人们从当初的乐观回归深深的怀疑。

闯入者——美国医生马丁·克莱恩

正如科学技术发展史上任何一项发明与创新一样，基因治疗也来自一次尝试，准确地说是一次闯入禁区的尝试。

马丁·克莱恩是美国加州大学著名的医学教授，他试图通过用正常基因取代致病的不正常基因进行基因治疗。

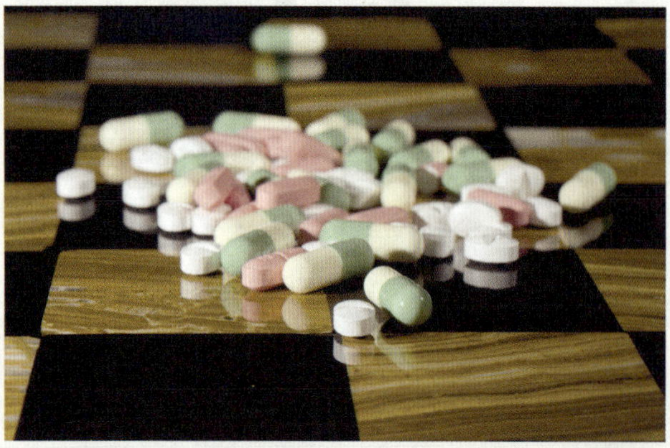

地中海贫血病人进行基因治疗的药物。这种病是由于染色体遗传性缺陷，引起珠蛋白链合成障碍，使一种或几种珠蛋白数量不足或完全缺乏，因而红细胞易被溶解破坏，是一种溶血性贫血。

1980 年，克莱恩第一次也是全世界首次尝试基因治疗。这年 7 月，克莱恩在以色列用基因替代为 β– 地中海贫血病人进行基因治疗。随后，另一名意大利患者接受了克莱恩同样的治疗手段。尽管人们倾向于为科学进步而大胆尝试的人点赞，但克莱恩的基因治疗尝试饱受诟病。克莱恩擅自改动治疗方案的做法违反了美国卫生研究院的规定，因此他的基因治疗尝试受到业界指责。许多人认为，在基因治疗手段尚未成熟的情况下，就擅自开展治疗违反相关条例规定。最终，美国国立医学研究院对克莱恩进行了处分。

第一个吃螃蟹的人——泡泡女孩德茜尔瓦

第一个接受临床基因治疗的患者是一位 4 岁的小女孩德茜尔瓦，她被称为泡泡女孩。因为她从小就生活在一个特殊的病房里，在这里，德茜尔瓦吸入的每一口空气都是经过特殊处理的。由于体内缺乏腺苷脱氨酶，德茜尔瓦的免疫力较低，任何一种看似平常的病毒都可以夺走她的生命。她的生命是如此的脆弱，就像泡沫一样随时会破灭。

为了让德茜尔瓦这朵生命之花绽放，德茜尔瓦的父母绞尽脑汁，四处求医。医生给出的治疗方案就是基因治疗，同样是用正常的腺苷脱氨酶基因替换不正常的腺苷脱氨酶基因。经过多次的基因输入，德茜尔瓦的病情有所好转，尽管未能治愈，但可以在药物的辅助下到户外活动，可以像正常人一

基因编辑技术能够让人类对目标基因进行“编辑”，实现对特定 DNA 片段的删除、加入等。英国弗朗西斯·克里克研究所于 2016 年 9 月 20 日宣布，通过基因编辑技术可发现人类胚胎早期发育阶段关键基因的作用机制。这有助于科学家破解胚胎发育的一些未解之谜，从而改进体外受精等生殖辅助技术。

样自由呼吸。在人们为德茜尔瓦走出病房感到欣慰的多年以后，另一例基因治疗的成功案例在大洋彼岸奇迹般出现。

幸运的蕾拉·理查茨

2015 年 11 月，英国伦敦出现世界首例基因治疗的奇迹。小女孩蕾拉·理查茨在出生后的 14 个月被确诊患有不治之症——急性淋巴细胞白血病。这是一种常见的白血病，医生对小蕾拉进行多次骨髓移植和化疗，但情况依然不乐观。医生们都表示回天无术，但小蕾拉的母亲并没有放弃自己的孩子。她告诉医生，为挽救小蕾拉，但凡存在一丝生机也要继续治疗，不管采用什么方法。最后，医院专家将最近正在研究的基因编辑技术用于小蕾拉的治疗。奇迹出现了，经过基因编辑治疗后，小蕾拉的白血病完全康复。医生们随后仍让小蕾拉接受康复治疗。小蕾拉的康复无疑增强了人们对基因治疗的信心。

知识链接：克隆技术

克隆是英文“clone”的音译，是利用生物技术由无性繁殖产生与原个体有完全相同基因组织后代的过程。克隆技术的设想是由德国胚胎学家于 1938 年首次提出的，1952 年科学家首先用青蛙开展克隆实验，之后不断有人利用各种动物进行克隆技术研究。科学家把人工遗传操作动物繁殖的过程叫克隆，也是指无性繁殖。克隆技术在现代生物学中被称为“生物放大技术”。到目前为止，克隆技术的发展经历了三个时期。第一个时期是微生物克隆，即将一个细菌复制出成千上万个和它一模一样的细菌，从而变成一个细菌群。第二个时期是生物技术克隆。第三个时期是动物克隆，即由一个动物细胞克隆成一个动物。

克隆是指生物体通过体细胞进行的无性繁殖，以及由无性繁殖形成的基因型完全相同的后代个体组成的种群。1996 年 7 月 5 日，位于苏格兰爱丁堡市郊的罗斯林研究所通过体细胞核移植“造出”世界上第一头克隆羊多莉(Dolly)，这是克隆技术领域研究的巨大突破。图为多莉和其基因母亲。

狂想曲

冷冻复活

当狂热遇见科学，
天才在左，
疯子在右，
是复活，还是黄粱一梦？
我们拭目以待。

《论语·颜渊篇》有言："商闻之矣，生死有命，富贵在天。"释迦牟尼说："人有八苦，生苦，老苦，病苦，死苦，怨憎会苦，爱别离苦，求不得苦，五蕴炽盛苦。"老子说："出生入死，生之徒，十有三；死之徒，十有三；人之生，动之于死地，亦十有三。夫何故？以其生生之厚。"自古以来，先贤圣人都把生死看作自然规律，任何人都无法避免。但是，总有人梦想着长生不老。在古代，从埃及的木乃伊到中国皇帝四处求仙问药，追求长生不老的例子不胜枚举。在科技进步的今天，仍有人梦想着让生命永存。

科幻世界的冷冻复活

人体冷冻复活术最早出现在科幻小说中。1931年，小说家尼尔·琼斯发表科幻小说《奇异的故事》，描写了詹姆斯的遗体被发射到太空中，那里的寒冷和真空状态使尸体得以完全保存。随着时间的流逝，人类消失在地球之上，但是詹姆斯的遗体被无限期保存了下来。直到有一天，外星人发现了安静地躺在太空中已经几百万年的詹姆斯。外星机械民族尝试复活詹姆斯，他们把头颅复活后移植到一个机械人的身上，詹姆斯奇迹般地复活了并且从此长生不老。琼斯的科幻想象激起了人体冷冻学之父罗伯特·埃廷格的兴趣。1962年，罗伯特·埃廷格写出《不朽的前景》一书，试图通过事实论证尼尔·琼斯科幻小说中出现的情形。比如，许多昆虫和低等生物冬天都冻僵起来，春天又自动复活；树木经过冬季的严寒后，在春季依然开枝散叶。

中国的首例"人体冷冻"

北京时间2015年5月30日下午5时40分，

罗伯特·埃廷格在1918年生于美国新泽西州大西洋城，2011年逝世于底特律郊区的家中，享年92岁。他是人体冷冻法的提倡者，其遗体也被冷冻保存。图为埃廷格在二战期间服役的照片。

61 岁的重庆女作家杜虹在病床上停止了心跳。现场的医务人员并未停下，拯救杜虹生命的行动仍在继续。医生给她注射了抗凝剂，为了不让尸体内的血液凝固；同时，按压她的心脏，让血液继续流动。随后，医生开始对杜虹的遗体灌输细胞保护液。医务人员的行动让杜虹的去世变得非同寻常。这些忙碌的身影向世人宣布了中国首个人体冷冻技术案例的出现。杜虹的尸体经过处理后运往美国，在那里，她等待着复活。

随着新闻媒体的大肆报道，有关冷冻复活的各种观点开始出现。一些人对未来科技能否让人起死回生的做法表示怀疑，但也有人对此抱有希望。

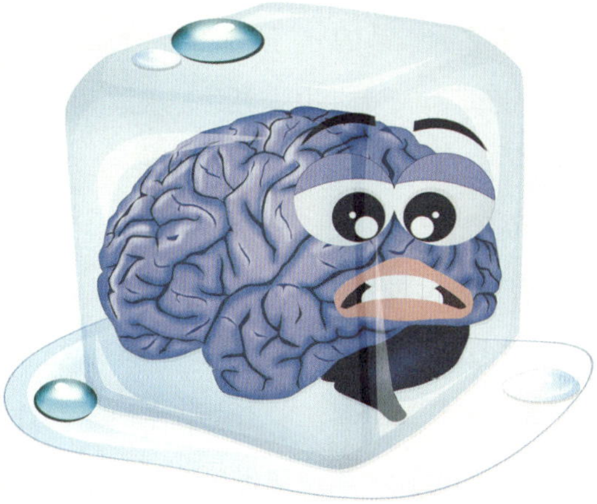

人体器官在低温条件下，只需要培养液中的微量营养物质，就可以保存活性几十年甚至更久。有人尝试冷冻大脑，在医疗技术进步到一定时期再取出复活。加拿大神经学家迈克尔·亨德里克斯认为，复活是一种超越技术前景的可悲的虚假希望。

知识链接：细胞冻存

细胞冻存是细胞保存的主要方法之一。它利用冻存技术将细胞置于特定的环境中，使细胞暂时脱离生长状态而保存细胞特性，在实验需要的时候再对细胞进行激活。通过细胞冻存保存一些特定细胞，可在同类型细胞受到破坏时避免细胞种丢失，起到了细胞保种的作用。

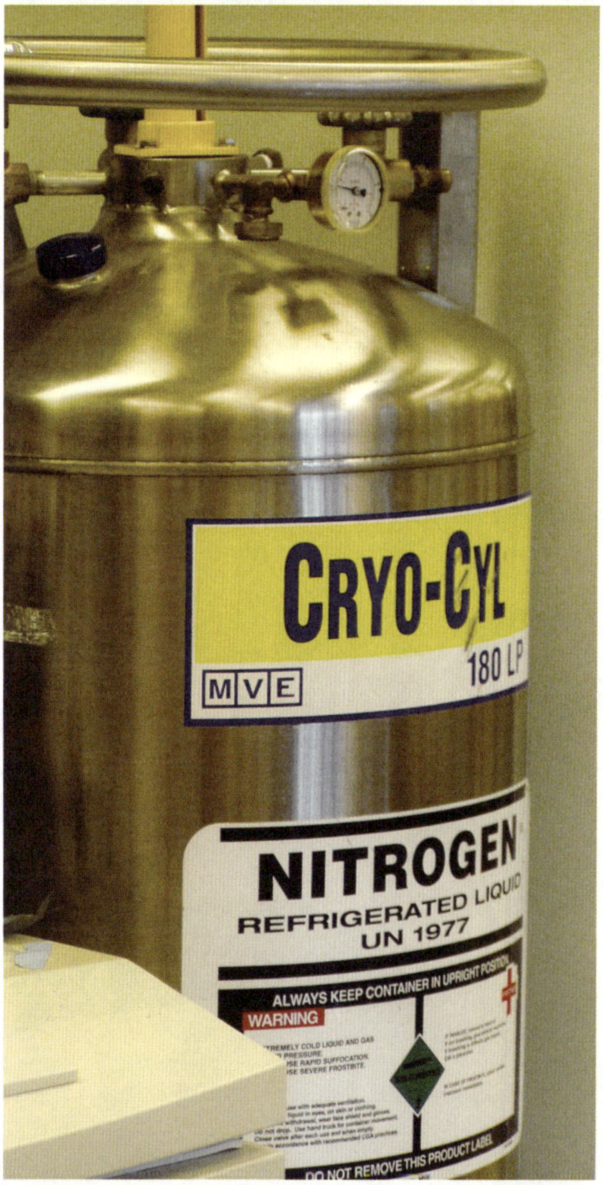

细胞冻存是将细胞放在低温环境中，减少细胞代谢，以便长期储存的一种技术。

回归本源

自然医学与营养学相结合

从锻炼健康的身体中锻炼出健康的精神，这是做一切工作所必遵守的一条辩证唯物主义的准则。

——朱光潜

苏联作家高尔基在《苏联纪游》中说："大自然蕴藏着尚未被我们利用的丰富能量，没有比大自然和人们的意志与智慧所创造的现实更大更全的大学了。"可见，大自然是人类最珍贵的财富。自然与我们生活的结合教会我们更好地尊重和顺应自然，自然医学和营养学就教会我们在生活中如何与自然和谐相处。

医学与自然的结合

自然医学是依靠自然环境达到自我理疗、自我康复的过程，是一种天然无害的治疗方法。与之相对的治疗方法是自然疗法。中医草药、针灸、刮痧、推拿、火疗等皆可称为自然疗法。自然医学倡导通过大自然中各种资源恢复身体健康，提高人体康复能力，在某种程度上是对自然的回归。自然医学在人类防御疾病的历史上起着积极作用，历代中医都侧重于使用自然疗法对人体进行调理。营养学是研究机体代谢与食物营养素之间关系的一门学科，与自然医学类似，二者都主张顺应自然、利用自然、追求健康的生活。

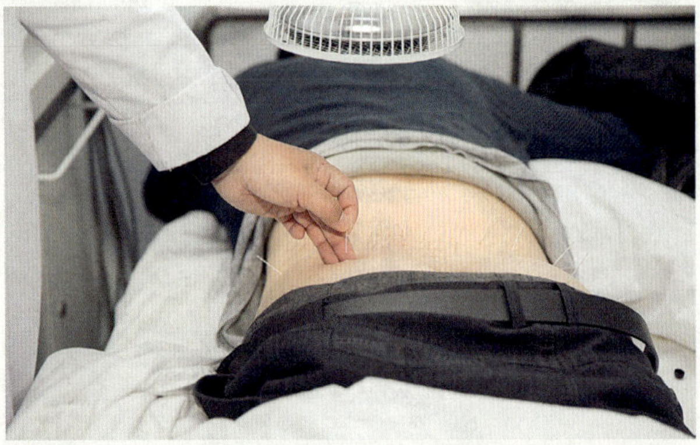

针灸是针法和灸法的总称。针法是根据中医理论把针具（通常指毫针）按照一定的角度刺入人体穴位，运用捻转与提插等针刺手法来对人体特定部位进行刺激从而达到治疗疾病的目的。灸法是以预制的灸炷或艾叶在体表一定的穴位上烧灼、熏熨，利用热的刺激预防和治疗疾病。

长寿的秘密

世界卫生组织2015年版《世界卫生统计》报告显示，2014年日本女性的平均寿命为86.83岁，男性为80.50岁，均刷新了历史最高纪录。日本女性的寿命已经连续三年位居世界第一，日本人成为全球最长寿人群。日本人长寿的秘诀除了其医疗保障制度比较完善外，也离不开他们健康的饮食习惯。日本的饮食以少量多样为主要特点。尽管日本人的食物种类多样，但是日本人讲究饮食控制，并适当进行节食。在日本，用于盛放食物的碗碟都很小，碗碟里盛放食物的量也很少，既不会过食又营养全面均衡。许多人吃饭只吃到八分饱。

日本菜肴品种多，数量少。每顿饭讲究蔬菜、水果和肉类多品种搭配，这样可以摄入多种而且均衡的营养成分。日本传统饮食多以蔬菜和鱼类为主，平均一个人每年消费近100公斤鱼类。日本人饮食多以蒸煮和“生食”为主，这样使食物的营养成分不会过多流失。日本人喜爱的“生食”包括蔬菜，食生肉、生鱼的情况也很多。在日本，很少看到因做饭而产生的大量油烟，饮食红烧或煎炸相对较少，食物口味比较清淡。另外，凉拌、清蒸、水煮的烹调方法可最大程度地保留食物中的多种营养成分和矿物质，这对保持身体营养均衡和健康有着重要作用。

此外，日本人的长寿与人们注重养生的理念也有很大关系。在运动方面，日本人喜爱步行，尽管日本是全球汽车出口大国，但选择步行上街的人比较多。在养生方面，日本人喜爱沐浴，每个家庭都有比较考究的沐浴装备和设施。他们的沐浴方式推陈出新，流行用鲜花、米酒、菜汤、苹果等沐浴，花式沐浴对于预防疾病和缓解神经有很大帮助。

从自然医学和营养学的结合及其在延年益寿方面的作用看，健康的身体离不开人与自然的和谐共处。这种自然不只是外界的阳光、空气、水等，它还包括内在的精神世界、积极向上的生活态度和健康的生活理念。把自然医学与营养学有机地结合起来，有助于养成健康的生活习惯。

寿司是日本传统美食之一。主要材料是用寿司醋调味过的饭块，再加上鱼肉、海鲜、蔬菜或鸡蛋等作配料。其味道鲜美，很受日本民众的喜爱。

知识链接：人均寿命

人均寿命是人口平均预期寿命。寿命的长短受社会经济条件、卫生医疗水平限制，不同的社会、不同的时期，寿命的长短有着很大的差别。由于个人体质、遗传因素、生活条件等个体差异，每个人的寿命长短相差悬殊。虽然难以预测具体某个人的寿命有多长，但通过科学的方法计算并告知在一定的死亡水平下，可以预期每个人出生后平均存活的年数。

日本处于亚欧板块边缘，位于环太平洋地震火山地热带上，地壳活动十分活跃，多火山、地震，地热资源也十分丰富。日本有“温泉王国”的美称，有温泉2200处。人们将泡温泉视为一种重要的养生方式，开发出用于养颜、健身的泡汤或观赏性温泉。图为日本人在温泉池边置放的沐浴用木桶。

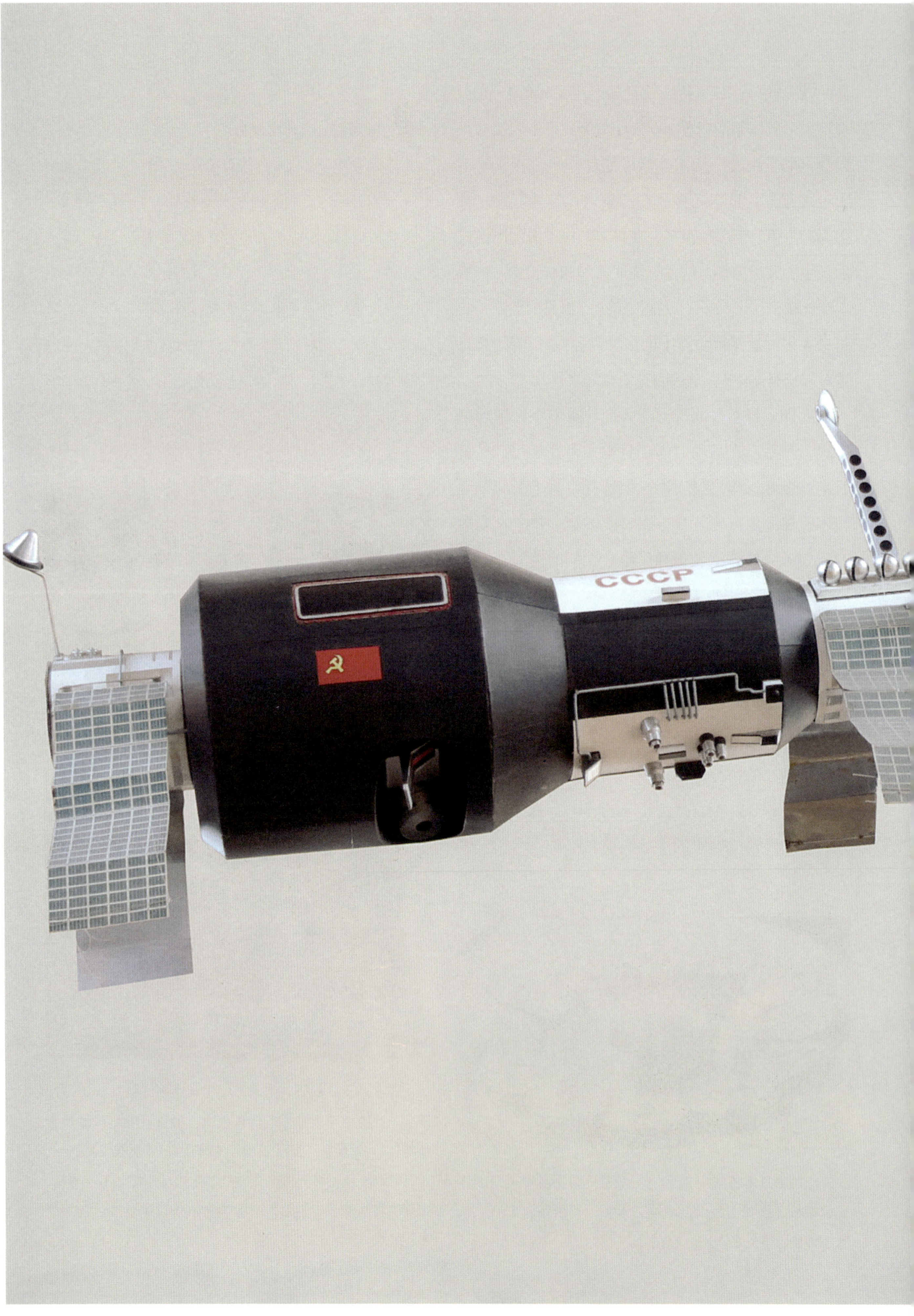
CCCP

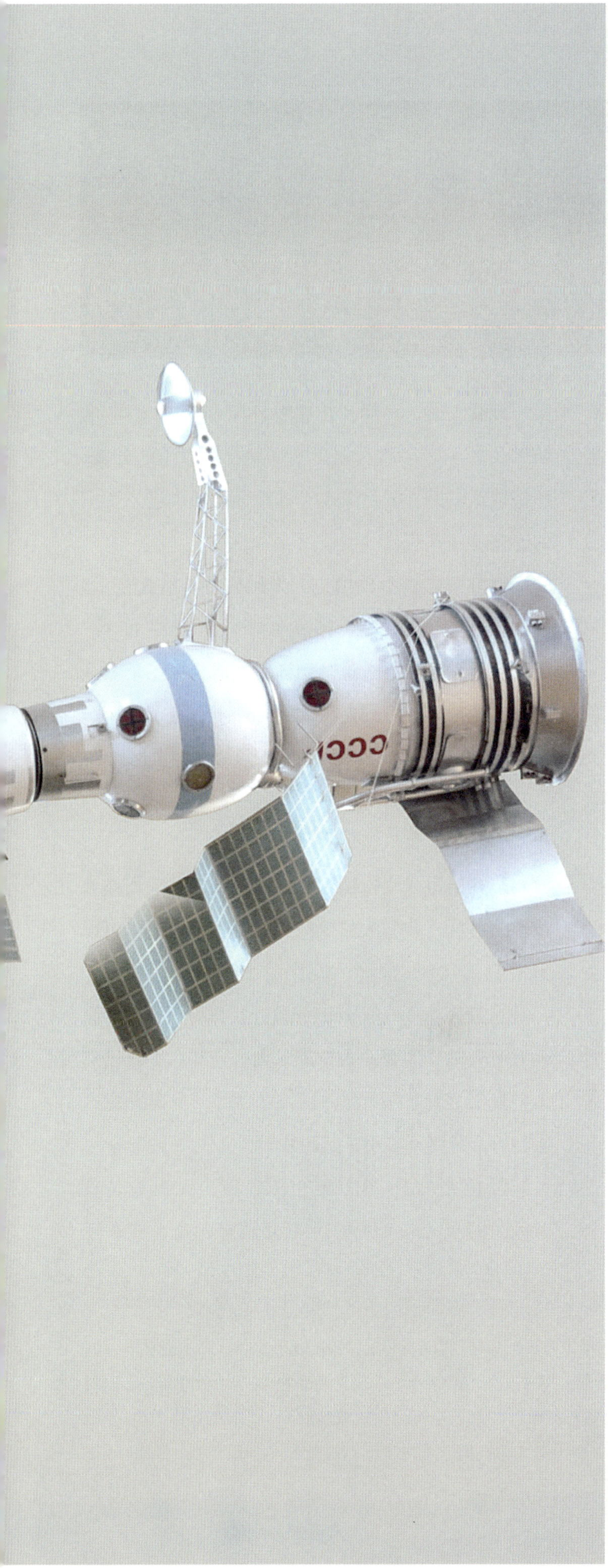

人类合作加快探索太空

德国著名哲学家康德在《实践理性批判》一书中说道："有两种东西，我们越是经常、越是执着地思考它们，心中越是充满永远新鲜、有增无减的赞叹和敬畏——我们头上的灿烂星空，我们心中的道德法则。"一望无际的灿烂星空总是能引起人类的无限遐想。

人类对外太空的好奇和探索由来已久，从未中断。1961 年苏联宇航员尤里·加加林进入太空之时，就宣告人类进入外太空的奇迹诞生了。但是，航天事业发展的背后，是无数航天工作者数十年如一日的艰苦探索。一些航天人员甚至为之献出了生命。2003 年 2 月 1 日上午，美国哥伦比亚号航天飞机在完成了太空研究任务后，预定在美国肯尼迪航天中心着陆，但飞机在将要降落地面的那一刻突然爆炸，爆炸的巨响划破长空，也给人类探索外太空的征程蒙上厚厚的阴影。

但是，人类的勇敢和智慧是没有尽头的，抹去痛苦的泪水后，航天人员又迈开了探索的脚步，从太空旅游到太空种植，探索太空的奇迹不断出现。

星际穿越
太空旅客

看天空无边际，
看生命不停飞行，
再疯狂又怎样，
往上往下一路前进。

2006年9月29日，哈萨克斯坦北部大草原，一群人在焦急等待。突然，一阵欢呼声响起，阿努谢赫·安萨里在众人的簇拥中从飞船返回舱中出来。作为首位太空旅行的女性，安萨里的太空旅行，让大众对载人航天飞船有了新的认识。

飞向太空

外太空一直是人们心中的向往，嫦娥奔月、敦煌飞天等寄托了人们对天空的无限追求。然而，天上不同于地下，太空没有氧气、没有水、高度真空，缺少能让人正常生活的外部条件。

人类如果想飞向太空甚至在太空生活，就需要克服三大难关。首先，需要创造出一个防辐射密封的航天飞船，在飞船里面提供保证人们基本生活的空气、温度、水等；其次，需要一个性能良好的运载工具，将飞船送到外太空；最后，还需要有可靠的救生技术及安全返回技术，保证人们能够“活着出去活着回来”。

困难虽然就在眼前，人们总是会努力想办法去克服。1961年4月12日，苏联成功发射了世界上第一艘载人航天飞船。在这艘名叫“东方1号”的航天飞船上，宇航员尤里·加加林用时108分钟，环绕地球一圈，随后安全返回地面，人类进入太空的愿望就此实现。

继苏联之后，美国也大力研究载人航天技术。1969年7月16日，美国发射了“阿波罗11号”载人航天飞船。航天员阿姆斯特朗成为第一个登上月球的地球人。阿姆斯特朗在月球上只走了小小的几步，“可是对于人类来讲，却是巨大的一步”。

太空旅客

最开始进入太空的都是宇航员，随着载人航天技术的发展，普通人只要经过检测和训练，也可以坐上航天飞船进行太空遨游。2001年4月28日，60岁的蒂托（Dennis Anthony Tito）作为第一次乘坐载人航天飞船的普通人，进入太空，开启了自己的太空航天之旅。安全返回后，他称，“我很满意这次旅行，我终于实现了我的梦想。”

蒂托之后到2016年9月之前，又有6名普通人进行了太空旅行，尤其是阿努谢赫·安萨里

尤里·阿列克谢耶维奇·加加林（Yuri Alekseyevich Gagarin，1934—1968年），苏联宇航员，苏联红军上校飞行员，是第一个进入太空的地球人。1960年，加加林与其他19名航天员被选中参与苏联太空计划。莫斯科时间1961年4月12日9时07分，加加林乘坐东方1号宇宙飞船，完成了世界首次载人宇宙飞行，实现了人类进入太空的愿望。

1969 年 7 月 20 日，美国宇航员尼尔·阿姆斯特朗和巴兹·奥尔德林乘“阿波罗 11 号”飞船首次登月。阿姆斯特朗率先踏上月球那荒凉而沉寂的土地，成为第一个登上月球并在月球上行走的人。当时他说出了此后在无数场合常被引用的名言：“这是个人迈出的一小步，但却是人类迈出的一大步。”

（Anousheh Ansari）作为一名从小就想飞向太空“触摸星星”的女性，终于飞向了太空并向大众详细地展示了她的太空之旅。她曾说，“能够飞离这个星球，真是太美妙了，可以看看太空究竟是什么样子。”

在进入太空之前，安萨里经历了 6 个月的太空飞行训练。在进入太空站以后，她向大家详细地介绍了太空中的景象：通过空间站的透明窗户，可以看到在阳光的照射下，地球上的海水、云层都呈现出别样的色彩；当太阳隐藏后，天空中五彩斑斓；空间站绕地球飞行一圈是 90 分钟，相对于地球上的人们，在太空中感受的太阳初升和落下频率就会很快，有“时间如白驹过隙”之感。对于安萨里来说，这是“一种美妙惬意的感受”，这也满足了普通人对太空的幻想。当然，安萨里此行也有任务在身，她也参与了欧洲航天局的 4 项重要实验，包括测试人类对太空辐射的反应、宇航员背痛实验以及观察带到空间站的微生物的生命形式以及传播方式等，这些实验能帮助人们提升航天体验，同时开发航空资源。

当地时间 2001 年 4 月 30 日，第一位太空游客、美国人丹尼斯·蒂托（左）进入国际空间站。这一旅程耗时 7 日 22 小时 4 分，绕地球共 128 次。太空旅游的开启使得普通人也能够像宇航员一样畅游星际之间。

知识链接：中国航天技术发展

中国的航天研究可以追溯到 1956 年，当时著名科学家钱学森向中央提出航天开发计划。1970 年，中国第一颗人造卫星“东方红 1 号”成功升空，中国外太空探索迈出了第一步。2003 年 10 月 15 日，神舟五号载人飞船升空，次日杨利伟安全返航，中国已经成功掌握了载人航天技术。2011 年 11 月 3 日凌晨，天宫一号与神舟八号飞船在太空交会，中国成为继美、俄之后第三个掌握交会对接技术的国家。

阿努谢赫·安萨里出生于伊朗的德黑兰。安萨里少女时代在伊朗度过，17 岁时移居美国，获得了电子工程学硕士学位。1993 年，与丈夫创立电信技术公司，8 年后总资产达到 6 亿美元。2006 年时乘坐俄制“联盟号”宇宙飞船升空，前往国际太空站，成为首位女太空游客。图为乘坐飞船的阿努谢赫·安萨里在哈萨克斯坦着陆。

因为当前一次性发射器装置的造价不菲等原因，太空旅行动辄需要几千万美元，因而只能是极小众的活动。在中国，航天技术日益进步，载人航天进入“多头并进”的阶段，技术难关将逐渐被克服，普通人将有机会畅游太空。

梦断长空

美国“哥伦比亚号”航天飞机失事

抬起你的眼睛望着天空，谁创造了那一切？谁创造了那一颗挨一颗的星星，每个都有它的名字，因为他伟大的力量，它们无法缺少。

——以赛亚

“哥伦比亚号”航天飞机以早期美洲殖民者的一艘探险船命名，象征着美国人的探险精神，是美国历史上第一架正式服役的航天飞机。它从 1981 年 4 月 12 日首次发射到 2003 年 2 月 1 日在短短一分钟之内在空中碎裂，前后共执行了 28 项飞行任务。然而，谁也无法预料，2003 年 1 月 16 日激动人心的升空，竟敲响了它的丧钟。

2003 年 2 月 1 日上午美国东部时间 9 时 16 分（北京时间 22 时 16 分），“哥伦比亚号”航天飞机完成了长达 16 天的 86 项太空研究任务后，预定在美国肯尼迪航天中心着陆。但是，人们并未如期等来航天飞机着陆时的巨大轰鸣，而是等来了工作人员换上美国国旗升到一半处的戛然而止。是的，“哥伦比亚号”航天飞机在预定着陆前的 16 分钟，在得克萨斯州上空破碎了，人们的喜悦化为无限的悲痛。

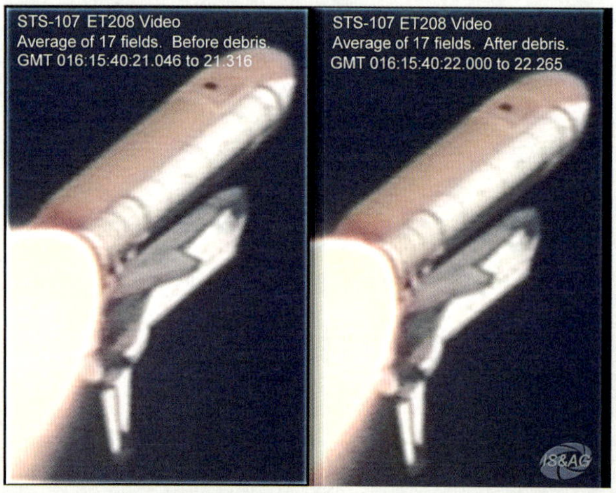

肯尼迪太空中心 2003 年 2 月 3 日公布的录像显示，在发射升空后的几秒钟内，“哥伦比亚号”的左翼曾被几块碎片猛烈撞击，产生大量粒子流。图为肯尼迪太空中心公布的“哥伦比亚号”发射录像。

航天飞机的失事让人猝不及防，它在天空中化成了数条白痕，好似流星划过苍穹，分解成了无数的碎片散落在达拉斯沃斯堡地区，并延伸到东得克萨斯州，残骸甚至还散落到东边的路易斯安那州。残骸击中了得克萨斯州的少量房屋并引发火灾，至少造成了 27 人受伤。飞船上的 7 名宇航员全部遇难，他们的声音仅停留在 8 时 59 分机长未说完的回答上：“收到，但……”

这次航天飞机失事是美国载人飞船在返航时首次出现的事故。“哥伦比亚号”的失事给人们留下难以抹去的痛苦记忆，即使是多年后才了解此事，也会感受到其间的沉重。伤痛之时，人们迫切希望了解航天飞机为何会突然破裂。空难发生后，在美国宇航局的支持下，由材料和工艺工程师及科学家组成调查组，对飞机残骸进行重组分析，以期发现爆炸的原因。

“哥伦比亚号”航天飞机残骸材料的分析结果

与肉眼判断以及飞行录音机记录的异常解释是一致的，左机翼隔热瓦受损是其解体的主要原因。其实，航天飞机的左翼在升空 81 秒时就被从主燃料箱上脱落的泡沫绝缘材料撞伤，随后，机翼前端传感器送回的数据显示，这里的温度稍有升高，这在此前发射过程中从未出现。虽然这种“升温现象”看上去非常普通，但是综合其他数据进行分析，专家指出，这时机体表面可能已经出现了破损。只不过美国国家航空航天局的现场工程师认为，那不影响飞行安全。

故事的结局总令人心碎。“哥伦比亚号”没能如工程师们乐观的推测那样顺利返航，但如果把事情往最坏的方面考虑，真的能采取有效措施防止悲剧的发生吗？答案似乎也不容乐观。就当时实际情况来说，“哥伦比亚号”这次的飞行任务以科学实验为主，为了保证众多实验项目的如期完成，航天飞机拆掉了机械臂，也没有装载备件和修补机体隔热瓦的工具，也不可能派另一架航天飞机把它接回来，因为即便在返航前将航天飞机上携带的 16 吨“非必要物资”统统抛弃在太空中，也只能将表面温度降低 7% 左右，根本无法改变机毁人亡的结局。“哥伦比亚号”航天飞机给历史留下伤痛的同时，也为世界各国航天事业的发展敲响了警钟，提出了一个亟待解决的、十分重要的载人航天系统的救生问题。

知识链接：国际空间站

国际空间站是一个由国际上六个主要太空机构联合推进的国际合作计划。这六个太空机构分别是美国国家航空航天局、俄罗斯联邦航天局、欧洲航天局、日本宇宙航空研究开发机构、加拿大国家航天局和巴西航天局。欧空局成员国中参与到国际空间站计划的国家有：比利时、丹麦、法国、德国、意大利、挪威、荷兰、西班牙、瑞典、瑞士和英国，其中英国是项目开始之后参与进来的。

2003 年 2 月 1 日，遇难的“哥伦比亚号”航天飞机有两名女宇航员：劳瑞尔·克拉克和卡尔帕纳·楚拉，图为劳瑞尔·克拉克。

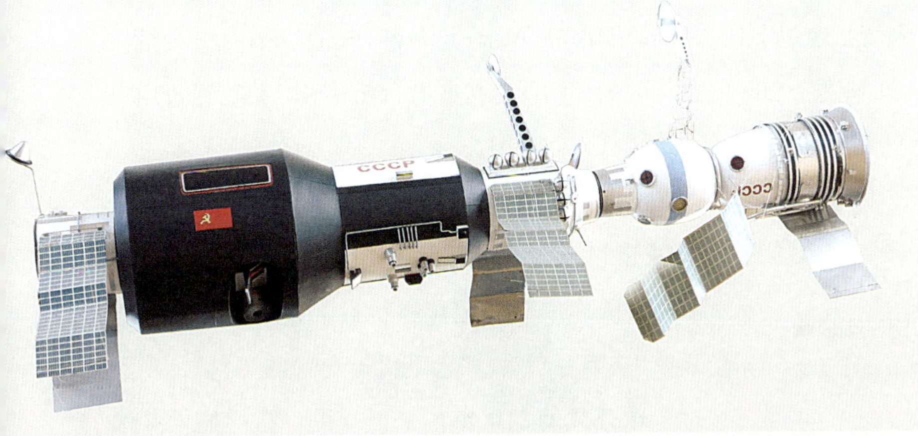

联盟号飞船是苏联设计的一款载人飞船，该系列飞船自 20 世纪 60 年代首飞，目前仍在使用。联盟号飞船是苏联继东方号飞船与上升号飞船之后自行研制的第三款载人飞船，是目前世界上服役时间最长、发射频率最高和可靠性最好的载人飞船。

时空零距离

全球定位系统的建成

天空如此辽阔，
定位务必准确，
把星星都吵醒，
让反射千变万化。

2016年8月16日，酒泉卫星发射中心，一颗名为“墨子号”的卫星成功发射升空，举世惊叹，因为这是世界首颗量子科学实验卫星。它的成功发射和在轨运行，将极大提高全球定位系统的精准度。世界的目光又聚焦到了“卫星”上！

知识链接：欧盟“伽利略”

它是欧盟独立研制开发的全球卫星导航定位系统。为了打破美国在卫星定位系统方面的垄断，1999年欧盟公开了要进行伽利略卫星导航系统的研制计划。该项目预计发射30颗卫星，信号可以辐射全球，系统可与美国的GPS系统兼容。2014年，投入34亿欧元后，“伽利略”开始运营。

与美国的GPS相比，“伽利略”系统更先进，也更可靠。美国GPS提供的民用卫星信号，只能发现地面大约10米长的物体，而“伽利略”的卫星则能发现1米长的目标。

全球定位系统的起步

1957年10月4日，苏联发射了世界上第一颗人造卫星——“斯帕特尼克1号”，它绕地球一周所需时间很短，只有95分钟，可以用两个频道连续发射信号。随后，美国发射了探险者1号卫星，进行太空探索。

随着卫星技术和通信技术的不断成熟，卫星定位在导航方面显示出极大的优越性。到20世纪70年代，美国计划利用导航卫星进行测试和测距，进而建设全球定位系统。经过20年的辛勤研发、200亿美元的巨额投入，美国终于在1994年全面建成全球最早的定位系统。

GPS是英文Global Positioning System（全球定位系统）的简称。GPS起始于1958年美国军方的一个项目，1964年投入使用。20世纪70年代，美国陆海空三军联合研制了新一代卫星定位系统GPS 。GPS可以提供车辆定位、防盗、反劫、行驶路线监控及呼叫指挥等功能。

美国这种全球定位系统，具有海、陆、空三方面全天候定位能力，它由三部分组成：空间部分、地面控制部分和用户设备部分。卫星在太空扫描信息，地面控制部分接收并分析信息，最后通过用户设备转给人们使用。

全球定位系统的发展

美国建成全球定位系统后，宣布对全球免费开放10年。当然，“天下没有免费的午餐”，美国对全球开放的卫星定位是低端的，虽然能供基本

利用卫星监测、预报飓风强度，通过研究热带气旋内核得到的数据，有助于气象学家更好地了解并预测飓风路径，保护飓风及龙卷风威胁的沿海地区民众生命，减少财产损失。图为飓风跟踪卫星。图片来自美国国家航空航天局（NASA）。

民用，但是有明显的缺陷。美国针对每个地区都有“开放－关闭”设备，一旦美国认为必要，就可以关闭相应的系统，那该地区的卫星定位系统就无法使用。

卫星定位系统的免费使用，可以使该国不用花费大量精力、时间去研发，但是却间接导致该国的全球定位系统受制于美国，在国际交往中陷入被动。因此，一些大国不断谋求建设属于自己的卫星定位系统。2007 年，俄罗斯的格洛纳斯（GLONASS）开始运行；2010 年，中国的北斗卫星导航系统基本建成；2014 年，欧盟的“伽利略”系统投入使用。“伽利略”更加精确，有军事专家戏称“GPS 系统，只能找到银河系，而‘伽利略’则可以找到地球”。

全球定位系统目前已经运用到人类生活的多个方面，给我们的工作生活带来极大方便，随着科技的发展还将带来更大的惊喜。

知识链接：中国“北斗”

2000 年到 2003 年，中国共发射了三颗“北斗一号”导航定位卫星；2010 年，中国又发射了三颗“北斗三号”卫星，中国的卫星组网建设稳步推进。“北斗”导航卫星系统是一种全天候、全天时提供卫星导航信息的区域性导航系统。北斗卫星导航系统组网建成后将能够提供与 GPS 同等的服务。不同于 GPS 的是，“北斗”的指挥机和终端之间可以双向交流。

知识链接：俄罗斯“格洛纳斯”

“格洛纳斯”是俄语全球卫星导航系统的缩写。1976 年，苏联启动了格洛纳斯计划，拟将使用 24 颗卫星实现全球定位服务，但是迟迟未能实现。苏联解体后，俄罗斯于 1993 年继续开发此系统，独自进行研制。

1995 年，在耗资 30 多亿美元后，俄罗斯完成了“格洛纳斯”的卫星组网系统建设，全部卫星部署完成后，定位精度将达到 1.5 米之内。但是因为“格洛纳斯”的卫星寿命有限，同时因为经费短缺，“格洛纳斯”的升级发展受到很大限制。

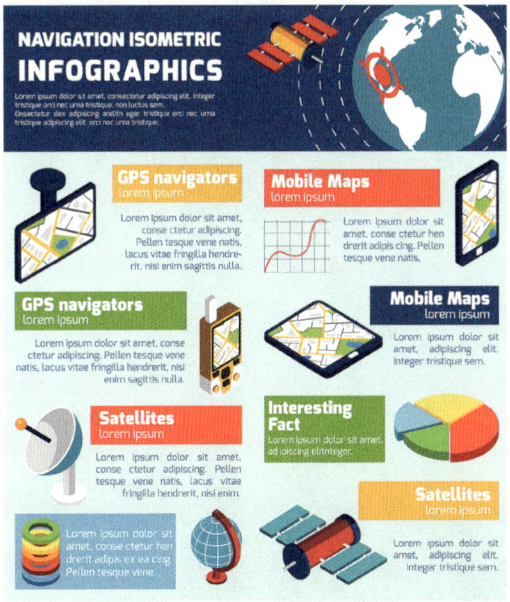

导航信息图表等距布置图是一种显示方法，即绘制物体时将每一边的长度都按绘图比例缩放，而物体上所有平行线仍保持平行。

“宇宙殖民”
太空游之火星旅行

尘土飞扬的红沙里，
终究留下了，
我的脚印——
火星，
我来了。

人类从原始时期就开始对外太空有着无限的遐想。飞出地球进入太空旅行，体验不一样的外部世界，无疑具有很大吸引力，也是很多人梦寐以求的事情。电影《星际穿越》中的虫洞、黑洞、五维空间等物理学概念的视觉化展示让人眼花缭乱，片中科幻场景中不断变幻的太空风景深深地刺激着观众的感官，这无疑是一场视觉盛宴。人类通向太空的脚步已经过去几十年，如何让普通人享受星际穿越般的太空游呢？2001 年世界上首位普通游客进入太空，使得神秘的外太空与我们今天的人类生活变得亲切。突然间，“太空游”似乎从一个遥不可及的梦想变成现实，如此遥远的太空竟然触手可及。

2017 年 1 月，美国私营企业太空探索技术公司的“猎鹰 9 号”火箭在范登堡空军基地发射通信卫星。

知识链接：太空种植业

太空种植业即航天育种，也称空间诱变育种，是一种育种新技术。它将作物种子或诱变材料搭乘返回式卫星或高空气球送到太空，利用太空特殊的环境诱变作用，使种子产生变异，再返回地面培育作物新品种。近年来，随着航天事业的发展，把作物种在太空也在不断地尝试中。

首辆“太空的士”试车成功

美国太空探索技术公司（SpaceX）是一家 2002 年 6 月成立的美国太空运输公司。经过短短几年的发展，2008 年 9 月 28 日，太空探索技术公司在经历 3 次发射失败之后，最终将“猎鹰 1 号”运载火箭送上天。这是世界首个成功发射运载火箭的私营企业。2012 年 10 月，SpaceX 公司又同美国国家航空航天局合作，用“龙飞船”将货物送到国际空间站，这是全球首次由私营企业助推的航天事业。公司创始人埃隆·马斯克（Elon Musk）当年的初衷就是希望给航天领域带来一场革命，并最终移民火星。然而，马斯克的想法在很多人看来近乎狂热。2015 年，马斯克再出豪言，宣布公司将在 2100 年主宰太阳系。

埃隆·马斯克1971年6月28日出生于南非的行政首都比勒陀利亚，企业家、工程师、慈善家。现担任太空探索技术公司CEO兼CTO、特斯拉公司CEO兼产品架构师，太阳城公司（Solar City）董事会主席、推特首席执行官。

知识链接：宇宙飞船

宇宙飞船是一种运送航天员、货物到达太空并安全返回的航天器。宇宙飞船可分为一次性使用与可重复使用两种类型。宇宙飞船由运载火箭送入特定卫星轨道或星球，开展各种科学实验活动。飞船上除有一般人造卫星基本系统设备外，还有生命维持系统、重返地球的再入系统、回收登陆系统等。

雄心勃勃的火星殖民计划

北京时间2016年9月28日凌晨3点，SpaceX创始人埃隆·马斯克在第67届国际宇航大会上发表了名为《让人类变成多星球物种》的主题演讲，宣布SpaceX公司将推出人类登陆火星的“火星运输系统”。马斯克的豪言壮语在一些人看来不切实际，但却表明了此举的出发点，他认为摆在人类面前的只有两条路：一条是老死在地球上，屈服等待灭绝；另一条是离开摇篮，殖民其他星球，而火星与地球具有诸多相似性，无疑是最佳选择。

当然，马斯克的火星殖民计划并未停留在口头宣传上，他领导SpaceX一步步将计划付诸实践。在过去仅仅15年的时间内，SpaceX就从一家名不见经传的私人公司，一跃成为全球航天技术私营企业发展的领头羊。SpaceX的研发计划包括在火星建立发射场，经飞船发射到地球，实现火箭和飞船的重复使用，加快火星城镇建设。按照SpaceX的打算，飞船从地球发射抵达火星需要80天到150天，在此期间，人们可以在飞船中享受各种娱乐。千里之行始于足下，为了让火星殖民成为现实，SpaceX公司决定与美国国家航空航天局合作，从2018年起，每隔两年执行一次火星登陆计划。

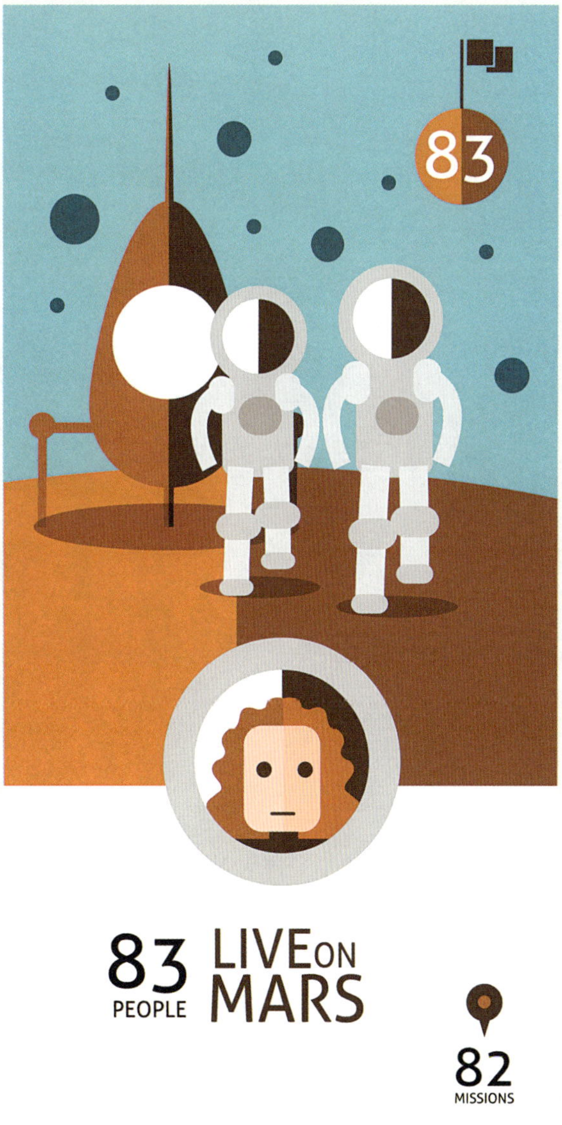

2008年12月，欧洲航天局宣布已经从5680名候选者中选出4名“火星宇航员”，他们有可能在未来乘坐宇宙飞船开始火星之旅。

multiVISION
VREMENSKI PODACI
vl: 88 %
20°
3 m/s
PET SUB NED
28 19
32 20
33 21
RHMZ - www.hidmet.gov.rs

美国：冷战后的唯一超级大国

苏联的解体与冷战的结束是美国开启“美国时代”的新标志。美国很早就在经济上超过英国，但直至第二次世界大战时美国仍只是强国政治舞台上的二流角色。美国“西方领袖”地位的真正奠定是二战后冷战格局开启的时候。无论如何，在苏联解体之前，美国都不是世界上独一无二的“超级大国”。当苏联“大厦”倾倒之后，一个“美国时代”开启了。在这个时代里，星条旗飘扬在世界各地，尽显“霸主”之气。“美国时代”基于美国在世界范围内超强的经济和军事力量。美国经济总量一度占到世界的1/3，军费开支占全世界军事总支出的1/2。拥有无可匹敌实力的美国奉行“单边主义”，充当“世界警察”，从突袭南联盟，到主导海湾战争、领导北约成员国东征西讨，一时之间风头无两。但是，在2001年9月11日，新千年敲响的巨钟还有余音，美国经济中心——纽约最具标志性的世贸中心和美国政治军事中心——华盛顿的国防部五角大楼均遭到恐怖袭击。这是恐怖分子对美国经济和军事双重霸权的公开挑战。一场“珍珠港事件”以来针对美国本土最大的袭击掀开21世纪美国历史的新篇章。这一遭遇似乎预示了“21世纪还是美国的世纪”将成为一个尚需验证的命题。

世界警察

美国主导的局部战争

哪里有“威胁”，就到哪里去。

——北约新战略

1991年，美国主导发动了一场联合国框架下的海湾战争，美国“世界警察”的形象一度甚嚣尘上。冷战结束后，美国成为唯一的超级大国，自信心空前膨胀，其战略上的单边主义日益显露。1996年，美国对于“北约国际化”战略达成了基本一致的意见，那就是要把北约这一区内防御组织改造成为在全球范围内维护北美和欧洲利益的组织，并在空袭南联盟的战争中首次将这一战略应用到实践之中。“9·11”事件后，美国的进攻性战略进一步彰显，阿富汗战争和伊拉克战争两场打着反恐大旗的战争都是在美国主导下进行的。伊拉克战争尤其是美国单边主义政策的最好诠释。

空袭南联盟

“北约国际化”这一战略构想的第一次实践是对南联盟的军事介入。南联盟是巴尔干地区唯一与俄罗斯保持友好关系但又没有申请加入北约的国家，成为美国领导下的北约的眼中钉。科索沃问题为美国提供了一个打击南联盟、削弱俄罗斯影响的有利时机。1998年10月13日，北约声明：“如果南联盟在今后96小时仍拒绝执行联合国安理会决议，北约将实施空中打击”，对南联盟下达了最后通牒。南联盟面对北约强大的军事威胁，被迫做出让步，但1999年举行的科索沃和平谈判以失败告终。5天后，北约发动了对南联盟的空袭。

北约对南联盟的军事打击并没有获得联合国的授权，完全是单方面的行动。从国际法的角度来讲，一个外部军事组织对一个主权国家实施军事打击是非法的，是一种侵略。但是，正如美国国务卿奥尔布莱特公开宣称的：“如果北约和联合国能够行动一致，那当然很好。但是北约不能受制于这个或那个国家的一张否决票。”换句话说，北约采取任何行动不需要得到联合国的批准。这种“强权即公理”的言论和行径暴露了冷战结束后以美国为首的西方阵营的霸权主义姿态。在北约对南联盟的军事行动中，中国驻南联盟大使馆被轰炸，三名中国使馆人员牺牲。

1999年被北约炸弹摧毁的南联盟国防部大楼。作为战争创伤的象征，这座位于贝尔格莱德的大楼废墟在2013年底由塞尔维亚政府清理。

美国为消灭世界上最大恐怖主义组织——基地组织而发动的阿富汗战争，摧毁了塔利班政权，使基地组织遭受重创。其所引发的连锁反应，至今仍深深影响着世界恐怖主义与反恐怖主义的格局。

反恐战争

“9·11”事件后，美国的国际政策发生重大转变。作为世界唯一的超级大国，美国本土遭受如此惨烈的袭击，震撼了自信的美国人民。之后，小布什政府开始主导一系列反恐战争。其中最主要的是阿富汗战争和伊拉克战争。阿富汗战争的直接目的是消灭世界上最大的恐怖主义组织——基地组织。美国的军事行动得到了其盟友的有力支持。阿富汗的塔利班政权倒台，基地组织受到沉重打击。美国主导的联军军事行动取得了一定成绩。2003 年的伊拉克战争是美国发动的又一场打着反恐旗号的战争，这次战争很好地诠释了美国的单边主义。法、德等美国的盟国也严厉地抨击了美国的军事霸权行动。但是，美国仍一意孤行地推翻了伊拉克政府。这次伊拉克战争，与 12 年前的海湾战争尽管都是由美国主导，但其性质完全相反。海湾战争是在联合国框架下的反侵略战争，而这次伊拉克战争则是美国对另一主权国家的侵略。尽管有人将这场战争视为布什家族与萨达姆的恩怨了结，但从某种程度上可以说，两次战争反映的是美国国际政策的变化，是美国在冷战结束以后军事霸权战略思维复苏的表现。

知识链接：海湾战争

1990 年 8 月 2 日，伊拉克入侵科威特，并很快占领其全境。在战争中，科威特王室五名成员战死，国王埃米尔·贾比尔被迫逃亡到沙特阿拉伯避难。1991 年 1 月，在获得联合国的授权后，以美国为主导的多国部队开始对伊拉克军队展开攻击。这场战争是美国自越南战争以来进行的第一次大规模局部战争，是一场“秀肌肉”的高科技立体战争。在战争中，伊拉克军队很快溃败，被迫接受了联合国第 660 号决议，从科威特撤军。美国在联合国框架下主导了这场局部战争。此时的苏联正处于戈尔巴乔夫上台后推行亲西方政策时期，在美国出兵海湾的问题上，苏联在《联合声明》中表达了同美国立场一致的态度。正是在这一背景下，美国成功主导了这次联合军事行动。

图为海湾战争中联军使用的 M1 艾布拉姆斯主战坦克，以美国前陆军参谋长、驻越南美军总司令克雷顿·艾布拉姆斯陆军上将的名字命名。它是由美国通用动力陆地系统部门研发设计的美军第三代主战坦克。

一路向东

领导北约东扩

北约是二战后意识形态空前至盛的产物。直至今天，注重意识形态仍然是这一组织存在与发展的重要特征。

北约的建立

二战后，东西方两大阵营的分裂和对立逐渐成形。苏联在对欧政策上显示出咄咄逼人的态度。面对这一威胁，1948 年 3 月，英国、法国、比利时、荷兰、卢森堡在布鲁塞尔达成了旨在共同防御的协定。

1948 年 7 月，美国、加拿大和布鲁塞尔协定的五个签署国开始商讨北大西洋的共同防御问题。1949 年 4 月，各国经过激烈的讨论，最终达成一致，签订了“北大西洋公约”。从公约的内容来看，这无疑是一个共同防御同盟，而其目标很显然指向正在试图西进的苏联。从本质上来说，北约的建立，是西方阵营缔结的军事同盟，是直面苏联威胁的欧洲各国向美国索取军事援助的承诺。也正因此，美国作为当时世界上能够抗衡苏联的唯一国家，在北约建立之初就起着主导性作用。在冷战格局下，美国的这一领导地位得到了巩固。但是欧共体建立以来，欧洲的政治和军事一体化进程越来越快，这一趋势日益动摇美国在北约的领导地位。

美国领导下的北约东扩进程

苏联解体后，一些前华约国家担心自己受到俄罗斯的威胁，希望加入北约，特别是捷克斯洛伐克、匈牙利和波兰等国在 1991 年就明确表示希望加入欧洲安全体制。

1994 年，美国总统克林顿公开宣布北约将吸纳新成员。美国国会也对政府的上述立场表示了支持态度。在美国的主导下，1995 年 9 月，北约公布了《北约扩大研究报告》，提出了明确的加入北约的条件和程序。在 1997 年的北约成员国元首会议上，美国提出的东扩方案获得通过，吸收新成员的名单也确定下来。1999 年 3 月 12 日，捷克、匈牙利和波兰加入北约。2004 年北约第二次东扩。3 月 29 日，保加利亚、爱沙尼亚、拉脱维亚、立陶宛、罗马尼亚、斯洛文尼亚和斯洛伐克加入北约。北约成员国达到 26 个。2008 年在布加勒斯特举行的北约峰会上，克罗地亚和阿尔巴尼亚加入北约。同时，获得独立不

北大西洋公约组织官方旗帜。深蓝的底色象征着大西洋，白色圆圈代表着北约成员国的联合，罗盘针象征着通向和平的方向。

久的黑山共和国被纳入北约“成员国行动计划”当中，北约将协助该国尽快满足加入标准。2016年5月19日，还差两大独立届满10周年的黑山共和国签署加入北约的协议。根据协议，黑山将在2017年加入北约。2020年3月27日，北马其顿共和国正式成为北约第30个成员国。

从某种程度上说，美国主导下的北约东扩是冷战的延续。美国及其欧洲盟友将苏联或其势力范围内的一些地区纳入美国主导下的军事体系，是推进美、苏对抗时期未能完成的心愿。北约与俄罗斯的关系愈发紧张，俄罗斯在普京领导下重振大国雄风之际，北约东扩进程更显出冷战的色彩。在此过程中，美国一直充当着直面俄罗斯矛头的“领头羊”角色。为此，美国共和党总统候选人特朗普抱怨道：“为何总是我们牵头，甚至冒着与俄罗斯发生第三次世界大战的危险？”

图为反对北约扩张的游行活动。游行人群共同举起戴着骷髅面具的巨大章鱼，作为对北约四处扩张的形象标志。章鱼向四周伸出触手，象征着扩张主义。

知识链接：北约新战略

在北约不断东扩之际，其战略发生新的变化。早在1997年北约马德里首脑会议上就开始讨论新时期北约战略的转型。1999年4月，在华盛顿举行的北约组织成立50周年大会通过了《联盟新战略概念》等文件，“北约新战略”正式出台。新战略的基本原则是将“集体防御”战略转向“捍卫共同价值观”。其内容包括，使用军事以外的多种手段共同构筑欧洲安全；继续东扩，并有权对防区外的危机和冲突进行干涉。之前“协商一致”的原则在新战略中更改为“协商一致与自愿联合相结合”。这一系列变化在实质上是将北约从一个防御性军事组织转化为在区外进行共同行动的进攻性军事政治同盟。

图为扩张中的北约。自1949年建立以来，北约先后多次扩张，如今几乎囊括了北大西洋两岸所有北美和欧洲国家。

困境 “大中东计划”

美国国际政策中心高级研究员、反恐专家马修·洪赫曾在美国最大新闻网站《赫芬顿邮报》上发表文章抨击美国的伊拉克政策时说道：“在被我们赶下台11年半后，萨达姆·侯赛因正在坟墓里窃笑。”

“9·11”事件是美国对外政策的拐点，美国开始将首要的注意力集中于中东地区。基于联合国发布的《2003年阿拉伯人文发展报告》，中东地区的政治、经济、教育等存在严重的问题，发展水平不足，从而成为极端主义、恐怖主义和国际犯罪的重要滋生地。因此，美国提出对大中东地区实行全方位改造的计划。这即所谓的“大中东计划”。

“大中东计划”的提出与推进

2003年11月6日，美国总统布什在纪念美国民主基金会成立20周年的演讲中表示，应制定一项对阿拉伯世界进行民主改造的计划。2004年，在八国集团首脑会议上，布什倡议的“大中东计划”得到一些盟友的支持。经过共同讨论，一份名为《同中东和北非地区面向进步和共同未来的伙伴关系计划》的声明得以通过。这一声明标志着“大中东计划”的出台。根据声明，“大中东计划”的主要内容包括政治、经济和教育三个部分。具体为：政治上要推动民主进程；经济上要促进其市场化和自由化；教育上要普及基础教育，推进扫盲计划等。这项计划多少有点一厢情愿，但它宣示了美国中

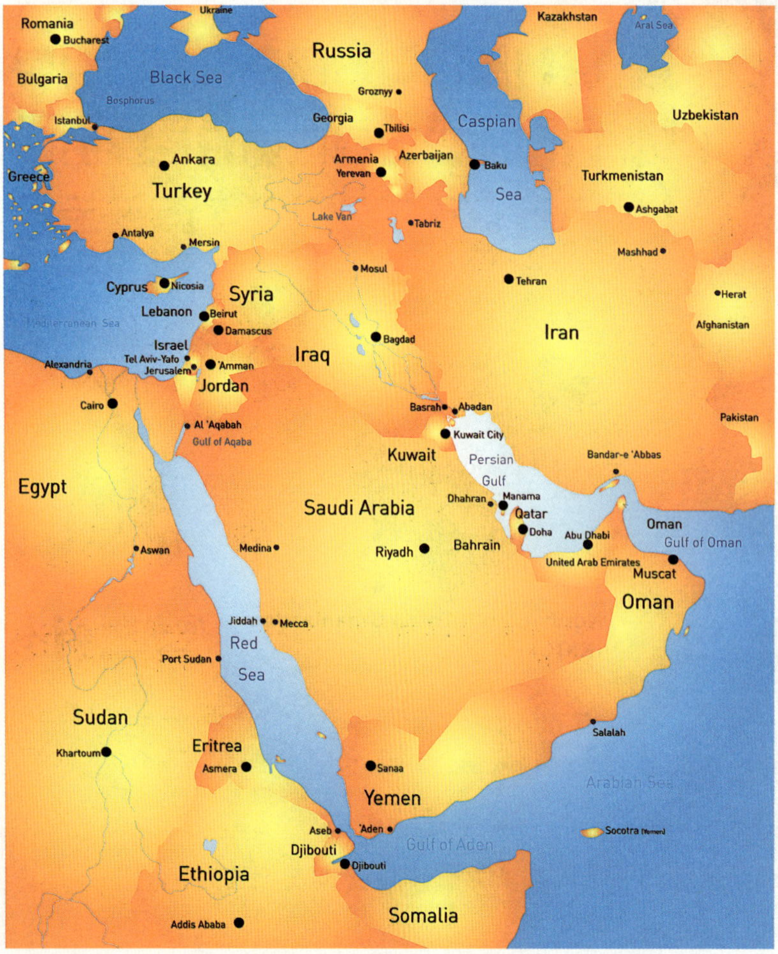

图为中东地区。自19世纪以来，在奥斯曼土耳其帝国衰落和西方列强的干涉下，中东地区长期处于乱局之中，成为现代宗教纷争和恐怖主义的温床。

东政策的主要目标和方向。

美国推行“大中东计划”的手段是多样的，最主要的手段是霸权主义的军事手段。在这一过程中，美国极力拉拢盟友以缓解自身的压力，但当盟友持反对态度时，美国仍会奉行单边主义以实现其战略目的。伊拉克的萨达姆政权和利比亚的卡扎菲政权先后倒台，叙利亚的巴沙尔政权虽然得以幸存，但叙利亚危机引发了叙国内空前的政治危机和内战。2024 年 12 月，叙利亚的巴沙尔·阿萨德政权被推翻。在战争的废墟上，美国试图以伊拉克为推动阿拉伯世界“民主”政治改造的样板。伊拉克在美国及其盟友的“保护”下建立起了“民主”政府，美国按照既定战略，实施了其主导的“大中东计划”。

困境重重

不过，必须强调的是，在“大中东计划”的推进过程中，美国深陷困境，并没有如其预想的那样取得“多米诺骨牌效应”式的成功。其中有两大原因。一方面，阿富汗、伊拉克等国的现代化进程确实取得了重要成果，但显然并未取得根本性的成功。阿富汗的塔利班政权卷土重来，重新控制了阿富汗政权，而伊拉克则诞生了迄今最极端的恐怖主义组织“伊斯兰国”。这种现象映射出中东地区民众的抵触情绪，这种情绪成为恐怖主义的温床和“民主”改造计划深入推进的最大障碍。另一方面，欧洲盟国的支持非常有限，欧洲国家在诸多问题上奉行独立的战略，如美国在伊拉克的军事行动受到了欧洲多数国家的批评。此外，希腊债务危机爆发以来，欧洲各国相继陷入泥潭无法自拔，而美国也正经历持续的经济问题和财政危机。

图为伊拉克人在国旗前投票选举。萨达姆政权倒台后，在英美等国的扶持下，伊拉克建立了孱弱的“民主”政府。

知识链接：地中海联盟计划

在美国推进“大中东计划”的同时，欧盟则在实施一个相似的计划——地中海联盟计划。该计划最早由法国前总统萨科齐提出，旨在促进欧盟与地中海沿岸的北非和中东国家之间的合作，并致力于建立一个自由贸易区。2008 年，欧盟 27 个成员国与地中海沿岸 16 个国家的领导人在巴黎举行了地中海首脑会议，地中海联盟正式成立。从某种程度上说，该联盟计划是欧盟在中东、北非这一重要的战略地区与美国争夺主导地位的实践。

在萨达姆政权倒台后，西方扶持的伊拉克“民主”政府无力全面掌控局势，在伊拉克与叙利亚边境地区诞生了极端的恐怖主义组织——“伊斯兰国”。

"美国梦"
黑人总统

2009年，美国历史上首位黑人总统在芝加哥进行了著名的就职演讲。他在演讲的尾声中说道："这是我们的自由和信念的意义所在——为什么不同信仰、不同种族的男女老少能够在这个宏伟的大厅里欢聚一堂，以及为什么不到六十年前一个人的父亲还不能在当地餐馆里就餐、现在他却能够站在大家面前进行最庄严的宣誓。"

2009年1月20日，美国国会山举行了新总统就职典礼，最高法院首席大法官主持仪式，一位黑人历史性地走上美国最高权力的中心舞台——奥巴马宣誓就任美国第44任总统。一位来自万里之遥以外的肯尼亚一个贫穷山村的黑人老奶奶获得邀请参加典礼。这位老奶奶就是奥巴马的祖母——莎拉·奥巴马。

奥巴马的成长

奥巴马，全名贝拉克·侯赛因·奥巴马(Barack Hussein Obama)。奥巴马1961年出生于夏威夷檀香山市。他的父母是在夏威夷大学读书期间结识的。他的母亲是美国人；父亲是来自肯尼亚大学的留学生，从夏威夷大学毕业后前往哈佛大学继续攻读经济学博士。小奥巴马由其母亲抚养，在此期间，奥巴马的父亲另寻新欢，与奥巴马母亲离婚。奥巴马的父亲博士毕业后回到肯尼亚，然而不幸的是，1982年因车祸去世。他永远也想不到，他去世时年仅21岁的儿子奥巴马未来将成为世界上最强大国家的总统。

奥巴马从小由母亲带大，两岁多时，父母离婚，6岁时，奥巴马跟随母亲和继父前往印度尼西亚首都雅加达生活了4年时间。之后，他的母亲与继父也离了婚。奥巴马回到夏威夷与外祖父母生活在一起，并在当地的普纳荷私立学校读书直到高中毕业。奥巴马此后到洛杉矶西方学院求学，两年后就读于哥伦比亚大学，主修政治学与国际关系，并于1983年取得学士学位。在社会上磨砺了几年后，1988年，奥巴马进入哈佛大学法学院，主修法律。1991年，他获得法律博士学位。之后他在律师事

2009年，作为美国历史上第一位黑人总统的奥巴马就任，尽管他本人从小在白人社会长大，但这一事件仍可视为美国种族平等发展史上的重大转折。

图为奥巴马关心的议题。奥巴马上台后承担了小布什政府留下的一系列国内外难题。

务所工作，期间结识了妻子米歇尔。1993 年起，他在芝加哥大学法学院任职讲师，并一直持续到 2005 年。1996 年，奥巴马被选为伊利诺伊州参议员，这是他政治生涯的起点。

知识链接："美国梦"

"美国梦"是美国建国以来被美国人不断深化的一种信念。从广义上讲，它指的是实现美国式的自由、平等与民主。从狭义上讲，它的核心内容是，任何人，不论出身，都可以通过个人奋斗走向成功。"美国梦"激励着来自世界各地和美国本土，不同肤色、不同信仰、不同出身阶层的人们不断通过个人的勤奋、勇气和创新精神追求事业上的成功。美国容纳百川的多元文化价值观提供了相对公平的奋斗舞台。奥巴马是美国多元文化的代表，他的父母拥有不同的肤色，来自不同的国家，也拥有不同的文化背景。他的成长经历和肤色深刻地烙下了多元文化的印记，他的成功是对"美国梦"的最好诠释。

奥巴马问鼎白宫

2004 年，奥巴马当选国会参议员，步入最高权力舞台。2007 年，他正式宣布竞选总统，他的一系列改革提议获得了众多的支持者。2008 年 8 月，他在民主党全国代表大会上被提名为民主党总统候选人。2008 年 11 月，奥巴马击败共和党候选人麦凯恩，当选第 44 任美国总统，自此成为有史以来美国第一位黑人总统。2009 年 1 月，他正式宣誓就职。当年 11 月，他访问中国，成为历史上就任第一年就访问中国的美国总统。2012 年 11 月，奥巴马又战胜共和党候选人罗姆尼，获得连任。

奥巴马作为美国多元主义文化的受益者，成为"美国梦"的代言人。在奥巴马第二次就职演说时，他强调"将这个国家紧密联系在一起的不是我们的肤色"。那么，将美国紧密联系在一起的是什么呢？

前往美国追寻"美国梦"曾是无数人的理想，它激励着全世界各地不同信仰、肤色和出身的人，通过个人的奋斗实现自己的理想。图为美国护照。

谁的 21 世纪？

美国的相对衰落

“我们会让美国再次伟大”（Make America great again）

——美国共和党总统候选人特朗普的竞选口号

据统计，2001 年至 2011 年的 10 年间，美国占世界经济的比重从约 32% 下降到约 22%；而与之形成鲜明对比的是，中国的比重从约 4.1% 上升到约 10.5%。与美国经济地位的相对下降相伴随，美国在国际舞台上的政治和文化地位尽管仍在独占鳌头，但相对衰落趋势却一直在加速。那么，有哪些因素促成了这一变化？原因是复杂多样的，但有几点似乎是不可忽视的。

穷兵黩武的全球战略

苏联解体以来，美国成为唯一的超级大国，数十年的对手突然消失，使得美国在“9·11”事件以前一度进入自信心空前膨胀的时期。在国际舞台上，美国仍在不断寻找和打压潜在的对手。俄罗斯和中国等都成为其目标。在此期间，美国领导的北约东扩、北约新战略概念的提出及空袭南联盟等都是美国全球霸权战略的表现。但是，这种全球战略过度消耗了美国的能力，成为美国相对衰落的重要诱因。

美国的相对衰落是 21 世纪初国际格局中的重大变化。正是基于这种变化，美国总统特朗普在竞选中提出了“让美国再次伟大”的口号，试图重振美国在国际上的主导地位。

“9·11”事件以来，美国终于找到一个真正强大又无形的对手——恐怖主义。恐怖主义尽管并没有如苏联那般强大的实体力量存在，但在全球几乎无处不在，其隐形实力和对美国的威胁实质上更加严重。

在这一背景下，10 年膨胀期积累的武力冲动一泻而下。从阿富汗战争到伊拉克战争，再到介入利比亚战争和叙利亚冲突，到处都是美国的身影。特别是在伊拉克战争中，美国在受到法、德等传统盟国抵制的情况下，仍奉行单边主义政策，不仅使得大批美国军人命丧中东，大量纳税人的钱被无意义地挥霍，而且也并没有取得预期的战争胜利，反而刺激了新恐怖主义势力的兴起。更重要的是，美国以伊拉克萨达姆政权掌握大规模杀伤性武器为借口出兵，而这被证实是子虚乌有，这无疑是美国在全世界面前打了自己一个耳光。总之，在穷兵黩武的全球战略之下，美国的硬实力和软实力都在相对下降。

"金砖"国家的崛起

"9·11"事件以来，美国将主要斗争矛头指向恐怖主义，几场中东战争一度使美国无暇也无力他顾。但是，以中国、俄罗斯、印度、巴西等为代表的发展中大国迅速崛起，正势不可当地改变着世界格局。

首先是中国的迅速崛起。中国崛起是21世纪初国际政治格局中最具革命性的变化之一。中国

图为金砖五国的标志。金砖五国的日益强大，构成了对美国独大的挑战。

经济的崛起是中国国际政治地位上升的基石。当美国试图从中东抽身、将目光转向亚洲之时，中国已进入一些学者定义的、能够与美国平起平坐的"G2"行列中了。其次，俄罗斯在20世纪90年代经历苏联解体后的转型阵痛后，于21世纪借助经济上的复兴，开始在政治舞台上主动出击，迎击美国主导下的战略挤压。在南奥塞梯事件、克里米亚事件和叙利亚危机问题上，俄罗斯都表现出强硬的态度，使得美国的全球战略大受冲击。此外，印度、巴西、南非等地区性大国在经济上不断崛起，在政治上的影响力不断扩大，都冲击着美国在各地区的战略推进，使得在全球范围内的美国影响力都在不断下降。

知识链接："美国衰落论"

随着美国的相对衰落，"美国衰落论"确实在全球范围内引发了广泛讨论。除了上面所说的两点因素，美国的相对衰落还有很多原因，比如，美国所承担的保护盟友的"西方领导者"责任，传播美式价值观的时代包袱，维系传统超级大国地位的现实重担和国内严重的经济问题，如次贷危机等。但是，美国会这样一直衰落下去，直到像20世纪初的大英帝国一样沦为二流国家吗？答案不得而知。但是，我们必须正视美国庞大的体量、突出的科技创新能力、强大的自我修复能力、难以撼动的美元霸权和拥有巨大吸引力的多元主义和价值观。

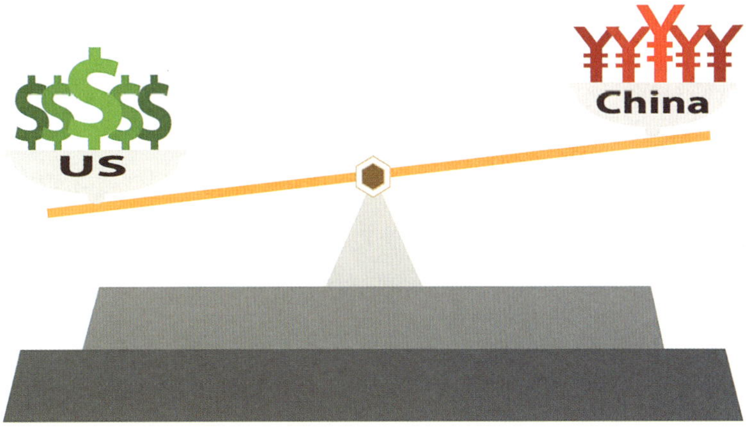

图为美国与中国的投资对比。在长达近40年的经济高速增长后，如今的中国在GDP上已经跃居世界第二位。在对外投资上，中国尽管仍逊于美国，但强劲的增长势头正日益削弱美国的优势。

重启冷战？美国"亚太再平衡"战略

2011年11月，在夏威夷亚太经合组织领导人非正式会议开幕前一天，美国国务卿希拉里·克林顿在夏威夷的檀香山放话说："21世纪将是美国的太平洋世纪。"

2011年亚太经合组织领导人非正式会议在美国夏威夷举行，这里是美国总统奥巴马的故乡。作为东道主的奥巴马看起来胸襟宽广，他在记者会上表示：美国欢迎中国的和平崛起，并且期待中国成为世界经济中一个负责任的领袖。不过，此前一天美国国务卿希拉里就表示，美国今后将把外交重心转移到亚太地区。峰会期间，奥巴马正式提出"重返亚太"的战略。次年，美国国防部长帕内塔再次重申这一战略，并明确指出了军事上的战略新部署，即将美国60%的战舰部署到太平洋。美国"亚太再平衡"战略不得不让人对"美国欢迎中国的和平崛起"这一说法产生怀疑。

图为处于第一岛链的日本。日本在美国的东亚战略格局中有重要的地位，它是用以封锁中国等东方国家的第一岛链之关键环节。

奥巴马"亚太再平衡"战略的提出

2009年，奥巴马上台以来，在全球战略上实施"亚太再平衡"战略。其主要内容涉及多个方面。首先，收缩在欧洲的力量部署，转移到亚洲地区。这一再平衡是在全球框架下的再平衡。其次，将集中在阿富汗和伊拉克的力量进行收缩或脱身，将更多力量转移到东亚、东南亚等地区。这可以视为地区性的再平衡。再次，对国内政策和国际战略的再平衡，这主要是为应对国内的金融危机。最后，原亚太战略各要素之间的再平衡，即在政治、军事、经济、外交等之间进行再平衡，以应对亚太地区政治和经济格局在过去10年间的巨大变化。

美国"重返亚太"及其"亚太再平衡"战略是有着深刻的背景的。其一，中国的进一步崛起。在美国将主要精力瞄准中东地区的阶段，中国一跃强大到让世界震惊的程度。在亚太地区，伴随着经济崛起的政治影响力扩大也不可避免地触碰到了美国的敏感神经。其二，美国国内的经济问题。2008年美国金融危机爆发以来，美国经济上的相对衰落趋势更加明显。为了重振美国经济、转移国内矛盾，美国试图通过宣扬"中国威胁论"，助推美国军事工业的发展，使之成为拉动美国经济复苏的引擎。

迷失中的亚太战略

“9·11”事件以来，美国将主要精力投入中东地区，发动了几场耗时耗力的战争。它在打击恐怖主义的问题上取得了某些成绩，但并没有实现预期的战略目标，恐怖主义在中东地区依然肆虐，一些更加极端的恐怖主义组织趁乱兴起，成为中东地区乃至世界和平与安全的新威胁。即便如此，在奥巴马上台后，美国执意从中东抽身，试图将更多的力量转移到亚太地区，以实现全球战略平衡。从某种程度上说，奥巴马的“亚太再平衡”战略是其全球霸权主义的延续，显露出继续在全球范围内维持霸权地位的意图。

美国“亚太再平衡”战略的首要目标无疑是指向中国。日本等美国盟友在制衡中国崛起为“新超级大国”的道路上无法起到实质作用。这正是美国要“重返亚太”的主要原因之一。从这一角度来讲，美国的“亚太再平衡”战略中的冷战思维势必会将美国引入新的战略误区。有学者指出：美国是否有一种倾向——只有对中国日益强硬，才能挽回成为衰落大国的颜面？

知识链接：“中国威胁论”

“中国威胁论”由来已久，特别是冷战结束后，伴随着中国经济力量、军事实力和政治影响力的不断扩大，一些抱有冷战思维的西方国家及其追随者开始把中国视为最大威胁。其中，一些亚洲国家也借助美国等西方大国的支持大肆抹黑中国合理的军事实力增长，肆意诋毁中国的崛起，无视中国坚持的和平崛起方针。“中国威胁论”是中国实现民族复兴和国家崛起过程中必然经历的外部压力，在历史上，美国、日本等国崛起过程中也有类似经历。

图为恐怖分子通过狙击枪袭击的概念图。21世纪以来，美国投入主要精力用于对付中东地区的恐怖主义，但收效并不大，恐怖主义仍是世界和平与安全的主要威胁之一。

全世界的难题：极端主义

在人类历史长河中，极端主义不是新鲜事物。它像一串不和谐的音符，成为人类和平与文明发展进程的拦路石。在20世纪以前，极端主义似乎从来没有能够主宰历史，人类文明的车轮滚滚向前，并未被这拦路的石头和刺耳的音符所阻断。20世纪以来，特别是20世纪末至21世纪初的当代世界，极端主义开始显现出强劲阻碍人类文明进程的势头，成为人类和平与发展的最大障碍与难题。

在冷战阴云四散之际，美国成为唯一超级大国，西方各国以美国为主导，构筑了一个空前庞大的西方战略联盟。放眼全球，似乎没有任何力量能够突破这一稳固的政治与军事联盟体系。但是，无论是美国的“9·11”事件、英国的“七七地铁爆炸案”，还是法国的“查理周刊惨案”等等，都预示着一个令人惊异的事实：号称最安全稳定的西方核心地区正遭受空前的危机。从纽约、华盛顿、伦敦、巴黎、马德里到布鲁塞尔，西方世界的中心几乎无一幸免。极端主义像从地狱里释放出来的可怕魔鬼，悄然闯进世界的各个角落，给整个世界带来流血与悲伤。

北爱尔兰风雨

分离主义与和平进程

这是一部充满血泪的暴力史诗；
这是一部追求统一的民族悲歌；
这是一部追求和平的政治传奇。

2007年5月，崭新的北爱尔兰自治政府成立，民主统一党与新芬党这对数十年的“冤家对头”终于各自穿上笔挺的西装，在贝尔法斯特政府大楼里成为同事。北爱尔兰迎来了新时代。

唐宁街惊魂

1991年2月7日，星期四，正是英国每周内阁例会的日子。上午9时许，在唐宁街10号的内阁会议室里，首相约翰·梅杰正在主持会议，联合王国几乎所有重要政治人物都在座。在几百米外街道的路口，一辆货车突然停下来，车顶缓缓打开，一架迫击炮赫然出现在车厢里。三发炮弹随之喷射而出，直奔首相府。很快，内阁要员们的激烈讨论被一声巨响打断，会议室的玻璃窗被震碎一地，距离他们不远处的花园里炸出一个大坑。梅杰首相很快从震惊中缓过神来，作为这个国家的领袖，他必须表现出“泰山崩于前而色不变”的镇定。他迅速指挥惊魂未定的阁员疏散，并命令各部门采取应急措施。经过调查，这一针对英国“心脏”的袭击是北爱尔兰分离主义的军事组织爱尔兰共和军（Irish Republican Army）所为。

图为英国首相府唐宁街10号。这里自18世纪以来就是英国首相居住和内阁开会的地方，象征着英国的最高行政权力。

这并非爱尔兰共和军第一次针对英国最高权力中枢的袭击。1984年10月，共和军曾在布莱顿的格兰德酒店制造了一起震惊世界的爆炸，企图炸死正在召开保守党年会的首相撒切尔夫人（Mrs. Thatcher，1925—2013年）和该党领袖们。虽然撒切尔夫人幸免于难，但仍有4人被炸死。在“唐宁街惊魂”11天后，英国再次遭受恐怖袭击。在交

知识链接：爱尔兰共和军

爱尔兰共和军成立于1919年，是推进爱尔兰民族独立与统一运动的军事组织。爱尔兰共和国独立后，共和军继续致力于通过武装斗争和恐怖主义方式实现南北爱尔兰统一的目标。

通高峰时段，英国最繁忙的维多利亚车站发生炸弹爆炸，超过40人伤亡。接着，布莱顿车站发生同样的爆炸。经调查证实，这一系列恐怖事件都是爱尔兰共和军策划实施的。

世纪之交的和平进程

北爱尔兰分离主义由来已久。自1921年12月《爱尔兰协定》签订以来，尽管南部的爱尔兰共和国独立，但新教徒居多数的北爱尔兰地区仍旧留在联合王国。爱尔兰共和军仍然坚持武装斗争，制造了多起恐怖袭击事件，造成大量伤亡，其中包括许多无辜的平民。

英国、爱尔兰及国际社会为此对爱尔兰共和军不断施加压力，敦促其放弃武装斗争。作为天主教最高精神领袖的教皇也呼吁天主教徒“抛弃暴力之途，回到和平之道”。在多方努力下，北爱和平终于在20世纪末取得重大突破。1993年12月，英国与爱尔兰共同发表《唐宁街宣言》，就爱尔兰共和军永久停止使用暴力达成共识。1997年，英国首相布莱尔与共和军领导人格里·亚当斯（Gerry Adams）在唐宁街进行了历史性会见。经过各方的多轮磋商，1998年4月达成了《受难日和平协议》。这一协议为北爱尔兰历史性地开创了一个共享权力的政治框架，北爱前途在统一与分裂的反复较量中终于在世纪末看到了曙光。

知识链接：《受难日和平协议》

《受难日和平协议》（*Good Friday Agreement*）是1998年4月通过的关于爱尔兰政治前途的纲领性文件。主要内容有：英国逐步解除军事管治，爱尔兰放弃对北爱的主权要求；双方共同推动北爱尔兰议会成立；爱尔兰共和军和新教武装停止暴力活动。

2018年4月10日，新芬党领导人格里·亚当斯在北爱尔兰贝尔法斯特举行的庆祝《受难日和平协议》第20周年的活动中发表讲话。

图为新芬党领导人格里·亚当斯（右）手持《受难日和平协议》。该协议是关于北爱尔兰政治前途的纲领性文件，对于推动北爱尔兰问题的和平解决具有标志性意义。

进入21世纪后，北爱和平进程的核心问题转为共和军永久解除武装。在国际社会多方斡旋下，2005年7月，共和军正式下令终止武装斗争。9月，负责监督共和军解除武装工作的国际独立委员会宣布，共和军武装已完全解除。2007年北爱尔兰自治政府成立后，这片充满血雨腥风的土地终于迎来新时代。当然，恐怖袭击事件仍时有发生，但分离主义越来越不得人心。

过去与现在

宗教极端主义的崛起

亲爱的兄弟姐妹们！为了安拉的道路不要害怕牺牲生命和财产，这是伊斯兰伟大的先知和尊敬的伊玛目们的道路。

——伊斯兰激进主义者的箴言

2011年5月1日，美国总统奥巴马宣布世界最著名的恐怖大亨本·拉登在巴基斯坦首都郊外的一处隐蔽住所被美国军方发现并击毙。时隔近10年，拉登终究未能逃出美国的全球搜捕。拉登死了，但恐怖主义并没有衰落。相反，2011年以来，随着“伊斯兰国”的兴起及塔利班等组织的复兴，恐怖主义似乎愈演愈烈。在此，从中可以管窥宗教极端主义的过去与现在。

中东地区激进主义滋生。近年来，恐怖主义、难民危机等也成为困扰欧洲的历史性难题。

极端主义的缘起

宗教极端主义是在20世纪70年代以来伊斯兰复兴运动的大背景之下兴起的。伊斯兰复兴运动又是在更为复杂的社会、经济、政治、宗教和文化的背景下出现的。20世纪90年代以前，宗教极端主义以埃及、沙特和伊朗等国为主要基地。埃及的穆斯林兄弟会曾是个以宗教为旗帜的政治反对派组织，但在20世纪70年代以后发生了两极分化。主流部分的穆斯林兄弟会成员向政府靠拢，采取和平方式，反对暴力。少数派则走向极端主义，从事反政府的暴力活动。源于穆斯林兄弟会的极端组织筹划和实施了一系列恐怖活动，如刺杀埃及前总统穆罕默德·安瓦尔·萨达特等。

图为三位裹着黑纱的妇女。黑纱是穆斯林妇女在公开场合穿戴的服饰。

当20世纪90年代冷战格局终结时，世界过渡到相对安全与稳定的全球化时代，但极端主义并没有给世界喘息的时间，很快成为遍及世界的首要问题之一。

冷战后的极端主义

极端主义最主要的思想策略是“圣战”（吉哈德），其意义中含有深厚的进攻主义精神、鲜明的暴力和进攻色彩。恐怖主义即脱胎于这种思想。

20 世纪 90 年代以后，极端主义势力进一步崛起，其代表性的极端组织是基地组织。基地组织发源于本·拉登在阿富汗战争期间建立的训练基地。一般以 1998 年拉登与多国宗教极端分子建立的“伊斯兰反犹太与十字军国际阵线”作为成立标志。当年，基地组织的五名主要领导人联名发布了一篇针对美国的《圣战檄文》，号召全世界的穆斯林加入一场真主召唤的“圣战”，“刺杀”和劫掠所有美国人。基地组织策划了多起针对美国的恐怖袭击。“9·11”事件后，基地组织遭到美国及其盟友的猛烈打击，之后走向涣散。2011 年，拉登被击毙，但基地组织仍然是当今世界恐怖主义的主要源头之一。

当地时间 2011 年 5 月 1 日，美国总统奥巴马和副总统拜登、国务卿希拉里等人在白宫战况室听取对袭击奥萨马·本·拉登情况的更新报告。

基地组织之外，同样兴起于 20 世纪 90 年代的塔利班组织及近年兴起的“伊斯兰国”组织都是实力较强的伊斯兰激进主义组织。

知识链接：塔利班组织

塔利班（普什图语意为“伊斯兰教学生”）是阿富汗激进主义运动组织，主要成员是伊斯兰学校学生。1994 年以后，塔利班迅速崛起为一支强大的武装力量。1995 年，塔利班发动“进军喀布尔”战役，之后控制了全国 90% 以上的地区，建立了激进的政教合一政权，并成为基地组织的盟友。“9·11”事件后，美国及其盟友对阿富汗发动大规模军事行动，塔利班政权垮台。但是，残余的塔利班势力仍通过恐怖主义方式与阿富汗现政府和美军进行对抗。2006 年后，塔利班东山再起，重新占领了 70% 的阿富汗领土。2021 年，美国宣布从阿富汗全面撤军，塔利班重新掌控了阿富汗政权。

塔利班在 20 世纪 90 年代迅速崛起，并建立了激进的政教合一政权，由于支持本·拉登领导的基地组织而遭到美国等国的军事打击直至垮台。2021 年，塔利班重新掌控了阿富汗政权。图为塔利班士兵。

“双子塔时代”的终结？“9·11”事件回顾

这是整个世界的斗争，这是整个人类文明的斗争，这是所有相信进步和多元论、相信宽容和自由的人们的斗争。

——美国前总统乔治·W.布什

美国自19世纪末一跃成为世界头号经济强国以来，直到今日仍未遇到能够撼动它的国家。美国的强大国力和国土安全在经历了两次世界大战后得到了充分的验证，这正是二战后联合国总部设在美国的重要原因。美国人的自信延续了百余年。然而，“9·11”事件给美国的骄傲泼上了墨水。这是人类文明史上最大规模、性质最恶劣的恐怖袭击之一，直接将目标锁定在美国本土的政治和经济中心。位于美国首都华盛顿的国防部大楼、经济中心纽约的地标世贸中心双子塔同日遇袭。

图为原美国纽约的世贸中心双子塔。这里曾是美国经济繁荣和世界经济霸权的标志。2001年9月11日，双子塔遭到恐怖分子劫持的飞机撞击，随后双双倒塌，造成来自许多国家的数千人死亡。

黑色星期二

2001年9月11日上午，这本是个平常的日子，繁忙的曼哈顿与往日一样，映照在世界金融中心的光环之下。在好莱坞电影中多次倒塌的世贸中心双子塔高高耸立云端。美利坚这片热闹的土地已经享受了半个多世纪的和平。美国在二战后参与了多场地区性战争，但除了1941年珍珠港事件外，美国本土从未受到过任何大规模的袭击。然而，这一天，历史改写了，这成为美国自二战以来最灰暗的日子。在与苏联长达数十年的冷战对峙中，美国也从未表现得如此脆弱。经济中心纽约和政治中心华盛顿同日遭此厄运，象征美国经济辉煌的世贸中心转瞬间成为断壁残垣；美国人最引以为傲的军事总部五角大楼被撞成了“六角大楼”。

19名恐怖分子劫持美国联合航空的4架飞机后，朝着美国最具标志性的建筑进行自杀式袭击。

2001 年 9 月 11 日，基地组织恐怖分子驾驶飞机撞毁纽约世贸大厦。图为美国世贸中心大厦遭到袭击。

知识链接：西班牙“3·11”事件

西班牙马德里火车遭袭事件发生于2004年3月11日，因而被称为西班牙“3·11”事件。巧合的是，这起恐怖袭击事件距离发生在美国的“9·11”事件正好过去了911天，因而这一事件又称为“欧洲9·11事件”。这次袭击发生在马德里四列火车上，共发生十次爆炸，造成201人死亡，2050人受伤。这是使西班牙遭受最大伤亡的恐怖袭击，也是自第二次世界大战结束后最惨痛的伤亡。经过长期的调查取证，位于摩洛哥的“伊斯兰战斗团”有重大嫌疑。

最蜚声世界的美国纽约世界贸易中心双子塔和美国国防部五角大楼成为袭击的对象。世贸中心两座楼先后被两架飞机攻击后倒塌，五角大楼局部坍塌。另一架飞机在遭到劫持后发生了反抗，机组人员和乘客与恐怖分子勇敢搏斗，挽救了这架飞机要去撞击的目标和地面上的人员。最终，飞机坠毁在距离华盛顿特区只有20分钟飞行时间的一片空地上。这架飞机上的恐怖分子原本打算袭击美国哪一座标志性建筑则不得而知。

根据此后的统计，这次恐怖袭击事件共造成2996人死亡，受伤者难以计数。在死亡者中，有343名是第一批赶到世贸中心的消防队员。此外，在“9·11”事件之后的十几年里，数千名参与救援的消防员、警察和其他工作人员患上了肺病、癌症等重疾，半数以上是消防员。值得注意的是，“9·11”事件给美国人心理上的打击则是全民性的，它是美国自二战时珍珠港遇袭以来第一次在本土遭受的最大规模袭击。

当然，“9·11”事件带来的经济损失更是难以估量，它对美国经济，进而对世界经济造成直接的巨大冲击。金融业首当其冲。全球股市应声下挫，纽约证券交易所等证券市场停止营业，仅此一项的直接和间接损失就无法估计。纽交所上次关闭还要追溯到大萧条时期的1933年。交通业、保险业、

图为美国国防部所在地五角大楼在“9·11”事件中的遇袭现场，五角大楼的东边建筑遭到飞机撞击后起火。这是恐怖分子对美国权力中心的一次挑衅。

旅游业等间接损失也极为严重。唯一在事件后繁荣起来的可能就是军工业了。该事件对于世界经济的影响尽管是间接性的，但其负面影响将大大超过袭击给美国带来的直接损失。

该事件对于国际政治的影响将是长期性和根本性的。苏联解体以来，美国成为唯一的超级大国，在国际舞台上奉行单边主义，并延续霸权战略。中国、俄罗斯等国受到多方面的战略挤压。但是，“9·11”事件直接将美国及其盟友的矛头引向中东，国际政治随之发生重大转变。其中的影响根本性地决定了21世纪初期的基本国际政治情势。

反恐：全人类的斗争

在“9·11”事件中与美国民众一起遇难的，还有来自80个国家的公民。当然，恐怖活动绝非仅发生在美国。在恐怖主义泛滥的一些中东国家，几乎每天都有无辜的人们死于非命。因而，与恐怖主义斗争是全人类的事情。

美国总统小布什在“9·11”事件后的国会演讲中说：“我代表美国人民感谢世界各地提供给美国的支持。美国人民永远不会忘记，我们的国歌在白金汉宫、在巴黎街道、在柏林勃兰登堡奏响。美国人民永远不会忘记，韩国儿童聚集在首尔的美国大使馆前面低声祈祷。美国人民也不会忘记开罗一座清真寺里传出的同情之声。美国人民当然也不会忘记，几天来，澳大利亚、非洲和拉丁美洲举行的纪念或者默哀活动。”

世界都在为这场人间惨剧默哀。在“9·11”事件发生后，小布什及时地与俄罗斯总统普京、法国总统希拉克、中国国家主席江泽民等世界主要大国领导人通话，表达了自己的反恐立场，并希望全世界正义的国家建立国际反恐统一阵线。他还对所有国家表达了美国的态度：“世界各个地区的每个国家，你们现在处在一个抉择的时刻，你们要么和我们站在一起，要么和恐怖分子同流合污。从今天开始，美国将把任何继续庇护和支持恐怖主义的国家看作是敌对国家。”作为美国对盟友提供保护的回报，这次，北约还首次启动了共同防卫机制，宣布对美国的袭击将被视为对所有北约成员国的军事袭击，甚至过去一直站在美国对立面的利比亚、古巴、伊朗等国家也都表达了谴责立场。在国际社会一片同情美国人民、谴责恐怖主义的时刻，伊拉克总统萨达姆·侯赛因却独树一帜，称这是美国霸权

空中鸟瞰美国国家“9·11”纪念馆。作为第二次世界大战以来美国本土遭受到的最严重的打击，“9·11”事件给美国人的心理冲击是极其严重的。这也提醒着全世界人民“珍爱和平，反对恐怖主义”。

主义的后果，这或许为萨达姆后来的覆灭埋下了隐患。

作为世界上实力最强大的国家，美国当然不会仅仅把对恐怖主义的谴责停留在口头上。随后，美国在中东地区发动了一系列反恐战争。伊拉克萨达姆政权在战争中垮台。基地组织也受到重创，恐怖大亨本·拉登也没有躲过美国长期不懈的追踪。

当然，被恐怖主义激怒的所有人必须要清醒地认识到，尽管恐怖分子一再将宗教信仰作为他们发动反人类活动的借口，但恐怖主义就是恐怖主义，那些极端的思想乃是对一切人类信仰的亵渎。遭到袭击的美国也极为清醒地认识到这一点。小布什总统在演讲中表示："我还想直接对世界各地的穆斯林讲一句话：我们尊重你们的信仰。在美国，有数百万民众自由地信奉伊斯兰教，而美国的友邦中则有更多的人信仰伊斯兰教。伊斯兰教义是好的，是推崇和平的。那些借真主之名犯罪的人亵渎了真主的神圣。我们的穆斯林朋友和阿拉伯朋友不是美国的敌人。"

知识链接：英国伦敦七七连环爆炸事件

2005 年 7 月 7 日，受到基地组织控制的四名英国穆斯林青年在伦敦实施了一连串自杀式爆炸袭击。爆炸发生时，正值伦敦人流高峰时期。地点则选在人流最为稠密的地铁站和公共汽车上。连环爆炸共造成 52 人遇难，超过 700 人受伤。当然，作为"人弹"的四名英国穆斯林青年也当场死亡。根据后来的调查，四名穆斯林青年中有三名来自西约克郡的穆斯林社区。此后，基地组织二号人物扎瓦赫里在半岛电视台播放的录像带中称对此事件负责。这是第二次世界大战之后英国本土遭受的最严重的直接袭击之一。

图为位于伦敦海德公园的英国七七连环恐袭事件纪念雕塑。它是用以纪念在 2005 年 7 月 7 日伦敦系列恐怖袭击事件中遇难的普通民众。七七恐怖袭击事件是第二次世界大战后英国本土遭受到的最严重的直接袭击。

美国的两场战争

小布什反恐

"9·11"事件后，小布什总统在国会的演讲中代表美国向恐怖主义集团发出了战书："我们必须动用所有的资源——所有的外交途径、所有的情报机构、所有的执法机关、所有的金融影响以及所有的战争武器，以击败和瓦解全球恐怖主义犯罪组织。"

2000年11月，乔治·沃克·布什以一场意外性的胜利赢得了美国总统选举，成为美国第43任总统。2001年1月，他正式入主白宫。自从苏联解体以来，美国已经在这个一超多强的世界里纵横10年。此时的欧洲尚在一体化的道路上走走停停，俄罗斯还在苏联解体后的阵痛中苦苦挣扎。日本也仍在经历漫长的低迷期。唯有崛起中的中国让美国感到背后的凉意，但仍不具备比肩的实力。初登总统宝座的小布什放眼全球，一时之间风头无两。

然而，就在他上任的第一年，在具有象征意义的9月11日，改变整个世界历史进程的"9·11"事件发生了。自二战以后，美国第一次在本土遭到了一次大规模袭击。美国随后锁定基地组织是该事件的幕后黑手。小布什的"反恐战争"由此开始。

纽约杜莎夫人蜡像馆的乔治·沃克·布什蜡像。小布什在2001年至2009年间担任美国总统，上任第一年就遭遇了二战以来美国最严重的一次恐怖袭击——"9·11"事件。

阿富汗战争

小布什发动阿富汗战争的目的是要消灭基地组织及其支持者——阿富汗的塔利班政权。2001年10月7日，美国和英国的军队进入阿富汗，联合反对塔利班的政治组织，并开始突袭塔利班和基地组织据点。5天后，塔利班军队逃离首都喀布尔，很快其他各省也先后被多国部队和北方联盟占领。不过，断断续续的交火一直持续到2014年12月29日，美国总统奥巴马宣布阿富汗战争结束。

整个阿富汗战争期间，美军死亡人数约2400名。但是，阿富汗战争实际上并没有结束。最初，在北约的大规模军事行动中，塔利班难以抵挡，迅速溃败，但当大规模军事行动结束之后，塔利班武装实质上不断恢复力量，现今已经占据了阿富汗全部国土，并成立了全国性政府。美国领头发动的阿

图为在阿富汗服役的加拿大荣誉退伍军人。阿富汗战争中，以美国主导的联军投入兵力达到13万人，美军阵亡人数超过2000人。

知识链接：美军在巴基斯坦击毙本·拉登

2011年5月1日，距离“9·11”事件已经过去了将近十年，被美国指认为“罪魁祸首”的本·拉登终于在美国持续不懈的追踪中露出了马脚。当日，一队美国海豹突击队员突袭巴基斯坦首都伊斯兰堡郊外的一处大宅。在随后的交火中，拉登和他的一个儿子被击毙。美国总统奥巴马在白宫正式宣布了这一消息。作为世界上最著名的恐怖大亨，拉登之死多少慰藉了在恐怖袭击中受到伤害的人们及其家属。这是美国自2001年发动反恐战争以来取得的重大进展。

富汗战争尽管一度取得了巨大胜利，基地组织确实大受打击，但从长远来看并非好事。一方面西方的行动可能造成反作用，进一步助长伊斯兰世界的反美情绪；另一方面从阿富汗战争的现实来讲，消灭塔利班和根除恐怖主义都是不可能的。随着2021年美军从阿富汗全面撤退，塔利班全面掌控阿富汗政权，标志着阿富汗战争的失败。

伊拉克战争

美英发动伊拉克战争的理由似乎非常冠冕堂皇，即萨达姆政权犯下反人类罪行，且拥有大规模杀伤性武器，并支持恐怖主义。尽管遭到法、德等传统盟友的反对和中国、俄罗斯等世界大国的谴责，美国仍一意孤行地发动了这场战争。当然，战争本身的结果不会出乎人们的预料，从2003年3月20日起至4月8日，美国、英国等国的联合部队在伊拉克迅速推进，美军攻进首都巴格达。4月15日，美军宣布主要军事行动结束。在这场历时近一个月的战争中，美、英军死亡不足300人，其中美军262人。不过，这一数字在此后9年中不断被刷新，据美国官方的资料，至2011年12月31日美军全部撤出伊拉克，死于伊拉克的美军超过9000人，受伤人数超过3.2万。

在付出如此巨大代价之后，美国是否给伊拉克带来了长久的和平与自由呢？“伊斯兰国”在伊拉克的崛起或许就是一个答案。

伊拉克战争是美国一意孤行发动的战争，只有英国等少数盟国为其提供支持。这场战争在造成双方重大伤亡的情况下，并没有给伊拉克带来真正的和平，国内的动乱和恐怖主义活动至今仍是困扰伊拉克人民的难题。图为美军和伊拉克军的联合巡逻队。

当代哈里发之梦 “伊斯兰国”突起

2015 年美国著名的《时代》周刊评选年度“风云人物”，有 8 人进入候选人名单，“伊斯兰国”头目“巴格达迪”赫然在列。

伊拉克当地时间 2017 年 6 月 1 日，为了完全收复摩苏尔，政府军与极端组织“伊斯兰国”发生激烈交火，当地居民被迫从家园撤离。图为伊拉克摩苏尔的政府军车队。

“伊斯兰国”的前身是 2006 年基地组织在伊拉克成立的“伊拉克伊斯兰国”。该组织在 2014 年 6 月 29 日宣布将政权更名为“伊斯兰国”。其领袖阿布·贝克尔·巴格达迪自称“哈里发”。该组织宣称对整个伊斯兰世界拥有最高权威，号召全世界穆斯林效忠巴格达迪。它的政治目标是，消灭中东地区的国家界限，建立一个无国界、统一的伊斯兰帝国。至今，“伊斯兰国”仍是恐怖活动的主要发起者之一。2017 年 5 月 23 日，“伊斯兰国”公开承认英国曼彻斯特的恐袭是其所为，这次造成数十人死伤的惨剧是该恐怖组织犯下的又一大罪行。

“伊斯兰国”的兴起

叙利亚的内战为“伊斯兰国”的兴起提供了契机。2013 年，该组织与叙利亚的“胜利阵线”组织联合，并更名为“伊拉克和大叙利亚伊斯兰国”（“伊拉克与黎凡特伊斯兰国”）。叙利亚内战期间，该组织控制了叙利亚多处城镇和油田，攫取了大量的军火、财富和地盘。

从构成上讲，该组织是一个逊尼派组织，其上层领导者主要来自沙特，战斗人员则主要来自伊拉克和叙利亚。“伊斯兰国”掌握着巨额的财富和稳定的收入来源。其主要收入途径包括抢劫占领区的银行、控制石油、贩卖毒品等。

“伊斯兰国”在整个中东地区具有很强的凝聚力。2014 年 9 月，一名法国公民在阿尔及利亚被恐怖分子绑架，恐怖分子所属组织自称为“哈里发战士旅”，原属基地组织，但现在宣布效忠“伊斯兰国”。恐怖分子要求法国停止对“伊斯兰国”的突袭。2014 年 10 月 4 日，巴基斯坦塔利班组织发

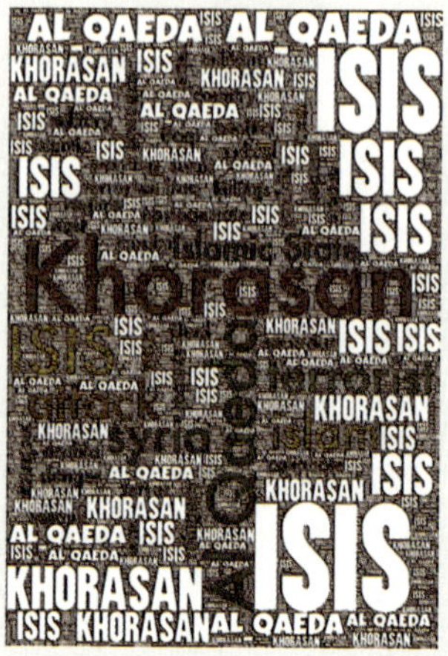

呼罗珊恐怖组织（KHORASAN）是中东地区诸多极端恐怖组织中的一支。该组织由来自中东、南亚和北非的前基地组织成员构成，以西方为主要袭击目标，具有规模小、隐蔽性强的特点。

图为2014年7月一段录像带中的“伊斯兰国”主要领导人阿布·巴克尔·巴格达迪。他曾是基地组织重要头目，后来到叙利亚组织建立了“伊斯兰国”。“伊斯兰国”覆灭后，至今下落不明。

知识链接：阿布·巴克尔·巴格达迪

巴格达迪被认为是本·拉登的真正继承者，被法国《世界报》称为“新本·拉登”，并被美国《时代》周刊杂志称为“世界上最危险的人”。据称，巴格达迪本人拥有伊斯兰法学博士学位，且是先知家族的直系后裔。巴格达迪约在2010年成为基地组织主要领袖之一。之后，传言他与扎瓦赫里等基地组织头目发生争执而离开。巴格达迪继承并践行拉登建立一个“伊斯兰国”的理想，以伊拉克北部地区为中心，不断向外扩张地盘，还在全世界招募“圣战者”。借叙利亚危机之机，他所建立的“伊斯兰国”迅速崛起，控制了叙伊边境的广大地区。在中东和欧洲多地，巴格达迪领导的“伊斯兰国”还发动了多起震惊世界的恐怖袭击。

表声明称效忠“伊斯兰国”，并称将提供最大支持以帮助其实现伊斯兰帝国的目标。利比亚城市达尔纳宣称效忠“伊斯兰国”，并愿意成为“哈里发帝国”的一员，这是“伊斯兰国”在伊拉克与叙利亚之外第一个宣布效忠的“省份”。此外，阿富汗和巴基斯坦的多支武装组织及埃及的“耶路撒冷支持者”组织、尼日利亚的“博科圣地”组织、索马里的“青年党”等多支极端组织向“伊斯兰国”及巴格达迪宣誓效忠。据联合国秘书长潘基文在2016年2月发表的一份报告称，“伊斯兰国”势力在中东、北非、西非、南亚和东南亚地区持续不断地扩张，至2015年年中已有34个武装组织宣布效忠“伊斯兰国”。

“伊斯兰国”覆灭

从近期发生的一系列恐怖袭击案件中不难看出，“伊斯兰国”势力甚至将触手伸进了欧洲各国的穆斯林社区。

不过，一连串恐怖袭击特别是针对西方的袭击，使得世界反恐怖主义阵营不断加强打击恐怖主义的合作，美国、法国、英国、沙特、阿联酋、土耳其、伊拉克与叙利亚政府军合作打击恐怖主义，“伊斯兰国”首当其冲成为打击对象。

2017年10月，在美国支持下，由库尔德武装主导的“叙利亚民主军”宣布，完全收复极端组织“伊斯兰国”在叙利亚的大本营拉卡。拉卡的解放是打击“伊斯兰国”行动的重要里程碑。随着“伊斯兰国”在伊拉克和叙利亚的重要据点接连失守，该组织实体加速溃败，但国际社会打击极端组织和恐怖主义仍面临长期挑战。

至今，“伊斯兰国”控制的领土已消失殆尽。即便如此，这一恐怖组织仍在不断威胁着整个人类的和平与安全。全世界应该在反对以“伊斯兰国”为代表的恐怖主义斗争中团结一致，特别要防范恐怖主义组织打着宗教信仰自由和民族独立的口号集结为反人类的邪恶势力。

解放后的拉卡街道因战火而满目疮痍。当地时间2018年2月18日，叙利亚拉卡的民众行走在满目疮痍的街道上。

"血色"巴黎 恐袭频发

遭到恐怖分子袭击后的《查理周刊》在复刊后打出了这样的标题——《一切已获宽恕!》

2015年1月7日，新年到来的狂欢余温尚未散尽，巴黎依旧热闹非凡，塞纳河在这个西方世界的中心城市里悠然地流淌。来自世界各地的游客徜徉于城市的各个角落，呼吸着这里的空气，在香榭丽舍大街的店铺前流连忘返。然而，挑战人类文明的恐怖活动突然打破了平静。

《查理周刊》遇袭事件

在这座城市的一个不起眼的写字楼里，一个以发表政治讽刺漫画和文章而闻名的杂志社迎来创刊史上最大的噩梦。2015年1月7日这一天，数名与恐怖组织有密切关系的枪手端着AK-47和火箭弹发射器冲入杂志社，对编辑部手无寸铁的工作人员进行疯狂射杀。包括杂志主编和四名漫画师在内的10人被打死。有目击者声称他听到枪手高呼"为先知复仇!"疯狂的凶手离开时劫持了一辆汽车，两名赶来的警察被打死。之后两天的系列枪击又造成5人死亡，多人受伤。

事件的起因并不难寻。《查理周刊》杂志以其惯用的讽刺技巧侮辱了伊斯兰教先知穆罕默德。这一行为引发了穆斯林普遍的反感。但是，该周刊打着言论自由的旗号，坚持自己独立的"艺术创作"。在遇袭当天上市的周刊主题是欧洲的穆斯林移民问题。这一主题无疑触动了法国白人种族主义者和500万穆斯林移民的神经。

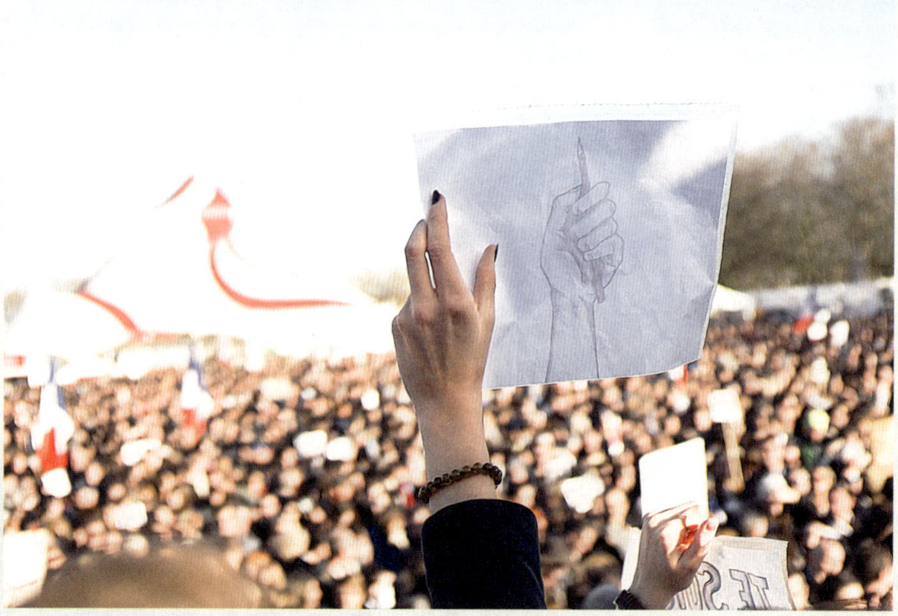

图为民众纪念《查理周刊》遇难者的集会。一位集会公民高举象征着言论和出版自由的图片——"手握铅笔"，用以悼念遇难者，并捍卫言论和出版自由的精神。

袭击枪手的身份很快被查明，其中主犯是兄弟二人，为阿尔及利亚裔法国人，出生于法国，兄弟二人中的弟弟被指为伊拉克基地组织的成员。不久，基地组织阿拉伯半岛分支机构发布视频，称这一恐袭事件由其策划和发动。

值得一提的是，《查理周刊》尽管遭遇重创，但并没有停刊，遭遇恐怖袭击之后最新一期的主题是宽恕，并以《一切已获宽恕!》为大标题。杂志封面上的漫画仍是其一贯的画风。

法国巴黎为反对恐怖主义而加强安全巡逻。恐怖分子对欧洲心脏城市的袭击一再地挑战爱好和平的人们的心理底线。

知识链接：布鲁塞尔爆炸

2016年3月22日，在抗议比利时警方逮捕巴黎恐袭嫌犯萨拉赫而引发的莫伦贝克区骚乱过后仅仅4天，布鲁塞尔——这座被称为欧洲首都的城市接连发生多起爆炸，地点分别在布鲁塞尔扎芬特姆国际机场和距离欧盟总部大楼仅200米的地铁站。34人在爆炸中丧生，近200人受伤。一位邓姓的中国公民也在爆炸中遇难。“伊斯兰国”宣布对这一事件负责。

巴黎“11·13”系列恐袭事件

然而，“宽恕”并不能慰藉死去的人们，甚至也没能给活着的人带来应有的清醒。年初的恐怖事件给巴黎、给法国、给欧洲带来的震惊与愤怒还没有平息，2015年11月13日晚，巴黎再遭恐怖分子的蹂躏。这次恐怖袭击的发生地点包括法兰西体育场、巴塔克兰剧院和一处餐厅在内的多处人口密集地方和5处街道。整个巴黎在这一晚笼罩在鲜血与仇恨之中。在音乐厅，劫持杀害人质的恐怖行径最为残忍和惨重。在超过1500人的剧院里，人们正在欣赏来自一个著名摇滚乐队的表演。这场艺术与欢乐的盛宴被冲进来的恐怖分子以鲜血涂抹。他们持枪向手无寸铁的平民疯狂扫射。在法国安全部队到达之前，有约100人被劫为人质。4名袭击剧院的恐怖分子最终被击毙，而死亡的剧院观众约120人。系列恐怖袭击的总死亡人数超过130人，伤者更是多达数百人。西方发生的类似恐怖袭击距离我们并不遥远，2015年11月19日，中国外交部证实，中国公民樊京辉遭绑架并最终被杀害。“伊斯兰国”宣布对此次事件负责。

值得注意的是，来自希腊的消息证实，一名叙利亚籍恐怖分子在此前一个月由希腊莱罗斯岛以难民身份进入欧洲。另外一名参与巴黎恐袭的嫌犯萨拉赫·阿卜杜勒·萨拉姆来自法国近邻比利时首都布鲁塞尔的莫伦贝克区，该区80%的居民是穆斯林，这里素来拥有“圣战者天堂”的名声。比利时警方在2016年3月18日将萨拉赫逮捕，这一事件引发了莫伦贝克区穆斯林的大规模骚乱，其原因是萨拉赫被当地穆斯林视为“英雄”。比利时政府为此出动防暴警察驱散抗议的人群。然而，4天后，布鲁塞尔也如同巴黎一样遭到了“疯狂报复”。

2015年11月13日，巴黎多地遭到恐怖分子的袭击，其中最为严重的巴塔克兰剧院有超过100人遇难。随后“伊斯兰国”宣布对此次事件负责。图为祭奠巴塔克兰剧院恐袭案中遇难者的鲜花和蜡烛。

十字路口的南美

雄伟的安第斯山脉连绵不断，纵贯南美洲。这片大陆曾孕育了许多神秘莫测的古代文明。伴随着欧洲人的到来，这片土地很快被欧洲白人占领和殖民。在这片大陆的南部，南美大陆蜿蜒伸展，这里居住着世界上人种混杂最充分的民族，他们热情奔放又无奈彷徨，负荷繁重，踯躅而前。当世界从冷战的两极格局中挣脱出来，这片总是被遗忘的土地也面临新时代的洗礼，向左走还是向右走？摆在南美各国面前的是一个历史性的问题。历史包袱太重。这里是近代西方大殖民时代的产儿，这里是各种政治、经济和社会制度的试验场。民主、法治似乎是通行的政治辞藻，但在光鲜的民主口号背后，南美大陆却总是反复上演着专制、动荡的“舞台剧”。这里的百姓仍未摆脱疾苦，这里的政局令人难解，军队、政客、毒枭、民粹分子每一股力量背后都是复杂的历史因素。这个物产丰饶的热情大陆还是在这种历史与现实、欢乐与痛苦错综交织中发展、进步。巴西在崛起，区域一体化在稳步推进，政治民主化和社会民生也在改善。在今日剧烈变迁的时代，十字路口的南美，如何选择未来？

战祸难息

反毒品之战

毒品犯罪是与艾滋病、恐怖组织犯罪并称的世界三大公害。

1990年，哥伦比亚自由党总统候选人路易斯·加兰在公开演讲时被刺杀。嫌疑人线索直指拥有非法武装和暗杀组织的贩毒团伙，特别是最臭名昭著的麦德林贩毒集团。为此，哥伦比亚开展了一场史无前例的大规模扫毒战争，动用了大批军队和警察部队。号称“世界头号毒枭”的麦德林贩毒集团头目巴勃罗·埃斯科巴在哥伦比亚政府坚强的缉毒意志和铁腕扫荡中，以不引渡到美国和减刑为条件宣布投降，被关押进恩维加多监狱。这一事件拉开了拉美大规模反毒品斗争的序幕。

哥伦比亚、秘鲁和玻利维亚三国被称为南美毒品生产与贩运的“白三角”。哥伦比亚更是被称为“毒品王国”。图为哥伦比亚出产的大麻。

毒品贸易“白三角”

拉美是世界上最大的毒品生产地区，毒品问题自20世纪90年代以来已经成为拉美经济发展的重大制约因素。哥伦比亚、秘鲁和玻利维亚是南美最主要的毒品生产国和贩运国，被称为“白三角”。其中哥伦比亚最为严重，被称为“毒品王国”。

“白三角”地区之所以毒品盛行有着深刻的政治、经济以及地理环境等方面的原因。首先，这里是典型的热带雨林气候，非常适合毒品的主要原料古柯（可卡因）生长。其次，数百年的殖民时代结束之后，南美诸国长期处于混乱状态，其中尤以哥伦比亚最为典型。哥伦比亚政府力量弱小，长期实行军事独裁，而与之并存的另外两股力量——游击队和贩毒团伙武装也有足够的力量与之进行长期抗衡。因此，哥伦比亚长期处于军事冲突与政治动荡之中，国家经济落后，人民生活困苦。毒品贸易正是在这样的背景下兴起的，越来越多的穷苦民众投身于暴利的毒品贸易中，或依附于毒品团伙。另外，长期的毒品生产与贸易已经根植于这个国家的经济生活中，成为哥伦比亚经济的支柱产业。一份统计资料显示，1999年，哥伦比亚输出国外的毒品市值达460亿美元，相当于国内生产总值的一半以上。如此巨大的毒品产业及依附于该产业的大量农民和无业游民，使得政府在其面前常常束手无策。在国际上，美国成为南美毒品贸易的主要对象和庞大市场。

艰难的反毒品斗争

20世纪八九十年代以来，面对日益猖獗的制毒贩毒问题，南美各国都加强了反毒品斗争。特别是自90年代起，在美国的推动下，拉美各国的缉毒合作取得一定成果。但是，由于大批小型制毒贩毒团伙层出不穷，跨国集团已形成产业利益链，民众卷入度高，政府、军队和警察部门人员与贩毒团伙勾结等特点，各国的缉毒行动仍然无法取得根本性进展。

进入21世纪以来，南美各国进一步加强了缉毒行动。美国对哥伦比亚的战略是将反恐与扫毒战相结合，支持哥伦比亚的执法和司法改革。对玻利维亚和秘鲁等国，美国采取了根除计划，在加强各国执法和司法建设以及缉毒能力的同时，尽可能地引导古柯农转行，改种其他植物。

美国与南美诸国达成的多边或双边扫毒协议及其联合行动确实取得了一定胜利，但仍未能从根本上扫除毒品犯罪的深厚土壤。例如在哥伦比亚，美哥联合行动的结果是种植和加工毒品的主要区域转移至游击部队和右翼准武装力量实际控制的南部地区，出于经济上的考量，这些非政府武装日渐成为贩毒、制毒的保护者。美国通过经济和军事援助哥伦比亚政府的策略使哥政府不得不接受美国在诸项事务上的干涉，也间接激发了国内非政府武装以“反帝国主义干涉”的意识形态作为壮大自身的精神武器，客观上使得非政府武装与贩毒集团的利益趋于一致，强化了贩毒、制毒的力量。

知识链接：世界头号毒枭埃斯科巴越狱事件

在哥伦比亚政府的大规模反毒品战争中，埃斯科巴自首，但监狱却成为埃斯科巴又一个遥控指挥毒品犯罪的理想指挥中心。1992年7月，哥伦比亚政府决心加强对埃斯科巴的控制，由军队接管恩维加多监狱，但埃斯科巴及其同伙在监狱劫持人质后逃离。监狱看守人员无疑充当了庇护和纵容者。埃斯科巴越狱后，哥伦比亚动用了数千军警进行长达16个月的大搜查，终于在1993年底发现了埃斯科巴的踪迹。在缉拿过程中，双方展开枪战，埃斯科巴本人头部中弹死亡。

为遏制毒品贸易，南美各国不断加大反毒品力量。在哥伦比亚，美国提供大量经济和军事援助，试图彻底根除制毒与贩毒贸易，取得了一定成果，但并未达到预期效果。图为在哥伦比亚贩毒集团大本营麦德林市大街上的武装军人。

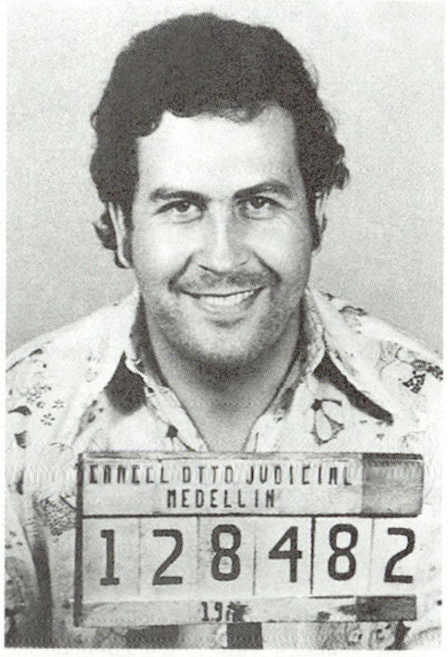

图为哥伦比亚最著名的大毒枭巴勃罗·埃斯科巴狱中照。在1992年哥伦比亚政府加强缉毒的活动中，埃斯科巴自首。次年，埃斯科巴越狱，在缉拿中，他因头部中弹死亡。

政治新动向
左翼与右翼角力

革命是不朽的。

——埃内斯托·切·格瓦拉

古巴革命是拉美左翼力量兴起的标志。古巴革命将民众运动推到历史的前台，推动开启了整个拉美地区民族解放与大众革命的潮流。此后，拉美地区的游击队运动、智利的“人民阵线”运动及尼加拉瓜革命等都推动了拉美左翼政治力量的壮大。不过，拉美左翼力量的兴起是在冷战背景下发端的，苏联的逐渐强大及其与美国所代表的西方资本主义世界的对抗使它成为左翼力量的精神导师。但是，当苏联解体后，国际上的左翼力量失去了擎天柱，拉美左翼力量一度陷入精神与现实的双重危机之中。

图为尼加拉瓜反美的武装游击队领导人奥古斯托·塞萨尔·桑地诺（Augusto César Sandino，1893—1934 年）。他领导尼加拉瓜游击队迫使美国最终撤军。1934 年，桑地诺被国内反对势力设计杀害。

查韦斯——拉美左翼势力复兴的标杆

1999 年查韦斯的上台执政，标志着拉美左翼再次抬头。新一轮的左翼政治力量反对新自由主义，试

知识链接：古巴前领导人卡斯特罗

菲德尔·卡斯特罗，1926 年出生在古巴一个庄园主家庭，家境优裕。其父亲是来自西班牙的军人。菲德尔 19 岁进入哈瓦那大学学习，学生时代一直致力于革命活动。毕业后，他成为律师，继续从事政治运动。他领导的第一次武装起义是 1953 年 7 月 26 日攻打蒙卡达兵营的战斗，失败后被捕。出狱后，他组织了著名的“七·二六”运动组织，后前往墨西哥继续从事革命活动。1956 年，他率领一支小型队伍回国，之后转战山区从事游击战争，反对巴蒂斯塔独裁统治。卡斯特罗的队伍在斗争中不断壮大。1957 年，古巴国内各革命力量建立了以卡斯特罗领导的“七·二六运动组织”为核心的统一阵线，发布了《土地改革宣言》等纲领性文件。经过艰苦卓绝的斗争，至 1958 年下半年，起义军和全国革命力量取得了重大成果。1959 年初，起义军占领首都哈瓦那，取得了革命的胜利。在卡斯特罗的领导下，古巴不断推进国内的改革，最终将古巴建设成为社会主义国家。2006 年，卡斯特罗将国家最高权力移交给弟弟劳尔·卡斯特罗。

图为菲德尔·卡斯特罗（右）与切·格瓦拉（左）。两人都是古巴革命的重要领袖和古巴革命胜利后的国家领导人。格瓦拉后来离开古巴，在世界多地领导游击队反对帝国主义，卡斯特罗一直担任古巴最高领导人，直到2006年。

图推动和引导民众参与国家的经济、政治建设，更加重视国家的工业化发展。当今拉美国家中，巴西、阿根廷、乌拉圭、厄瓜多尔、玻利维亚等都建立了左翼政府。事实上，在当今拉美政治版图中，左、右两翼政治力量基本上平分秋色，力量大体均衡。

新的特点——左翼力量的右转舵

这些左翼政治力量上台后又大多呈现一定的右翼化特点。除了查韦斯等奉行的左翼激进主义外，巴西的卢拉政府、阿根廷的基什内尔以及玻利维亚的莫拉莱斯政府等都有右翼化倾向，他们遵循市场经济原则，试图在左右中间寻找中间道路。查韦斯去世后，其接班人马杜罗试图维护查韦斯的政治遗产，但国内外环境使得他不得不采取相对温和的执政方针，这种左翼基调的变迁在一定程度上影响到整个拉美地区左翼力量的发展。

总体来说，拉美地区左翼力量的重新抬头是拉美在苏联解体、新自由主义思潮蔓延的背景下做出的反应，新的左翼力量更加务实，意识形态色彩淡化，同样有着“温和化”的倾向。

知识链接：委内瑞拉前总统查韦斯

查韦斯全名乌戈·拉斐尔·查韦斯·弗里亚斯，1954年生于委内瑞拉巴里萨纳斯州一个教师家庭。其父曾任国家教育署署长，之后当选州长。查韦斯的大学生活是在加斯拉斯军事学院度过的，毕业后参军。在军中，查韦斯成立了以其偶像玻利瓦尔命名的“玻利瓦尔革命运动”组织。1992年，查韦斯领导发动了“二·四”军人政变，试图推翻时任总统安德烈斯·佩雷斯的统治，失败后被捕入狱。两年后，查韦斯获得新总统赦免。1998年，查韦斯创建了第五共和国运动，并开始竞选总统。他顺利成为“爱国中心”这一竞选联盟的总统候选人，并获成功。2000年，查韦斯在根据新宪法重新举行的总统大选中，再次获胜。2006年，他第三次连任总统。然而，正当他意气风发地领导委内瑞拉实现土地改革、国有化等革命目标时，2011年他被查出癌症。2012年，他还是参加新的总统大选，并第四次当选。他在2013年初不幸去世。作为反美斗士和革命家，查韦斯的左翼激进主义在其接班人马杜罗总统任内开始朝着温和的方向发展。

查韦斯是拉丁美洲左翼政治力量的领袖，他四次当选总统，2013年初去世。他是拉丁美洲最著名的反美斗士，领导委内瑞拉进行了一系列改革。图为委内瑞拉潘帕塔尔港口一堵墙上的查韦斯彩色头像。

国有化风行

石油资源的新开发

根据欧佩克的最新统计表明，委内瑞拉石油储备量超过沙特阿拉伯，居世界第一位。目前，该国已探明原油储量近3000亿桶。

20世纪90年代以来，拉美产油国大多开启了私有化的石油业改革，顺应了当时世界私有化的风潮。而21世纪以来，伴随着新一轮左翼激进主义的兴起，国有化政策再次受到追捧。石油不仅是一个国家用来换取外汇和维持国内基本需求的商品，更是一个国家的战略资源。拉美的左翼政治力量的再次兴起在一定程度上使得国家利益更加受到重视，而石油业的繁荣也进一步强化了石油本身的战略意义。

委内瑞拉与巴西石油业的发展

20世纪90年代以来，委内瑞拉的石油工业迎来了新时期。原本保守的石油政策被新自由主义所取代。委政府开始鼓励外资和私人资本进入石油产业，政府相应地减少税收以推动石油产业的复兴。一项显著的改革是将石油收益的分成比例进行调整，从1990年之前的政府占九成改为政府和企业各占五成。石油开放政策和政府的利益让渡使委内瑞拉石油业得以复兴，石油产量大大上升，石油生产技术和工艺及企业管理模式都有了质的飞跃。

委内瑞拉货币“玻利瓦尔”上的黄金抽油泵模型。图片展示了委内瑞拉的经济支柱——石油业的独特地位。

巴西也是南美地区石油和天然气资源颇为丰富的重要国家，是南美地区最大的石油消费国和石油进口国。为了解决石油供应不足的问题，自20世纪90年代中期开始，巴西政府开始对国内石油产业进行大力度改革。此前，巴西石油业完全由巴西国家石油公司垄断，1995年议会通过法令结束了这一状况，开始开放石油业，允许外资和私人公司投资石油业。为此，政府还制定了一系列相关法律法规来鼓励对石油业的投资，革除国内石油工业管理体制的弊端。此外，政府开始引导新的石油天然气的勘探工作，特别是将重点转移到海上油气田的开发。新发现的图皮油田、伊阿拉油田和里约人油田都有丰富的石油资源，带动了整个巴西石油业的迅速发展。在这些改革举措的推动下，巴西的石油产量大幅提升。巴西政府甚至提出将在2020年跻身全球四大石油供应国行列的宏伟目标。

跌宕的阿根廷石油业

阿根廷是世界上第一个推行石油工业国有化、建立国家石油公司（YPF）的国家。该公司成立于1922年。20世纪80年代，资本主义世界体系出现石油公司私有化的浪潮，阿根廷意识到，在国家石油公司垄断下，石油业的诸多弊端已经深深影响到整个产业链的发展。事实上，YPF已经严重亏损，阿根廷政府也陷入严重的债务危机。1999年，阿根廷将国家石油公司一半以上的股份出售给西班牙国家石油公司，大大缓解了政府危机。

不过，与巴西等国开放石油工业后取得的成效不同，阿根廷政府和西班牙雷普索尔公司之间长期龃龉不断。阿根廷政府指责雷普索尔公司将主要收益转移回西班牙，而没有对阿根廷投资，雷普索尔公司则指责阿政府对公司的干预政策。双方的冲突伴随着公司石油产出的逐年下降，从2001年的83万桶下降到2011年的60万桶。至2012年，阿根廷总统克里斯蒂娜向议会提交《阿根廷石油主权》议案，最终收回了雷普索尔公司在YPF中所占的股份。这一事件尽管遭到许多质疑，但却是阿根廷政府利益最大化的选择。当然，阿根廷的石油国有化政策只是21世纪以来拉美新一轮国有化浪潮中的一朵浪花。玻利维亚、委内瑞拉、厄瓜多尔等国也先后开展了石油国有化运动。

图为巴西海上油井及补给船。20世纪90年代以来，巴西加大石油产业改革与石油开发，特别是对海上油气田的开发取得了重大进展。

知识链接：石油输出国组织

石油输出国组织（Organisation of Petroleum Exporting Countries）（简称欧佩克，OPEC）成立于1960年，是由伊朗、伊拉克、科威特、沙特阿拉伯和委内瑞拉倡导成立的，其目的是协调各石油出口大国的石油政策，以维护共同利益。目前，欧佩克总部设在奥地利首都维也纳。该组织主要成员国来自中东、北非和拉美地区，包括：伊拉克、伊朗、科威特、沙特、阿拉伯联合酋长国、利比亚、尼日利亚、安哥拉、委内瑞拉、加蓬和东南亚的印度尼西亚。欧佩克组织成员国的石油储量超过全球总储量的2/3，出口量约占世界的1/2。

阿根廷是最早推行石油国有化政策的国家。20世纪末，阿根廷将国家石油公司大部分股权出卖给西班牙国家石油公司，此后阿石油产量连年下降。至2012年，阿又重新收回原出卖的股份，开启了新一轮国有化浪潮。图为阿根廷抽油泵。

难解的困境
过度城市化

布宜诺斯艾利斯是一座被称为“没有边界”的城市，来自全国各地的流动人口不断向这里集结，目前该市人口超过1300万，占阿根廷全国人口三分之一。

拉美是城市化速度最快的地区，拉美国家尽管整体经济发展仍处于发展中国家水平，但城市化却已经达到发达国家水平。这种经济发展与城市化水平不相协调的状况被称为“过度城市化”。

城市化的“大跃进”

拉美国家城市化走上快车道始于20世纪50年代。1950年，拉美城市化水平在41%左右，至1975已超过61%，进入21世纪已经超过75%，高于同时期欧洲国家的水平。而且，2000年以来，拉美的城市化进程仍在快车道上持续进行，部分国家如乌拉圭等已经超过90%。1950年南美总人口约1.1亿，而今已增长到原来的近五倍，超过5亿。值得注意的是，农村人口却在60多年里基本没有变化，所有增长的人口全部都在城市或流向城市。

过度城市化带来了一系列严重的发展问题。最直接的影响是就业和贫困化问题。经济发展水平与城市化的极度不协调使得大量人口无法充分就业，大多数人或失业或流向低端的第三产业或其他非正常部门（如非法的毒品市场）。贫困问题更为严重。许多城市存在大量的贫民窟，其居民大多是没有固定收入或虽有工作但收入极其微薄的群体。在20世纪八九十年代，拉美各国贫困人口接近总人口的一半，即使是21世纪以来经济发展持续高速增长的时代，仍有近1/3的人口生活在贫困线以下。

圣保罗位于巴西东南部，它是巴西最大的城市，也是整个南半球人口最多的城市。其市区及近郊地区总人口超过2100万。庞大的人口并非都居住在鳞次栉比的高楼中，大量人口分布在众多的贫民窟中。图为巴西圣保罗的天际线。

过度城市化的原因

至于拉美“过度城市化”发生的原因，学者们进行了多种分析，认为不外乎以下几种。首先，农业发展模式。这是最主要的原因。自19世纪后期以来，拉美国家普遍以出口初级农业产品作为经济来源，在向工业化的急剧转型过程中又片面追求农业市场化，服务于工业化。其结果是，农业的大地产制普遍存在，原有的部分小农或转化为农业工人，或开始向城市集聚。

其次，工业化发展的问题。拉美国家工业化初期大多实行内向型工业化模式，而本国的市场又极为有限，这导致其工业化动力不足。20 世纪 70 年代，各国试图通过对外举债来发展工业，导致了 80 年代以来持续的债务危机和对国际经济发展的过度依赖。90 年代，各国开始的私有化浪潮尽管取得一定成效，但随之而来的失业问题又开始成为发展的新难题。

最后，第三产业的过度发展。拉美各国大量的小农涌向城市，而工业化发展又不足以为他们提供充足的就业市场，因此被迫进入第三产业。在 80 年代债务危机和 90 年代私有化浪潮下，又有大量工人脱离工业，进入第三产业寻找出路。这样，第三产业承载了多数城市人口，而政府也把第三产业作为缓解失业问题的支撑。结果，拉美的第三产业长期处于依靠充足人力维持的状态，以致长期在低效益的传统服务业中徘徊，没有进行产业结构升级。

知识链接：巴西利亚城的建立及其困境

1956—1960 年间，巴西在巴西高原上建立了一座崭新的城市——巴西利亚。1960 年，巴西迁都于此，表明了开发内陆的决心。这座现代化都市由建筑设计师奥斯卡·尼米耶尔设计，体现了环保与艺术的结合，有“世界建筑艺术博物馆”之称。1987 年，建城不足 30 年的巴西利亚被联合国教科文组织列入世界文化遗产名录。不过，值得注意的是，这座体现了现代人类理想的“乌托邦”很快陷入困境。这座现代人设计的现代城市并未遵从古老城市从形成到发展壮大的一般规律。巴西快速的城市化进程使得大量外来人口涌向首都，而巴西利亚在设计之初就没有考虑人口大规模增长的问题，其结果是在市中心出现了大量贫民窟。原本统一的住宅模式现在已经成为阶层分化的象征。过度城市化的消极影响由此可见一斑。

拉美大量贫民窟的出现是拉美过度城市化的后果。伴随着农业大地产制的发展，在拉美各国工业化发展严重不足的情况下，大量失去土地的小农涌向城市，使得他们不得不聚集在贫民窟中。图为里约热内卢的贫民窟——荷西尼亚。

20 世纪中叶，巴西在巴西高原上建立了巴西利亚城，并迁都于此。巴西利亚是巴西崛起的开端。2016 年，作为金砖国家之一，巴西已经成为世界第九大经济体。图为位于巴西利亚的巴西国会大厦。

改革之风

委内瑞拉和古巴

我，查韦斯，面对这部垂死的宪法宣誓。
——1998 年以空前高得票率当选总统的查韦斯“宣誓”就职

2013 年 1 月 10 日是查韦斯又一次当选总统后宣誓就职的日子，但他并没有像以前那样在万众瞩目中出现，而是躺在古巴首都哈瓦那一家医院的病床上与癌症抗争。两个月后，这位委内瑞拉的政治强人最终没能战胜病魔。他的身后留下了褒贬不一的政治遗产——改革后的委内瑞拉。

委内瑞拉的改革

20 世纪 70 年代至 80 年代初，由于国际石油价格的上涨，委内瑞拉经济进入一个相当长的繁荣期，在此基础上，国内的政治民主化进程稳步发展。民主行动党与基督教社会党两党轮流执政，政治形势一度大好，被称为“拉美民主政治的样板”。但是，80 年代国际石油价格下跌使得委内瑞拉经济陷入困境，这成为委内瑞拉经济政治变革的开端。1989 年，在民主行动党的佩雷斯总统第二次执政后，委内瑞拉开始实施新自由主义改革。其改革主导原则是减少政府对经济的干预，推进私有化。为了配合经济改革，佩雷斯政府还决心改革行政制度，减少政府工作人员和压缩政府公共机构。这种激进的改革措施势必会引发利益受到伤害人群的不满。很快，国内的骚乱和暴动接踵而至，特别是拉美各国的顽疾——军事政变死灰复燃。在此背景下，委内瑞拉陷入空前的政治和经济危机之中，佩雷斯政府因深陷腐败和信任危机中而无法自拔。1994 年，试图力挽狂澜的基督教社会党大佬卡尔德拉上台后也没能根本扭转这种局势。

图为委内瑞拉主题词云。世纪之交，查韦斯总统的上台及其一系列大刀阔斧的改革使得委内瑞拉一跃成为拉美政治、经济舞台上的一颗明星。查韦斯提出的“21 世纪社会主义”的理论为委内瑞拉指出了未来方向。但是，随着查韦斯的去世，委内瑞拉的政治前景变得扑朔迷离。

1998 年，军人出身的乌戈·查韦斯以空前的高得票率赢得总统选举，终结了两党轮流执政的政治局面。随后，查韦斯开始主导一系列政治、经济和社会改革。政治上，1999 年的制宪大会制定了《玻利瓦尔宪法》，进行了新的政治民主化尝试，其中最有代表性的内容是以全民公决的直接民主制取代间接民主的代议制来选举总统和政府要员。经济上，改革新自由主义推行的私有化政策，奉行国家

自20世纪90年代起，古巴实施了一系列政治、经济改革措施。如在农业上，改变了原来的国有大农场的生产模式。21世纪以来，古巴的改革步伐进一步加快。图为纪念古巴农业改革法签署一周年的邮票。

主义的国有化方针，特别是对能源部门如石油业的控制。在社会生活领域，查韦斯实施了一系列救济和改革计划，关注贫民，加大教育事业投入等，取得了诸多成效。在外交上，查韦斯坚持多元外交政策，反对美国的霸权主义。查韦斯的政治思想反映在他于2005年提出的“21世纪社会主义”理论中。不过，必须正视的是，查韦斯的改革确实对委内瑞拉的经济、政治和社会稳定发展起到了重大作用，这一时期委内瑞拉石油业的繁荣无疑是一切改革的基石。

古巴的改革

1961年，革命成功的卡斯特罗着手对全国进行社会主义改造，并得到苏联和东欧的有力支援。1972年，古巴加入经互会体系。在苏东国家的支持下，古巴实现了经济上的快速增长。在20世纪80年代中后期苏东改革的同时，古巴国内则开展了一场“纠偏运动”，其结果是在东欧剧变、苏联解体的大潮流中，古巴保持了政治稳定。但是，古巴经济在失去苏东国家支持后，陷入长期的危机之中，特别是在失去了苏联的能源供应后面临空前的能源危机。在此情况下，美国加紧对古巴进行政治施压和经济封锁，试图推倒古巴社会主义政权。

知识链接：《党和革命的经济与社会政策纲要》

2006年，劳尔·卡斯特罗当政后，开始进行更加深入的新一轮改革，并强调以经济发展作为国家中心任务。在2011年4月古巴共产党的“六大”上，通过了《党和革命的经济与社会政策纲要》，指明了古巴改革的新方向。《纲要》明确指出计划经济体制的弊端，提出更新社会主义发展模式的目标，具体内容如减少公共部门支出、转变分配制度和注重市场地位等都切中要害。

1991年10月，古巴共产党“四大”通过了一系列政治经济改革措施，特别是改变经济发展战略，依靠自身力量保证经济发展。农业上，改变国有大农场的生产形式，推行合作社式的改革；工业企业实行多种所有制并存，鼓励企业自主权等改革。在对外交往中，古巴实行开放政策，制定多项政策鼓励外资进入，并在1996年建立了自由贸易区。虽然古巴改革未能根本扭转经济困难的形势，但其在改革开放的道路上已经迈开了坚实的步伐。

2006年，古巴革命的另一位重要领导人、菲德尔·卡斯特罗的弟弟劳尔·卡斯特罗开始主政古巴。劳尔当政后，开展一系列政治、经济改革，强调经济在国家发展中的中心地位。图为劳尔·卡斯特罗画像。

金砖之国
巴西的崛起

巴西由于快速发展，与中国、印度、俄罗斯被美国高盛公司并称为“金砖四国”。

巴西是拉美面积最大的国家，达851.49万平方公里，约占南美大陆总面积的1/2，巴西辽阔多元的国土为其提供了丰富的自然资源。巴西的人口是南美国家中最多的，超过2亿，居于世界第五位。充足的人力资源与庞大的国土面积是巴西崛起的基础。

艰难的转型

20世纪60—80年代初，巴西成立军政府。军政府领导下的巴西实行外向型进口替代工业化战略，其成效非常显著。在1964年政变到1974年军政府统治的10年里，巴西GDP年均增长超过10%。在这一过程中，一个庞大的中产阶级应运而生，成为巴西社会结构中最稳定、最活跃的阶层。以“高投资、高增长”为特色的巴西模式持续到20世纪80年代初。

1982年，巴西出现了因债务危机引发的持续经济危机。整个80年代，巴西经济始终低迷。1985年，由何塞·萨内尔领导的文人政府在大选中脱颖而出，但未能扭转巴西经济的颓势。80年代成为巴西“失去的十年”。

90年代以来，巴西深化内部改革，努力扩大外部市场。其主要措施包括三个方面：一是加强南美地区经济区域一体化，如倡导建立南方共同市场，收效明显。1999年，巴西与阿根廷签订进一步合作协议。二是深化私有化改革，特别是国有企业的私有化。三是强化市场机制的作用，减少政府的管控。巴西的改革对于经济保持稳定、平衡增长起到了重要作用。

政府腐败问题一直是南美各国的一大痼疾，巴西也不例外。在巴西经济一路高歌猛进的道路上，如何抑制腐败现象，助力政治、经济、社会的良性发展，成为摆在巴西未来发展道路上的一大难题。图为巴西圣保罗反对政府腐败的游行。

图为巴西圣保罗人头攒动的商业街。作为巴西和南美最大的城市——圣保罗，见证了巴西的崛起。

崛起的大国

21 世纪以来，特别是卢拉总统上台后，制定了一系列促进经济增长的计划和积极的社会政策，增强了巴西的国际影响力。巴西逐步走出了债务危机的阴影，进入快速、平稳发展的黄金时期，崛起为新兴大国。

如今的巴西在软实力与硬实力方面都实现了质的飞跃，成功跻身于世界大国行列。除了经济上的崛起，巴西在文化、科技、军事等各方面也实现了大幅提升。政治上，巴西经历了从民主到专制，再到民主的循环。自 1985 年军政府还政于民以来，巴西民主政治逐步走向成熟与稳定，壮大的中产阶级成为巴西社会稳定和政治清明的重要支柱。与上述成功相伴随的是巴西国际影响力的日益提升。在今天的国际政治舞台上，巴西成为发展中大国的代表和拉美国家成功的典范，也是塑造 21 世纪世界格局的重要力量。2014 年世界杯足球赛和 2016 夏季奥运会在巴西的成功举办都向世界展示了一个全新的、崛起的巴西。

知识链接：“巴西之子”卢拉

卢拉算得上是巴西的传奇政治家。他出身巴西社会最底层，父母都是贫苦农民。他读到小学五年级就被迫辍学，前往城市打工。在一次工厂事故中，他丧失了左手小指。直到 20 多岁成家时，生活依然困苦。25 岁时，他怀孕的妻子患病，因贫穷无法医治而死亡。卢拉的早年经历正是他所生活的那个时代巴西下层民众的缩影。25 岁以后的卢拉开始脱胎换骨。他投身于工人运动，反抗军政府，成为左翼激进分子。他 26 岁被推选为工会领袖，35 岁创建了巴西劳工党。1985 年以后，由于军政府实施还政于民的政策，卢拉开始登上政治舞台。经过四次总统竞选的失败后，2003 年，卢拉终于问鼎总统宝座。卢拉的成功归因于两点：一是作为穷人的代表；二是执行中间偏左的改革路线。关于前者，卢拉的出身及其政纲无不反映了这一点；关于后者，卢拉体现了一位务实的政治家应有的风范。在他当政的时代，巴西经济飞速发展，跻身“金砖四国”，社会健康有序，贫富差距缩小。他成为巴西历史上支持率最高的总统。2016 年 3 月，卢拉被时任总统罗塞夫任命为内阁部长。2023 年 1 月，卢拉再次当选巴西总统。

卢拉出身社会最底层，后来投身于工人运动，开始了政治生涯。2003 年，卢拉当选总统。在卢拉主政时期，巴西经济起飞，跻身“金砖四国”的行列。图为 2003 年卢拉任总统时的官方肖像。

兴起和发展
南方共同市场

拉美独立运动之父玻利瓦尔说过：“拉美人民的团结并不是谁的别出心裁，而是不可逃脱的命运使然。”

1991 年 3 月 26 日，巴西、阿根廷、巴拉圭、乌拉圭四国总统在巴拉圭首都亚松森签订协议，宣示将共同致力于建立南方共同市场。在 1991 年至 1995 年试运行的 5 年时间里，南方共同市场区域内贸易额翻了三倍多，其显著成效举世瞩目。1995 年 1 月 1 日，南方共同市场正式启动，基本实现了创始四国内部的大多数商品自由流通，对外则执行统一的关税。“南共市”无疑是四国经济发展的新引擎。

南美政治版图。南美洲各国大多都曾是西班牙或葡萄牙的殖民地。在语言、宗教、民族、文化和历史各方面拥有诸多共通性，这为各国加强合作、推进区域一体化发展奠定了坚实的基础。

南美一体化事业源流

南美几个主要国家的一体化问题并非是新鲜产物，曾号称南美 ABC 三大国的阿根廷、巴西和智利早在 20 世纪初就曾提出过合作构想，1941 年，阿根廷和巴西甚至就建立自由贸易区达成协议。不过，由于第二次世界大战、阿根廷和巴西间歇性的政治冲突等因素，南美一体化长期得不到真正落实。美苏冷战时期，南美各国成为两大集团对抗争夺的一环。在这种超级大国争霸的舞台上，巴西和阿根廷等国意识到相互合作对于维持各自生存和发展的重要意义。1982 年的“马岛战争”中，巴西对阿根廷的支持是两国关系转折的关键事件。巴西支持阿根廷对马岛的主权，拒绝英国使用巴西港口，支援受到美国经济制裁的阿根廷。

20 世纪 80 年代中期，两国的军政府先后还政于民，文官政府实行鲜明的改革开放政策，双方就经济合作和一体化进行了深入的交流。1985 年双方发表的《伊瓜苏声明》明确提出了两国经济一体化的目标和方式。1988 年，双方签署了一体化条约，决定在 10 年内建立共同市场。乌拉圭也参与了巴西倡导的一体化计划。正是在 80 年代巴、阿一体化努力的基础上，由多国参与的南方共同市场应运而生。自成立之初，南方共同市场就受到了普遍关注。智利、玻利维亚、秘鲁、厄瓜多尔、哥伦比亚等先后成为联系国。2005 年 12 月，成为正式成员，但在 2017 年 8 月委内瑞拉因国内局势而被无限期中止成员国资格。

问题与前景

1998年，“南共市”各国在阿根廷的乌苏艾亚签署《乌苏艾亚法令》，正式提出把统一货币作为发展目标。不过，1999年巴西雷亚尔大幅贬值、爆发危机，阿根廷在2001—2002年间出现金融危机，两个主要大国的经济问题催生了本已消退的贸易保护主义。巴、阿双方的摩擦导致“南共市”的发展在21世纪之初遭遇前所未有的困难。2005年以来，“南共市”各国特别是阿、巴两国开始致力于消除分歧，加强合作。在此背景下，2007年12月，“南共市”创立了南方银行，为实现经济和货币的一体化提供了新的有利条件。欧盟在一体化进程中取得的最大成果之一便是货币上的统一，其榜样性成为南美经济和货币一体化的重要动力。尽管南美洲的国际关系和整体经济发展水平无法和欧盟相媲美，但南美伴随着以“南共市”为代表的区域一体化组织的不断推进和南美政治贤达的共同努力，南美以货币统一为代表的一体化目标也必将实现。拉美无疑会朝向更加繁荣、更加团结的目标挺进，进而最终实现拉美独立运动的先贤们高喊的目标。

知识链接：安第斯共同体

安第斯国家共同体是安第斯山麓南美国家在1969年成立的区域组织，其中包括秘鲁、智利、哥伦比亚、玻利维亚、厄瓜多尔等五国。1969年五国在哥伦比亚的卡塔赫纳城举行会议，签署了《卡塔赫纳协定》。1973年，委内瑞拉加入，1976年智利退出。1995年，安第斯关税同盟成立，次年成立了安第斯共同体。2006年，因秘鲁等国单方面与美国签订自由贸易协定，委内瑞拉愤而退出，安第斯国家一体化进程遭遇严重危机。该组织目前只有四个国家，总部设在秘鲁首都利马，联系国有巴西、乌拉圭、巴拉圭、智利等，墨西哥和巴拿马为永久观察员国。

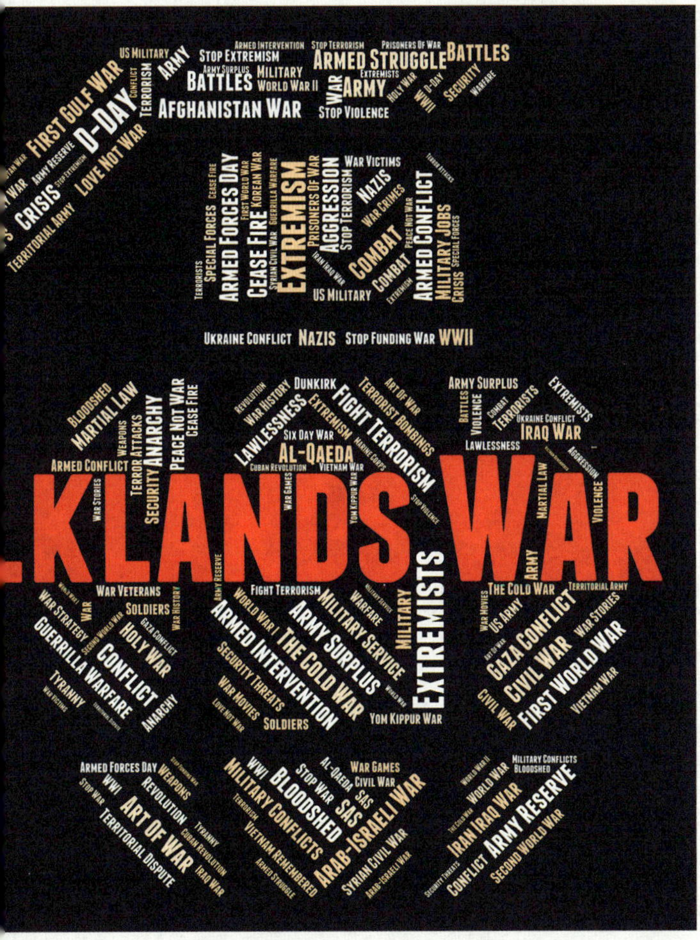

福克兰群岛战争词云。马岛战争，也被称为福克兰群岛战争。这场阿根廷与英国之间争夺福克兰群岛的战争以阿根廷的失败而告终。在这场战争中，巴西等南美国家对近邻阿根廷提供了支持，体现了南美各国之间对区域合作重要性的全新认识。

巴西经济和金融严重依赖国债，增加了发展的不稳定因素。

BG 21
RO 22

一体化：欧洲再次引领世界

曾经叱咤风云的“老欧洲”在第二次世界大战后逐渐衰落了，有如日薄西山。欧洲人西边坐着睥睨一切的“美利坚巨鹰”，东边坐着巨大的苏联这头“北极熊”。在两个超级大国的夹缝中求生存，老欧洲各国似乎只有“选边站”。但是，欧洲毕竟是那个引领世界数百年的欧洲，最大的两个“仇家”（法国和德国）选择放下刀枪，坐在一起吃起“泯恩仇”的团结饭。法、德的握手成为欧洲团结的发动机。至1991年《马斯特里赫特条约》签订，不足半个世纪，欧洲人就向世人展示了一个看似将昭示世界前途的伟大成果——一个统一的欧洲。欧元、欧洲议会、共同防务，欧洲人不断向世界呈现崭新的一体化成就。欧洲，再一次引领了世界。当然，欧洲一体化并非一帆风顺，种种事实证明，一体化的欧洲还很脆弱。正值欧洲面对金融危机、难民危机而需要团结之际，本该与大家携手共进的“三驾马车”之一的英国却“自私”地选择退出——“脱欧”。大不列颠岛划桨西行——靠美国近了一点，离欧洲远了一点。英国的退出着实为欧洲一体化的未来蒙上阴影。在这个多变的世界，“老欧洲”的未来在哪里？极端主义作祟、地中海“懒汉”盛行、难民危机持续，法、德能否力挽狂澜？

“欧洲合众国”不再是梦

《马斯特里赫特条约》

1841 年，法国作家雨果做了一个在当时看似荒谬的预言：“总有一天，所有的欧洲国家，无须丢掉你们各自的特点和闪光的个性，都将紧紧地融合在一个高一级的整体里，到那里，我们将构筑欧洲友爱关系，共建欧罗巴共和国。”一个半世纪过后，这一天似乎正在变成现实。

1991 年 12 月 10 日，荷兰马斯特里赫特，一座具有欧洲多元特色，人称“混血之城”的传奇小城，正上演着 476 年西罗马帝国灭亡以来最重大的历史事件之一。法国、德国、英国、意大利、西班牙、荷兰、比利时、丹麦、希腊、爱尔兰、卢森堡、葡萄牙等 12 国首脑共同签署了具有历史性意

图为荷兰马斯特里赫特的城市广场。这座小城位于欧洲的中心地带，欧共体各国在此签署了著名的《欧洲联盟条约》而使之闻名遐迩。欧盟的成立标志着欧洲一体化进程进入一个崭新的阶段。

义的条约——《欧洲联盟条约》。这是 1950 年法、德两国携手开启欧洲和平与一体化进程以来取得的标志性成果。基于这一条约的精神，“欧洲合众国”将不再是梦。

经济与政治上的双重联盟

《欧洲联盟条约》即《马斯特里赫特条约》(*Treaty of Maastricht*)，是将 1967 年根据《布鲁塞尔条约》成立的欧洲共同体朝着一体化目标向前推进的伟大文件。它包括《欧洲经济与货币联盟条约》和《政治联盟条约》两项。根据制定的时间表，该条约将在 1993 年 11 月 1 日正式生效。这是欧洲一体化进程在 20 世纪末的一次实质性飞跃。《欧洲联盟条约》的目的是将欧盟建设成为一个经济和政治联盟。其具体内容主要涉及如下几个部分：一、建立单一市场的经济和货币联盟；二、建立共同的外交和安全政策；三、确立联盟公民权；四、建立司法和内务方面的合作机制；五、加强在文化、卫生、网络等方面的合作。总体来看，这将是一个以经济和政治联盟为主体的全方位联盟。

知识链接：混血之城——马斯特里赫特

马斯特里赫特并非一座大城市，人口只有约 12 万人，不足中国的一个城镇的人口数，但她却是荷兰最古老的城市。早在罗马帝国时代，擅长建筑的罗马人就在这里的马斯河上修建了桥梁，并建立了堡垒。这座城市正是在这一时期逐渐建立起来，被称为“穿越马斯河之城”。西罗马帝国覆灭后，这座城市先后辗转于法兰克王国、比利时伯爵领、勃艮第王国、法兰西王国、西班牙王国、荷兰和拿破仑帝国之手，直到 19 世纪这座城市才最终归属于荷兰。然而，历史已经造就了这座城市的“混血”属性。当你漫步在马斯特里赫特城的大街上，你会发现这里并不与荷兰的其他城市类同。法式建筑与德国、西班牙和荷兰风格的建筑错落有致，让你有种遍览欧洲各国的穿越感。正是由于这种独具“欧洲”色彩的特点使其成为欧洲融合的缩影，因此这里也就成为欧洲人推动欧洲一体化的最佳地点，成为欧盟和欧元的诞生地。

事实上，经济联盟是以法德为核心的欧共体致力的目标，《欧洲联盟条约》将这一目标具体化了。相较而言，《政治联盟条约》具有更大的意义。政治联盟构想是由法国总统密特朗和德国总理科尔于 1990 年共同提出的，更多地反映了法国和德国的共同诉求。具体来说，法、德两国面临更加复杂的政治环境，因而关于相互关系和各自定位都遭遇了前所未有的困境，而联盟无疑是解决这一“困境”的尝试。事实上，这是唯一可行的手段。那么在 1990 年，它们面临的政治环境是怎样的，遇到什么困境？又是什么推动了两国元首走到一起提出这样一个伟大的构想呢？要知道，仅仅不足半个世纪之前，两国还在殊死搏斗，而两个民族你死我活的仇恨可以追溯到拿破仑时代甚至更早，而此时，两国不仅“手拉手”在多个领域里深化合作，而且还要建立一个彻底抹去历史陈迹的政治联盟。要回答上述问题并不容易，我们还是要回到历史中去寻找蛛丝马迹。

欧洲和平的历史选择

自从 1871 年普法战争中法国战败、德国统一以来，法国事实上失去了在欧洲大陆的传统优势和政治霸权，而德国以不可阻挡之势崛起为第一强国。在此后的欧洲列强争霸中，法国唯有依靠海外的英国及后来美国的制衡来平衡面对德国的劣势。在必要的时候，法国甚至要借助俄国的力量。第二次世界大战之初，在德国的闪击战中，法国以一种“完全不堪一击”的姿态迅速倒下，依赖他国制衡德国的政策彻底失败。此后，完全依靠美国、英国和苏联的力量，法国才踉踉跄跄地复国。这次亡国之痛给予法国民族心理造成的冲击是不可磨灭的，完全不亚于普法战争中的惨败。与之相应，德国在美、英、苏等多国的联合打击下陷入崩溃，国家被肢解，民族被分裂，惨痛的教训也并不亚于法国。

正是在这一背景下，两个陷入危机的传统大国在二战后迅速在多个领域的合作中走到一起，而其共同目标就是防止战争、弥合双方的分歧。但是，务必注意的是，双方在二战后的合作建立在一个不可忽视的基础上，那就是德国仍是分裂的德国，残缺的肢体与非正常的国家身份限制了德国。换句话说，德国是戴着镣铐与法国共同主导欧洲一体化进程的，两国的平等地位基于这一重要事实。然而，20世纪80年代末90年代初欧洲国际环境的剧变与德国的统一改变了这一点，德国统一的影响尤其巨大而深远。

德国的再次统一如同第一次统一一样改变了欧洲的均势，法国将不得不重新面临一个强大的德国，欧共体时代的法德平衡被打破了。对于法国而言，二战的阴影依然清晰，法国需要一个更加有效的机制将德国限定在和平的轨道上。对于德国而言，“欧洲的德国”还是“德国的欧洲”似乎又成

图为在布鲁塞尔欧盟总部飘扬的欧盟旗帜。作为世界上一体化程度最高的地区，欧洲各国联合在欧盟的旗帜之下，成为人类文明发展史中一个重要的里程碑。英国决定退出欧盟及其引发的连锁反应可能会造成不小的冲击，但欧洲一体化的趋势难以阻挡。

为一个问题，但有过两次惨痛战败经历的德国清醒地认识到“德国的欧洲”的代价。这样，法国和德国在一种新的微妙关系中再次套上马鞍，将欧共体拉向一个看来对所有欧洲国家都更合适的方向。

图为欧洲联盟之树。正如这棵树一样，欧盟已经将各成员国绑在一起，大家“同呼吸，共命运”，共同塑造着崭新的欧洲，在世界格局中拥有不可动摇的重要地位。任何一个国家离开欧盟这棵大树，都可能会沦为枯萎的树枝。

知识链接：欧共体

欧共体是欧盟的前身。欧共体的成立可以追溯到 1951 年由法国、联邦德国、意大利、荷兰、比利时和卢森堡六国共同签署的《巴黎条约》。根据这一条约，1952 年 7 月，欧洲煤钢共同体正式成立。1958 年 1 月 1 日，根据 1957 年 3 月六国外长签署的《罗马条约》规定，六国正式组建欧洲经济共同体和欧洲原子能共同体。1965 年 4 月，六国签署《布鲁塞尔条约》，决定将上述三个共同体合并为欧洲共同体。1967 年 7 月 1 日，欧共体正式成立。这一组织的成立无疑是欧洲一体化进程的标志性事件，为欧洲统一梦想的实现奠定了坚实的基础，特别是法国与联邦德国之间的和解与合作为欧洲和平统一之路埋下基石。1973 年英国、丹麦和爱尔兰加入，英国的加入尤其为欧洲一体化事业添装了一部新的发动机，欧洲一体化的三驾马车（英、法、德）终于聚齐。1981 年和 1986 年，希腊、西班牙和葡萄牙也加入欧共体。至此，西欧地区主要国家都已加入，其他几个圈外国家的加入也只是时间问题。在近代以来的欧洲历史上，各国首脑坐在一张大桌子上，大多时候尔虞我诈，商讨的是如何瓜分欧洲、瓜分世界，而在欧共体首脑会议上，他们摈弃过往的恩恩怨怨，致力于推进一个共同的目标——一个和平的、统一的“命运共同体”。

第 210—211 页：浪漫之城斯特拉斯堡

斯特拉斯堡属于法国领土，但是在历史上，德国和法国曾多次交替拥有对斯特拉斯堡的主权，因而该市在语言和文化上兼有法国和德国的特点，是这两种不同文化的交汇之地。斯特拉斯堡与比利时的首都布鲁塞尔一样，驻有欧盟和欧洲的许多重要机构，包括欧洲委员会、欧洲人权法院、欧盟反贪局、欧洲军团、欧洲视听传媒以及欧洲议会。

机遇与挑战并存

欧盟扩容一直在继续

2004 年 11 月，在一次性接纳 10 个成员国入盟后的欧洲议会上，欧盟委员会主席普罗迪激动地对与会代表说："窗外，凛冬将至，但议会大楼内充满了民主和春天的气息，欧洲的又一个春天来临了！"

欧盟成立之时拥有 12 个成员国，它们是法国、德国、英国、意大利、西班牙、荷兰、比利时、丹麦、希腊、爱尔兰、葡萄牙和卢森堡。它们构成了欧盟旗帜中最初的"星辰"。

第一次扩容

在地理上，欧盟初创时的成员国都位于西南欧地区，传统上属于同一地理范围；在经济上，上述诸国多属发达资本主义国家，在欧共体时代就已经建立了比较完善的经济一体化组织；在文化上，诸国在宗教、民族传统、语言、政治等方面都具有较高的认同度，尽管历史上因民族、宗教、政治方面的原因冲突不断、战争频仍，但相互融合与错综复杂的历史关系也使得诸国形成了深度的相互了解和相互认同。换句话说，它们属于同一个文化圈，即我们通常所说的狭义上的"西方"。这些正是诸国能够团结起来推动欧洲一体化的基础。

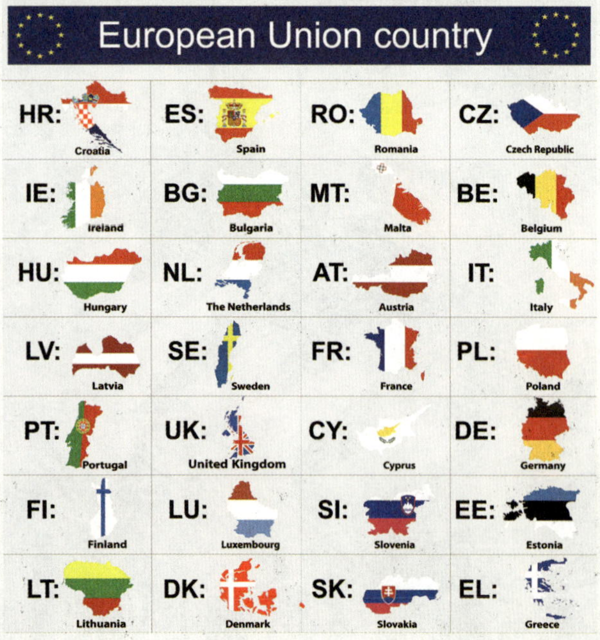

图为欧盟 28 国旗帜。遗憾的是，英国已脱离欧盟，作为曾经的拉动欧盟的"三驾马车"之一，英国的离开使欧盟失去一个非常重要的支撑力量。

欧盟第一次扩容进展非常顺利。1995 年，瑞典、芬兰和奥地利正式加入欧盟，欧盟成员国达到 15 个。新入盟的三国尽管并非传统西方的"核心国"，但无论从地理、经济还是更重要的文化方面来考察，都与 12 个创始成员国属于同一圈子，因而，这次欧盟扩容不仅是欧盟体量的进一步扩大，更是情理之中和势在必然，不存在争议。

欧盟东扩问题

欧盟的扩容面临一个新的难题，那就是在地理、经济和广义的文化领域都属非"西方"的圈外国家加入欧盟的问题。其实，推进欧洲一体化进程的先贤们为了避免使一体化组织沦为松散的联合体，早在欧盟初创之时就已为欧盟扩容定下了标准，以保证欧盟始终是一个有着共同文化价值观和

图为欧盟扩张3D图示。欧盟从成立时的六国不断扩张。欧盟在欧洲发展中的历史意义和政治影响是不可估量的，它容纳了欧洲的过去，也指明了欧洲的未来。

知识链接：哥本哈根标准

1993年6月，欧盟理事会在哥本哈根举行首脑会议，确定了东扩的基本原则和申请国家必须符合的政治经济标准，这即是所谓的“哥本哈根标准”。入盟国除了要履行《马斯特里赫特条约》规定的成员国义务外，还要满足以下标准：在政治上要有稳定的政治机构，保证国内民主、法治、人权与少数族裔的权利；经济则要有一个运行良好的市场经济体，并有能力应对欧盟内的竞争和市场力量。

自由发达市场的统一体。这个标准即是著名的“哥本哈根标准”。根据这一标准，有意加入欧盟的国家必须进行政治、经济和社会方面的一系列改革。这对于许多中东欧国家来说并非易事，它们大多出身于前社会主义国家，经历了东欧剧变和苏联解体后一心向西看，但在经济上大多较为落后，在政治体制和社会文化上也有较多历史包袱。它们在政治、经济和意识形态三个方面的跟进将是一个长期的过程。

1997年，欧盟委员会对申请国进行评估的报告比较乐观，这主要基于各国对于加入欧盟、早日摆脱历史阴影极为迫切。因而，在当年欧盟理事会主持召开的卢森堡首脑会议上，制定了启动欧盟东扩的计划。根据该计划，欧盟将采取两个阶段的扩容战略。1998年，第一批的6个申请国即所谓的“卢森堡组”，包括爱沙尼亚、波兰、捷克、匈牙利、斯洛文尼亚和塞浦路斯开始入盟谈判。2000年，第二批即所谓的“赫尔辛基组”，包括拉脱维亚、马耳他、保加利亚、立陶宛、罗马尼亚和斯洛伐克开始入盟谈判。

2003年，波兰、匈牙利、斯洛伐克、立陶宛、拉脱维亚、爱沙尼亚、捷克、斯洛文尼亚、塞浦路斯和马耳他10国结束了入盟谈判，各项指标基本达到哥本哈根标准的要求，签署了入盟协议，2004年5月1日正式入盟。2005年，保加利亚和罗马尼亚在卢森堡签署入盟协议，2007年1月1日正式入盟。至此，欧盟成员国已达到27国，人口达到4.8亿。2013年7月1日，克罗地亚正式成为第28个成员国。此外，正在排队加入欧盟和申请加入欧盟的国家还有多个。

欧盟的扩容虽然使得西方传统的价值观对外不断扩散，但也给欧盟的稳定与团结带来了新的问题。毕竟，后期加入的国家中，有相当一部分在民族、宗教、价值观念和传统各方面与西欧诸国存在较大的差异，在历史上也分属不同的文化圈。这增加了欧盟内部的差异性。

图为欧盟和黑山国旗及欧元纸币。2010年底，黑山获得欧盟候选国地位，并于2017年正式加入欧盟。

共同的外交与安全政策
《欧洲宪法条约》

丘吉尔在回忆自己参加雅尔塔会议时的心情多少反映了冷战时期欧洲的处境："我的一边坐着巨大的俄国熊，另一边坐着巨大的北美野牛，中间坐着的是一头可怜的英国小毛驴。"

第二次世界大战结束之后，昔日纵横全球的欧洲大国都已身处美、苏两个超级大国争霸的阴影之下。即便是曾经不可一世的大英帝国能够一度独撑二战危局，却也难以保持原本的地位。丘吉尔关于"英国小毛驴"的比喻成为英国真实国际地位的写照。英国尚且已经堕落为二流国家，欧洲大陆诸国的处境就更是堪忧了。欧洲一体化事业从某种程度上说就是欧洲复兴和独立与安全保障的必然选择。苏联解体后，美苏争霸的两极格局结束了，世界似乎将要迎来和平与稳定的春天。然而，事实并非如此。美国作为唯一的超级大国，并没有放弃霸权主义，其单边主义正是冷战思维的直接表达。接踵而至的恐怖主义更是欧洲面临的巨大挑战。此外，在苏联解体后的废墟上，作为主要继承者的俄罗斯很快重返世界强国舞台，其在东欧、中东地区与西方的角逐仍在继续，并不断加强。种种变化都呼唤欧洲在加强经济与政治合作的同时，加强外交与安全上的合作。

共同外交与安全政策的启动

共同的外交与安全政策始于《欧洲联盟条约》。1999 年生效的《阿姆斯特丹条约》和 2002 年的《尼斯条约》对《欧洲联盟条约》中的部分内容进行了修正。《欧洲宪法条约》又具体从组织体制等多个方面对其进行了完善。其主要内容包括：决定共同战略和立场、采取联合行动、确立与第三国定期政治对话的机制及向危机地区派遣特别代表等。《欧盟宪法条约》中进一步明确：通过"欧洲决定"的法律形式表述共同外

欧洲议会是欧盟的立法、监督与咨询机构，它是欧盟三大机构（另外两个是欧盟理事会和欧盟委员会）之一。图为位于布鲁塞尔的欧洲议会大楼。

2012年1月17日，在法国斯特拉斯堡举行的本年度欧洲议会首次全体会议上，欧洲议会社会民主党党团主席、来自德国的资深议员舒尔茨当选新一任议长。

交与安全政策。并且，该条约规定，针对共同外交与安全政策的欧洲决定必须以全体一致的通过方式做出。此外，该条约规定，设立欧盟外交部部长一职，负责主持外交事务理事会会议，在有关共同外交与安全政策的事务上代表欧盟进行政治对话，并在国际组织和国际会议上代表欧盟表达共同立场。

知识链接：《申根协定》

1985年6月出台的《申根协定》(*Schengen Agreement*)是由德国、法国、比利时、荷兰和卢森堡5国在卢森堡的小镇申根签署的自由通行协定，全称为《关于逐步取消共同边界检查协定》。其具体内容主要包括：各签署国公民“申根领土”内自由通行；境外各国人员一旦获得统一签证，可在各签署国自由通行；设立警察与司法合作制度，并建立共享信息库，用以共享“申根领土”内各类非法活动情报。此后，西班牙、葡萄牙、意大利等国申请加入申根协定。1995年，该协定正式生效。至1996年12月，除英国与爱尔兰以外的全部欧盟国家都已加入该协定。至2011年列支敦士登加入申根区之后，申根成员已达26国，其中包括不属于欧盟的瑞士、冰岛、挪威等国。当然，也并非所有欧盟成员都加入了申根协定，如爱尔兰。因而，申根成员国与欧盟成员国并不完全一致。

共同的安全与防务政策

相较于共同的外交政策，共同的安全与防务政策在实施过程中遇到的阻力更大。《欧洲联盟条约》中首次提及确立共同防务政策的目标。在1999年的科隆首脑会议上，各国领导人同意制定共同的防务战略。2004年，欧洲理事会决定设立欧洲防务机构。这是欧洲共同外交与防务政策迈出的关键一步。

《欧洲宪法条约》进一步加强、完善了共同安全与防务政策的法律和组织体系。如明确规定了欧盟共同安全与防务政策所采用军事和民事手段的各类范围；明确欧盟及成员国在完全与防务政策上的权限和合作关系；对相关的权限范围和各国义务进行了具体化等。

舒尔茨在欧洲议会演讲。舒尔茨于1994年首次当选欧洲议会议员，2012年初成为欧洲议会议长。2014年7月，舒尔茨成为首位连任的欧洲议会议长。他在任期间提高了欧洲议会的政治性和曝光率。

欧洲统一货币政策启动
欧元的使用

欧元是欧洲统一的象征，也是欧洲统一进程中最具创造力的一步。欧元的诞生具有重要而深远的意义，它不仅将消除欧洲地区内部矛盾，增进人们的互相理解，也将促进世界和平。

——欧洲中央银行行长德伊森贝赫

2002年5月9日，德国西部城市亚琛正在举办国际卡尔奖颁奖仪式。当卡尔奖委员会破天荒地宣布获奖者既不是一个人，也不是一个机构时，台下的观众并没有感到意外。委员会在授奖仪式上给出的理由无可争议：没有任何一种东西，能像欧元那样如此有力地推动欧洲一体化的进程。这是卡尔奖自1950年设立以来第一次颁发给既非个人、亦非机构的一种“理念”——欧元，以表彰其在促进欧洲统一事业中的伟大贡献。

欧洲货币体系的建立

关于欧元，最早可追溯到1969年欧共体六国首脑在海牙会议中提出的“欧洲货币联盟”构想。

欧元区词云。1999年元旦，欧元在各成员国范围内正式发行。三年后，欧元开始在欧元区正式流通。欧元区包括了欧盟内大多数国家，在2015年立陶宛加入后，成员国已达19个。

此后统一货币的计划一度进入实质性阶段。时任卢森堡首相皮埃尔·维尔纳是这一计划的主要推动者。1971年，由他具体提出的欧洲统一货币计划（维尔纳计划）获得通过。该计划准备在十年内分三个阶段组建欧洲货币联盟，首先实现资本的自由流通，各国确定固定的货币汇率，其次由一个货币主管机构确定统一货币政策，最后实现统一货币的目标。不过，随后的全球石油危机和金融风暴使得该计划遭遇普遍的贸易保护主义而搁浅。

1979年，在法、德两国首脑的主导下，欧洲货币体系建立。该体系实质上可以说实现了维尔纳计划中的第一步，即各国固定汇率制的确立。各国货币以统一的政策对美元浮动。1989年，欧共体通过了类似于维尔纳计划的新计划，即德洛尔报告，同样主张分三个阶段建立欧洲经济货币联盟。1990年，一向持保留态度的英国宣布加入欧洲货币体系。不过1992年，由于两德统一后德国经济实力的大幅增长及英、意等国经济的持续低迷，市场上出现抛售英镑和里拉、抢购坚挺的德国马克的风潮，这一投机行为导致一场二战以来最大的货币危机。这一撼动欧洲团结和经济共同体数十年成果的危机一直到法国通过《欧洲联盟条约》才得以平息。

欧元是欧洲统一的象征，于2002年被授予“国际卡尔奖”。这是该奖历史上第一次颁给一种“理念”，而非个人或机构。图为欧元硬币。

知识链接：国际卡尔奖

国际卡尔奖创立于1950年，用于奖励那些为欧洲统一事业作出巨大贡献的个人或机构。卡尔即通常所说的查理大帝（查理曼，742—814年），德语音译为“卡尔”（Karl），法兰克王国加洛林王朝的君主。查理大帝一生对外征战数十次，征服了今天西欧的主要地区，涵盖今天的法国、德国、意大利、瑞士、荷兰、比利时、卢森堡、奥地利、捷克、匈牙利及西班牙的加泰罗尼亚地区等。查理曼的三个孙子在843年签订《凡尔登条约》，正式将帝国一分为三，奠定了今天法、德、意三国的基本疆域。因而，欧洲人一般将查理大帝作为欧洲统一的先驱。欧元是该奖项的第一个非个人也非机构获奖者。

欧元的诞生历程

《欧洲联盟条约》通过的意义在于它让处于慌乱和对欧洲联盟未来灰心的人们看到了更为光明的未来，不仅实行固定汇率，而且由统一货币、政治联盟和统一市场共同支撑的欧洲新格局不久将实现，这大大稳定了人们的信心。1994年元旦，在实施经济与货币联盟第二阶段时，欧洲货币局建立，专门负责加强各国中央银行间的合作。同年底的马德里首脑会议将欧洲单一货币名称定为——欧元。1998年，欧洲货币局改组为欧洲中央银行（European Central Bank），总部设在德国的法兰克福，有权独立地制定货币政策。它将与各欧元区国家的中央银行联合组成的中央银行系统共同负责欧元纸币和硬币的印刷、铸造与发行等。1999年1月1日，欧元在各成员国范围内正式发行，过渡期三年。2002年元旦，欧元正式开始流通。之后原有货币逐渐退出金融市场。

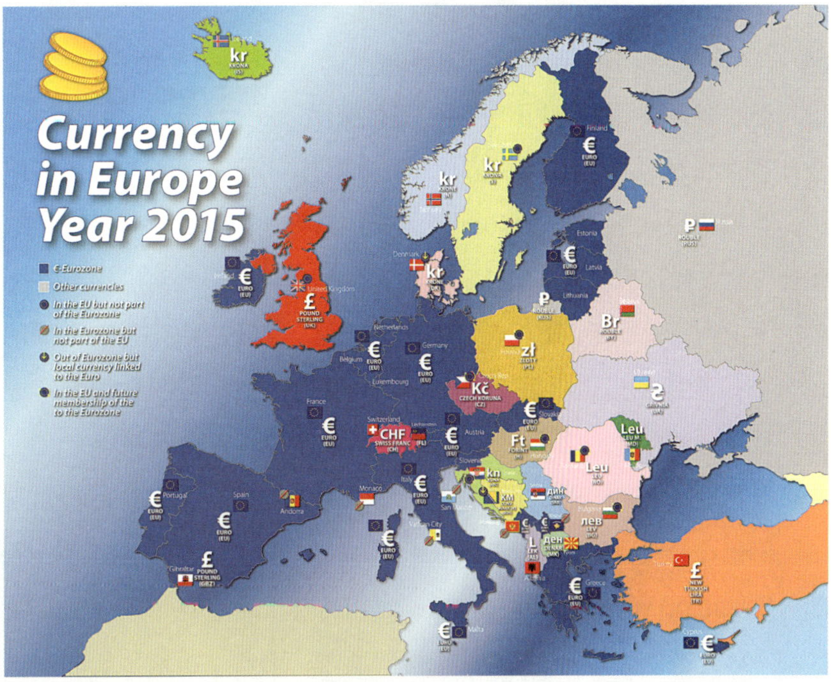

目前，欧元已成为欧洲最重要的货币。但是，丹麦、瑞典、波兰、匈牙利、捷克、罗马尼亚、保加利亚、克罗地亚等欧盟国家并未加入欧元区。图为2015年欧洲各国货币分布图。

脱欧和脱英

分裂分子的英国与英国的分裂分子

撒切尔夫人曾说：上帝将英国从欧洲大陆分离出来不是没有原因的。

2016年6月23日，英国举行了关于是否脱离欧盟的全民公投。结果显示：同意脱欧的人数达1570万人，占投票人数的51.9%；同意留欧人数1458万人，占投票人数的48.1%。这是英国自欧洲一体化进程启动以来又一次“拖后腿”的表现，而这一次，它更像是一个分裂分子。

脱欧——作为分裂分子的英国

自欧洲一体化进程开启以来，英国一直若即若离，“光荣孤立”的传统政策影响着这个失去荣光的旧日“帝国”。早在法、德两国开始携手推进欧洲一体化进程之初，英国就一面冷眼嘲笑，一面拉拢几个欧洲边缘小国组建了所谓的“七国集团”——欧洲自由贸易联盟，誓与法德领导的欧共体对着干。英国很快败下阵来，1961年、1963年两次申请加入欧共体，但时任法国总统戴高乐的否决给了英国一记响亮的耳光，英国尴尬地转身离去。直至1973年，在戴高乐退出历史舞台后，英国时任首相爱德华·希斯才勉强带领英国挤进欧洲俱乐部，并一度获得欧洲一体化“三驾马车”之一（另两个是法、德）的地位。但是，英国在欧共体及欧盟内部一直保持独特的地位，走走停停，四处观望，在欧洲一体化进程的大多数关键时刻扮演了“拖后腿”的角色。一个典型的例子，是英国始终拒绝加入欧元区。

由于2008年全球金融危机的影响，2009年底，希腊陷入债务危机。随后，危机扩展至欧盟多国。图为欧洲债务危机漫画。

英国的若即若离源于英国长期存在的疑欧主义。一旦涉及经济利益，英国这个务实又保守的民族会敏感地捂紧钱包，警惕地看着海峡对岸，阻止一些又穷又懒的亲戚向它伸手。2016年英国脱欧公投的导火索正是欧债危机。自2009年底希腊债务危机以来，欧元区多国包括法、德等国也受到拖累而陷入危机。这一状况促使疑欧主义开始大行其道。英国害怕受到牵连，所想的最佳方案就是退出这个“水深火热”的联盟。其结果是，英国在“兄弟们”危难之时，不仅紧紧捂住自己的钱包，而且抵制欧盟通过应对的金融措施，从而引发了欧盟内部其他国家的普遍不满，英国与欧盟的关系走到了崩溃的边缘。在这种情况下，卡梅伦不仅兑现了在2015年大选时承诺的全民公投，而且把公投时间提前了一年。对于一向公开反对脱欧的卡梅伦来说，举行公投或许仅仅是作为一个维护保守党政治利益的手段，但却出乎意料地断送了英国融入欧洲的希望。更严重的问题在于：它动摇了欧洲人民对欧洲一体化的信心，给欧盟的未来蒙上了一层阴影。

知识链接：苏格兰公投

2014年9月18日，苏格兰举行了独立公投。苏格兰选民面对的公投选票上只有一个简单的问题："苏格兰是否应该成为独立国家？"选民能够做出的选择只有两个——是或不是。自1707年以来，300年的历史难题再次真正交到苏格兰人民自己的手中。不过，苏格兰选民以55.8%的支持率选择继续留在联合王国。

英国内部的分裂分子——苏格兰

对于英国来说，它是欧盟的分裂分子，而在英国内部，也存在着几股分裂势力，其中，苏格兰与英国的关系非常类似于英国与欧盟的关系。四百多年前的1603年，英格兰的传奇女王伊丽莎白一世去世，她没有子嗣，也没有近亲，王位由远亲苏格兰的詹姆斯六世继承，即英格兰的詹姆斯一世，两国拥有了共同国王。1707年，根据双方签署的《联合法案》，两国合并，以邦联形式组成大不列颠联合王国。但自合并起，两国在联合王国框架内就不是完全平等的。苏格兰也一直存在着谋求独立的思想。不过，苏格兰真正在独立道路上取得实质性进展是在20世纪后期。1977年，借北海油气田的发现和英国经济不景气问题，以独立为纲领的苏格兰民族党迅速崛起。苏格兰获得第一次独立公投的机会。不过，大多数苏格兰人仍然更加认同自己的英国人身份，其次才是苏格兰人。2014年，由于在此前苏格兰地方选举中，主张维护统一的工党败给了苏格兰民族党，苏格兰再次迎来独立公投机会。这次公投的结果仍是多数人主张继续留在英国，不过，支持独立的人数比例显著增加了。在未来的某个时间，苏格兰是否会像英国脱离欧盟一样脱离英国？这似乎将是可能性不断增大的结果。

图为苏格兰独立公投日的民众争论脱英还是留英。

2016年，英国卡梅伦政府兑现了2015年大选时的承诺，就是否脱离欧盟举行全国公投。结果，出乎多方预料，赞成脱离欧盟的英国公民超过了反对者。图为英国脱欧公投徽章。

希望之乡？

欧洲难民危机

从土耳其博德鲁姆半岛驶往希腊科斯岛的 20 公里是难民危机爆发以来最主要的偷渡路线。这条不长的海路却成为许多人的天梯和梦魇。

2015 年 9 月 2 日凌晨，两艘小船乘着夜色从博德鲁姆半岛驶向黑暗笼罩的大海。其中一艘小船上坐着一家四口，40 岁的阿卜杜拉·库尔迪和他的妻子以及两个年幼的儿子。小儿子艾兰是一个活泼的 3 岁小男孩，但是这一晚之后他再也没机会见到阳光，也永远看不到爸爸妈妈一直念叨的“美好的欧洲”了。小艾兰的尸体被冲到海滩上。大多数远在万里之外的人们手捧报纸和智能手机，或者拿着电视遥控器和鼠标，像你，也像我，茫然地看着那张令人心碎的照片，然后为自己的无能为力而痛心，而沉默。

欧洲难民潮的背景

这次欧洲难民潮有着深刻的背景。从政治和战争的角度来说，自“9·11”事件以来，美国及其盟友针对中东和北非国家发动了一连串的军事行动，伊拉克、利比亚和阿富汗的原有政权都被颠覆，而在西方扶持下诞生的所谓“民主政权”事实上无法有效地控制国家。阿富汗的塔利班政权卷土重来，重新控制了阿富汗政权；伊拉克的极端主义组织“伊斯兰国”在伊拉克、叙利亚和土耳其边境地带建立了一个强大的准国家组织，一度控制了相当大的一片疆域。更严重的是，“伊斯兰国”得到包括基地组织和塔利班政权的效忠，影响力和破坏力已经成为世界恐怖主义问题首患。利比亚自卡扎菲政权倒台后，更是陷入一片混乱之中。在伊斯兰世界内部，分裂、叛乱势力成为多国的重大政治难题，而宗教上的分歧导致的内部争斗也愈演愈烈。特别是逊尼派主导的沙特阿拉伯和什叶派掌权的伊朗两大国之间的明争暗斗更加剧了伊斯兰世界内部的纷争。这些纷争与外部

自“9·11”事件以来，伊拉克、利比亚和阿富汗的战争及叙利亚内战、埃及政局动荡、也门内乱等一系列重大事件将中东地区推入战火与冲突之中。图为中东冲突示意图。

在贝尔格莱德难民营中的孩子们。难民危机已成为2009年欧洲债务危机爆发以来困扰欧洲的重大难题。面对人道主义危机，欧洲各国在接纳难民的问题上一直争论不休。

知识链接：沉默的照片

2015年9月3日，人们在土耳其的海滩上发现了小艾兰的尸体，一位记者拍下了那张令无数人心碎的照片。3岁的叙利亚难民小艾兰静静地趴在那里，头朝大海。这张照片很快传遍全世界，登上了各大媒体的头版。意大利《共和国报》对小艾兰之死的评论切中了这个时代的要害："一张令世界沉默的照片。"

的军事干预一起撕碎了伊斯兰世界暗流上那一层本已薄如蝉翼的和平希望。2011年以来，埃及政局动荡、穆巴拉克政府被推翻，叙利亚内战爆发，也门内乱，伊斯兰世界一片动乱。在政治动荡、战火不断的情况下，中东和北非多个国家的社会陷入空前的动荡之中，经济发展更是难以为继，民众生活苦不堪言，甚至生命财产也没有最基本的保障。

欧洲面临的压力

正是在上述背景下，大批来自叙利亚、利比亚等地的难民怀揣着前往自由与和平的欧洲的梦想携家带口涌向欧洲。伸向地中海的希腊半岛和意大利半岛向来是中东和北非难民进入欧洲的首选之地。德国是接收难民最多的国家。至2015年底，涌入欧洲的难民数字已经突破100万，而且一直呈急剧上升趋势。

从某种程度上可以说，这是一场真正的人道主义危机，这些难民背井离乡的最主要目的无疑是为自己和家庭谋得一个安全的未来。但是，难民潮的涌入给欧洲带来了巨大的压力。其一，庞大的难民群体需要大量的物资供养，这势必给欧洲各国造成巨大的经济负担；其二，难民多是穷苦的穆斯林，一些人为了自己和家庭成员能够果腹，时常铤而走险，对各国的社会治安造成了负面影响；其三，难民中或夹杂着一些恐怖主义分子或者受到恐怖组织利用者，成为欧洲恐怖主义问题的隐患；其四，庞大的难民群体也势必会给欧洲各国民众带来就业上的竞争压力，他们谋求合法公民身份后也会占用本国公民的社会福利份额。

此外，自2008年金融危机以来，希腊等欧盟成员国发生债务危机，一度面临崩溃的境地，而危机趋势还在向欧洲深处蔓延。难民潮到来之际，欧洲深陷债务危机的漩涡之中不能自拔。这给欧洲带来了更加沉重的压力，德、法等国基于人道主义等因素没有采取盲目的、强硬的排外政策，但是在处理难民危机时确实有力不从心之处。

宗教狂热主义词云。恐怖主义已成为困扰当今世界和平与发展的最大问题之一。源自中东地区的宗教极端主义正在迅速蔓延。如何有效应对恐怖主义威胁是摆在全世界所有爱好和平者面前的时代问题。

双头鹰：重塑俄罗斯

1453年，奥斯曼土耳其人攻占了东罗马帝国首都君士坦丁堡。莫斯科大公伊凡三世迎娶逃亡在罗马天主教教廷的东罗马帝国皇室一位公主索菲亚，并继承了罗马帝国的双头鹰国徽。这似乎预示了俄罗斯的未来——同时面向西方和东方。苏联解体后，叶利钦领导的俄罗斯试图完全融入西方。显然，这是一厢情愿。西方各国对俄罗斯的惧怕远甚于亲近。叶利钦试图全面倒向西方的战略与他奉行的“休克疗法”一样是失败的。20世纪的最后一天，叶利钦突然辞职，普京登上权力顶峰。普京的上台给沉浸在经济重创和政治失败阴影里的俄罗斯带来了新气象。时至今日，普京时代依然在继续，在某种程度上，他重塑了俄罗斯。从车臣战争到出兵格鲁吉亚，“硬汉”普京将俄罗斯重新拉回大国政治的国际舞台。在这一过程中，俄罗斯与中国的接近及紧密合作为重塑俄罗斯赢得了更加有利的国际政治环境。上海合作组织正是中俄合作的重要框架。当然，目前的上合组织已由原来的地区性反恐合作组织上升到全面合作的区域性组织，正日益发挥更重要的地区和平与交流作用。

改革阵痛
“休克疗法”

融入西方是叶利钦为俄罗斯确定的最终目标，从某种程度上，这也是自彼得大帝以来，多位俄国帝王的目标。正是在这一主导思路的影响下，俄罗斯全然不顾数百年来在试图融入西方的过程中受到的教训，急于求成地向西“奔跑”。

叶利钦融入西方最主要的改革是经济上的，而其主体的改革方案是在今天看来非常幼稚的“休克疗法”。在当时全面倒向西方的欢呼声中，俄罗斯自由主义派的经济学家们和国际货币基金组织的专家组共同拟定了这一改革方案。他们的口号简单而富有号召力——“你不可能通过两次跳跃跨过一条壕沟”。因而，改革必须是一步到位的，必须是全面而深刻的，必须是极其快速实现的。而政府被限制在极其有限的地位上。这种对市场机制的过分信赖已然是西方在20世纪30年代就已抛弃的过时思维，但在俄罗斯竟然堂而皇之地奉为圭臬。

价格改革与私有化改革

1992年1月，俄罗斯开始放开零售商品价格，这是整个多米诺骨牌中第一块被推倒的骨牌。一年的时间，俄罗斯物价上涨了25倍，而这仅仅是开始。至1995年，俄罗斯消费品价格已经上涨1400多倍，这种超级通胀将人民的财富蒸发一空。

图为鲍里斯·尼古拉维奇·叶利钦。叶利钦生于一个普通农民家庭，大学毕业后成为一名建筑师。1976年成为老家斯维尔德洛夫斯克州委第一书记。1985年，他受到戈尔巴乔夫赏识进入中央，步入权力中心。

随着价格改革而来的是私有化改革。这一改革从根本上改变俄罗斯经济的属性，直接结果除了迅速的企业私有化之外，乃是一小群经济寡头的出现。他们利用计划经济时代的权力成功地控制了转型后的企业，成为新的经济贵族。后来成为叶利钦继任者的普京在了解到国家仅控制了4%的石油后曾抱怨道：世界上任何一个国家都不会处于这样一种境地。可见，他对过度私有化政策是持否定态度的。

国家灾难

从1992年至1996年，5年的时间充分证明了“休克疗法”改革的灾难性。叶利钦曾信誓旦旦承诺的目标都没有实现，人民贫困成为普遍现象。根据统计显示，俄罗斯全国一半人口的收入水平低于维持基本生存的需要。俄罗斯经济总值下降到1989年的1/2左右。从俄罗斯国际经济关系格局看，已经沦为西方主导的资本主义经济体系中的依附者和边缘，这与苏联时代能够抗衡西方的辉煌成就相比令人唏嘘不已。有学者评价说：改革“只不过是俄国旧传统在20世纪末的一次再现，其愿望、方式乃至其口号和过程，连其结果都是完全符合俄罗斯传统的，是纯粹俄罗斯的：它总是先将光明未来的希望带给人民，然后又让他们陷入深深的失望和长久的等待中”。尽管直到今天，许多俄罗斯人还不愿意承认这种“蛮干”传统的存在，但事实已经不可辩驳地说明了一切。有学者深刻地指出了其实质：“叶利钦同20世纪所有从事变革的（俄国）领导人一样，都是迷信某种自己都没有真正理解的学说，不经任何准备，以闪电般速度完成变革。”

知识链接：苏联解体

在一系列政治改革失败和内部分裂势力兴起的背景下，1991年12月25日，苏联总统戈尔巴乔夫宣布辞职，并将象征最高核心权力的核武器密码箱移交给俄罗斯总统叶利钦。至此，存在了70多年的苏维埃社会主义共和国联盟解体，主宰世界政治格局近半个世纪的冷战两极格局终结。苏联分裂成15个国家，莫斯科成为新成立的俄罗斯联邦的首都。

图为俄罗斯反叶利钦的游行活动。叶利钦时代，俄罗斯经历了经济和政治上最为艰难的时代。民众的生活水平大大下降，希冀的民主自由也没有得到真正实现。

图为1991年俄罗斯总统和立陶宛总统签署国家关系协议，立陶宛独立。

政治冲突

“休克疗法”的失败在俄罗斯引发了新一轮政治风波。俄罗斯最高苏维埃很快团结一致站到了叶利钦的对立面。1993年3月，作为经济改革主要推手的总理盖达尔被迫下台。但是支持改革与反对改革双方的冲突仍在持续，至1993年10月达到不可调和的程度。曾在教会调停下承诺不动用武力的叶利钦炮击最高苏维埃所在的白宫，造成大量伤亡，并将所有幸存者逮捕。在炮火中消失的“最高苏维埃”被超级总统制取代。1993年12月，新议会与新宪法同时诞生。新的宪法赋予总统广泛的权力，实际上是不受制约的超级权力。

时代的“马车夫”

叶利钦时代

戈尔巴乔夫对叶利钦的评价曾引发争议，他说：“叶利钦当政的八年，成为多数俄罗斯人的一场灾难。”

苏联大厦倒塌掀起的尘埃已经落下，但历史的车轮仍在滚滚向前。

叶利钦的成长史

叶利钦（1931—2007 年）全名鲍里斯·尼古拉耶维奇·叶利钦，生于俄罗斯一个极其普通的农民家庭。20 岁时，叶利钦考取了乌拉尔工学院，学习建筑专业，毕业后成为一名建筑师，在老家斯维尔德洛夫斯克市的建筑部门工作。1976 年，叶利钦出任斯维尔德洛夫斯克州委第一书记，时年 45 岁。这一职务，叶利钦干了 10 年，直到 1985 年，他受到戈尔巴乔夫的赏识，进入中央，担任建筑部部长，很快又被任命为莫斯科市市委第一书记，从此进入最高权力中心。不过，叶利钦并非一名油滑的政客，而是有自己的行事原则。1987 年，他在苏共中央全会上公开批评戈尔巴乔夫的改革，因而被解除莫斯科市市委第一书记和最高苏维埃主席团委员等职务。正是在这一时期，叶利钦日益形成了自己的政治主张，对苏联的未来持悲观态度。1989 年，他在首届苏联人民代表大会上成为最高苏维埃代表，次年出任俄罗斯苏维埃联邦社会主义共和国最高苏维埃主席。7 月，由于其激烈的系列改革被否定，叶利钦愤而退出苏联共产党。从此，

图为“8·19”事件现场，人群拥挤在坦克周边抵制政变。1991 年 8 月 19 日，苏共中的保守派发动了一场不成功的政变，软禁了当时正在黑海畔度假的苏联总统戈尔巴乔夫，试图收回下放给加盟共和国的权力，同时终止不成功的经济改革。但是政变仅仅坚持 3 天便宣告失败。虽然戈尔巴乔夫在政变结束后恢复了职务，但苏联中央政府已经无法控制在平息政变过程中加强的加盟共和国的分离势力。叶利钦下令宣布苏共为非法组织，并限制其在俄罗斯境内的活动。

知识链接：独立国家联合体

独立国家联合体是苏联解体后多数独立共和国组成的多边合作组织。1991 年 12 月 8 日，俄罗斯总统叶利钦、乌克兰总统克拉夫丘克和白俄罗斯最高苏维埃主席舒什克维奇在白俄的别洛韦日会晤，共同宣布苏联停止存在，并建立独立国家联合体。此后，除了波罗的海三国，从苏联独立出来的其他国家先后加入独联体。从某种程度上说，独联体是苏联解体后的缓冲和过渡组织。这种自由结合的组织最大的特点是成员来去自由。2005 年，土库曼斯坦退出独联体；2009 年，格鲁吉亚正式退出独联体；2014 年，乌克兰也启动退出程序。

1991年7月10日，鲍里斯·叶利钦在其第一任总统就职典礼上宣誓，开启了叶利钦时代。叶利钦时代在经济和政治方面的改革深刻影响了苏联解体后俄罗斯的发展。经济上的“休克疗法”一度使俄罗斯经济面临崩溃的境地；政治上的改革强化了其个人的权力，建立了超级总统制。

他在推动苏联解体的道路上越走越远。

知识链接："8·19"事件

1991年8月19日，苏联副总统亚纳耶夫宣布，戈尔巴乔夫因健康原因无法履行总统职务，由他本人代行总统权力，并宣布成立国家紧急状态委员会行使国家权力。委员会随后发布《告苏联人民书》，公开指责戈尔巴乔夫改革已经走入死胡同，国家处于危险境地，宣布国家进入紧急状态。叶利钦在政变中坚决拒绝服从委员会命令，号召全国抗议。三天后，戈尔巴乔夫宣布重新控制局面，之后，他宣布辞去苏共总书记职务，建议苏共中央自行解散。苏联经过这一事件的打击，终于走到穷途末路，而叶利钦利用这一事件一举将苏联推入挖好的墓穴。

开国功臣还是分裂国家的罪人？

在1991年“8·19”事件中，叶利钦表现出过人勇气，他来到被军队包围的白宫，号召全国反对紧急状态委员会的政变。1991年12月8日，他与白俄罗斯和乌克兰的领导人共同签署协议，宣布苏联停止存在，以由独立主权国家组成的独联体代之。叶利钦顺利成为独立后的俄罗斯联邦第一任总统。对于叶利钦在苏联解体问题上的作为，直到今天，人们仍然很难做出准确评价。他既是独立俄罗斯国家的开国功臣，又是分裂国家的罪人。

相对于前一问题，对于叶利钦作为俄罗斯总统任内改革的评价就相对一致了，其所奉行的“休克疗法”将俄罗斯经济引入崩溃，而其政治改革也未能如预期那样走上西方式的民主道路。他在1993年派军队炮轰白宫的行径正是对民主制度的打压。1993年12月诞生的新宪法强化了他个人的权力，超级总统制应运而生。

对于叶利钦，我们需要明确的是：叶利钦确实清楚地认识到苏联的问题所在，但却没找到真正的应对之策，而是盲目地套用西方的经验，根本没有考虑俄罗斯的历史和传统。他曾说：“我们的民主像是一个有病的孩子。但是，最重要的决定已经做出，我们已经下定决心要坚持到底，攀登通向文明的阶梯。”正是他的义无反顾和决绝，造成许多不可挽回的失误，也使他本人成为俄罗斯历史上最难评价的人物。功过是非，留待后人评说吧！

图为爱沙尼亚的叶利钦浮雕揭幕仪式。当地时间2013年8月22日，在爱沙尼亚首都塔林，俄罗斯前总统鲍里斯·尼古拉耶维奇·叶利钦的遗孀纳尼亚·叶利钦出席已故丈夫的浅浮雕揭幕仪式，这座浮雕是为纪念1991年的“8·19”事件而创作的，爱沙尼亚人借此感谢叶利钦对爱沙尼亚独立所作的贡献。

强人
普京

我想要一个像普京这样的人，
昨天我在新闻上看到了他的身影，
他说，这个世界正处于十字路口，
他是那么具有说服力，
使我下定决心想要：
一个像普京这样的人……
——歌曲《嫁人就嫁普京这样的人》

在《福布斯》杂志评选的全球最具影响力的人物排名中，普京连续多年位居前列，甚至在2013年以来连续三年位居榜首，成为国际公认最有权势的人物之一。

普京的仕途生涯

普京全名为弗拉基米尔·弗拉基米罗维奇·普京，1952年生于列宁格勒（今圣彼得堡），父亲是军人，母亲是普通工人。他在列宁格勒大学读书期间加入苏联共产党，毕业后进入克格勃组织工作直至1991年。

离开克格勃后，他主要在列宁格勒大学和圣彼得堡市政府工作。1994年，他成为圣彼得堡市第一副市长，真正开始了从政生涯。1996年，普京离开圣彼得堡，来到首都莫斯科，任职总统事务管理局副局长。由于工作出色，他在极短的时间里就晋升为总统办公厅第一副主任。1998年，他被叶利钦任命为俄罗斯联邦安全委员会（前身是克格勃）主席。这样，从原来克格勃组织的一名普通特工，经过数年的仕途变迁，一跃成为这一组织的最高官员。他在就职仪式上，不无感慨地说道："我终于回家了！"不过，他只是"回家看看"，次年，他就被委任为俄罗斯第一副总理，之后又出任总理，并得到叶利钦指定的继承人身份。1999年12月31日，叶利钦突然宣布辞职，普京根据宪法担任代总统。在2000年3月举行的俄罗斯大选中，普京获得了成功，当选为俄罗斯第三届总统。离开克格勃后，普京用了不到十年时间完成了从基层公务人员到最高领导人的攀升。

1999年12月31日，俄罗斯总统鲍里斯·叶利钦宣布辞职，将权力移交给总理弗拉基米尔·普京。俄罗斯从叶利钦时代进入普京时代。图为叶利钦辞职当日，与普京等人在莫斯科出席活动。

普京执政以来，以追求俄罗斯的强大为目标，一方面对内实施改革，另一方面主动出击，拓展国际生存空间，使得俄罗斯跻身金砖国家行列，重返大国活动舞台，重振了大国雄风。图为普京在政府委员会主持会议。

知识链接：欧亚经济联盟

1994年，时任哈萨克斯坦总统的纳扎尔巴耶夫在莫斯科大学演讲时提出了欧亚联盟的概念。2011年，时任俄罗斯总理普京以欧盟为样板再次提出了这一概念。2012年，俄罗斯、白俄罗斯与哈萨克斯坦三国建立了欧亚经济委员会，至2014年，三国总统在哈萨克斯坦首都阿斯塔纳签署了《欧亚经济联盟条约》。三方条约规定，将在2025年前后实现联盟内部商品、服务、资金和劳动力的自由流动，而其最终目标是建立统一大市场。除了三个创始国，亚美尼亚、吉尔吉斯斯坦也先后加入，塔吉克斯坦成为候选国。

普京的执政观

普京的上台成为俄罗斯国家转型又一阶段的开端。而对于叶利钦来说，尽管得到普京对他本人和家族财富和安全的保证，但其所代表的叶利钦时代却不可扭转地结束了。普京，这位政治强人，不迷信任何所谓的经典学说，而是有着自己独到的政治见解。叶利钦时代被普京认为是“对其他国家经验的简单复制”。这是普京对整个叶利钦时代及其政策的整体评价。有人说普京是一个典型的国家主义者，但无论正确与否，他的唯一目标都是追求俄罗斯的强大。正如有关学者所说：“尽管普京并不否定自由、民主等价值，但他不会以国家利益为代价来追求这些价值的实现。”

自他执政以来，他让俄罗斯重振大国雄风。在政治上，俄罗斯不再默默承受西方的战略挤压，而是主动出击，拓展国际生存空间。在叙利亚危机、南奥塞梯独立事件、克里米亚问题上展现出了大国的自信。在经济上，尽管存在较多的争议，但普京确实将俄罗斯拉上了发展的快车道，跻身金砖国家行列。在外交上，普京奉行多元务实的理念和政策，为俄罗斯创造了更为广阔的国际政治前途。

普京执政以来，奉行多元主义外交政策，在国际舞台上重塑俄罗斯的大国形象。图为普京访问希腊，与希腊总理齐普拉斯握手相见。

反恐与合作

上海合作组织的转型

上海合作组织的基本宗旨即“上海精神”，其内容为“互信、互利、平等、协商、尊重多样文明、谋求联合发展”。

上海合作组织的前身是“上海五国”会晤机制，成立于1996年。其时，中国、俄罗斯、哈萨克斯坦、塔吉克斯坦和吉尔吉斯斯坦五国元首在上海会晤。不过，早在1989年，中苏就进行了关于加强边境地区信任和裁军的谈判，确立了最早关于互信、合作的组织构想。2001年6月，上海五国及乌兹别克斯坦六国元首在上海举行会议，签署了《上海合作组织成立宣言》。当年9月，六国政府首脑在哈萨克斯坦首都阿斯塔纳举行会谈，达成了启动上合组织多边经济合作进程和政府首脑定期会谈机制。次年，《上海合作组织宪章》等一系列规范性文件出台，2003年，第三次元首会晤中，中国驻俄大使张德广被任命为首任上合组织秘书长。

图为上海合作组织的3D标志。

致力于和平的聚会

从上海合作组织（简称“上合组织”）早期的发展中不难看出，其主旨在于增进组织成员间的政治互信，谋求共同打击恐怖主义、分裂主义和极端主义三股势力。在上合组织2001年成立之时发布的《上海合作组织成立宣言》和次年发布的《上海合作组织宪章》中，都明确了共同打击恐怖主义、分裂主义和极端主义的宗旨和任务。2001年的上合组织峰会专门签署了《打击恐怖主义、分裂主义和极端主义上海公约》，明确定义上述三种势力，并提出了非常具体的打击方向、方式和原则。值得一提的是，上合组织乃是最早将打击恐怖主义作为首要目标之一的国际组织。当上合组织树起反恐大旗之时，“9·11”事件尚未发生，恐怖主义的危害尚未引起国际社会的普遍关注。2005年在乌兹别克斯坦首都塔什干设立的常设性反恐机构正式启动，这也顺应了“9·11”事件后世界和平力量将斗争矛头指向恐怖主义的趋势。自上合组织成立以来，组织内多边合作的反恐军事演习已经开展十余次。

向全面合作转型

不过，仅仅作为一个反恐国际合作组织显然不能适应当今世界区域一体化的发展趋势。早在

图为 2015 年乌法峰会的驻地，不仅金砖五国与会，而且上海合作组织成员国也参与其中。

知识链接：上海合作组织大学

上海合作组织大学是由上合组织成员国各方的 74 所大学组成的项目院校合作网络。最早由俄罗斯提出，并在 2009 年达成协议。从中国、俄罗斯、哈萨克斯坦、吉尔吉斯斯坦和塔吉克斯坦的大学中选出一批大学组成这一合作网络。上合组织大学致力于联合培养一批高水平人才，联合组织开展科研项目和研讨会，推动成员国间教育、科研和文化方面的合作与交流。经过各方协商，确立了区域学、生态学、能源学、IT 技术、纳米技术、经济学和教育学等为联合培养的专业重点。

2003 年，一些有识之士就提出了上合组织的发展与转型问题。当年 9 月在北京举行的上合组织政府首脑理事会第二次会议上，六国总理着重讨论了经贸合作问题，签署了《上海合作组织成员国多边经贸合作纲要》等文件。该文件中提出了一个关键性的经济合作目标，即要在 20 年内实现组织内商品、资金、服务及技术的自由流通。2004 年的政府首脑理事会强调推进区域经济合作的具体事务，指出合作重点应放在能源、交通、电信和农业等方面，并就一系列具体合作项目的实施做出了规划。在 2015 年 12 月于中国郑州市举行的政府首脑理事会第 14 次会议上，将合作的议题主要集中在经贸合作和文化等方面。

2017 年 6 月 9 日，上合组织成员国元首理事会第 17 次会议在哈萨克斯坦首都阿斯塔纳举行，图为部分国家元首合影的一幕。

上合组织向以经贸合作为核心的全面合作转型已经成为该组织未来的发展方向。在这一过程中，俄罗斯能否抓住契机，为实现自身经济的转型特别是产业结构的升级提供动力，将成为考验新时期俄罗斯领导者的重要课题。

“铁与血”
两次车臣战争

1999 年，刚被任命为总理的普京发表了他对车臣问题的看法：“对于那些不知悔改、一再坚持分裂国家、肆意屠杀无辜的刽子手们，我们已经别无选择，我们只能用坦克和子弹来跟他们说话！”

车臣位于高加索山北侧，扼守黑海与里海之间的咽喉要道。自 16 世纪中叶以后，俄国就开始关注这一地区。18 世纪起，沙俄开始使用武力征服这一地区，终于在 19 世纪中叶基本征服这一地区。车臣是历史上多灾多难的弱小民族代表之一。在沙俄统治车臣时期，大批车臣人被驱逐至山区，甚至被驱逐到奥斯曼帝国。除了种族清洗，沙俄还使用文化清洗的手段试图将车臣地区彻底俄罗斯化。沙俄在车臣开办俄语学校，控制车臣精英阶层，遏制伊斯兰教的发展。弱小的车臣民族无力对抗强大的沙俄，主要以山地游击战的方式进行反抗。斯大林时期，苏联对车臣实施了更为严厉的种族清洗政策。

车臣问题一直是困扰俄罗斯的一大难题。车臣在 19 世纪被沙俄征服。苏联解体后，车臣人趁机谋求独立。1994 年和 1999 年，俄罗斯先后发动两次车臣战争打击车臣的分裂势力。图为车臣地图。

第一次车臣战争

车臣人长期遭受压迫的历史，是苏联解体后车臣谋求独立的精神源泉。1991 年，在苏联解体的关键节点，俄罗斯忙于稳定国内政局，无暇顾及车臣人的行动。车臣在苏联退役将军杜达耶夫的带领下获得事实独立。苏联正式解体后，俄罗斯不承认车臣的独立地位，但仍无力采取实质行动，国内的政治动荡和经济改革已使叶利钦和最高苏维埃焦头烂额。这样，在 1992 年至 1994 年间，车臣事实上享有独立地位。

1994 年 12 月，俄罗斯开始从苏联解体后的巨大变革中缓过神来，认识到车臣地区在俄罗斯对外经济和政治中的重要战略地位，决心通过军事手段一举解决车臣问题。于是，第一次车臣战争就爆发了。俄军兵分三路向车臣地区开进，尽管拥有绝对的军事优势，但进攻并不顺利。在进攻车臣首府格罗兹尼的战斗中，大批俄军死于攻城战和之后巷战中，仅攻城当日就有超过 1000 名士兵阵亡。尽管

1994年底，俄罗斯发动第一次车臣战争，在付出巨大的伤亡代价后，俄军被迫撤军，没有实现战前的预期目标。图为第一次车臣战争期间，车臣人在格罗兹尼战役中祈祷。

车臣的正面武装部队无力与强大的俄军对抗，但巷战、游击战和恐怖活动仍使得俄军伤亡不断。最终，在1996年8月，叶利钦被迫与车臣签署停战协定。战争的结果是2万多俄军伤亡，平民付出的代价更大，超过10万人死于战火。俄罗斯在付出巨大代价后无功而返。

第二次车臣战争

第二次车臣战争始于1999年8月。其时，车臣武装力量总司令巴萨耶夫率领数千追随者占领达吉斯坦南部村庄，并宣布成立了一个所谓的“达吉斯坦国家”。这一事件激起了俄罗斯新的军事行动。俄军吸取前次战争的教训，充分利用空中和远程打击力量，以一种立体的作战模式迅速消灭了车臣武装力量。之后，更大规模的俄军又分三路向车臣开进，企图一举解决车臣分裂问题。自1999年9月至2000年2月，数月期间，俄军的军事行动就取得全面胜利。之后，俄军又对分散到山区打游击战的车臣武装分子进行了打击，战斗一直持续到2000年6月。第二次车臣战争以仅及上次战争伤亡1/3的代价，取得了全面的胜利，巩固了俄罗斯对车臣地区的控制。战后，俄罗斯留下一支2万余人的部队驻守车臣。

知识链接：斯大林对车臣的种族清洗

苏联建立后，尽管车臣地区已经成为苏联境内的一个自治区，但对车臣独立运动的压制仍是不遗余力的。斯大林时期，车臣经历了最悲惨的时期。二战爆发前，斯大林对车臣人进行了严酷的清洗，而最深重的灾难则是在二战后期。当时，车臣人趁德国入侵苏联之际，试图寻求德国帮助谋得政治独立。在以失败告终后，斯大林对车臣进行了一场大规模的种族清洗。超过38.7万车臣人被逼迫离开世代居住的家园，集体流放到哈萨克斯坦境内的不毛之地，被流放人口占车臣总人口的大多数。大量车臣人死于流放途中和流放地，车臣人在这次事件中失去2/5的人口。1957年，在流放地幸存的车臣人获准返回家园。但是，在苏联解体之前，车臣人仍旧生活在苏联的文化同化与种族压迫之中。

艾哈迈德·卡德罗夫，原系分裂政治领导人之一，2000年倒戈。后被车臣分裂分子暗杀。他的儿子拉姆赞·卡德罗夫继任车臣共和国总统，拥护统一。图为2016年拉姆赞·卡德罗夫陪同俄罗斯总理梅德韦杰夫向艾哈迈德·卡德罗夫墓献花悼念。

“闪击战”
出兵格鲁吉亚

俄国沙皇亚历山大二世曾霸气地说过：“俄罗斯只有两个盟友——陆军和海军。”

2008年8月8日，时任俄罗斯总理普京出席在北京举行的奥运会开幕式，坐在看台上不动声色却遥控参与指挥了一场与格鲁吉亚的战争。这场战争起因于南奥塞梯的独立问题。

南奥塞梯事件源流

奥塞梯人是生活在高加索山南北的一个古老民族。俄国经过漫长的征服战争，将整个高加索地区纳入版图。苏联成立后，将高加索山以南的外高加索地区划分为三个加盟共和国，即格鲁吉亚、亚美尼亚和阿塞拜疆，高加索山以北划归俄罗斯，这样，人为的原因将奥塞梯分成南北两个部分。在苏联时期，这种分裂尚没有引发大的问题，但当苏联解体后，奥塞梯被分割归属为两个独立主权国家，使得问题愈益严重。特别是归属格鲁吉亚的南奥塞梯渴望与北奥塞梯合并。

1992年，南奥塞梯全民公投，要求成立独立共和国，进而与北奥塞梯合并。这种分离主义倾向成为南奥塞梯与格鲁吉亚中央政府冲突的根源。俄罗斯则对南奥塞梯当局持支持态度。当年，俄、格和南北奥塞梯四方组成一个监督委员会就南奥塞梯问题达成协议，由俄、格、南奥塞梯三方组成混合维和部队掌控冲突地区。

自2008年8月1日起，南奥塞梯与格鲁吉亚中央政府之间的冲突就已不断，8日，正当全世

南奥塞梯问题是苏联解体留下的历史问题。2008年8月，南奥塞梯人与格鲁吉亚中央政府发生冲突，俄罗斯随后参战，酿成一次影响深远的局部战争。图为南奥塞梯(South Ossetia)资料图。

界目光聚焦北京奥运之时，格鲁吉亚中央政府发动闪电战，兵分三路突袭南奥塞梯，陆地与空中力量相互配合，不到13个小时就攻占了南奥塞梯首府茨欣瓦利。闪击战中，数十名俄军维和士兵阵亡。

俄罗斯参战

俄罗斯方面迅速做出反应，总统梅德韦杰夫召开了国家安全紧急会议，作出出兵格鲁吉亚的决

定。在接到命令仅仅50分钟后，驻守南奥塞梯的俄军就开进茨欣瓦利。一天后，俄军不仅占领了茨欣瓦利全城，而且通过网络战和空中打击，实质性地将格鲁吉亚置于危险境地。格鲁吉亚被一分为二，首都第比利斯暴露在俄军打击范围之内。

这场战争从俄罗斯决定出兵之刻起就是一场胜败已定的战争。俄罗斯北高加索军区的军事力量远胜于格鲁吉亚。俄罗斯仅仅动用了该军区空军第四军不到一半的飞机就全面控制了格鲁吉亚全境的制空权。对于现代战争来说，制空权就意味着优势。俄军可以随意对格鲁吉亚的军事和民用设施实施打击。俄罗斯著名的空降兵随时可以空降第比利斯。在海上，俄罗斯黑海舰队在开战后迅速抵达格鲁吉亚海域，对格鲁吉亚实施全面的海上封锁，断绝一切海上的物资供应。格鲁吉亚在多面夹击下不具备任何还手能力。而最重要的是，格鲁吉亚中央政府赖以壮胆的所谓西方军事力量介入只是总统萨卡什维利的一厢情愿而已。在西方诸国还没有对格鲁吉亚问题形成统一意见之前，战争就以迅雷不及掩耳之势结束了。

知识链接：克里米亚并入俄罗斯

与南奥塞梯类似，克里米亚问题也是历史遗留问题。其源头是1954年，为纪念乌克兰与俄罗斯合并300周年，苏联最高苏维埃主席团将克里米亚划归乌克兰管辖。这一事件在苏联时代并没有引发问题，但当苏联解体，乌克兰与俄罗斯成为主权独立国家后就引发了新的克里米亚归属问题。克里米亚人渴望回归俄罗斯，因而1992年的克里米亚议会先后通过了《克里米亚国家独立法》和《克里米亚共和国宪法》，但由于乌克兰方面的强硬态度，克里米亚独立运动失败。2014年，克里米亚对自身的未来进行了一次全民公投，超过96%的人民支持脱离乌克兰，加入俄罗斯联邦。随后克里米亚议会宣布脱离乌克兰，并申请加入俄罗斯。尽管遭到乌克兰和西方的强烈反对，但在俄罗斯的强硬支持和克里米亚人的坚决推动下，克里米亚获得事实独立。俄罗斯在承认克里米亚共和国和具有特殊地位的港口城市塞瓦斯托波尔独立后，又同意其加入俄联邦。2014年3月18日，克里米亚正式并入俄罗斯。

南奥塞梯事件引发的俄格两国之间的战争很快以俄罗斯的胜利而告终。这场在战前就已成败既定的战争直接影响了南奥塞梯的未来走向。俄罗斯在战争中攻克了斯大林的故乡——哥里市（gori）。图为哥里市的斯大林雕像。

在南奥塞梯事件中，格鲁吉亚中央政府发动闪电战，不到13个小时就攻占了南奥首府茨欣瓦利。俄罗斯随后参战，以绝对优势迅速击败格鲁吉亚军队。图为格鲁吉亚战争中战死的格军士兵亲属在悼念逝者。

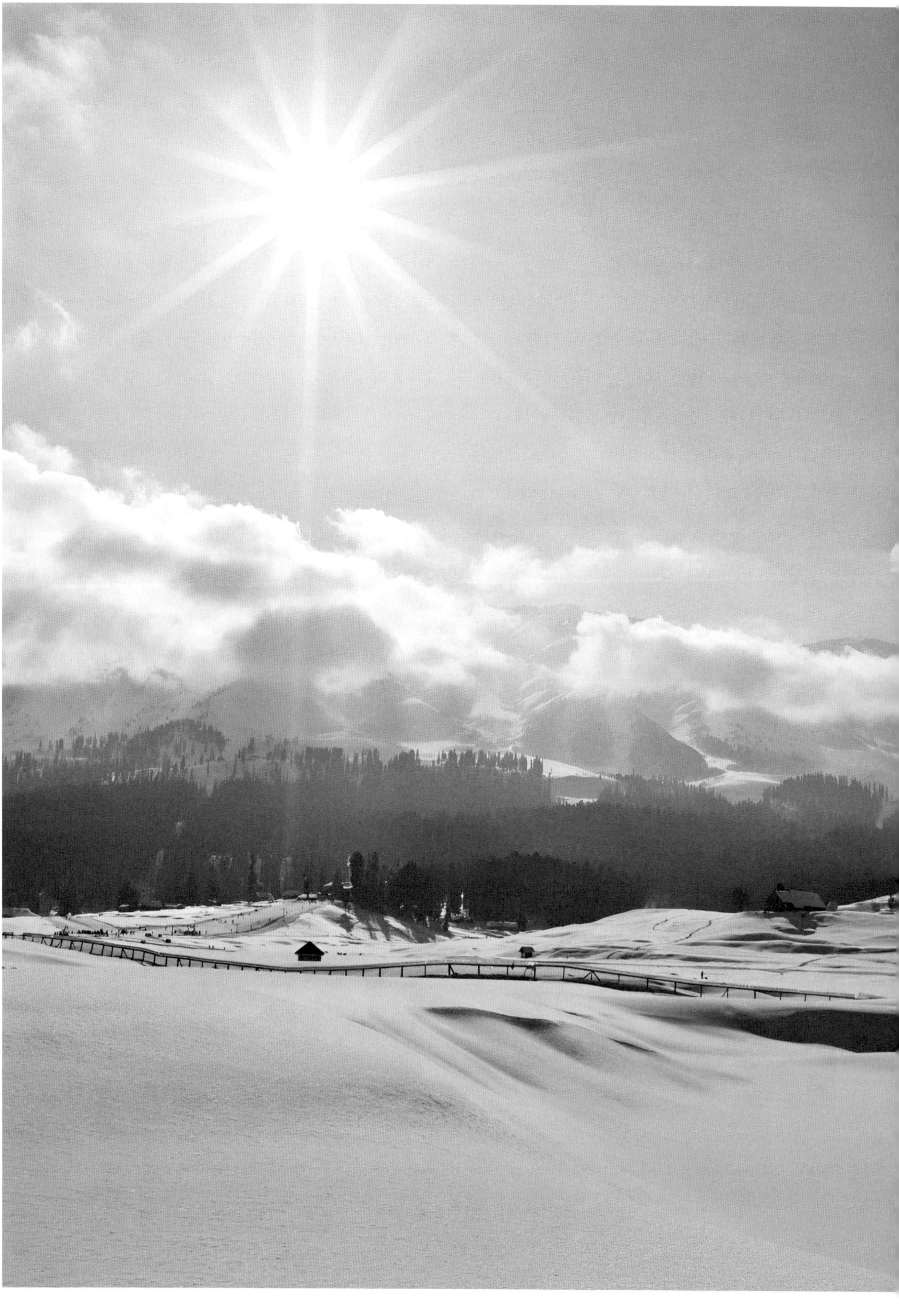

开足马力的亚洲

亚洲，这个世界上面积最大、人口最多的大洲，过去很长时间都是贫穷落后的代名词。然而，21世纪以来，亚洲像一台开足马力的机器，开始飞速运行，风流人物辈出。

在南亚，齐亚·拉赫曼倡议成立了南亚区域合作联盟，南亚国家紧密联系在一起。因为“计算机总理”拉吉夫·甘地的努力，印度在经济上调整方向，实现了高速增长；在外交上，开始实行“东向政策”，积极发展与东盟关系；在军事上突破国际不扩散机制的限制进行核开发，成为事实上的核大国。巴基斯坦虽然有军事领导通过政变当选为总统，但是现在逐渐摆脱军人政治，民主化建设正在进行中。

东南亚的泰国和缅甸不断进行民主化改革，虽然有起伏，然而“铿锵玫瑰”英拉和昂山素季都通过民选成为国家重要领导人。

令人担忧的是，美国在韩国部署“萨德”系统，东亚局势由此出现了新动荡。

东亚政治新震荡

韩国部署“萨德”系统

“萨德”出现，
东亚惊诧，
一万年逞强，
中俄韩美各说短长。

2016年7月8日，一条消息如惊雷炸响了东亚——韩国要部署“萨德”系统，而且韩美两国将在2017年前完成“萨德”部署。人们议论纷纷：“萨德”入韩意欲何为？“萨德”又会对东亚政治版图带来怎样的震荡呢？面对这种震荡，中国该如何应对？

“萨德”部署

“萨德”即末段高空区域防御系统的英文名称缩写（THAAD）。该系统隶属美国导弹防御局和陆军的陆基战区反导系统，从表面看来，“萨德”是一种防御性导弹系统，实际上该系统的核心是AN/TPY-2相控雷达。它目标识别能力强大，能够有效监控870公里以内的目标，从而在大气层中精准拦截短程、中程弹道导弹，进而进行主动防护。

由于地缘政治的关系，美国一直希望在韩国部署这套系统。对美国而言，在韩国部署“萨德”能收到一石三鸟的效果。一是巩固美韩同盟关系，并通过该同盟进一步控制朝鲜半岛及周边地区；二是监视中国东北与俄罗斯远东地区；三是在六方会谈中争取更大的筹码。

1945年，日本投降后，美苏两国以北纬38度线为界，分别占领朝鲜半岛南北方；1948年，朝鲜半岛分别成立了“大韩民国”和“朝鲜民主主义人民共和国”两个国家，由此开始完全分裂，长期处于敌对状态。

作为美国的长期盟友，韩国在军事上依靠美国。可是韩国是亚洲国家，在经济上和地缘政治上，离不开中国，所以一直在中美之间走“平衡路线”。美国将在韩部署“萨德”系统视为韩国加入美国反导系统的标志。面对“萨德”系统巨大的监控和威慑能力，韩国并不敢轻举妄动。虽然美国三番五次地希望韩国接纳“萨德”系统，然而韩国不置可否。2015年3月，韩国总统还强调了“三不立场”，即不请求、不协商、不决定。

然而，到了2016年1月6日，事情发生了变化。朝鲜突然宣称氢弹试验成功，就在各国对于如何制裁朝鲜意见不一时，朝鲜又进行了“卫星”试射。朝鲜的一连串动作让韩国恐慌。美国利用韩国的这种紧张心理，强调一旦朝韩发生战争，能保护韩国的只有美国，并加紧推进“萨德”部署。随后，韩国军方决定引进“萨德”系统。东亚的政治格局，因韩国部署“萨德”系统而再起震荡。

“萨德”风波

在韩国部署“萨德”之前，日本安倍安保新

大韩民国在美国的支持下成立，双方于 1953 年签署具有无限有效期的《美韩共同防御条约》，美国长期在韩国驻军。图为韩国地形图镶嵌在美国国旗上，暗指韩国就像是美国的一个州。

知识链接：安倍安保新政

2012 年 12 月，安倍晋三成功当选为日本首相。在首相任期内，安倍晋三强调因国际局势发生变化、日本周边“威胁”扩大，所以要对日本的安保政策进行根本的调整。调整后的安保政策被称为安倍安保新政。首先是强化日美同盟，加强双方的合作，同时“大幅扩充自卫队人员、装备、预算”，并“确保中长期财源”等，增加军费，提升日本的军事实力。安倍安保新政在日本国内和国际上引发诸多不满。

政已经让东亚鸡犬不宁。此事一出，东亚的局势更加紧张。俄罗斯强烈反对韩国的行为，同时直接表示如果俄罗斯感受到威胁，必然会采取“报复性”行动，让韩国“自食苦果”。中国抗议“萨德”入韩，也不断做出应对。首先通过外交渠道发声，强烈反对“萨德”系统的部署；其次进行国家领导人之间对话，试图让“萨德”停止。此外还尝试进行相关联合行动，包括利用安理会制裁朝鲜的决议与美日韩交涉，以及联系俄罗斯一起进行施压。与此同时，中国还举行防务演习，希望韩国知难而退。

“萨德”入韩，使得韩国在舆论上处于劣势，对中韩关系产生了不少负面影响。韩国民众举行大规模游行示威，反对引进“萨德”。然而，韩国军方的“萨德”部署还在进行，未来将面临诸多不确定性。不过可以肯定的是，美国加强亚太反导体系、遏制潜在对手的意图不会变，中国维护国家安全和大国之间战略稳定性的决心同样不会变。未来东亚的和平发展寄望于有关各方的正当利益与合理关切在平衡中实现。

“萨德”是美国研发的军事防御系统，2007 年开始进入生产和部署。图为当地时间 2017 年 4 月 26 日，韩国星州高尔夫球场内的“萨德”拦截弹发射车。韩军方称萨德反导系统已可应用于实战。

铿锵玫瑰 英拉和昂山素季

灰色的天空，
是否将要破晓，
以父之名，
我们就要穿过铜墙铁壁。

2011年8月5日，英拉·西那瓦当选为泰国总理；2016年3月，昂山素季成为缅甸权力机构的第2号人物。两位女性，虽然分属异国，但有一个共同点，那就是她们都有显赫的家族背景，她们凭此受益受损，这也反映了两个国家的民主化特点。

英拉当选与下台

2011年8月，英拉当选为泰国第28任总理。从宣布参选到当选，历时仅82天，被称为闪电总理。英拉能够如此快速地成功当选，很大程度上是因为她出生于西那瓦家族，是他信的妹妹。

西那瓦家族是泰国影响力最大、财富最多的家族之一。英拉大学毕业后，一直在家族企业担任要职，具有良好的公众形象。2001年，他信当选为泰国总理。他做事雷厉风行，推行积极的内外政策，帮助泰国度过金融危机并大幅度提高了泰国的国际地位，赢得了很高声望。然而，他信的政策损害了以泰国王室为代表的中产、富人阶层的利益。2006年9月19日，泰国军方发动政变，他信被迫下台，流亡海外。

英拉是他信最小的妹妹，两人“情同父女”。2011年5月，在为泰党的邀请下，英拉参加泰国大选。在竞选过程中，英拉将自己的执政理念与他信结合起来，提出了“他信思考，为泰党执行”的竞选口号。从参选到当选，英拉一直被冠以“他信的妹妹”的称号，这一称号有力地帮助了她参选。英拉坚持他信曾奉行的政策，所以最后也不免像他信那样因触犯了军方的利益而被解职，并面临指控。

英拉的解职，不仅是因为家族的宿命，更重要原因是泰国社会贫富分化、阶层对立严重，民主权力机构复

当地时间2015年1月9日，泰国曼谷，泰国前总理英拉抵达国会，将就大米回购计划弹劾案为自己辩护。国家反腐败委员会对英拉提起弹劾，指控英拉在大米补贴计划中的管理疏忽导致严重的腐败现象。2017年8月，“大米渎职案”宣判前，英拉离奇消失。

泰国反对派抗议英拉政府。2011 年，英拉政府的大米政策失误，引发了国内民众反对；示威者手举着“英拉腐败政府，现在马上下台”的牌子，进行游行示威。

杂多元。泰国名义上是君主立宪制政体、三权分立。实际上，民选的议会和政府只是名义上的国家权力核心，真正的权力核心是军队，军队独立于民选政府，由于“握着枪杆子”而频频干政。

知识链接：泰国的军人干政

泰国的军人干政始于 20 世纪 30 年代。1932 年 6 月，泰国军人集团支持的政党政变成功后，将泰国的君主专制改为君主立宪制，并由少壮派军人集团组建政府，开创了泰国军人干政的先河。此后泰国经历了数届军人政府，其间虽有文人政府但基本都是“短命”的。通过文人政府，建立军人政权是泰国军人干政的主要表现形式，如从 1932 年至 2006 年，泰国共发生了 20 次军事政变，其中 14 次获得了成功，政变之多、成功率之高是其他国家所难见的。这期间，泰国有 80% 的时间处在军人集团的统治之下。

昂山素季的入狱与上台

与英拉能够凭借家族影响经过民选成功上台的经历相反，昂山素季最初凭借父亲昂山将军的声望成功赢得大选，但是选举结果却遭军政府作废，昂山素季本人被软禁。

1988 年，昂山素季的母亲病危，昂山素季从英国返回缅甸照顾母亲。当时缅甸正面临严重的经济困难，多个城市出现大规模骚乱。刚刚回国的昂山素季认为“不能对祖国所发生的一切熟视无睹”，遂于 1988 年 9 月 27 日组建全国民主联盟，并出任总书记，开始站到政治斗争的中心。凭借昂山将军巨大的声望和她自己的能力，在不到半年的时间里，昂山素季领导的全国民主联盟就发展成为缅甸最大的反对党。昂山素季因此成为军政府最头疼的人物，1989 年 7 月 20 日被军政府以煽动骚乱的罪名软禁起来。1990 年，昂山素季赢得了大选，但是军政府却不承认大选结果，昂山素季继续遭软禁。

缅甸军政府虽然执政了，但是国际认可度不高。为了国家的发展，军政府终于在 2003 年提出“民主路线图”、实行民主化改革。2011 年，缅甸实现了从军政府向民选文官政府的过渡。此间，2010 年 11 月 13 日，军政府释放了昂山素季，昂山素季获得了部分选举权。在随后的大选中，昂山素季带领自己的政党进行选举，并取得成功。

泰国曼谷的昂山素季蜡像。该蜡像显示的是昂山素季第二次遭软禁以后的样貌特征：淡然、宁静、坚韧。

亚洲“象”印度的崛起

拉吉夫的当政

巨星陨落，
荣耀在闪耀，
计算机革命，
唤醒了亚洲“象”。

1991年5月21日，拉吉夫·甘地因一个“恶意的爱”殒身。这一天，在斯里佩隆布杜尔，一个女子假意向拉吉夫·甘地献花，然后引爆了炸弹，印度从此丧失了一位政坛精英。

亮相政坛

1944年8月20日，拉吉夫·甘地（Rajiv Gandhi）出生于孟买，是英迪拉·甘地的长子。因为父亲经常给他讲机械原理，所以拉吉夫从小对机械感兴趣。在英国学习机械工程专业的过程中，拉吉夫“爱”上了飞行，随后经过努力成为飞行员，开始了飞行生活。

天有不测风云。1980年，拉吉夫的弟弟桑贾伊因空难去世。英迪拉·甘地悲痛难忍，希望拉吉夫可以“忍痛割爱”，放弃飞行员生活，成为自己的政治接班人。随后，拉吉夫在母亲的指导下，加入国大党，在赢得各界信任后成功当选为人民院议员。1984年，英迪拉·甘地去世后，拉吉夫竞选成为印度总理。拉吉夫的当选，改变了印度总理都是老人的局面。他以青壮年的冲劲为印度政坛带来了活力，同时对各方面政策进行调整，尤其是软件行业和外交上的新政策推动了印度的快速发展。

英迪拉·甘地雕像。英迪拉幼年时，其父尼赫鲁与圣雄甘地合作推动非暴力不合作运动，多次被捕入狱，与英迪拉聚少离多，这让英迪拉锻炼出坚毅、独立的性格。

“计算机总理”

拉吉夫因为重视信息软件的发展而被称为“计算机总理”。在拉吉夫就任总理前，印度对计算机行业扶持力度不大，到了20世纪70年代才成立电子部；同时，印度计算机行业的发展只限于劳务输出形式为主的软件出口行业，如要申请进口硬件设备则极其艰难。

拉吉夫拥有多年留学经验，熟悉国际环境。他就任总理后兼任科技、电子部长，启动经济自由化政策，同时提出“科技兴国”的口号，决定“用电子革命把印度带入21世纪”。在计算机硬件方面，他减少进出口限制；在人才培养方面，他派技术人员到欧美留学；在计算机软件方面，他推动实施《计算机软件出口、开发和培训政策》，将

1987 年 7 月，拉吉夫与斯里兰卡签署了《关于在斯里兰卡建立和平与正常状态的协议》，随后印度卷入到斯里兰卡内战中，这也间接导致了拉吉夫·甘地的遇刺。图为 1987 年的拉吉夫照片。

知识链接：英迪拉·甘地

她是印度独立后第一位总理尼赫鲁的女儿。她姓氏中的甘地来源于“圣雄甘地”对她丈夫的赐姓。她两次担任印度总理，因执政手腕强硬，被称为“印度铁娘子”。1966 年，她竞选成为印度第三任总理。1977 年，国大党虽然赢得竞选，但是英迪拉的政敌却当选为总理，英迪拉被监禁，国大党分裂。1980 年，英迪拉第二次担任总理，然而由于她的宗教政策引起了锡克教徒的不满，1984 年 10 月 31 日，她遭信仰锡克教的警卫刺杀身亡。

印度的软件发展推到新的高度，并开始通过扩大软件出口提高软件行业的市场份额，以此来扩大国际市场。到 80 年代，印度软件业的平均增速为 40% 左右。由于拥有大量优质廉价的计算机人才，欧美国家采用异地雇佣的方式，请印度人进行应用软件的开发、生产，推动印度软件行业的飞速发展。

广交友，少树敌

作为“计算机总理”，拉吉夫对计算机的扶持可谓不遗余力。他在国内积极推动计算机发展，同时坚持“广交友，少树敌”的政策，与多个国家建立友好关系，力促与其他国家的交流，为印度计算机行业的发展创造良好的国际环境，开拓更广阔的海外市场。在处理与美国和苏联两个大国关系时，注重平衡，建立友好互信；为了缓和中印关系，1988 年还专门到北京访问，中印关系由此得以改善。

拉吉夫的友好型外交政策，为印度打开了更多的市场，许多国家同印度有了经济联系，这为软件行业的发展提供了更多机遇。尽管在一定程度内，软件行业还是受到限制，但是拉吉夫总理的一系列做法使得印度经济在 80 年代明显向好，国内生产总值增长，为 90 年代飞跃发展奠定了良好的基础，印度“象”由此崛起。

1988 年 12 月，拉吉夫·甘地夫妇访问中国。

核之梦

印度拥有核武器

什么是实力，
运气排在哪里，
他们说枪杆子出政权，
印度说我要拥有核武器。

1998 年 5 月，印度共进行了五次核试验，蘑菇云在印度上空升起，标志印度事实上成为拥有核武器的国家，举世震惊。

核政策演变

对于核武器，印度最开始是拒绝的。尼赫鲁时期，印度坚持和平核政策。1947—1964 年，尼赫鲁公开声称，核能要和平利用。他同时强调，不谋求制造核武器，坚持核军控。

尼赫鲁下台后，印度核政策发生重大变化，从“无核化”走向“核门槛”。此刻，印度虽然没有制造核武器，但是坚持自己有选择权。1974 年，印度就进行了一次核试验。1996 年联合国提出《全面禁止核试验条约》，印度拒绝签字，并不希望受到外部的制约。当然，此时的印度已经掌握了相关原理和技术，成为有核国家只是时间问题。

瓦弄战役纪念碑。1962 年，印度鼓吹向中国开战，中印边境局势紧张，随后中印边境战争爆发。瓦弄战役是 1962 年中印边境战争的最后一战，中国大获全胜。

缘何跨越“核门槛”

正如考底利耶曾说，“强大就是实力，运气排在最后。拥有充实的国库和强大的军队才使主权强大”。因为印度总是感觉强敌环伺，跨越“核门槛”的背后，充满了对自己实力提升的考虑。

中印接壤，两国因领土问题不断发生争端。1962 年，中印就因为边境问题发生小规模战争，印度失败了。印度始终将中国视为巨大的威胁。1964 年，中国成功进行了核试验，虽然中国此后承诺不首先使用核武器，但是并没有消除印度的担忧，印度一直寝食难安。印度认为，只有自己拥有核武器，才能抵挡中国核武器的威胁，因此决心加快发展核武器的步伐。

另外，印巴纷争也让印度如鲠在喉。印度与巴基斯坦的关系错综复杂，经常兵戎相见。巴基斯坦军事实力不如印度，但是一直表示要发展核武器，印度由此感受到巨大威胁。

当然，除这些外部因素之外，还有印度内在的原因。1998 年 5 月，距离印度人民党上台只有两个月，该党虽然在大选中获得了多数票，但在议会

图为印度美洲虎攻击机。这种攻击机由英法联合研制，主要是进行空中支援，机翼上挂有导弹挂架，被认为可以进行二次核打击。

知识链接：《全面禁止核试验条约》

该条约的主要目的是防止核武器扩散、促进核裁军。这一理念最早是由印度总理尼赫鲁提出的。1994 年 3 月，日内瓦裁军会议上，国际社会正式着手拟定该条约；1996 年 9 月 10 日，在联合国大会上，该条约以压倒性多数获得通过。因为条约制定国家并未完全批准该条约，所以条约还未生效，不过核禁试已经成为国际共识。中国签署了该条约，还未批准条约，但是早在 1996 年 7 月就声明停止核试验。

中所获得席位并没有过半数，只能与其他政党合作组建联合政府。印度人民党希望通过核试验树立其强力政府的形象，提升党的威信。同时，自摆脱英国殖民统治以来，印度一直希望称霸南亚，并争当联合国安全理事会常任理事国。众所周知，联合国五大常任理事国都是有核国家，印度认为，如果拥有核武器，就能为自己增加政治筹码。

紧张的南亚

印度核爆炸成功后不久，巴基斯坦也进行了核试验。核爆炸加剧了印巴两国的军备竞赛。印度为了获得对巴基斯坦的“优势安全”，大力发展核武器，巴基斯坦为了抵消印度“优势安全”对自己的威胁，也不放松核武器的发展，这导致双方核武器的数量都不断增加，不安全因素也在增加。印巴陷入“安全困境”，南亚局势瞬间紧张。

与此同时，大国开始插手南亚事务。美国从原先反对印度的核武器开发转而间接承认印度“事实上”的核国家地位。俄罗斯在无力控制北约东扩的情况下，也把印度放在全球战略的突出地位。新一轮大国关系的互动和调整可能有利于印度实力的增强，造成南亚安全力量进一步失衡，南亚安全前景堪忧。

印度在拉贾斯坦西部沙漠地区进行了五次核试验。图为印度核试验爆炸现场。

印度外交转型“东向”政策

要维持我们同朋友的关系，不仅有赖于我们如何行动，而且还要看在特定的时间内他们的民族利益需求。

——英迪拉·甘地

印度东向政策起始于冷战结束后国际体系的重大动荡时期。作为苏联的盟友，印度在苏联解体后面临新的战略抉择。自摆脱英国殖民统治以来，印度在对外政策上奉行以强权政治为主要内容的外交战略。为确立印度在南亚的领导地位，印度在该地区打击弱小国家并竭力排斥域外势力的介入。在美苏争霸的两极格局背景下，印度不追求同大国结盟，不加入任何军事同盟，而大力支持第三世界的民族解放运动。尽管在大国争霸的国际格局中追求平衡战略，但由于地处美苏对立的前沿，印度不时受到美苏两国的拉拢与排挤。20 世纪 50 年代，美国拉拢巴基斯坦与印度对峙。印度则长期奉行倾向苏联的大国平衡政策，同时加强与第三世界国家的联系，这得到苏联的支持。

当地时间 2018 年 1 月 26 日，印度迎来共和国成立 69 周年纪念，首都新德里照例举行盛大的庆祝和阅兵活动。印度在共和国日阅兵还特地邀请东盟十国首脑出席。

20 世纪末，东欧剧变和苏联解体，印度传统的外交政策进入新的调整期。一方面，印度失去来自苏联等阵营的物质和军事支持。另一方面，1991 年印度发生经济危机，外汇储备只够支持 3 周的进口，印度政府急需增加出口。在此情况下，为改善外交环境，摆脱经济困境、印度出台“东向政策”。

第一阶段——瞄准东盟

20 世纪 90 年代，印度政府提出的东向政策最初集中于外交领域，同时致力于经济改革，改变旧的发展模式，积极发展对外经济关系。在此政策的推动下，印度与东南亚、东亚的关系获得显著发展。东南亚是印度东向政策的首要着眼点，两地在历史上交流频繁，东南亚也有大量印度移民。1992 年第四届东盟首脑峰会上，印度在贸易、投资、旅游等领域成为东盟的“部分对话伙伴关系国”。1995 年，印度又成为东盟的“全面对话伙伴国”。1996 年 7 月，时任印度外长古吉拉尔称，全面对话伙伴关系是印度“东向政策”的宣示。

新阶段——深耕亚太

进入 21 世纪，印度东向政策获得更为广泛的发展空间。2003 年，时任印度外长辛哈称，该政策进入了第二阶段。辛哈认为，东向政策的第一阶段以东盟为中心，主要关注投资和贸易，新一阶段

当地时间2016年6月8日，在美国华盛顿，印度总理莫迪在美国国会参众两院联席会议发表历史性演讲。

知识链接：克什米尔

克什米尔全称查谟和克什米尔，面积17.3万平方千米，人口约1086万人。该地区南部属于印度管辖，北部属于巴基斯坦管辖。印巴两国均宣称对克什米尔全境拥有主权。

的范围则扩大至东亚乃至澳大利亚。印度加强与东南亚国家多层次的交往，参加《东盟条约》，同东盟国家建立自由贸易区，积极参加东亚合作机制和东盟安全论坛等。因此，东向政策的合作内容得以扩展，由先前重视经济交往扩大到经济贸易、海洋政策、区域安全等全方位合作。

重视多方外交

当前，印度在实行东向政策外，也重视与其他地区关系的发展。尽管东向政策的出台是苏联解体之时，但印度近年与俄罗斯的关系并未受到影响，两国在经济和军事领域交流频繁。同时，印度同美国互动密切。随着美国“重返亚太”战略的实施，美国鼓励印度参与东亚事务，印度对此表现出一定的积极性。印度同样重视与中国、日本、欧盟等国家和地区的关系。总之，冷战结束后，印度政府调整了过去长期倾向苏联的大国平衡政策，推行全方位务实外交，创造有利于自身发展的持久和平稳定的地区环境。东向政策是印度政府在国际国内形势变化的情况下作出的战略决策，是符合印度国家利益的政策选择。东向政策的实施必然对南亚、东南亚和东亚的国际关系产生一定影响，甚至牵动整个亚太地区地缘形势。

克什米尔位于南亚西北部，东面与中国交界，西面是巴基斯坦，南面是印度，北面与阿富汗接壤。印巴两国为了争夺克什米尔地区主权曾经爆发多次战争和武装冲突。

齐亚·拉赫曼

南盟催生者

英雄，尤其是军事、政治珠联璧合的英雄能够彻底救治积贫积弱的国家。

——齐亚·拉赫曼

1975年11月7日凌晨，孟加拉国首都达卡响起了枪声，一支荷枪实弹的武装部队打开国家监狱的大门，释放了一位青年军官。随后，这名军官冒着枪林弹雨径直驶往广播电台。占领电台后，这位军官宣布："在目前形势下，孟加拉人民、陆军、海军、空军、步枪队、警察、自卫队和其他人，要求我作为军事管制执行官和孟加拉国陆军参谋长，暂时接管国家权力。"这位青年军官就是齐亚·拉赫曼将军。

政坛明星冉冉升起

1936年1月，齐亚·拉赫曼（Ji-yaur Rôhman，1936—1981年），出生在孟加拉博格县的一个穆斯林家庭。1953年，拉赫曼参加巴基斯坦军队，他在印巴战争期间任第一东孟加拉团连长，并在巴基斯坦卡库尔军事学院任教官。1971年东、西巴基斯坦关系破裂后，拉赫曼在吉大港领导反抗巴军的战斗，并以孟加拉国解放军总司令的名义宣布孟加拉国成立。孟加拉国成立后，拉赫曼任库米拉旅旅长，1973年升准将、少将。1975年，孟加拉发生亲苏政变，拉赫曼被捕入狱。1977年，在总统大选中，拉赫曼以98.96%的支持率当选。孟加拉的人民写道："齐亚就是我们的路标。"

1978年，拉赫曼成立民族主义党，提出了符合孟加拉人民利益的十九点纲领。他以明确的政治纲领、切实的行动和自身的表率，在孟加拉人民的心目中树立了一个"有力、诚实和献身的领袖"形象。

1978年6月3日，孟加拉国举行总统选举。齐亚·拉赫曼以78%的选票当选为孟加拉国第一位民选总统。9月1日，拉赫曼将民族主义阵线改组为民族主义党，他自己担任主席。1979年4月，拉赫曼在全国范围内结束军事管制，孟加拉国完成向文官政府的过渡。

推动南亚区域合作

早在1977年，拉赫曼就萌发了实现南亚区域合作的念头。1977—1980年期间，他先后访问了尼泊尔、印度、巴基斯坦、不丹和斯里兰卡等国，会见这些国家领导人，提出区域合作的主张。

他认为，南亚各国面临许多共同的问题，应协

知识链接：印度洋海啸

印度洋海啸发生在2004年12月26日，这次海啸发生的区域主要位于印度洋板块与亚欧板块的交界处。海啸高达10余米，波及范围远至波斯湾的阿曼、非洲东岸索马里及毛里求斯、留尼汪等地，造成巨大的人员伤亡和财产损失。

同一致寻找解决办法。鉴于各国间长久以来的分歧，他建议区域合作最初应限于非政治领域，明确否认建立军事集团或联盟的意图。他还建议，进行某种区域内“机构安排”，以扩大教育、社会、文化、科学技术等领域的人员交往。几乎所有南亚国家领导人都对拉赫曼的建议表示赞同。1980年5月，拉赫曼在致南亚各国首脑的信中正式提出了成立南亚区域合作组织的建议。同年11月，孟加拉国政府向南亚各国领导人发送了一份题为《南亚区域合作》的工作文件。文件论述了区域合作的必要性和可行性，并提出了具体的建议，得到了各国的积极响应。1985年12月7日，南亚七国在达卡举行了第一次首脑会议，通过了《达卡宣言》和《南亚区域合作联盟宪章》，南亚区域合作联盟正式成立。

知识链接：谢赫·哈西娜

谢赫·哈西娜（Sheikh Hasina），孟加拉开国总统穆吉布·拉赫曼的长女，1947年9月28日出生于达卡，1973年毕业于达卡大学，获文学学士学位。自20世纪80年代起担任人民联盟（人盟）主席，曾四度担任孟加拉国总理。2018年4月，获《时代》周刊2018年全球最具影响力人物荣誉。2024年1月，谢赫·哈西娜连任成功，第五度出任总理。

明星陨落

1981年5月29日9点，齐亚·拉赫曼总统乘坐专机飞往吉大港视察。抵达吉大港后不久，他在宾馆召集执政的民族主义党部分常委开会。接着，他分别会见了当地社会名流。5月30日凌晨，陆军驻吉大港第24师师长曼苏尔·艾哈迈德少将策动军事政变，拉赫曼中弹身亡。拉赫曼的一位高级助手事后说：“我们的总统虽然身材矮小，但他是我曾见过的最勇敢的人之一，他面对叛乱挺身而出。”在他去世10年后，他的妻子卡莉达·齐亚成为孟加拉的第一任女总理，继承了他的梦想。

2009年9月1日，民族主义党领袖卡莉达·齐亚在建党31周年之际，到齐亚·拉赫曼的陵墓前寄托哀思。卡莉达·齐亚是齐亚·拉赫曼的妻子，在拉赫曼遇刺身亡后步入政坛，1991年出任孟加拉国总理，成为孟加拉国历史上第一位女总理。

孟加拉国独立以后，在军队内部存在着一股人称“自由战士”的反对派势力。这些人以参加过孟加拉独立战争而居功自傲，对拉赫曼重用从巴基斯坦遣返回来的孟加拉籍军官心怀不满。1981年5月30日反对派刺杀拉赫曼，拉赫曼遇刺身亡。这一消息震惊了孟加拉乃至整个世界。图为齐亚·拉赫曼的陵墓。

穿越火线

穆沙拉夫的传奇政变路

现在是我们反思的时候了，我们唯一的选择便是必须铲除暴力。

——穆沙拉夫

穆沙拉夫曾在自传里调侃自己十分可悲的是：当其他国家的领导人仅仅是在事后察看恐怖活动现场或在电视屏幕上观看到这些残酷画面时，而他却身处其中并成为袭击目标。他一次次穿越火线，向死而生。

将相失和“埋间隙”

穆沙拉夫1943年8月1日出生于印度新德里，18岁进入巴基斯坦陆军学院。此后，他开始了长期的军旅生涯，参加过两次印巴战争，多次立功受奖。出身信德族的穆沙拉夫周旋于旁遮普族和帕坦族军官的政治倾轧之间，被谢里夫相中并授予陆军总参谋长的职务。在巴基斯坦的权力架构中，以陆军参谋长为代表的军方至关重要。印巴冲突、恐怖袭击等使得巴国必须加强自己的军事力量，以陆军参谋长为代表的军方被视为文官政府的“赞助者”，国家法律和秩序的维护者。

佩尔韦兹·穆沙拉夫（Pervez Musharraf，1943—2023年）是巴基斯坦前总统，前陆军总参谋长、上将、政治家。他参加过两次印巴战争，主张对印度采取强硬立场。2013年11月17日巴基斯坦政府称，将以叛国罪审判穆沙拉夫，或判其终身监禁乃至死刑。2016年3月，穆沙拉夫出走迪拜就医。

1997年，纳瓦兹·谢里夫上台后修改宪法，试图削弱军方的权力而大权独揽。前陆军参谋长卡拉迈特因批评政府内外政策而激怒谢里夫，最终被迫辞职。穆沙拉夫接任陆军参谋长后，将相失和的矛盾继续发酵。穆沙拉夫是巴基斯坦军内主张对印度保持强硬态度的鹰派代表人物之一，但是谢里夫却主张平息战争，双方分歧明显。1999年5月穆沙拉夫下令打响了卡吉尔战役的枪声，公开承认对克什米尔武装分子的支持，但是谢里夫却指责军方没有得到政府的同意就在这一有争议的地方采取军事行动，并且在7月访问美国时，同意从格尔吉尔山地哨所撤军。穆沙拉夫认为谢里夫的所为无异于“卖国”，谢里夫也对穆沙拉夫极为不满。此后，谢里夫与美达成了“孤立塔利班、协助捉拿本·拉登、解除宗教激进武装分子的武装”等多项约定。这更是引起了军方的不满，双方开始为最终摊牌做准备。

步步惊心“策政变”

将相失和的矛盾给谢里夫和穆沙拉夫之间埋下嫌隙，谢里夫决定先下手为强，准备在穆沙拉夫出国参加斯里兰卡建军50周年庆典时将其“猎杀”。

1999年10月12日晚5时10分，巴基斯坦电视台播发特别节目，内容是巴总理谢里夫颁布命令，宣布巴陆军参谋长联席会议主席穆沙拉夫将军“提前退休”，任命长期以来被公认为总理亲信的三军情报局局长齐亚·乌丁取而代之。此时，穆沙拉夫已经结束对斯里兰卡的访问，正在归国途中，他还不知道几个小时前自己被免职了。在与助手们紧急商谈后，穆沙拉夫决定：飞机不降落，在卡拉奇上空盘旋，等待地面的接应。与此同时，首都伊斯兰堡忠于穆沙拉夫的军队开始了预先计划好的行动，6 时 30 分，部队包围了总统府、总理府，占领了国家电视台和广播电台、电信局等重要部门，总理谢里夫和新任陆军参谋长以及部分内阁部长被软禁。当晚，穆沙拉夫发表全国电视讲话，宣布谢里夫政府被“解散”，由军方接管。谢里夫被判处终身监禁，出狱后流亡国外。

知识链接：谢里夫

全名米安·穆罕默德·纳瓦兹·谢里夫，1949 年 12 月 25 日生于巴基斯坦旁遮普省省会拉合尔市，早年就读于拉合尔公立学校，毕业于拉合尔政府学院，并在旁遮普大学法学院获得法学学士学位。毕业后，他协助其父经营钢厂，成为颇有名气和富有的企业家。后步入政界，曾于 1990 年至 1993、1997、2013 年三度出任巴基斯坦总理，但均未圆满完成任期。

2017 年 5 月 14 日，“一带一路”国际合作高峰论坛开幕式在北京国家会议中心举行，巴基斯坦总理谢里夫讲话。

绵绵无期“博弈路”

2001 年 6 月 20 日，穆沙拉夫颁布政令，终止拉菲克塔拉尔的总统职务，并于当天自命总统，同时兼任三军参谋长联席会议主席、陆军参谋长等要职。他也是巴基斯坦历史上第四位军人总统。2002 年 4 月 30 日，巴基斯坦全民公决支持穆沙拉夫在 10 月大选后继续担任总统，穆沙拉夫于 2002 年 11 月获得连任，任期 5 年。在其治下，巴基斯坦经济迅速发展，GDP 翻了两番。军政权从未发生因经济腐败问题而导致的执政危机。

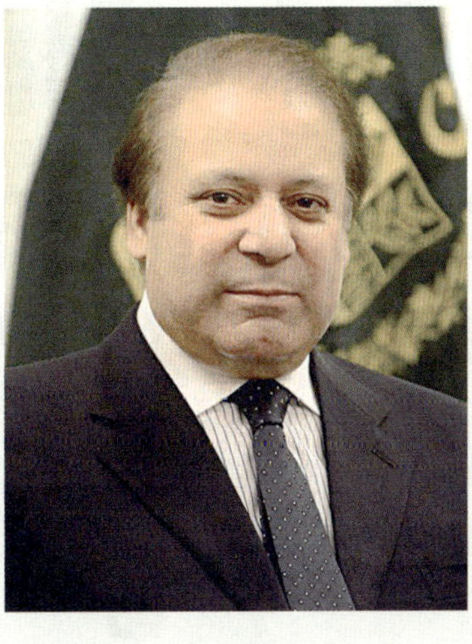

当地时间 2017 年 7 月 28 日，巴基斯坦最高法院宣布取消总理谢里夫的任职资格。谢里夫随即宣布辞职。

20 世纪 70 年代，阿里·布托为控制军方，越级提拔第三军军长齐亚·哈克担任陆军总参谋长。齐亚·哈克发动政变并把布托送上了断头台，而穆沙拉夫和前总理谢里夫之间的关系也大抵如此。穆沙拉夫的权力博弈之路遥遥无期，他一定不会想到谢里夫日后会“卷土重来”。穆沙拉夫的人生就像他在自传中所写的“在火线上”，他一次又一次穿越火线，与死神擦肩而过，却向死而生。

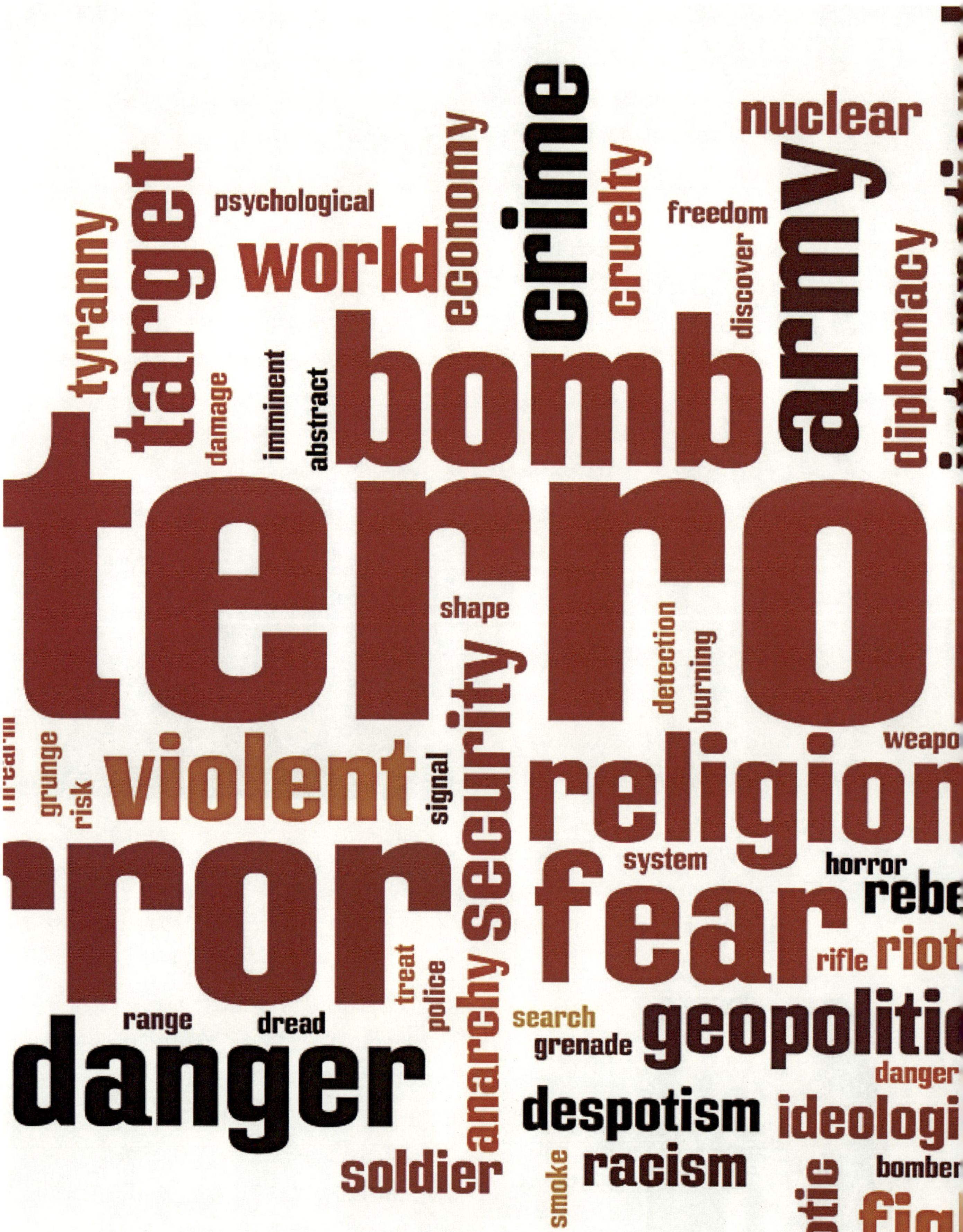
nuclear
army
crime
psychological
freedom
target
world
economy
cruelty
discover
diplomacy
tyranny
bomb
damage
imminent
abstract
shape
detection
burning
security
grunge
risk
violent
signal
religion
system
horror
fear
rifle
riot
treat
police
anarchy
range
dread
search
grenade
danger
despotism
soldier
smoke
racism
bomber
despotic

不安宁的伊斯兰世界

近年来，随着互联网等现代通信技术的发展，民主、自由、法治和人权等现代观念飞速传播，长期处于威权统治中的中东人民，开始希望在这些价值观的指导下建立一个“新中东”，革命的火种开始被点燃。

革命从突尼斯开始。2010 年 12 月 17 日，大学毕业的贫苦小贩穆罕默德·布瓦吉吉自焚，激起了全国民众抗议的浪潮，引发“茉莉花革命”，总统本·阿里出逃，旧政权消亡。在“茉莉花革命”的影响下，2011 年 2 月 15 日，利比亚爆发了革命。西方大国趁机进行军事干预，总统卡扎菲被杀死，旧政权崩塌。随后，因为一所学校的围墙上被学生涂上“人民想要推翻政权”的涂鸦，叙利亚开始了“涂鸦革命”，进而爆发内战，从此国无宁日。在此之前，伊拉克和阿富汗也都发生过推翻政府的战争，萨达姆政权被推翻，“后萨达姆时代”的伊拉克满目疮痍；阿富汗的重建之路漫长而看不到尽头。

回望过去，所有这些国家都是以民主、民权的名义主动或者被动地卷入动乱战争，最后旧政权被推翻，新政权却迟迟不能稳定秩序，政治、经济和社会等方面的重建充满挑战。而没有经历战火的伊朗，跃跃欲试进行核试验，在西方主导的国际经济制裁之下危机重重、蹒跚而行。

"茉莉花革命"
中东革命之始

好一朵美丽的茉莉花，
清香典雅人人爱，
风雨之中，恶之花，
恶声恶气满山崖。

2010 年 12 月 17 日，对于穆罕默德·布瓦吉吉来说是悲剧的。这一天，他照例在街上摆摊卖货。然而，市政人员却没收了他的东西，粗暴地侮辱他，他要举报投诉也被拒绝。在伤心、愤恨之下，他自焚了，随后整个国家因他而变。

革命起始

2010 年，突尼斯的经济不景气，商业凋敝，人们的收入不高，生活也一般。其实这种不景气从 2008 年金融危机就开始了。金融危机让国家的支柱产业——鲜花、日用品和磷酸盐的出口，旅游业等都受到严重的冲击，失业率不断上升。2009 年，有 14% 的人失业，人心惶惶。面对民众生活的困苦，总统本·阿里却没有什么作为，他的家族更是奢侈腐化。本·阿里统治突尼斯 20 余年，政治专断，社会自由缺失，民众对政府有一肚子怨言却不敢说出。自焚事件发生以后，民众对政府的愤恨再也抑制不住，许多人走上街头进行游行示威，要求"自由"与"面包"。

2010 年 12 月 17 日，突尼斯西迪布济德省的小贩穆罕默德·布瓦吉吉自焚事件引发突尼斯全国骚乱，最终导致本·阿里政权倒台。随后，多数阿拉伯国家发生政治动荡，这一现象被西方媒体称为"阿拉伯之春"。图为人们在穆罕默德·布瓦吉吉像前祭奠。

突尼斯民众开始上街游行时，政府派军队进行武力镇压，然而无济于事。随后，政府将暴力执法的官员解雇并拘禁，然而这并不能让民众满意。随着"维基解密"文件的公开以及传播，本·阿里家族腐败的细节被人熟知：在大多数人还在贫困线挣扎时，本·阿里等高层人士却住在璀璨奢华的别墅，享用直升机运来的酸奶……这种鲜明的对比，让民众的不满升级，更加期望推翻现有政府、进行民主改革，暴力事件由此接二连三地发生。

推翻政权

2011 年 1 月 4 日，因为自焚受伤严重，医院救治无效，穆罕默德·布瓦吉吉不幸离世。这时，距离他自焚已经 18 天，突尼斯的暴力事件已经蔓延到全国。布瓦吉吉去世以后，社会暴力事件更是愈演愈烈，直到首都突尼斯城一大波抗议潮涌

2011年11月22日，突尼斯制宪议会在首都议会宫举行首次全体会议，突尼斯代总理贝吉·凯德·埃塞卜西与以生命为代价激起民众抗议的水果商贩穆罕默德·布瓦吉吉的母亲交谈。会议选举议会多数派政党——争取工作与自由民主论坛主席穆斯塔法·本·加法尔为制宪议会议长，同时选举产生两名副议长。

知识链接：颜色革命

随着民主、自由、法治、人权等现代观念在中东和独联体国家的传播，人们开始谋求建立民主制度。20世纪末21世纪初，在这些国家开始爆发一系列争取民主的革命。参与者表示，他们发动革命是为了推翻暴力独裁政府，所以不会像暴力独裁政策那样采取武装行动。因此，这些革命通常是以游行示威等非暴力形式进行的。参与者通常用一种花朵作为标志，因此这些革命又被称为“花朵革命”。格鲁吉亚、乌克兰和吉尔吉斯斯坦等国家的革命取得了成功，推翻了原来的亲俄政府，建立了亲美的民选政府。

现。人们的愤怒和抗议让总统本·阿里恐慌。1月14日，本·阿里携带家人逃出突尼斯。本·阿里的出逃结束了他对突尼斯长达23年的统治，过渡政府迅速建立并运行。然而，过渡政府还是由原来的官员组成，民众依然忧虑和不满。虽然军警在维持社会秩序，但是市场等公共场所都经常关门。

因为突尼斯的国花是茉莉花，所以这次革命被称为“茉莉花革命”。“‘茉莉花革命’敲响了中东的警钟”。就像推翻了多米诺骨牌，突尼斯革命发生后，中东和北非一些国家的民众步其后尘，或像穆罕默德·布瓦吉吉那样进行自焚，或进行游行示威，要求推翻现有政府，建立全新的民主制政府。颜色革命在中东地区蔓延。

随着革命的发生，中东战乱不断，大量民众居无定所，成为难民。据联合国难民署统计，仅2016年1月至9月，至少已有53万难民经地中海进入欧洲。以“民主”“自由”为口号的颜色革命爆发了，旧的稳定生活没有了，新生活却遥不可及，“民主”与“面包”依然无处可得。对于这些国家来讲，路在何方一时没有答案。如何解决阿拉伯世界的动荡问题，成为世界级的难题。

2011年11月29日，突尼斯伊斯兰复兴运动党赢得议会选举后，民众渐渐把关注焦点转向国家经济建设上，之前受政局动荡严重冲击的旅游业亟须重整旗鼓。图为突尼斯鞋店，男子拿的是当地传统鞋子。

狂人末路 卡扎菲之死

欺山赶海，
豪气干云大国难防，
东风起、朝迁市变，
利比亚重启航道。

1969年9月1日，年仅27岁的卡扎菲推翻了利比亚国王的统治，开启了“卡扎菲时代”。2011年10月20日，69岁的卡扎菲被反对派士兵枪杀，“卡扎菲时代”终结。42年来，卡扎菲活跃在国际政坛，他曾经炮轰安理会，也曾博弈美利坚；是利比亚的“革命导师”与“独裁者”，是中东世界的政治“狂人”。如此传奇的卡扎菲死了，一个时代结束了。

狂人末路

2011年2月15日，利比亚国内爆发了反政府示威，卡扎菲并未在意。随着示威活动的高涨，卡扎菲开始对示威者进行血腥镇压，这引起了国际社会尤其是西方国家的强势介入。2月26日，联合国安理会通过决议：对利比亚实行武器禁运，冻结卡扎菲的海外资产等。随后，安理会在利比亚设立禁飞区，并敦促利比亚冲突双方立即停火，全面停止对利比亚平民的一切袭击。联合国的表态，为西方国家武力推翻卡扎菲政权提供了契机。

卡扎菲（1942—2011年），前任利比亚最高领导人，前利比亚革命警卫队上校，利比亚九月革命的精神领袖。

法国一马当先。3月19日，旨在落实安理会关于利比亚决议的国际会议举办时，多架法国战斗机就飞抵利比亚领空，对卡扎菲军队的地面目标进行首次空中打击。同时，英国、丹麦和加拿大相继派出战斗机，飞往地中海沿岸的北约空军基地。20日凌晨，美军向利比亚发射了110多枚“战斧”巡航导弹，集中打击卡扎菲军队的地面防空设施。

在多国部队的连番轰炸和利比亚反政府武装的合力围攻之下，利比亚政府军节节败退。7月15日，利比亚联络小组会议举行。会中，包括美国在内的32个国家宣布承认利比亚反对派“全国过渡委员会”为利比亚唯一合法代表。卡扎菲政权陷入内外交困之中，卡扎菲走向末路。

“卡扎菲死了”

在北约战斗机的支援下，利比亚反对派在8月14日后的两天内控制了首都的黎波里周边的城镇，切断了首都的食物与武器供应，使之成为一座孤城。17日，反对派武装向的黎波里和苏尔特相连的城镇推进，进一步孤立卡扎菲政权。围困的黎波里和苏尔特战争的胜利，预示利比亚战局进入“最后阶段”。

8月20日，反对派攻下的黎波里南部的两座监狱，释放了一些被关押的政治犯，发起了的黎波里城内的反卡扎菲行动。22日，反对派武装控制的黎波里，并全城搜捕卡扎菲。之后，反对派武装进攻卡扎菲的家乡和军事大本营苏尔特。10月20日，反对派武装攻陷苏尔特。随后，利比亚“全国过渡委员会”执行委员会主席贾布里勒在新闻发布会上宣布，卡扎菲在当天执政当局武装攻占苏尔特的战斗中被抓获，随后因伤重不治身亡。

卡扎菲死亡的消息很快传遍了世界。在的黎波里，人们走上街头，高喊：“真主万岁！”互相拥抱；在苏尔特，游行的队伍中，有的举着枪，有的挥舞着菜刀，高唱利比亚国歌。在卡扎菲尸体安放的米苏拉塔，民众于10月21日在市中心的“自由广场”举行了大规模的祷告活动。主持活动的教长面对500多位祷告者诅咒卡扎菲：“你说你要留在利比亚，像抓老鼠一样对付我们，但是你却像老鼠一样被我们逮着了。你现在在哪里卡扎菲？”人群高喊：“下地狱吧！”贾布里勒也不无激动地宣称：“现在是塑造一个新利比亚的时候了，一个团结的利比亚：同一个民族，同一个未来。”

知识链接：北约

全称为北大西洋公约组织，它是一个全球性的军事集团组织，组织内拥有大量核武器等军事力量。该组织成立于1949年，是美国马歇尔计划的延续，它的成立标志着二战后西方阵营在军事上建立起了战略同盟。

北约总部位于比利时的首都布鲁塞尔，最高决策机构是北约理事会。成员国主要为北美和欧洲的国家，美国是北约的领导者，美国因此可以控制欧盟的防务体系。截至2024年，北约共有32个成员国。

2011年10月13日，在苏尔特城中心的战斗中，卡扎菲亲信被反卡扎菲武装逮捕。此事发生时利比亚的局面已经特别紧张，双方的斗争到了最后阶段。

卡扎菲地毯。2011年8月25日，印着卡扎菲肖像的挂毯被放置在伦敦利比亚驻英国大使馆的门口做踏鞋垫。

折翼的萨拉丁雄鹰 伊拉克

巴格达的广场，
空无一人的走廊，
许愿池中投有希望，
白鸽却飞向远方。

有一个国家曾经叫“中东之王”，它的领导人萨达姆是个公开叫板美国的政治狂人。然而，一场战争之后，领导人倒下了，国民生活陷入水深火热之中。这个国家就是伊拉克！那么，是谁打开了潘多拉之盒，让宗教的厮杀在这古老的文明土地上一再上演？

“斩首行动”

巴格达是伊拉克的首都，近些年，与这个城市名字一起出现的词语总是让人不安和失望：战争、难民、恐怖袭击、爆炸、死亡……一座千年文明古城何以成为恐怖不安的代名词？这要追溯到“9·11”事件。

2001年9月11日，美国的双子大楼遭受恐怖袭击。随即，美国追查凶手，认定伊拉克政权是独裁统治政权，支持了恐怖主义，同时认为伊拉克藏有大规模杀伤性武器，是“邪恶轴心”。因此，美国决定对伊拉克开战，以推翻萨达姆政权，将伊拉克建成一个“民主”“自由”的国度。

2003年3月26日，美伊战争爆发第7天，美军进入伊拉克乌姆盖斯尔塞夫湾镇，伊拉克人民举行游行示威表示反对。他们挥舞着的手臂和激动的面孔表达出他们的愤慨。

2003年3月20日凌晨5点，一道亮光划破伊拉克上空的黑暗，这是以美国为首的多国部队发射的战斧式巡航导弹，随后多国部队登陆伊拉克，开始了代号为“斩首行动”的伊拉克战争。

在战争爆发三个星期后，多国部队顺利攻入伊拉克境内，对巴格达形成合围之势，希望“瓮中捉鳖”，控制伊拉克。面对多国部队的军事优势，伊拉克政府先是号召人民和军队进行抵抗。然而，伊拉克军力和武器的弱势太过明显，难以坚持，随后总统萨达姆藏匿起来，大批官员也都失踪了，军队很快停止了抵抗。最后，美军士兵在萨达姆家乡的地下室发现了他，并将其送上了绞刑架，伊拉克从此进入无政府状态。在这场战争中，千年文明古城在战火中遭到破坏，许多珍贵文物消失殆尽。

“后萨达姆时代”满目疮痍

在“后萨达姆时代”，美军进驻伊拉克，扶植新政府。然而，一场战争让这个中东石油大国轰然倒下，经济开始衰落，新政府难以维持局面。就像也门战争后国家陷入内战一样，伊拉克如今同样遭此劫难。恐怖活动让这个国家的每个人都陷入恐惧、隔阂和无限的猜忌。什叶派和逊尼派的冲突仍在不时上演。动荡之中，恐怖组织“伊斯兰国”顺势兴起，并迅速占领了伊拉克多个石油重镇，战火不断蔓延。正如人们所说：“如今的伊拉克，不再有13年前的热闹，走在大街上，人们可能随时会被不知从何处来的子弹击中。一辆看似正常的汽车，也许随时会引爆整个城市。到处是厚厚的防爆墙，随处可见的检查站和铁丝网，让这个城市破败不堪，士兵手中的冲锋枪还在提醒人们：不要相信周围一切的平静，不要相信身边走过的每一个人，他们随时会为你献上死亡之吻。”

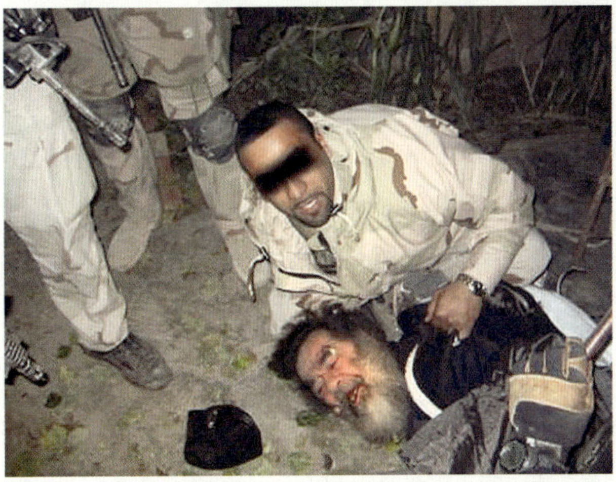

2003年12月13日，伊拉克前总统萨达姆·侯赛因被美国军队捕获并从地下洞拖出。这是一个农场地下洞，附近就是他的家乡提克里特。

现如今，新闻报道中的伊拉克依然不断出现爆炸、仇杀、绑架。战争几乎摧毁了这个国家的一切，各种社会矛盾犹如火山一样喷发，宗教矛盾、民族仇恨、阶级斗争、政治动荡此起彼伏。2011年12月14日，美国总统奥巴马宣布伊拉克战争结束，美军逐渐从伊拉克撤出，但是美国并未放弃控制伊拉克的企图，伊拉克也没有出现可以控制局面的强力政府，没有人知道战争的句号何时画上！

动荡的局势何时恢复平静，不安和兴奋、失望和希望、毁灭和重生交织在一起，和平发展之光遥遥无期……

知识链接：也门内战

1994年5月4日，位于阿拉伯半岛南端的也门共和国爆发内战，这场内战持续两个月之久，最终也门总统萨利赫一派指挥的北方军队击溃也门副总统比德一派控制的南方军队，并攻占南方重镇——亚丁城。2011年，萨利赫政府出现危机，萨利赫总统本人在炸弹袭击中受伤。次年，由沙特支持的副总统哈迪作为唯一的候选人当选继任总统。也门南部的什叶派胡塞族武装势力坐大，经过一系列军事行动，于2015年初推翻了哈迪政府。2015年3月16日，以沙特为首的多国联军开始进攻也门，旨在打败胡塞武装、恢复哈迪政府，至今仍不见分晓。

图中为2017年3月30日，伊拉克巴格达的检查站发生自杀式袭击爆炸事件。

涂鸦革命 叙利亚内乱升级

漫无目的地涂鸦，
随心所欲的书画，
在枪声炮火里，
叙利亚到底是谁的国度。

2011 年 3 月 6 日，在叙利亚南部德拉市，一所学校的围墙上被人涂鸦上了“人民想要推翻政权”的字句。正是这一幅涂鸦，引发了叙利亚国家的灾难。战火，从此在这个有千年文明的古国连绵不断。截至 2024 年 12 月，叙利亚内战造成约 60 万人死亡，660 万人在境内流离失所，480 万人逃亡他国，人民生活陷入困境。

以“民主”之名：战火连绵

学校里的涂鸦曝光后，政府极其不满，将涂鸦学生逮捕。随后大马士革等地出现大规模反政府示威活动，接着又有报道称数千人在示威中被捕。2011 年 4 月 18 日，约 10 万示威者在霍姆斯广场静坐，要求推翻巴沙尔政府。随后，叙利亚内战爆发。

叙利亚示威者。图中人们举着由绿白黑三个平行的横长方形相连构成，在白色部分中间是两个大小一样的红色五角星旗帜。这是叙利亚已停用的旧国旗。2011 年，叙利亚内战爆发，反对派重新找出此旗作为自己的旗帜。

一轮轮的停火协议在签订，然而谈判桌上的博弈与美俄等外部国家的干预交互作用，令叙利亚重返和平之路充满坎坷与荆棘。

这一切真的起源于那起学校涂鸦事件吗？在战争面前，任何偶然都可能成为必然。长期以来，叙利亚国内就有民众对巴沙尔的统治不满，他们在西方国家的唆使下，不断掀起反对巴沙尔政权的活动。早在涂鸦事件发生之前的 1 月 26 日，叙利亚就已经发生了反政府的示威游行。在涂鸦事件引起游行示威后，反对派在外部势力支持下，开始用武力对抗政府，反政府行动演化为武装冲突。

就在反对派大军与叙利亚政府军激烈交锋之时，各种恐怖组织乘机崛起，并开始招兵买马，试图通过恐怖活动重建昔日阿拉伯帝国的辉煌。2013 年，极端组织“伊斯兰国”开始在叙利亚国土上肆虐。这个组织极端恐怖，2004 年就以基地组织的名义在伊拉克活动。叙利亚内战爆发后，它在叙利亚境内迅速发展，成功占领许多省份。2015 年，叙利亚千年古城帕米拉也落入“伊斯兰国”手中，全国将近一半的领土和大部分石油天然气产地为其所控制。不断壮大的“伊斯兰国”还将恐怖的炸弹扔到国外，在受害国中，法国首当其冲。据估计，

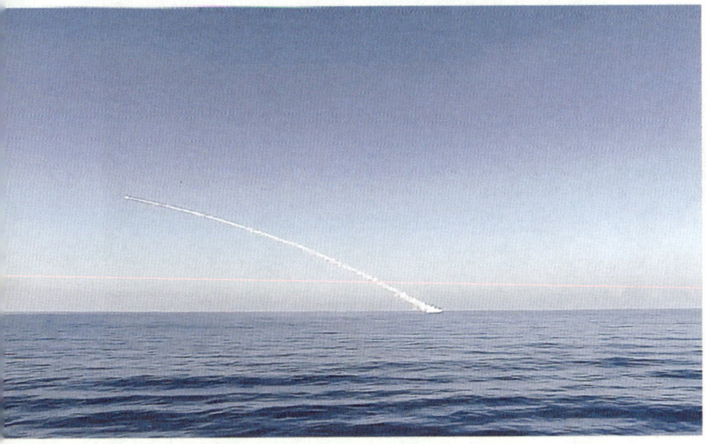

俄罗斯海军潜艇“克拉斯诺达尔号”和护卫舰“伊森上将号”，向叙利亚巴尔米拉附近发射导弹，打击“伊斯兰国”目标。

知识链接：俄罗斯出兵叙利亚

为了维护在中东的利益，自叙利亚内战开始之际，俄罗斯就积极参与对叙利亚的争夺。在联合国安理会上，俄罗斯对西方国家制裁叙利亚投出反对票，并对叙利亚政府提供武力支持。2015 年 9 月 30 日，俄罗斯突然宣布，总统普京申请议会授权，派遣俄军在叙利亚打击极端组织，驻叙俄军战机稍后发动数十次空袭。俄罗斯直接出兵叙利亚，使得巴沙尔政府又得到了巨大帮助，美、俄两国对叙利亚的争夺进入新的阶段。

法国有五六百万穆斯林，占总人口的 10%。2015 年 11 月，“伊斯兰国”所属恐怖分子在巴黎的剧院、餐馆、体育场等多个地点同时暴动，造成法国历史上最严重的恐怖袭击，恐怖分子肆无忌惮地屠戮平民。这一消息传开后，举世震惊。

恐怖战火的蔓延

叙利亚内战中，在国内，政府与反对派之间斗争激烈；在国际上，俄、英、美等大国也不断“添油加醋”，扮演战争的推手，使叙利亚成为大国较量的前沿。在叙利亚内战刚刚爆发之时，俄罗斯就出兵叙利亚，支持巴沙尔政权，同时派战斗机前往打击恐怖组织“伊斯兰国”，希望有助于巴沙尔维持统治，保证社会秩序。与此同时，欧美国家支持反对派，力求推翻巴沙尔的所谓“独裁政权”。

大国插手把地区问题演变为国际问题。同伊拉克一样，叙利亚局势因外部势力干涉而变得纷繁复杂。战火中，宗教矛盾、民族对立、政治斗争、大国较量等交织出现。2024 年 12 月，叙利亚反对派武装攻占首都大马士革，巴沙尔·阿萨德和家人逃往莫斯科，但叙利亚的战火还在继续，民众的生活依旧艰辛。

图为当地时间 2016 年 12 月 15 日，叙利亚阿勒颇东部，成片的建筑被战火摧毁。

好事多磨

伊朗核危机的起伏

伊核协议多磨难，
多国角力终达成。
今朝美国又退出，
路在何方？

2015年7月14日，对于伊朗和联合国都是一个历史性的日子。经过九年艰难谈判后，联合国安理会终于在这一天通过了关于伊朗核问题的全面协议：伊朗不再发展核武器，联合国也将逐步取消对伊朗的制裁。

危机由来

对伊朗核问题表现得最为敏感、反对态度最为激烈的非美国莫属，它原本是伊朗核能计划最初的支持者。20世纪50年代，美国、欧共体和以色列为了拖垮伊朗，将伊朗拉入军备竞赛的道路，支持伊朗核能源开发活动。

在美国的支持下，伊朗国王扩充军备，发展军事警察组织，进行独裁统治，这引起群众不满。1979年，伊朗发生了伊斯兰革命，革命后伊朗制定了新宪法，美国在伊朗的利益受到威胁。1980年美国与伊朗断交，翻脸之后，美国对伊朗开始口诛笔伐，多次指责伊朗以“和平利用核能”为掩护秘密发展核武器，并对其采取“遏制”政策。

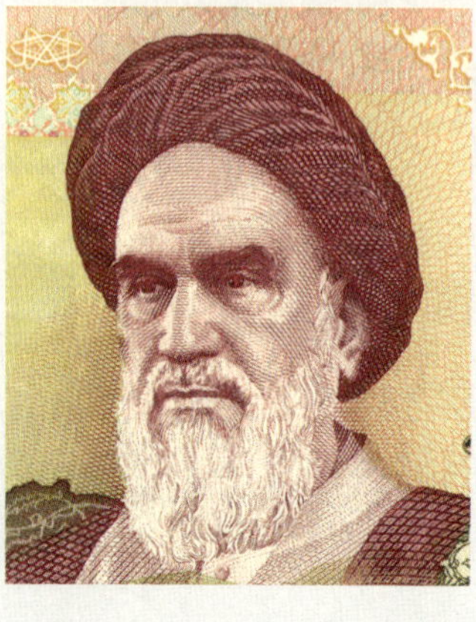

鲁霍拉·穆萨维·霍梅尼是伊朗什叶派宗教学者，积极领导人民进行宗教革命。以他为宗教和政治领袖的1979年伊斯兰革命推翻了巴列维国王统治，霍梅尼在全民公投中成为国家最高领袖，统领国家政治和宗教事务。

美伊两国从盟友变成了仇敌，伊朗的核项目也被迫停止。为了恢复核计划，伊朗试探性地与俄罗斯接近，希望俄罗斯提供技术支持，并与俄签署《和平利用核能协议》。这立刻引起美国的反对，美国出台了对伊朗核计划的制裁政策。“9·11”事件后，美国认为伊朗为了报复美国、支持恐怖分子的袭击，将伊朗划为“邪恶轴心”国家。

危机初现

2003年2月，伊朗提炼出核电站燃料铀，并对外公布。这表明伊朗已经站在了核门槛上，因而立即引起国际社会的极大关注。在美国的主导下，国际原子能机构理事会要求伊朗公开核计划，并签署《不扩散核武器条约》附加议定书，允许国际原子能机构对其进行更为严格的突击检查，终止提炼浓缩铀试验。在法、德、英三国的斡旋下，2003年12月18日，伊朗签署了《不扩散核武器条约》附加议定书，同意接受核查。

但是，伊朗并没有想要真正改变核开发计划。2004年，伊朗宣布恢复浓缩铀离心机的组装生产。为了让伊朗停止浓缩铀活动，法、德、英三国承诺向伊朗提供一座轻水反应堆、核燃料以及核技术，伊朗再次宣布中止浓缩铀有关活动。但是不久之后，伊朗再次宣布恢复进行浓缩铀活动。伊朗这种反复无常的行为，使其在国际上失去信任，美国等国与伊朗的核冲突再次出现。

知识链接：国际原子能机构

国际原子能机构是一个世界范围内的政府合作组织，它与联合国有着紧密联系。该机构主要涉及原子能领域，不仅负责政府间的科学技术合作，也负责地区原子能安全的相关事务。机构成立于1956年，成立的宗旨是谋求加速和扩大原子能对全世界和平、健康及繁荣的贡献，确保由其本身、或经其请求、或在其监督或管制下提供的援助不用于推进任何军事目的。截至2024年10月，机构共有成员国179个，中国于1984年加入。

艰难的核谈判

伊朗核问题发酵后，中、美、俄、英、法、德六国进行协商，协商没有结果之后，2006年5月，联合国开始对伊朗进行严厉的制裁。由于伊朗的核威慑还在，原有协商并没有完全中断，人们还是念念不忘要继续进行谈判。2013年10月16日，有关伊朗与伊核问题六国谈判再次举行。为了取消加诸身上的制裁，伊朗提出了解决核问题的新方案，包括核问题进展的时间表以及国际上对伊朗的核检测和核监督。

伊朗核危机处理的关键词云。中国、俄罗斯、联合国、美国、德国、合约、协议、外交、和谈等词汇都是谈起伊朗核危机时所用的高频词汇。

对于伊朗的核方案，六国进行了讨论磋商，2015年取得重要成果——签署全面协议，确定了各方都满意的方案，涉及伊朗核问题的关键问题都有了具体的解决方案。

2015年12月16日，国际上取消了对伊朗的制裁，正如国际原子能总干事天野之弥所言，“伊朗和国际原子能机构的关系今天进入新阶段。今天对于国际社会来说是重要的日子”。伊朗的核问题似乎正在不断朝着和平、安宁的方向演进。可是2018年5月8日，美国总统特朗普宣布退出“伊核协议”，美伊关系蒙上了厚厚的阴影。

美伊两国国旗在空中飘扬。蓝天白云下，两国国旗同时出现之际，正值两国正在进行外交对话之时。

砥砺前行

阿富汗战争后的阿富汗

阿富汗的荣光，
念念不忘的过往，
巴米扬佛像的轰然倒塌，
美好时光何时重现啊？

2001 年 10 月 7 日，阿富汗战争爆发。战争让这里的人民妻离子散，民不聊生。到今日，战争虽已结束，然而重建任务依然艰巨，大多数人的生活依然艰苦。

塔利班战争

阿富汗的战争也可以称为塔利班战争。塔利班是一个伊斯兰教激进组织，从 1995 年开始统治阿富汗，坚持政教合一、实行独裁统治，但是一直得到美国的支持。

然而，到了“9 · 11”事件后，一切都变了。美国希望塔利班交出基地组织成员，协助美国进行反恐活动，但遭到塔利班果断拒绝，这让美国恼羞成怒。美国认为，塔利班忘恩负义，是恐怖袭击的幕后支持者。

恐怖主义的词云。以正中间红色的“恐怖主义”为核心，周围环绕的词语有暴力、攻击、威胁、军事、恐惧、宗教、恐怖分子、危险、毁灭，都是谈论恐怖主义时涉及的重点问题。

基地组织插画。左上方凸起的新月和星星是伊斯兰教的标志，代表着伊斯兰教信仰；从右上方斜贯左下方的现代设备显示了科技的力量，左下方巨大的 AL QAEDA 是基地组织的名称。

为此，从 2001 年 10 月 7 日起，以美国为首的联军共同对基地组织和塔利班发动战争，希望抓捕基地组织领导成员本 · 拉登等人，制服塔利班。在美国的带领下，英国、德国等北约成员国都积极参加到阿富汗战争中，日本、韩国、菲律宾、吉尔吉斯斯坦等国也为军事打击塔利班提供支持。在国际力量的强力打击下，2001 年年底塔利班政府被推翻。然而，基地人员仍不屈服。2011 年，美国击毙本 · 拉登。2014 年 12 月 29 日，美国从阿富汗撤军，阿富汗战争才算正式结束。

阿富汗战争一角，泥泞的道路、损坏的建筑，三个着装风格各异、手持武器的男子显示了战争中的人们戒备森严，以及互相配合。

知识链接：《分权协议》

这个协定是阿富汗在2014年的总统竞选中产生的。当时，候选人加尼和阿卜杜拉相互指责对方舞弊，最后双方协商达成《分权协议》结束争议。协议主要内容是在两年内建立“分权”政府，加尼出任总统，阿卜杜拉出任首席执行官，两人共同努力组建民族团结政府等。然而，这种“双首”政府是一种权宜之计，虽然表面上化解了双方的矛盾，但是双方代表的利益集团隔阂很深。协议规定的内容最终并没有完全落实，国内因此冲突不断。

艰难的战后重建

在推翻塔利班政权之后，阿富汗成立过渡政府。这个临时政府沿用阿富汗1964年宪法。然而，阿富汗的战乱却没有消弭，社会转型在艰难中进行。2004年，阿富汗制定新宪法，成立共和国，原过渡政府总统哈米德·卡尔扎伊担任阿富汗共和国总统。2014年9月，阿富汗举行总统选举，政府领导人阿什拉夫·加尼与卡尔扎伊分歧很大，谁也无法完全说服对方。竞选结束后，双方签订了《分权协议》。这个协定导致政府效率极其低下，社会形成两个对立集团，动荡不安。

多年的战争和社会动荡使阿富汗的经济近乎崩溃，政府面临严重的财政危机，经济重建过程中的大多数资金都需要国际援助。

和谈进程遇羁绊

尽管阿富汗制定了新宪法并组建了新政府，但塔利班武装并未放弃斗争，他们随时可能卷土重来。阿富汗政府同塔利班的冲突从未停止，阿富汗真正的和平进程遥遥无期。

2021年4月，美国及其盟友同时宣布从阿富汗撤军。2021年9月6日，塔利班宣布占领阿富汗全境，阿富汗战争结束。9月7日，塔利班宣布组建临时政府，并公布其内阁成员。然而，阿富汗仍与周边国家存在一些领土纠纷与矛盾。

当然，“病来如山倒，病去如抽丝！”阿富汗当前困境的改善需要一个长期的过程，和平之路上需要各方携手前行。

国际和平安全会议集体合影。2017年6月6日，国际和平安全会议在阿富汗喀布尔举行，阿富汗总统加尼出席了这次会议。一周前，阿富汗刚刚经历了恐怖袭击，这使得此次会议更具有特殊意义。

巴以困境

近年来，中东的伊斯兰世界由安宁转入战争和混乱；与此相反，巴勒斯坦和以色列两个“老冤家”经历了多年中东战争的惨烈交锋之后，开始“为了建立和平而创造一种新的生活”，局面渐渐缓和。

1991 年，巴以和谈开启。因为双方的意见差别很大，和谈进程时有中断，经历了开启—关闭—再开启的循环往复，有《奥斯陆协议》签订时的友好局面，也有拉宾遇刺的悲伤时刻；有以色列领导人沙龙强行“参观”耶路撒冷的犯众之举，也有对共同实现“和平路线图”的憧憬。

面对巴以困境，以色列和巴勒斯坦两国走过了不同的道路。以色列努力提升自己的战斗实力，实实在在站到了核门槛上，建构起强大的核威慑力；对巴勒斯坦的策略则是在“以土地换和平”和“以安全换和平”政策之间不断回转。面对强敌以色列，巴勒斯坦内部并不是“铁板一块”，巴勒斯坦国家的象征和代表——法塔赫与竞争对手哈马斯因为对待以色列意见不一而矛盾重重，甚至大打出手、上演过内战。巴以两国及两国关系的前景并不乐观！

长路漫漫 “巴以和解”进程

仇必仇到底，
冤冤相报何时了；
仇必和而解，
柳暗花明又一村。

1948年5月14日，以色列建国，阿以双方关于巴勒斯坦问题的争端开始升级，五次中东战争接续爆发，数百万人民遭杀戮、受荼毒。“为了建立和平而创造一种新的生活”，巴勒斯坦和以色列开始和谈。人民总是满怀热血的，世界总是纷繁复杂的，巴勒斯坦和以色列的和平之路虽然坎坷曲折，但始终通向希望之城。

1987年起义关键词云。在1987年以色列占领加沙地带的事件中，加沙地带、巴勒斯坦和以色列这三个名词最受关注。在巴以多年冲突中，这经常是最触目惊心的焦点。

约旦河西岸的关卡。巴以两国的关卡因为两国关系的紧张而不安宁。图片显示的是靠近阿布迪斯的以色列一侧。墙下站立的人是等待入关到以色列打工的巴勒斯坦人。

和谈帷幕的拉开

因为敌对，所以战争；因为战争，所以隔阂加剧。在1967年阿拉伯首脑会议上，阿拉伯世界宣布对以色列实行不承认、不谈判、不和解的“三不政策”，阿以双方仿佛进入了“平行世界”，除了战争，鲜有来往。

然而，“武者，止戈也”，长期的战争，使人民对和平充满渴望。1987 年底，在以色列占领的加沙地带和约旦河西岸，巴勒斯坦人举行了大规模起义，反以力量如火山喷发，汹涌不可抵挡。1988 年 11 月 15 日，巴解组织领导人民建立巴勒斯坦国。他们承认以色列，同时渴望和平解决巴以冲突，并对和谈展示出开放姿态。

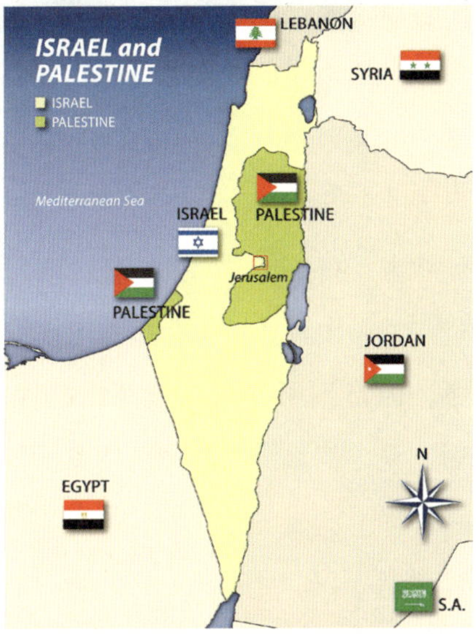

1967 年中东战争之前的巴以地图。此时，耶路撒冷划入以色列国，加沙地带的大部分也归属以色列。巴勒斯坦包括相对完整的两部分。

知识链接：《奥斯陆协议》

1993 年 9 月 13 日，以色列和巴勒斯坦在美国白宫签署了《临时自治安排原则宣言》，该宣言是在挪威谈成并在奥斯陆草签，因此又称《奥斯陆协议》。该协议规定了以色列在加沙和约旦河西岸杰里科地区的撤军时间，以及协议生效后巴勒斯坦自治委员会的选举、在自治领域内的管理安排等。该协议的签订是中东和平进展的一大突破，它表明，一直针锋相对的两大民族，决心用政治手段解决战争问题。

第一阶段和谈成果

时间很快就到了 1991 年，这是个特殊的年份。年初，美国在联合国的授权下，联合多国部队发动海湾战争，并快速取得胜利。年中，华约解散，苏联国内困难重重，美苏建立战略伙伴关系。美国为了建立“中东新秩序”，对各方进行斡旋施压，推动巴以和谈，甚至促使一直拒绝和谈的以色列总理沙米尔开始宣传“不进行谈判，我们永远无法实现和平”。

1991 年 10 月 30 日，美苏两个大国组织包括以色列、叙利亚、黎巴嫩和约旦、巴勒斯坦在内的中东国家以及埃及召开中东和会。阿以冲突的有关各方第一次聚首谈判就这样开始了。

阿以双方长年征战，积怨已久，在和会上各执己见，分歧巨大。矛盾是多样的，但是和平的愿望是一致的。在这次和谈中，巴以双方实现了历史性突破，随后也不断取得成果。

签署《奥斯陆协议》。图为巴勒斯坦解放组织主席阿拉法特和以色列总理拉宾握手。这是两国首脑第一次握手，面带微笑的美国总统比尔·克林顿站在阿拉法特和拉宾背后，拥抱着他俩。

1993年9月13日，巴解组织和以色列拉宾政府在华盛顿签订了关于巴勒斯坦在加沙和杰里科实行自治的《奥斯陆协议》。随后，双方谈判不断推进。1994年5月4日，双方签订了对巴勒斯坦问题的解决具有重要影响的《开罗协议》，确定了以色列撤军和巴勒斯坦自治的相关内容；1994年7月1日，为落实《奥斯陆协议》，巴解组织执委会在加沙成立巴勒斯坦自治领导机构；1994年8月29日，巴以双方签订了《权利与责任预备性移交协议》；1995年9月28日，巴以双方签订了《塔巴协议》，扩大巴勒斯坦在约旦河西岸的自治权利。自此，巴以双方关于巴勒斯坦的自治安排已经基本确定，巴以和谈取得显著成果。

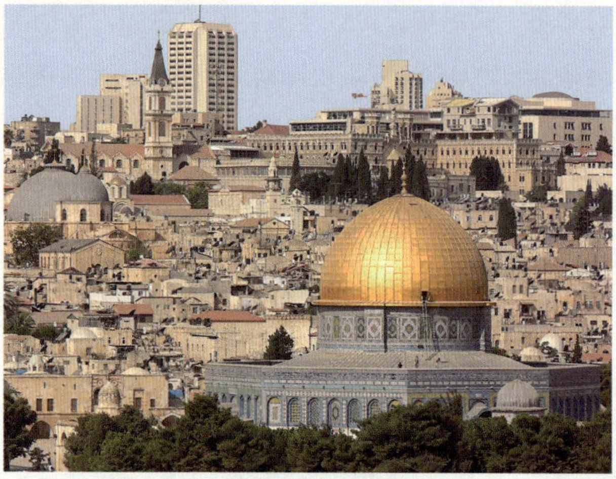

阿克萨清真寺又名“远寺”，是伊斯兰教第三大清真寺，位于耶路撒冷老城东区。巴勒斯坦和以色列都称阿克萨清真寺为自己的圣寺。

第一阶段和谈受挫

关于和谈，巴以政府高层相谈甚欢，而社会上的其他人却满腹异议。阿拉伯方面对以色列充满敌意，暴力袭击以色列的事件层出不穷；而以色列国内，极端分子对自己国家做出的让步却极为不满。1995年11月4日，主持和谈的以色列总理拉宾遇刺身亡。和谈出现第一次困境。

接着，1996年5月，以色列大选，内塔尼亚胡上台后实行强硬政策，重新启动犹太人定据点的扩建工程；同年9月，以色列开通位于耶路撒冷老城阿克萨清真寺地下的考古隧道。巴以双方由此开始大规模流血冲突，矛盾日益加剧，和谈困难增加。

然而，巴以两国人民对于和平的渴望还是很强烈的。1997年1月，巴以双方签订了《在希伯伦重新部署军队的议定书》，为未来规划了美好的蓝图，但是巴以双方的信任并没有完全建立，敌对政策仍在实行中，协议无法执行，和谈陷入僵局。

为挽回中东的和平，美国总统克林顿亲自主持，1998年10月，巴以签署《怀伊河备忘录》，就双方履行安全方面的责任、双方安全合作等问题进一步做出具体规定。虽然巴以双方在协议上签了字，但是到了执行时就开始出现问题。两个月以后，双方就又发生了流血冲突，和谈被搁置。

和谈重启与搁置

1999年7月，以色列新总理巴拉克上台。他曾在部队服役多年，半生的戎马生涯让他渴望和平。他认为和平共处是解决巴以问题的唯一方案，并为之奔走，和平曙光开始显现。巴以双方开始进

知识链接：拉宾遇刺

1995年11月4日，以色列总理伊扎克·拉宾在特拉维夫市府广场举行的和平集会上，被一名25岁的犹太青年刺杀身亡。因为拉宾政府积极推动中东和谈，实行“以土地换和平”政策，主张将约旦河西岸等交还给巴勒斯坦人，并冻结在被占领土上增建定居点和压制暴力分子行动，这引起了以色列国内极端势力的强烈敌意。

行谈判，1999年5月签署《沙姆沙伊赫备忘录》，以落实《怀伊河备忘录》，为巴以双方和平涉及的各个方面实际问题的执行规定了时间表。2000年9月13日达成全面和平协议的期限临近，而巴以双方的和谈却陷入僵局。为了推动和平进展，美国总统克林顿再次出场，促成了巴以双方的戴维营会谈。会谈上，双方就敏感问题进行了讨论，但是因为国内外的干涉，双方冲突再度激化，最终成果却乏善可陈。

面对险峻局面，巴拉克辞去总理职位，以色列的强硬派当选。为了表示耶路撒冷主权不可分割，2000年9月28日，以色列领导人沙龙强行“参观”耶路撒冷的阿克萨清真寺，双方爆发大规模流血冲突，伤亡3000余人。中东和平进程由此停滞。

在这种僵局之下，美国再次出手，推动巴以和谈。2002年6月24日，美国总统布什首次提出巴以和平路线图。伊拉克战争后，美国联合欧盟、俄罗斯和联合国正式向巴以双方提出路线图。路线图执行之初，巴以双方都积极支持，沙龙表示他“想尽一切所能，（与巴勒斯坦方面）达成一项政治协议”。巴以之间袭击事件明显减少，以色列开始从加沙北部和约旦河西岸的伯利恒撤军，并拆毁部分以色列定居点。然而，好景不长，路线图因内在问题而很快被搁置。巴以和谈中断。

和谈展望

巴以和谈中断，冲突持续不断。2010年美国又一次出面，推动巴以双方新的和谈，然而最终没有取得任何成果。2013年3月，奥巴马访问以色列期间，巴以冲突又起。然而，和谈是最终的梦想，和谈之路是唯一希望之路。2013年7月，停滞的巴以和谈再次重启。

当然，巴以之间冲突有百年历史，包袱如山多。以色列的军事科技和实力要强于巴勒斯坦，然而巴勒斯坦有无穷无尽的游击力量和国际支持，相互力量对比上呈现相对均势。未来双方必经上下求索，才能实现最终的和平。

知识链接：和平路线图

它是美国总统布什于2002年提出的中东和平计划。路线图的实施共分为三个阶段，“路线图”计划首次要求巴以双方在政治、经济、安全和机构改革等方面采取并行措施，肯定了双方在马德里和会中确定的“以土地换和平”原则。但是因为巴以双方复杂的矛盾以及国际局势的变化，“路线图”计划的实施困难重重，刚一实施就一度搁浅，最终成功与否也是未定之天。

三方会谈中东和平路线图。在约旦亚喀巴王宫门口，巴勒斯坦总理阿巴斯居右，向公众挥手示意，以色列总理沙龙居左，美国总统小布什居中目视前方。

核门槛上的新人
以色列

低调修炼，
绝妙本领早已上身；
门槛跨越，
岂是难为之事。

学术会议一般都是讨论学术问题，很难在现实社会中掀起波澜。然而，2007年1月21日，一场学术会议中的一次发言，却像一颗原子弹在人们心中爆炸。在这次会议中，以色列国家原子能委员会副总干事列维特首次公开承认，以色列是一个核门槛国家。

核门槛是什么？

1945年8月，美国向日本广岛、长崎各投放一颗原子弹，数十米高蘑菇云绽放的瞬间，建筑崩塌、人员伤亡，日本的投降也随之来到。核武器如此有威慑力，自然成为兵家垂涎的宝贝。然而“宝刀”不易得，核武器的练就门槛很高，只有具备了天时地利人和的国家才能拥有核武器。

1968年11月11日，美国卫星拍到的以色列迪莫纳核设施。以色列被认为在1967年六日战争后已经开始全面生产核武器。

核门槛包含两种形式，一个是有形的，一个是无形的。所谓有形门槛就是资源、资金和技术等。资源指的是铀矿资源，或者说一个国家拥有获取铀矿的途径，因为制作核武器的铀就是从铀矿中提取。巧妇难为无米之炊，没有铀矿，一切都只是痴心妄想。技术，包括对铀矿的处理、核武器的制造、存储、运载和投掷等。这种技术对于任何一个国家来讲都是高级机密，绝不会随便公布。因此，各国要研制核武器就需要有强大的科研力量。当然，所有这些都需要资金支持。

所谓无形门槛就比较复杂，它包括《不扩散核武器条约》等国际条约的约束、国际和国内的舆论压力等。核爆炸后，会形成放射性污染，对人体、建筑、自然生态环境造成巨大的损害，具有强大的威慑力，因此国际社会并不鼓励核武器的开发、研制。

以色列站到了核门槛

1948年以色列建国后，因为与阿拉伯世界的敌对关系，以色列领导人寝食难安。阿拉伯国家一直主张建立“中东无核区”，因此核武器成为以色列的“强心针”。以色列人认为，“进行核开发是唯一可以生存下去的道路”，需要不惜一切代价研发核武器。

首先，在国际社会，除当时五个已拥有核武器的国家，其他国家都被要求加入《不扩散核武器条约》。作为以色列的盟友，美国在1969年时曾表示，只要以色列不公开核武器计划、不公开搞核试验，美国就将停止对以色列核设施的核查。美国同时默许以色列的核武器计划，不对以色列是否加入《不扩散核武器条约》施压。为了避人耳目，减少外在压力，以色列的核研制工作一直都是在隐秘状态中进行，从未公开搞过核武器爆炸试验，对于相关事项都采取“模糊政策”，不承认、不否认，“犹抱琵琶半遮面”。

以色列拥有多种核武器研发材料的来源。在以色列内盖夫沙漠中，储藏有2.5万吨与磷酸盐矿共生的铀矿，含有微量但可以回收的天然铀。以色列还通过外交等手段从美国、南非和欧洲合法购买或走私铀原料。当然，科技才是关键，以色列最不缺的就是人才，它组织专门的科研团队，并派出年轻科学家出国学习核能与核科学，利用各种条件自主研发。1956年，以、法两国达成建设核反应堆的秘密协议。法国的秘密合作使以色列核能力获得了实质性发展。在法国的协助下，以色列在内盖夫沙漠迪莫纳综合区中建立了名为“内盖夫核研究中心”的核基地，拥有反应堆、钚浓缩厂和地下配套设施等。就这样，以色列进入核门槛地带，成为第六个拥有核武器制造能力的国家。以色列宣布成为核门槛国家以后，对周边国家的震慑力增强！

知识链接：《不扩散核武器条约》

又称“防止核扩散条约”或“核不扩散条约”。1968年7月1日，美国、英国和苏联等59个国家分别在华盛顿、伦敦和莫斯科签署条约。该条约的宗旨是防止核扩散，推动核裁军和促进和平利用核能的国际合作。它于1970年3月正式生效，有效期为25年，其间在联合国框架内各缔约国每5年举行一次会议，审议条约的执行情况。截至2024年4月，该条约的缔约国共有191个。

以色列核武器泄露者莫迪凯·瓦努努。由于莫迪凯·瓦努努的泄密，1986年10月5日，英国媒体向世界公开以色列生产原子弹的事实。以色列拥有核武器的秘密从此公之于世。

2017年1月17日，内塔尼亚胡在总理办公室主持内阁会议。在会议上，内塔尼亚胡坚定表示，以色列一贯的政策是：不允许伊朗拥有核武器。

一波三折

以色列对巴政策变化

大雨将至、满地潮湿，
巴以的和平还在远方，
靠什么抵达那个彼岸？
土地还是安全？

巴以双方纷争不断，在签署停火协议后，四名士兵在草坪上谈笑风生。他们脸上的微笑显示出享受和平生活的愉快和幸福。

中东这块充满冲突、恐怖和战争的地区，在硝烟和流血的背后，是人们关于和平道路的探索。作为占据优势的一方，以色列相关政策几经变化，从“土地换和平”变为“以安全换和平”，再重新回到过去。

“以土地换和平”政策

1967 年 11 月 22 日，联合国安理会通过了第 242 号决议，该决议的核心内容简而言之就是“以土地换和平”，详细一点说就是包括以色列在内的中东各国都有和平生存权，以色列应该放弃占领的阿拉伯土地。阿以双方都承认这种解决问题的方法。

可是，正如许多其他国际文件中的政策一样，各方博弈、妥协形成的这份文件存在先天不足，那就是并没有明确规定，用哪里的土地，换怎样的和平。阿拉伯国家认为以色列占领的所有土地都应该归还，而以色列却只承诺归还一部分土地。双方各执己见，互不相让。

中东这种不战不和的胶着状态，让已经千疮百孔的地区人心难安，各大国为中东和平多方奔走。1991 年，中东和会在马德里举行，再次明确“以土地换和平”政策。1992 年，以色列拉宾政府正式推行该政策，以色列在“以土地换和平”的路上走得更远一些。1993 年 9 月，在多边谈判中，以

杰里科全景。杰里科位于约旦河西面 7 公里处的约旦河谷，与约旦河东岸地区依靠侯赛因大桥连接，是巴以两国的争议之地。

正午的希伯伦街头。全副武装的士兵，严密注视着街道上的行人，显示了希伯伦街头的紧张气氛。

色列同意撤出加沙地带和约旦河西岸的杰里科地区，该地实现自治。1995 年 9 月，以色列同意从希伯伦等约旦河西岸被占领土上撤军。

当“以土地换和平”政策开始初见成效、中东和平的曙光已经显露时，不幸的事情发生了。1995 年11月4日，在和平集会上，主推“以土地换和平”政策的以色列总理拉宾遇刺身亡。

“以安全换和平”政策

经历拉宾遇刺的悲哀，面对巴勒斯坦的暴力袭击，以色列陷入恐慌。此后各政党推出的继任者迅速作出调整，坚持对巴勒斯坦采取强硬政策，争取到了国内选民认同。内塔尼亚胡 1996 年 6 月上台后积极推行“以安全换和平”的强硬政策。

“以安全换和平”的政策完全从以色列角度出发，以“三不”政策为开路先锋，以安全为交换条件来换取阿以的和平处境。它是在不允许巴勒斯坦独立、不放弃东耶路撒冷、不放弃叙利亚的戈兰高地的前提下，要求阿拉伯国家承认以色列国家，保证以色列安全，以色列进而开始保证中东的和平。对于阿拉伯国家来讲，这种政策简直就是霸王条款，视阿拉伯国家为“儿戏”，几乎是对阿拉伯国家的“宣战”，是可忍孰不可忍！

由于这种政策的影响，巴以又爆发了大规模的流血事件，由此引发对这种政策越来越强烈的质疑之声，最终促使以色列进行新的政策调整。

知识链接：内塔尼亚胡

全名本雅明·内塔尼亚胡，1949 年 10 月出生于以色列，获麻省理工学院学士和硕士学位。他三次出任以色列总理，截至目前是以色列唯一战后出生的总理，也是任期最长的总理。其施政以态度强硬著称，尤其是在外交上强调安全与和平的重要性，消极对待巴勒斯坦问题，不放弃占领土地，拒绝承认巴勒斯坦建国。

政策回转

新政策受质疑，老政策又被人们重提。要求继续执行“以土地换和平”的呼声不断升高。1998 年 10 月，巴以在华盛顿签署了一项临时和平协议，确定了以军从约旦河西岸继续撤军 13% 的原则。

2005 年 9 月 12 日，以色列完全撤出了加沙地带，不过西岸地区和加沙地带的归属问题仍未解决。耶路撒冷东部地区从 1967 年开始就在以色列的司法和行政管辖范围内，至今也未确定归属。巴以的和平之路还很漫长。

2023 年 10 月，哈马斯领导的巴勒斯坦激进组织对以色列发动突然袭击，以色列随即展开军事反击，战火持续，双方人员伤亡惨重。

内塔尼亚胡演讲。作为在美国接受了系统高等教育的以色列总理，内塔尼亚胡深谙演讲之道，声情并茂，颇有感染力。

巴勒斯坦的兄弟之争
法塔赫和哈马斯

钟声敲响了日落，
紫色烟霞照亮前方，
兄弟怎么还阋于墙，
民族解放的路要携手向前。

国际社会普遍承认巴勒斯坦民族权力机构（以下简称“民族权力机构”）是巴勒斯坦国家的象征和代表，它的领导者是法塔赫。但是，在这个国家里，法塔赫并无令行禁止的完全权威，因为哈马斯（与法塔赫共组巴自治政府的伊斯兰政党）在国事上经常自行其是，两者的大规模冲突时有发生。

矛盾重重的两个组织

1994年5月12日是巴勒斯坦人民难忘的日子，因为就在这一天，在人民的热情盼望下，巴勒斯坦民族权力机构成立，法塔赫是其主要领导者。在民族权力机构构想中，哈马斯和法塔赫都有四个席位，然而，倔强的哈马斯拒绝承认民族权力机构的合法性，不肯加入其中。自此之后，两个组织的矛盾和冲突不断加剧。

在民族权力机构刚刚成立的1996年，法塔赫与哈马斯之间就有过武装冲突。当年，巴以和谈开花结果指日可待时，哈马斯对和谈的敌意逐日增加，以暴力方式阻止和谈继续进行，不断对以色列展开突然袭击，导致双方对立情绪升级，直至助推以色列右翼极端分子上台执政，巴以和平进程受阻。

作为以维护和谈为己任的巴勒斯坦民族权力机构成员，哈马斯的行为必然是不被认可的。因此，在以色列和国际社会尤其是西方的强大压力下，巴勒斯坦民族权力机构对哈马斯实行打压政策，将包括哈

2017年5月25日，法塔赫高层举行新闻发布会。在约旦河西岸巴勒斯坦治下城市拉姆安拉，巴勒斯坦总统马哈茂德·阿巴斯（右二）组织召开了此次新闻发布会，会上还讨论了以色列当局与巴勒斯坦囚犯“绝食抗议”的僵局。

知识链接：阿巴斯

巴勒斯坦的阿拉伯人，全名马哈茂德·阿巴斯，曾获莫斯科大学历史学博士学位；1959年起协助阿拉法特筹建巴解主流派“法塔赫”，是巴解组织的元老之一；1995年当选巴解组织执委会主席；2003年出任巴勒斯坦自治政府首任总理；2008年至今为巴勒斯坦总统。他在政治上属于温和派，主张通过和平方式实现巴勒斯坦建国，是最早与以色列进行直接接触并负责筹划巴以和谈的领导人之一。

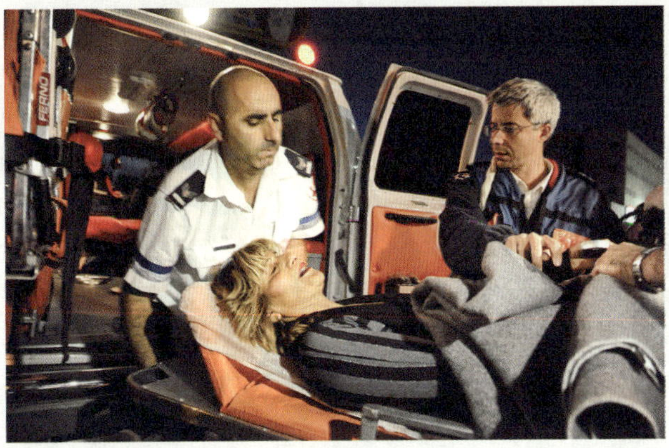

巴勒斯坦火箭弹袭击以色列，造成了平民伤亡，医生正在紧急救助伤员。

> **知识链接：哈马斯**
>
> 全称为巴勒斯坦伊斯兰抵抗运动，其精神领袖及创始人是谢赫·艾哈迈德·亚辛。1994年军事支部——“卡桑旅”建立起来后，哈马斯成为一个宗教、政治、军事一体化组织。哈马斯坚持毫不妥协立场，在宗教上崇尚伊斯兰教的传统思想；在政治上主张武装斗争，拒绝承认以色列的生存权利，同时表示反对西方国家。2006年，哈马斯在巴立法委员会选举中获胜后，政治主张开始转向灵活务实。

马斯领导人亚辛在内的活跃分子关进巴勒斯坦监狱。

2000年，巴勒斯坦人第二次武装起义爆发后，美国和以色列向法塔赫施压，要求打击哈马斯等激进势力。随后，法塔赫宣布哈马斯的军事组织卡桑旅为非法组织，开始镇压、抓捕卡桑旅军官和成员，同时关闭了哈马斯的所有办事机构。

最重要的一次斗争

双方最大的冲突发生于2007年，甚至最终演化为内战。2006年1月，哈马斯参政，在巴立法委员会选举中击败主导巴勒斯坦政坛将近半个世纪的法塔赫，赢得大选。然而，哈马斯内阁很快陷入财政危机。为了统治上的稳定，2007年2月，哈马斯与法塔赫就组建联合政府签署《麦加协议》。同年3月17日，民族联合政府宣誓就职。由于哈马斯领导的准军事力量经常与法塔赫领导的安全部队发生冲突，法塔赫一直要求解散这支准军事力量或将其并入安全部队，但遭到哈马斯的拒绝。哈马斯与法塔赫之间再度爆发冲突。2007年6月14日，哈马斯用武力夺取了加沙控制权。民族权力机构主席阿巴斯宣布解散由哈马斯主导的民族联合政府，在约旦河西岸组建了过渡政府。自此开始了“一个国家两个政府”的阶段。此后，双方关系一直处于紧张状态。

在长达四年的对抗和毫无成果的谈判之后，哈马斯和法塔赫于2011年5月4日在埃及签署了《巴勒斯坦民族和解协议》，同意结束西岸和加沙的割据状态，成立过渡政府，举行巴勒斯坦民族权力机构主席和议会选举。然而此份文件最终流产，两者和解之路还很漫长……

巴勒斯坦民众庆祝签署《麦加协议》。麦加协议指巴勒斯坦两大主要派别法塔赫和哈马斯2007年2月8日晚在沙特阿拉伯麦加正式签署的一份协议。协议就建立民族联合政府、新政府政治纲领和重建巴勒斯坦解放组织（巴解组织）等问题达成一致。

"It always seems impossible until
-Nelson Mand

正在复兴的非洲

非洲是人类的发源地，世界第二大洲。这里地理位置重要，幅员辽阔，富饶而神秘，在政治、经济、文化和社会等各方面都有着独特的魅力。

传统上，非洲的经济发展常常受到外部干涉。实际上，非洲一直在探索属于自己的经济发展模式，力争摆脱“有增长无发展”的状态。当前，非洲经济如“出笼之狮”，蓬勃向前。传统的中等国家尼日利亚的经济增长令人关注，南非的经济也在快速发展。

政治上，欧美国家积极推动非洲实现“民主化”。然而，由于西方民主制在非洲“水土不服”，非洲“民主化”所走的路可谓是九曲回肠，甚至出现了卢旺达种族灭绝和刚果内战等恶性事件。不过在南非，民主化进程取得了良好的结果，人们打破了种族隔离的桎梏，选举曼德拉成为第一任黑人总统。

非洲是非洲人的非洲。虽然存在种种不足和困难，但在“泛非主义”影响下，非洲人联合自强，积极谋求建立属于自己的国家联盟，以实现自我管理、共同发展。2001年5月，《非洲联盟章程》正式生效，使非洲国家开启了团结复兴的新征程。

富饶希望之地

非洲的资源情况

富饶的希望之洲，
遥远而神秘，
纵论发展前景，
人人惊羡。

非洲面积达3000万平方公里，是世界上唯一被赤道和子午线一分为二的大洲。这里有55个国家，资源丰富、地理位置重要，在全球化时代日益受到重视。

丰富的物产

非洲拥有世界上最重要的50多种矿产，而且储量惊人，至少有17种矿产的储藏量位居世界第一位。

非洲很多国家在单一矿藏储量上一枝独秀。南非素有“世界矿产宝库”的美称，是世界上最大的矿产资源国之一。钻石的储量仅安哥拉一国就占世界总储量的15%。几内亚的铝，扎伊尔的钴，赞比亚的铜，博茨瓦纳的钻石，利比里亚、毛里塔尼亚的铁，尼日利亚、安哥拉的石油，纳米比亚、尼日尔的铀等，均闻名于世。

与此同时，非洲的农业资源不容小觑。作为“植物肉”的花生，2010年世界总产量为4210万吨；非洲产量为1185.3万吨，占世界总产量的28.15%。非洲是世界上生产和出口可可最多的地区，2012

非洲大钻石。钻石是经过打磨的金刚石，伴随着“钻石恒久远，一颗永流传”的广告语而深入人心，成为爱情和忠贞的象征，其重量、净度、色泽和切工是衡量其价值的重要标准。

肯尼亚斑马。斑马是非洲特产，每一头斑马身上的条纹都是不一样的，这三头斑马拥有完美对称的条纹。

年主要生产国科特迪瓦、加纳、尼日利亚和喀麦隆大约占世界总产量的 63.2%。非洲是世界“四大干果”之一——腰果的主要产区，2012 年产量占世界总产量的 45.3%，目前仍在不断增产。

非洲的植物和野生动物品种及数量同样举世闻名，到处都是奇花异草、五彩缤纷。21 世纪，全球资源日渐短缺，非洲如此丰厚的资源，是维持世界发展不可或缺的重要元素，比如美国工业用金刚石的 100%、铀的 58% 及用于武器和原子反应堆的绿柱石的 30% 都是从非洲进口的。

知识链接：世界最大的产金国

南非曾被誉为“黄金之国”。1970 年，南非的黄金储量在世界占比超过 75%，黄金业一度是南非的支柱产业；南非在 2008 年以前的 100 多年中一直是世界最大产金国，吸引了全球的投资者前来“淘金”。然而，因为南非的金矿大都年代久远、金品位日益下降，现在的矿藏都在很深的地下，加上金价下跌、开采费用上升，大量金矿关闭、废弃。再者，中国、美国、澳大利亚、俄罗斯、秘鲁、加拿大等黄金产量在世界总产量中的比重都在上升，南非黄金产量在世界总产量中占比相对下降。

非洲的地位

非洲地理位置得天独厚，西濒大西洋，东邻印度洋，北接地中海，东北面朝红海，又有直布罗陀海峡与苏伊士运河连接大西洋和印度洋。环绕非洲的航线自古以来就是东西方交通的主要通道。世界 1/3 以上的商品贸易运输是通过环绕非洲的航线进行的，非洲之角、开普敦、红海和苏伊士运河均处在扼守这些航线重要战略位置上。

非洲在联合国拥有 54 个席位，占联合国总席位的 1/4 以上。众所周知，联合国的决议需要 2/3 的成员通过，随着非洲的联合，开始用一个声音说话，非洲国家的地位就会更加凸显。今天的非洲生机勃勃，在世界政治经济格局中举足轻重。

非洲富饶的资源和潜在的巨大市场，对世界各国都有极大的吸引力。例如美国，早在克林顿政府时期，其商业部长布朗就曾大力推行对非洲的“商业外交”，表示美国不能拱手让出具有强大潜力的非洲市场，美国资本在撒哈拉沙漠以南的非洲的回报率为 25%，大大高于其在其他地区的平均回报率。其他大国政府领导人也频繁访问非洲，推出最新版非洲政策。美国提出构建面向 21 世纪“美非新型伙伴关系”，欧盟在 2000 年举行的首届欧非首脑会议上决定双方建立面向 21 世纪的“新型战略伙伴关系”。日本也不甘落后，力图从增加援助入手加强对非关系。至于发展中的大国，如以中国为代表的金砖国家近年来与非洲的关系更为密切，吸引了南非的加入。

非洲富饶的物产正在显示巨大的兴邦富民魅力，随着政治和经济的进一步发展，非洲的前途不可限量！

非洲国家地图。不同的色块代表着不同的国家和地区。由于西方殖民历史等因素的影响，非洲国家的国界线多平直。

出笼之狮

新形势下非洲经济发展

我们是非洲，
我们知道自己的未来应该怎样。
自主、联合，
让经济和社会同步发展。

2000年，欧洲一些国家甚至说非洲是没有希望的。然而，非洲人却说："你或许能够知道我的一部分，但是我是什么人、我需要什么，我自己知道。"随后，非洲国家不断进行调整和改革，当前的非洲像出笼的狮子一样，一片欣欣向荣之景象。

从被动到主动

长期以来，非洲经济的发展都是在外部深深的干涉下推进的。无论是近代非洲被世界发现时的殖民地经济抑或当代"华盛顿共识"后的新经济模式，都是如此。2008年，全球金融危机爆发，华盛顿模式宣告失效，非洲领导人再次开始探寻自身发展道路，并不断进行实践。

尼日利亚中央银行前副行长穆哈罗提出"内生增长模式"，以破解单一经济结构，实现包容性增长。他认为，非洲首先需要打造为本国市场制造商品的基础，继而通过竞争优势向周边地区扩展，成为至少能够自给自足的经济力量。2013年，尼日利亚国内生产总值超过5000亿美元，取代南非成为非洲第一大经济体、世界第26大经济体。

卢旺达总统卡加梅认为，非洲的现在和将来只能够依靠、也必须依靠非洲人自己的努力。非洲必须团结才能提高各方面的竞争力；只有非洲人民享有体面的生活并全面掌握自身的发展进程，非洲才能实现上述目标。埃塞俄比亚前总理梅莱斯以及南非总统祖马等人均持这种看法。

非洲国家越来越青睐发展型政府，主张发挥政府在经济发展中的积极作用。卡加梅所主张的发展道路被一些学者称之为"基加利共识"，它将非洲的学习对象从欧美国家转移到亚洲，期望从东亚国家发展中找到灵感，将国家精力重点放在经济上，强调纪律、实践和绩效等。除了卢旺达、埃塞俄比亚以外，看好发展型政府模式的还有

尼日利亚词云。尼日利亚是非洲大国，谈到尼日利亚时的高频词汇有阿布贾（尼日利亚的政治首都）、非洲巨人、足球、拉各斯(尼日利亚从前的首都)、石油等。

南非、博茨瓦纳、坦桑尼亚、肯尼亚、安哥拉等国。如南非政府制定的《新增长框架》，努力发挥政府对经济发展的领导和调节作用。

“让大家都有面包和牛奶”

“有增长，无发展”是非洲传统经济的一种模式。伴随着经济的增长，国家变得富裕了，可是普通民众仍然生活艰辛。为了让所有人都有面包和牛奶，2013 年，非洲联盟制定了“2063 年议程”，计划在非洲联盟（前身为非洲统一组织）诞生 100 年之际实现非洲的包容性增长和非洲复兴。

这种包容性增长将通过实现经济的多样性，创造更多的就业机会，实现经济和社会的共同进步。具体途径就是，发展基础设施，释放私营部门的潜力，帮助劳动者提高技术、创造就业机会，尤其给妇女和青年创造更多的就业机会。

非洲经济发展较快，经济状况较好的博茨瓦纳即是实行此种政策。目前，该国政府积极推进“加速经济多样化”战略，重点发展五大领域：钻石、旅游、牛肉、制造和金融服务。其中既包括博茨瓦纳的优势产业钻石开采，又包括它的传统产业养牛业，也涵盖旅游和金融服务业，以实现多元化发展。

南非制定 10 年发展计划，将能源、交通、通信、水和住房 5 个领域作为投资的重点，旨在提高经济增速、创造就业和实现经济社会均衡发展，主要具体目标如在 2010 年到 2020 年间创造 500 万个就业岗位，将失业率从 25%降至 15%。

在这种调整和改革的推动下，非洲经济发展进入快车道，成为世界经济舞台上的“香饽饽”。

知识链接：华盛顿共识

1989 年，陷入债务危机的拉美国家急需改革，美国牵头在华盛顿的三大机构，制定了新的经济发展政策。这项政策以新自由主义经济为理论基础，共分为十个方面，融合了政治、经济和文化三个领域，核心主张是“政府的角色最小化、快速私有化和自由化”。在 20 世纪 90 年代，这项政策在拉美、非洲和东欧国家都产生了深远影响，也给这些国家造成了一些混乱和误导。

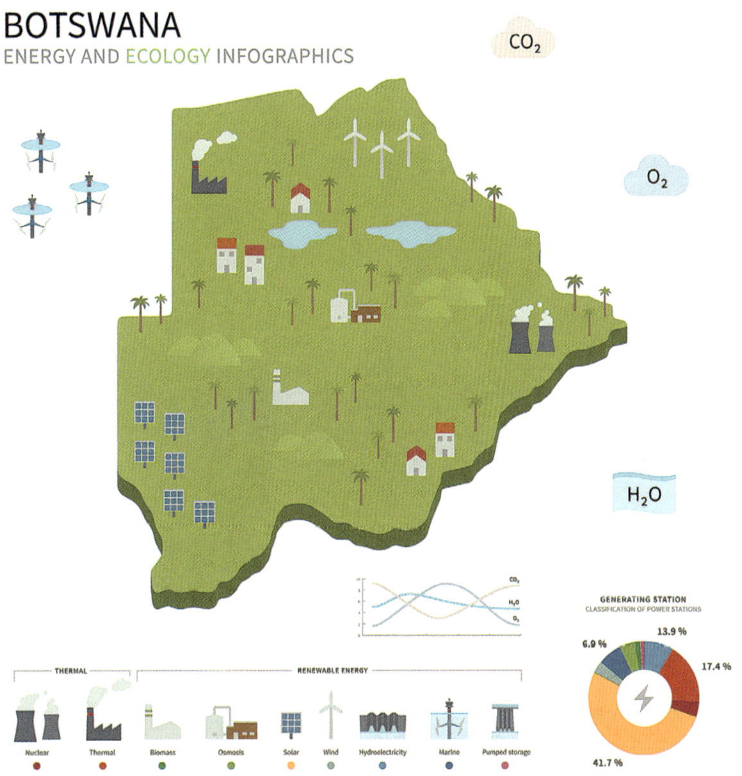

博茨瓦纳的能源、生态图示。地球资源有限，对可再生能源的利用是大势所趋。在博茨瓦纳的发电设备中，太阳能发电几乎占总发电量的一半。

九曲回肠

非洲的民主化进程

一颗孤独的树，
与世隔阂、枝叶横蔓；
民主、自由的果实，
在血泪中结成。

丘吉尔曾经说，“民主……是我们迄今为止所能找到的最好制度”。非洲的国家很多都还处在部落制中，在欧美国家的外力推动下却开始进行“民主化”。然而，由于“民主制”的“水土不服”，非洲民主化所走的路可谓是九曲十八弯。

非洲民主化起源

“定期的全民普选”一直被当成民主的实质和衡量标准。欧美国家为了“帮助”非洲实行民主化，最早开始在这里推行这种制度。

非洲各国经济相对比较落后，20世纪西方国家对非洲进行援助时常附加政治民主化的要求。1990年，美国总统布什提出，非洲只有实现“多党民主”，才能得到援助。1990年9月，第16届法非首脑会议中，法国总统密特朗表示，法国对非援助要同非洲国家的民主化挂钩，非洲获得援助的多少取决于受援助国“民主化”和“尊重人权的程度”。1991年10月，英国通过英联邦首脑会议向15个非洲成员国施压，提出经济援助要同受援助国“人权、民主、自由市场经济的政策相联系”。

2017年5月29日，尼日利亚民主日阅兵式。在2017年美国和平基金会的“国家脆弱指数·非洲篇”中，尼日利亚在非洲国家不稳定排名中位居与津巴布韦并列第八名。此次阅兵前，尼日利亚东北部出现自杀式恐怖袭击事件。

因为经济过于困难，非洲国家接受了这样的要求，于是，西方式“民主”被移植到非洲这块土地上，非洲国家开始了民主化进程。

非洲民主化的曲折之路

1990年非洲只有3个“民主”国家，而截至

知识链接：卢旺达种族大屠杀

卢旺达主要有胡图族和图西族两大部族，两个部族的矛盾、冲突由来已久。1994年4月7日，总统专机遇到袭击坠毁，两名胡图族总统遇难。该事件立即引起卢旺达境内胡图族针对图西族的血腥报复。4—6月，在卢旺达官方和大量媒体的支持下，由军队和基地武装组织开始进行种族屠杀，至少80万—100万图西族及温和派胡图族民众被屠杀。2003年12月23日，联合国宣布将每年的4月7日确定为“反思卢旺达大屠杀国际日”。

2016年12月1日，冈比亚举行总统大选，巴罗获胜，然而已经连续执政22年的前总统贾梅拒绝在最后期限内移交权力，巴罗被迫出逃国外。经过多方努力，贾梅最终同意退位，巴罗于2017年1月26日重返冈比亚后就任总统。

1999年，有22个非洲国家举行了第二次选举，绝大多数国家如期进行选举。表面上看来，一切都在向前发展，但实际上非洲民主化进程中暗流涌动。

因为民主对于非洲来讲是“舶来品”，很多部族首领打着民主的旗号，摇身一变就成为政党领导人。一些人成为执政党领导人后，为了使自己的部族在国家政权中享受最大的利益，便利用军队进行社会控制，如马里、圭亚那和尼日尔皆出现过这种情况。就在2014年的尼日利亚，为了阻止政治家投票，军队甚至出面包围了首都阿布贾的众议院。因此，有人戏称，“撒哈拉以南非洲大陆的民主化命运仍然掌握在握枪的人手中”。

在第二次选举中，由部族矛盾引发的社会骚乱和政局动荡始终贯穿于许多非洲国家的立法选举和总统选举的竞选活动中；选举的结果往往引发新的或加剧旧的部族冲突，如刚果内战和卢旺达大屠杀就是因部族冲突而起的。

当然，也有一些国家民主化进程比较顺利，如在塞内加尔、乌干达、肯尼亚和其他国家，大城市年轻的消费者们集会要求西方式民主。政治学家们期望，新的形势将使军人们相信——与其与民主作对，不如坐享经济发展的果实。

知识链接：刚果（金）内战

刚果（金）位于非洲中部，与9个国家接壤，国内有400多个部族。在长期的殖民历史和集权统治下，国内以民族冲突为导火线，多次爆发内战。在内战过程中，多个邻近的非洲国家相继卷入；在1996—2003年的第二次内战中，卷入的武装势力就有25个。1998—2010年，又爆发大规模内战，本国和外国的武装团体及军事部队对平民大规模实施杀戮、强奸、残害等，最终导致数百万人死亡，流离失所者更是不计其数。

非洲这些年的坎坷民主路，让更多人享受到了自由，也让更多人生活困顿。未来的民主化建设还是任重道远。

卢旺达首都基加利种族屠杀纪念馆中展示的种族屠杀受害者照片。

非洲驾上团结复兴新马车

非洲联盟

微弱的个体，
不论是同病相怜的团结，
还是激情中走向联合，
新世界的大门也许就此打开。

2001年5月26日，在众人的期待中，《非洲联盟章程》正式生效，非洲联盟建立的法律程序就此完成。在举世瞩目中，非洲联盟正式走上历史舞台，非洲开始驾驶“新型大陆列车”走上复兴之路。

非洲联盟的缘起

非洲联盟的前身是非洲统一组织（简称“非统”）。世纪之交，战乱、冲突、贫困、疾病等种种问题都横亘在非洲前进的道路上，非统被认为已经不适合非洲国家的需要。

说起来，非统是在“泛非主义”指引下建立的，是非洲国家的第一次大联合。1963年5月25日，当时刚刚获得独立的31个非洲国家领导人聚在埃塞俄比亚首都亚的斯亚贝巴，一致通过《非洲统一组织宪章》，成立了第一个全非性政治组织——非统。非统的成立对非洲国家来说如此重要，以至于5月25日被确定为“非洲解放日”。然而，非统仅具有单一的政治性，其发展可谓是“成也萧何败也萧何”。

非统成立之初，非洲国家也是东、西两大阵营争夺的对象，非洲还有近1/3的国家没有实现独立，非洲国家的历史使命和政治任务非常艰巨。30多年来，非统在政治方面发挥了重要作用。1994年4月，南非在和平谈判的基础上通过全民选举，以黑人多数统治取代源自殖民时代的白人少数统治，宣告了新南非的诞生，标志着非洲进入一个没有殖民统治的崭新历史时代。1998年6月，非统拥有53个成员国，它带领非洲人民完成了民族独立和政治解放的历史使命。

近年来，世界各地都在全力发展经济，而作为全球最不发达的区域，非洲面临进一步“边缘化”的危险。非洲的有志之士认识到：这里的多数国家民穷国弱，“非洲的统一能使非洲

当地时间2017年1月30日，第28届非洲联盟峰会召开。非盟峰会是非洲联盟首脑会议，是非盟最高权力机构。此次会议在埃塞俄比亚首都亚的斯亚贝巴举行，将选举产生新的非盟委员会成员。

非洲联盟新当选主席穆萨·法基·穆罕默德(Moussa Faki Mahamat)。法基曾担任乍得外交部部长和总理，具有丰富的政治和外交经验。在非盟第28届峰会上，法基被选为非盟委员会主席。

成为一个黑色巨人”，非洲只有实现联合和统一，才有可能作为独立的一洲继续存在。此刻，非统作为唯一联合非洲所有国家的组织，松散、没有实际权力，正在向着形式更高、权力更大的机构转型。

非洲联盟“诞生”

1999年7月，非统首脑会议上，大家一直认为，非洲应该从政治联合走向“全面联合”，故而决定成立非洲联盟。三年后的7月，非统首脑会议宣布非盟取代非统。非盟现有55个成员、20多个机构。它的成立，帮助非洲解决了很多问题。

首先是安全问题。非洲大陆最大的问题之一是如何缓和并解决冲突，如何建立及巩固和平。原来非洲冲突发生时，依赖国际社会进行解决，然而正是联合国“安理会，特别是安理会中的大国使卢旺达人民在最悲痛的时候没有获得帮助”。现在非盟主动干预以图制止冲突。冲突的热点地区西非无论是科特迪瓦还是多哥，在非盟全力调解下，冲突都没有扩大。

其次是推动经济发展。非盟学习欧盟，开始经济一体化。它制定《非洲发展新伙伴计划》，推动多个领域协同发展。2004年1月1日，“西共体护照”开始在西非国家经济共同体15个成员国内向公民全面颁发。该护照有普通、公务和外交三种。持此护照的各成员国公民不再需要获得签证便可前往共同体任何国家旅行、工作和定居，完全实现了成员国间人员的自由流动。同年，非洲最大的石油项目乍得–喀麦隆输油管道投入使用。

当然，非洲联盟的成立还只是整个非洲协同发展的一块基石，要建成非洲各国的联盟大厦，实现真正意义上的全非洲政治、经济一体化，非洲联盟还有很长的路要走。

知识链接：泛非主义运动

“泛非”是将非洲人作为统一的整体联合起来，“泛非主义运动”是指由西印度群岛和美国的黑人发起的，全世界黑人联合起来反对种族歧视和殖民统治、争取种族平等的运动。它最初的领袖是美国黑人学者杜波依斯，他亲自主持了历届泛非大会，被尊为泛非运动之父。在泛非主义思潮指引下，非洲国家结束了集团对立，于1963年成立非洲统一组织，为实现非洲大陆的政治解放和经济发展进行了卓有成效的努力。

和平与安全委员在非盟九大委员中占据比较重要的地位，阿尔及利亚人谢尔吉在非盟第28峰会中获得连任。图中人物为非盟委员会和平与安全委员谢尔吉（Smail Chergui）。

南非的第一位黑人总统
曼德拉

任世界沧海浮云，
这片土地是黑人的故乡，
像春天温暖大地，
黑人也能当选总统。

1994年4月26—29日，在南非，大部分黑人群情激昂，心中的兴奋难以抑制。因为今天他们第一次可以像白人那样，作为国家的主人，参加大选投票，让尊敬的曼德拉先生当选总统。当然，大选结果正如他们所愿。

旧南非的黑人

1994年的这次大选是新南非成立的标志，以前的这个国家只能是“旧南非”。在旧南非，不要说曼德拉，任何一个黑人既无投票参加选举的权利，更没有机会当选总统。因为这个国家从1910年开始就实行种族隔离政策，黑人在社会金字塔的底端，权利几乎被剥夺殆尽。

这种种族隔离政策的核心是“分而治之”，即根据个人的身体外貌、血统甚至“名望”简单粗暴地将白人、有色人、黑人区隔开来，各种族不能享有同等的社会权利和待遇等，不能通婚。

路边的长椅上，大写的英文显示“只有白人可坐”，这是旧南非种族歧视的一角。它主要是通过种族隔离的办法，保证南非白人享受各方面的特权。

三个种族权利递减，黑人和白人的权益有天壤之别。比如说《通行证法》规定黑人出行必须携带各种“证明书”，20世纪40年代，必须携带的证明达到60件之多；政府甚至限定了黑人的居住地，黑人未经允许不得“搬家”；如果政府管理部门认为黑人是“不受欢迎的”，黑人就会被赶走。就算是工作，黑人也是被强制实行低工资，白人干黑人的活收入是黑人的3至4倍；黑人的收入少，可是缴纳的税却是很多的，比如说“黑人啤酒”（Kaffir beer）征收的市政税就只有黑人才缴纳。白人将军韦德毫不掩饰地说：“上帝在黑人与白人之间划分了界限……不应当有给黑人灌输平等思想的任何企图。”

曼德拉与黑人的反抗

在这种严酷环境下出生、成长的曼德拉，充满对自由的渴望。他认为，“黑人才是唯一被授权统治南非的民族”。1944年，曼德拉加入国大党，希望通过政治手段打破种族隔离政策。他有勇有谋，很快就进入国大党青年同盟的领导层，并引导人民采取激进的反抗政策。1952年底，在成功地组织并领导了“蔑视不公正法令运动”后，他赢得了广大黑人的尊敬。

曼德拉等黑人政治领导人的激进政策引发了南

"It always seems impossible until it's done."
-Nelson Mandela

华盛顿的曼德拉壁画。壁画上印着曼德拉的名言："在事情未成功之前，一切总看似不可能。"这一经典名言激励了无数人。

知识链接：沙佩维尔惨案

该事件发生于1960年3月21日。此前，南非实行了数十年的"通行证"法。该法律要求所有年满16岁的黑色人种、棕色人种等非白人必须随身携带通行证，政府如发现有证件不齐者，就将其逮捕。该法加剧了种族歧视，引起了黑人的强烈不满。3月21日，德兰士瓦省沙佩维尔镇的黑人首先发起抗议，并进行游行示威，这成为南非黑人第一次大规模的群众运动。南非当局对此极为恐慌，遂派大批军警进行镇压，约70名黑人被打死，近二百人受伤。

非白人政府变本加厉的镇压，1960年初，非洲人国民大会（当时最大的黑人解放运动组织、现为最大执政党）等多个政党被取缔。次年，被取缔的国大党宣布，政府接二连三阻止抗议和和平的途径，被压迫的人民只能采取非和平手段。曼德拉因此创建了非国大军事组织——"民族之矛"。从此，暗杀、暴动等活动开始了，罢工开始了，武装抗议也开始了。曼德拉被政府视为"眼中钉、肉中刺"，1962年8月被捕入狱，开始了长达27年的"监狱生活"。

虽然曼德拉不能现场指导人们进行抗争，可黑人愤怒的骚乱却四处发生，各种反抗活动不断升级，1984年到1986年间很多城镇陷入失控。白人政府与黑人大众陷入对抗僵局。

从内心深处来讲，广大黑人群众是渴望和平的，曼德拉说：武装斗争是政府逼迫的……他们必须使我们合法化，把我们当作一个政党对待，并和我们谈判。这种混乱的局势导致白人少数政权的最高统治者——总统被迫辞职。1989年，德克勒克出任总统后，推行政治改革，取消对黑人解放组织的禁令并释放曼德拉等人，僵局打破、和谈之门打开。1991年，种族隔离政策取消，非国大、南非政府、国民党等19方就政治解决南非问题举行多党谈判，并于1993年就政治过渡安排达成协议。

于是，黑人最终赢得了选举权，非国大在竞争中获胜，曼德拉当选总统，组建了以黑人为多数的政府！

罗本岛监狱。罗本岛监狱是旧南非当局关押政治犯的地方，曼德拉就被关在此地18年。罗本岛监狱1996年正式停用，现已辟为旅游景点。

非洲经济新的领头羊
尼日利亚

站在高岗上的头羊，
未必恒久不变，
南非的江湖地位，
尼日利亚即将取代。

2014年4月6日，尼日利亚国家统计局关于GDP的数据，悄无声息地公布了。然而，这引起了阵阵质疑与惊叹：因为从数据上看，尼日利亚跃升为非洲第一大经济体。关于尼日利亚取代南非成为非洲经济领头羊的呼声由此响起。

非洲经济曾经的领头羊——南非

众所周知，一个地区的领头羊对当地的经济有重要的引领和带动作用，如英国率先完成工业革命，带动欧洲经济发展。在非洲，南非经济一直走在各国之前，一直是以领头羊身份而自居的。

2010年，南非成功举办世界杯，进而加入金砖国家组织，国际地位日益引人瞩目。从2000年开始，南非就对非洲国家进行系统援助，当时南非成立官方发展援助基金“非洲复兴基金”，专门为非洲的复兴提供资助。2009年，为了更有效地加强和协调对外援助工作，南非政府批准成立“南非发展合作局”，将原本分散在各个部门的发展援助整合起来，更有效地协调对外发展援助。南非在提供经济援助的同时，也力图在非洲政治事务上发挥作用，在南苏丹独立过程中就能见到南非的身影。

因此，很多非洲国家将南非贴上帝国主义和重商主义标签，担心被“南非化”。南非前政府企业部长承认，南非公司经常被控诉为“对当地的商业团体、求职者甚至政府都是傲慢的、无礼的、冷漠的、漫不经心的”。

夜幕下的开普敦。这里流光溢彩、高楼林立，它是南非第二大城市，也是南非的立法首都（议会所在地），其中最负盛名的是独特的自然景观和码头。

知识链接：南苏丹独立

苏丹国土面积在非洲曾是最大的。1954年，苏丹自治政府成立以后，苏丹南部人民就开始进行独立抗争。1955年，抗争引发内战，旷日持久的战争一直持续到2002年。随后双方进行和谈，2005年确定和解方案。2011年，南苏丹人民就“是否脱离苏丹成为独立国家”的公投如期而至。南苏丹独立的意愿占据上风。7月9日，根据公投结果，南苏丹宣布独立，成为世界上最年轻的国家。苏丹成为第一个承认它的国家。

尼日利亚的石油钻塔。尼日利亚是非洲的能源大国，其石油的产量和出口量在非洲排名第一位；尼日尔三角洲在20世纪50年代后成为重要的石油产区。

知识链接：埃博拉疫情

埃博拉病毒首次暴发是在1976年，我们常说的埃博拉疫情是2014年2月从西非几内亚开始暴发的。此次疫情主要在几内亚、利比里亚、塞拉利昂等国家肆虐，后来迅速蔓延至世界各地。它具有极高的致死率，死亡人数超过了自1976年首次有记载的埃博拉暴发以来的总数。埃博拉疫情的预防和控制非常困难，目前尚未有任何疫苗被证实有效。

尼日利亚地位的提升

与南非相比，尼日利亚是后起之秀。2013年，尼日利亚才成为世界第26大经济体，与墨西哥、印度尼西亚和土耳其一起被合称为“薄荷四国”。

从经济形势看，2008—2015年，南非经济受国际金融危机影响，增速明显放缓，增长不足2%。而尼日利亚的增长速度在2008—2013年间则达到7.1%以上，甚至在埃博拉病毒肆虐的2014年仍然达到6.3%。

从经济结构看，在撒哈拉以南非洲地区，市值超过10亿美元的企业有12家，其中11家为尼日利亚企业，7家来自银行业。与此同时，尼日利亚经济多元化特征更加明显，对外投资也开始增强。仅2012年，尼日利亚对外直接投资存量已经达到74.07亿美元。

从人口上看，尼日利亚是非洲的第一人口大国，2013年人口达1.7亿人，而南非仅为0.53亿人，还不到尼日利亚的1/3。尼日利亚的成人识字率只有61.3%，南非已达到了93%。同时，南非拥有世界顶尖的科研人才，其科技在非洲处于领先地位，矿石开采与冶炼、农业和生物科技等居世界前列。但是，尼日利亚有300多万的高技术人才在美国居住和生活，一旦能够吸引回国，也将享有巨大的人口红利。

总体说来，与南非相比，尼日利亚的GDP及人口要多得多，增长潜力也更大，尼日利亚更具有领头羊优势。尼日利亚取代南非成为非洲经济领头羊后，仍将保持发展动力。

埃博拉（Ebola）词云。埃博拉在非洲肆虐多年，当埃博拉成为讨论主题时，高频词汇常有死亡、疾病、危险等带有恐惧意义的词。

ASEAN - AUSTRALI
KUALA LUMPUR, MA
AYSIA 2015

大洋洲的未来
——向左走？向右走？

全球七大洲中，大洋洲最小而且被海洋环抱。这里有 14 个国家，基本都是地广人稀。像澳大利亚，作为全球面积第六大的国家，人口规模只有中国重庆市那么大。新西兰更是如此。它们在地理上接近亚洲，然而由于曾是英国的殖民地，所以在心理上更加接近美国和欧洲，在处理国际事务时多受西方世界的影响。

澳大利亚一直坚持实行“中等强国外交”，与新西兰在安全策略上皆唯美国马首是瞻。随着美澳、美新军事同盟的建立，澳大利亚和新西兰的安全问题与美国的联系越来越紧密。然而，由于亚洲国家的崛起，澳大利亚为了借势亚洲的发展，力求利用地缘优势，经济上不断“脱欧入亚”，积极融入“亚洲”。未来的澳大利亚极有可能成为西方国家中第一个与亚洲趋同的现代化国家。

近年来，气候问题日益严重，这对大洋洲的国家尤其是瑙鲁和瓦努阿图等地势较低的美丽岛国来说是巨大的灾难。因为气候变暖导致海平面上升，会淹没它们的国土，灾难片《未来水世界》的场景将会在这里变成现实。

唯美国马首是瞻

澳大利亚、新西兰安全战略

迪吉里杜的低吟，
群蜂乱舞的草原，
澳新美日安全上的战略联盟，
在新时期中继续。

长期以来，地处大洋洲的澳大利亚和新西兰“悬浮在两个不同的世界之间，可以接近任何一方但又似乎无法永远属于任何一方”。然而，它们在心理上将自己作为西方国家，认为自己是美国“最亲密的伙伴”。2014 年，美澳签订了《澳美驻军协定》，澳大利亚允许更多的美军入驻，两国关系进一步加强。

美澳同盟的基础

澳大利亚是大洋洲的国家，虽然拥有辽阔的土地，经济相对发达，然而人口极少，全国总人口只有约 2500 万，还不如中国重庆市人多。陆海空三军战斗人员更是少之又少，总数不足 6 万人。因此，澳大利亚在外交上坚持实行“中等强国外交”，在安全上依赖美国。1951 年，美澳新签订了《澳新美安全条约》，美国、澳大利亚和新西兰建立了军事同盟。

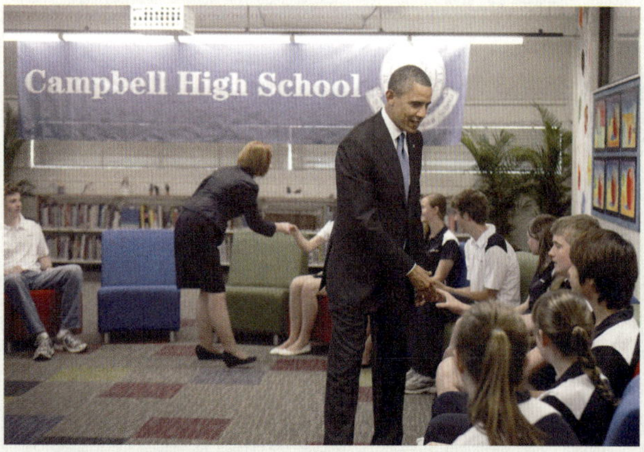

奥巴马访澳。澳大利亚和美国是长期盟友。2011 年，美国总统奥巴马访问澳大利亚，参观、演讲不停歇。如图所示，奥巴马正在与澳大利亚中学生握手交流。

近年来，世界经济重心由西方转向东方，亚洲日益受到重视。美国提出“重返亚洲”战略后，澳大利亚扮演“小弟”角色，极力推崇美国政策。同时，由于在地理上与亚洲的接近，在新的历史拐点上，澳大利亚和新西兰在地缘政治中的地位从“底层”升级到了“上层”。澳大利亚的布里斯班、珀斯、达尔文港、科科斯群岛等具有重要战略地位的地方建起了美国军事基地，美军在这些地方实施各项军事计划，并努力帮助澳大利亚提升防务能力，与澳大利亚实现技术合作、设施共享。

2011 年 11 月，澳大利亚和美国就美国在达尔文港的驻军签署了两项军事合作的协定。2012 年，达尔文港开始进驻美军。2014 年，美国国务卿、国防部长与澳大利亚外长、防长开会，深化驻军协定。随后签订的《澳美驻军协定》使得美国可以在未来的 25 年里，在澳大利亚进行海军和空军的驻军和训练。2014 年，希拉里·克林顿曾经指责澳大利亚不够“朋友”，但是美澳在军事合作上仍在不断加深。

美新同盟的建立

美新曾于 1951 年建立同盟，两国的军事合作一直很密切。然而，到了 1984 年，新西兰国内实行反核措施，拒绝美国军舰停靠，美新同盟“崩盘”，美国“中止根据条约对新安全承担的责任”。1987 年，澳新美联盟就没有实质性内容了，新西兰与美国的同盟关系名存实亡。

“9·11”事件后，反恐成为全球和平大业的主题。正如希拉里·克林顿所言，美国与新西兰“两国由共同的历史和价值观及相同的利益与相互尊重这一强劲纽带联系在一起”。两国重新走到了一起。2010 年 11 月，美国与新西兰签署《惠灵顿宣言》，确定双方开始加强务实合作。新西兰政府发表了《国防白皮书》，强调美新的合作关系，称新西兰为美国“密切、积极和忠实的伙伴”。新西兰在安全上又开始依靠美国，为美国提供港口，两国同时恢复军事互访和交流。

澳大利亚和新西兰是大洋洲最大的两个国家。随着它们在安全上不断依靠美国，美澳新开始形成新的三国军事同盟，澳大利亚成为美国在南半球的“副警长”，新西兰则成为它的助手。

知识链接：澳大利亚的“中等强国外交”

中等强国英文为“middle power”，享有介于超级大国和底层国家之间的一种国际地位。二战以后，澳大利亚认为其国家实力已经达到了中等国家的水平，国家心理上就开始认同自己属于中等强国，积极推进“中等强国外交”。澳大利亚工党外长埃文斯是最大的推动者。这种“中等强国外交”重视以多边手段解决国际问题，从而有效提升本国的利益。澳大利亚的国际影响力，基于这种外交政策而得以提升，国内也逐步认可这一外交政策。

达尔文港。它位于澳大利亚北部达尔文市，因纪念英国著名的生物学家查尔斯·达尔文而得名。该港口有大量海岸珊瑚礁，风景秀美，是著名的旅游景点。

新西兰是美国前总统奥巴马积极推进的跨太平洋伙伴关系协定（TPP）成员国之一。它积极追随美国并在推动 TPP 中发挥重要作用。图为 2010 年 TPP 谈判国领导人出席 TPP 峰会，右二是时任新西兰总理约翰·基。

“脱欧入亚”

澳大利亚新经济政策

繁花碎落，
另一边世界的光亮，
在这片水面摇晃，
湖泊不再平静。

2012年10月28日，澳大利亚总理吉拉德正式发布了《亚洲世纪中的澳大利亚》，这让很多人心中暗生波澜。因为这份文件显示，澳大利亚“脱欧入亚”公开化、系统化，它极有可能成为西方国家中第一个与亚洲趋同的现代化国家。

向亚洲靠近

澳大利亚地广人稀，支柱产业是农牧业和矿业，国内市场容量小，经济发展严重依赖国外市场。传统上，澳大利亚主要的出口对象是欧洲和美国。

第二次世界大战后，世界经济全球化不断发展，政治、经济区域一体化也不断加强。1955年，欧洲开始建立共同市场，逐步实现一体化。欧洲一体化后，欧洲内部市场对农产品进行补贴，澳大利亚对欧洲出口的农牧产品逐渐丧失优势。1973年，英国加入欧共体，传统英联邦内部特惠关税被废除，澳大利亚开始失去英国市场。在此过程中，澳大利亚曾希望申请加入欧共体，然而却遭拒绝。澳大利亚与欧洲和美国经济上的联系相对减弱。

20世纪60年代，亚洲国家的经济开始跃向世界前列。中国香港、中国台湾、新加坡和韩国成为“亚洲四小龙”，日本在1968年成为全球第二大经济体。随着经济的加速发展，亚洲国家对农牧、矿产品需求量大增。1967年，澳大利亚与日本之间的贸易额开始超过澳大利亚与英国之间的贸易额。1972年，“像一头雄狮走上政坛”的格夫·威特拉姆上台，澳大利亚开始出现一股思潮，即认为，“现在不得不承认自己是亚洲的一部分，邻国的繁荣和他们有着密切的利害关系”。

东盟－澳大利亚部长级会议全家福。2015年8月5日，东盟－澳大利亚部长级会议在马来西亚吉隆坡举行，参与人员有东盟10国、中国、澳大利亚、印度、日本、韩国、新西兰等16国经贸部长。

2017 年 5 月 21 日，第二十三届亚太经合组织（APEC）贸易部长会议在越南河内举行。在会议过程中，时任澳大利亚贸易、旅游和投资部长席奥博（左一）与马来西亚贸易和工业部长慕斯达法一起举行记者发布会。

知识链接：亚太经合组织

亚太经合组织全称为：亚洲太平洋经济合作组织（APEC）。它是亚太地区最有影响力的经济合作官方论坛。该组织是由澳大利亚总理波比·霍克首先提议建立的，1989 年 11 月，亚太经济合作会议首届部长级会议，标志着亚太经济合作组织诞生。它是一个区域性的官方经济论坛，目标是实现贸易投资自由化和便利化，讨论的主题是全球以及区域经济相关议题。截至 2024 年 12 月，亚太经合组织共有 21 个正式成员和三个观察员，中国是亚太经合组织的主要成员国。

走向亚洲

“冷战”结束后，全球政治、经济重新洗牌，各区域一体化加强。澳大利亚希望能够借助亚洲经济发展之势，推动其经济发展。然而，澳大利亚并不是亚洲国家，文化上也与亚洲不同，因此其融入亚洲进程是在试探中前行。

1987 年，澳大利亚将外交部和贸易部合并，领导人积极出访亚洲国家，谋求亚太经济合作。1989 年，澳大利亚提议建设亚太经合组织（APEC）。同年 11 月第一次亚太经合组织会议在堪培拉召开。作为“太平洋时代”的堪培拉会议召开后，澳大利亚希望能够加快亚太经济合作步伐。然而，亚洲国家并没有完全把澳大利亚视为“自己人”。1993 年 11 月，澳大利亚就未获准参加在西雅图召开的亚太经合组织非正式首脑会议。有鉴于此，澳大利亚积极推动亚太经合组织的发展，以求更好地融入亚洲。

1994 年 4 月，澳大利亚总理基廷在访问老挝、泰国、越南时正式提出建立“澳新－东盟自由贸易区”。1996 年，澳大利亚出口产品在亚洲大幅度增加，约占其出口总量的 65%。到了 1998 年，澳中的贸易总额达到 50 多亿美元，澳大利亚羊毛出口的第一对象国就是中国。

2008 年世界金融危机爆发，澳大利亚“融入亚洲”步伐加快。金融危机后，欧洲和美国等传统发达国家经济陷入泥潭，中国、印度和东盟等亚洲经济体仍在“快车道”。靠着亚洲经济发展的红利，澳大利亚在金融危机中表现不凡，成为发达国家中的“优等生”。到了 2011 年，澳大利亚 10 大贸易伙伴中有 7 个都是亚洲国家，其中中国和日本是澳最大的两个贸易对象。

时至 2012 年 10 月，《亚洲世纪中的澳大利亚》白皮书出版，澳大利亚对于“融入亚洲”已经驾轻就熟！

中国超市的澳大利亚商品。2015 年中澳双方签署《中澳自由贸易协定》，12 月 20 日协定生效，双方开始相互降税。在 5 年过渡期内，中国进口澳大利亚产品如葡萄酒、虾蟹和鲍鱼等的报关税率将逐步降为零。

《未来水世界》的现实版

瑙鲁面临沉没危险

晨曦细雨重临，
海风肆无忌惮地吹，
大地已经变成，
一望无际的海水。

1995 年 7 月，《未来水世界》上映。这部灾难大片，生动形象地介绍了由于温室效应，冰川消融，海平面上涨，人类只能生活在水面上的情形。影片中，如幻似真的末世情景让人震颤。然而，对于瑙鲁等岛屿国家的人来讲，这部灾难片恰巧呈现了他们即将面临的残酷现实。

瑙鲁的前世今生

瑙鲁共和国是太平洋上的一个岛屿国家，国土面积很小，只有 21.1 平方公里，是世界上最小的岛国。在波澜壮阔的太平洋上，它的最高海拔点只有 61 米，平均海拔不足 1 米。

瑙鲁的地图看起来像“鸽子蛋”，城镇主要集中在岛的外缘，首都亚伦处于最南方，其附近有瑙鲁唯一的国际机场；磷矿位于国土的北部，目前已开采殆尽。

瑙鲁地处赤道无风地带，天气闷热，年平均气温 28 摄氏度，年平均降水量 1500 毫米。这里地表渗透强烈，形不成河流和湖泊，地下亦无淡水，所以淡水奇缺。居民喝水都靠截留雨水以及国外进口淡水。国内最大的资源是鸟粪——大型磷酸盐矿藏。

1789 年，英国发现瑙鲁时，这里的人们日常生活就是打鱼摘椰子，日出而作、日落而息。在帝国主义争夺中，它相继成为英、德、美等国的殖民地，1968 年才获得独立，定国名为瑙鲁共和国；

知识链接：太平洋岛国论坛

太平洋岛国论坛是环太平洋国家进行经济、贸易、教育等各方面合作的经济论坛，其宗旨是加强成员国之间的合作和协调，促进共同发展。

该组织最早成立于 1971 年 8 月 5 日，当时的名字是“南太平洋论坛”，2000 年 10 月才改成“太平洋岛国论坛”。论坛总部设在斐济首都苏瓦。截至 2016 年，论坛有 16 个成员国。论坛本身也是亚太经合组织和联合国的观察员。论坛与中国关系密切，在华设有专门的贸易代表处。

瑙鲁词云。瑙鲁最近因为海平面问题频受关注。在谈到瑙鲁时，高频词汇有大洋洲、爱国主义、全球化、地理、遗产、国家等。

1970年完全收回磷酸盐矿业的产权，逐渐成为世界上的富国，人民安居乐业。

瑙鲁居民何去何从？

不过，瑙鲁人民幸福安康的生活却持续不了太久。因为近年来，在各种气候因素的影响下，海平面不断上升，对于岛国尤其是小型岛国来说，这将造成巨大的生存危机，它们或许将“无立锥之地”。瑙鲁的国土面积正在缩小，未来这个国家可能会被淹没。

2007年，联合国政府间气候变化专门委员会根据科研调查进行评估，预计到2100年，全球海平面将继续上升18厘米到59厘米。与此同时，联合国调查报告显示，热带海洋地区的海平面每年都将上升至少2毫米，照此下去，到了2100年，全球海平面上升的幅度也不小。

因为海平面上升，太平洋岛屿国家图瓦卢在2001年11月就声明，该国国民将放弃自己的家园，迁居他地。在坎昆会议上，世界小岛国联盟副主席马利称：“我们不想被遗忘，不想成为21世纪的牺牲品。”瓦努阿图对此也是感同身受。太平洋岛国论坛从2011年开始重点关注可持续发展、气候变化问题等，并发表《可持续发展怀希基宣言》，讨论减缓海平面上升及“大洋岛国－太平洋挑战”等主题，推进相关政策的落实。

然而，对于瑙鲁人来说，外面的努力可能无法快速改变海平面上升的现状，他们已经在澳大利亚购买了大楼，计划未来举国迁徙。

知识链接：瓦努阿图

它位于南太平洋西部，是一个群岛国，全国共有83个岛屿，陆地面积1.22万平方公里。它风景秀丽，是潜水天堂，常被称为“澳洲后花园”“南太平洋的明珠”“太平洋上的黑珍珠”等，国家的支柱产业是农业和旅游业。

瓦努阿图的岛屿中，有68个岛屿是住人的。截至2015年11月，它共有28.2万人，主要民族是美拉尼西亚人。瓦努阿图国名的含义是“永远的土地”，由于海平面上升却面临被海水淹没的危险。

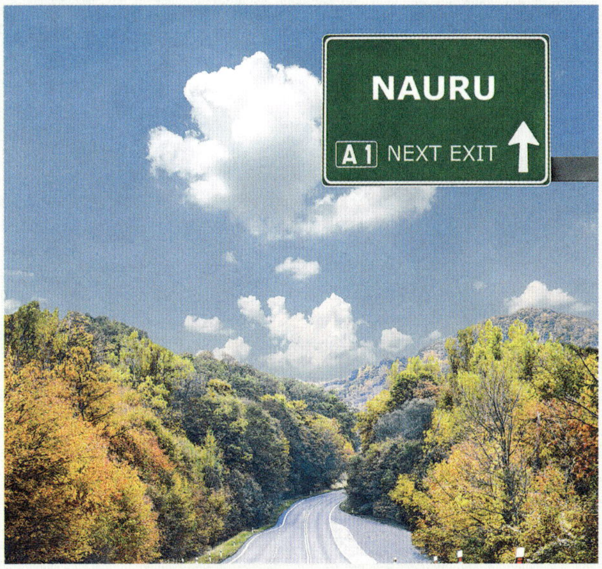

蓝天下瑙鲁的路标。瑙鲁属于热带雨林气候，环境秀美，有“天堂岛”之称。18世纪末，西方世界第一次发现瑙鲁岛时，把它命名为快乐岛。如今，瑙鲁面临海平面上升，快乐岛快要变成危险岛。

ña
AURANTE
RISCOS Y PESCADOS
España
RESTAURANTE

2016年“黑天鹅”事件

2016年是国际形势迅速变化的一年，也是极不平静的一年。在世界舞台上，频频上演“黑天鹅”事件（指非常难以预测且不寻常的事件）：特朗普当选美国新任总统；韩国总统的“闺蜜门”事件闹得满城风雨；菲律宾总统杜特尔特上台后重塑内政外交；欧洲难民危机与英国脱欧改变了欧洲政局；土耳其政变和恐怖袭击让世人颇为担忧；古巴总统卡斯特罗的逝世标志着一个时代的结束。在这一年里，传统安全问题与非传统安全问题交织显现，区域安全形势不断恶化。

在这些事件背后，我们可以看到当代世界局势风云变化，但总的发展脉络和格局与过去相比并没有太大差异：中东局势依旧复杂严峻，宗教冲突对当地的形势产生至关重要的影响；欧盟面临诸多的问题与挑战，短时间难以解决；东北亚朝鲜局势仍旧不容乐观，朝韩关系对世界局势产生影响。在国际格局不断变化的时代，中国经济保持增长，政治保持稳定，国际地位和影响力进一步提升。

总体而言，局部的动荡时有发生，但世界大势仍是和平、稳定的，和平与发展作为这个时代的主题并未改变。

“老政客”与“大富豪”2016年美国总统大选战

投我一票吧，只有我可以拯救这个糟糕的美国了。

——特朗普

2016年11月9日，在巨大的分裂和争议中，轰轰烈烈的美国大选落下帷幕，唐纳德·特朗普最终战胜希拉里，成为美国第45任总统。

美国实行总统制，总统选举每4年举行一次。2016年美国总统大选，是指美国第58届总统选举。2015年3月23日，美国得克萨斯州共和党参议员特德·克鲁兹宣布参选总统，由此成为2016年大选第一个正式宣布迈向白宫的候选人。紧接着，兰德·保罗、希拉里·克林顿、伯尼·桑德斯、马尔科·卢比奥等人相继宣布角逐美国总统之位。

“大嘴”富豪

2016年7月19日，特朗普正式锁定共和党总统候选人提名。自宣布参选以来，行事张扬、口无遮拦的特朗普不论是在竞选集会，还是在电视辩论中，“喷翻”了一位位竞争对手。特朗普称，将通过对海外制造再运销回美国的产品加收高关税，迫使海外的美国资本回归本土，以捍卫美国人正在失去的工作机会。特朗普还对非法移民、难民、穆斯林和其他少数族裔进行了赤裸裸的攻击。这些人成了特朗普眼中夺走美国人工作、危害美国社会安全的罪魁祸首。他甚至公然宣称，“要在美国和墨西哥边境修筑一道隔离墙”，以阻止非法移民进入美国。特朗普还猛烈抨击与他划清界限的共和党政治家，指责美国媒体“操纵”大选，并拒绝承诺接受大选结果。在临近大选日的10月，《华盛顿邮报》等媒体曝光了特朗普2005年在私人场合一段明显带有对女性侮辱色彩的录音。“录音门”一出，特朗普为千夫所指，受到了包括共和党高层在内的广泛批评，选情直下。

唐纳德·特朗普1946年生于纽约，美国著名房地产商、企业家、共和党政治家，2016年当选为美国第45任总统，2024年再次当选美国总统。

争议不断的“老政客”

2016年7月26日，希拉里正式获得民主党总统候选人提名。与对手特朗普一样，希拉里的舆评亦争议不断。2015年3月，美国克林顿基金会官员透露，在希拉里担任美国国务卿期间，该基金会收到了来自7家外国政府数百万美元的捐款，其中一项捐款违反了与奥巴马政府达成的道德规范协议。克林顿基金会持续依赖外国政府捐

美国圣迭戈大规模的反对特朗普的集会。特朗普在第一个任期内在经济政策、移民政策等方面实行一系列改革，这些改革受到部分国内民众的激烈反对。

知识链接：希拉里与特朗普

希拉里·克林顿，美国律师、民主党籍政治家，第 67 任国务卿，纽约州前联邦参议员，美国第 42 任总统比尔·克林顿的妻子。唐纳德·特朗普曾经是美国最具知名度的房地产商之一，人称“地产之王”。除房地产外，特朗普还开设了赌场、高尔夫球场等。他还涉足娱乐界，是美国一项真人秀节目的主持人，并担任“环球小姐”选美大赛主席。2011 年，特朗普在《福布斯》百位名人排行榜当中位列第 17，他宣称自己的资产净值超过 100 亿美元。

款，给共和党留下攻击的口实。2015 年 3 月 4 日，美国国务院官员透露，希拉里在 2009 年至 2013 年担任国务卿的四年里没有政府电子邮件账户，只通过个人电子邮件账户处理政府事务，这可能违反了要求政府官员之间的通信应作为机构档案加以保留的联邦政府规定。这一严重违规嫌疑被美国媒体曝光后，她再次被推入舆论漩涡。

成为美国第 45 任总统。2017 年 1 月 20 日，特朗普宣誓就任美国第 45 任总统，美国正式进入“特朗普时代”。一位新总统从公开言论到政策纲领都在挑战传统，到底会为美国和世界带来怎样的未来？总统换届之初，美国许多地方的民众为反对特朗普上台纷纷上街示威游行，表达出不满、焦虑和不安。

老政客不敌大富豪

美国总统争夺之战在特朗普和希拉里二人之间打响。两位候选人中，一位是在政坛摸爬滚打几十年、各种负面消息缠身的政坛老手，另一位则是不走寻常路、毫无从政经验的真人秀明星、亿万富豪。这场选举注定会不同寻常，堪称美国历史上最分裂、最具负能量的一次大选。两人的“口水仗”挑战了美国大选的规则底线，充斥着相互揭短、人身攻击和谩骂讽刺，瞄准对手的各种丑闻和过往，而最后对于一些政策的真正讨论却乏善可陈。

2016 年 11 月 9 日，特朗普最终战胜希拉里，

不当总统照样潇洒！希拉里在书展秀嘴炮，连说带比画送表情包。当地时间 2017 年 6 月 1 日，美国前国务卿希拉里·克林顿现身美国书展活动。

“闺蜜门”韩国政局变动

领导力的关键标志是夸大自己的力量，政治的核心内容是遮掩自己的错误。

——《纸牌屋》

2016年10月24日，韩国中央东洋放送株式会社电视台爆料称，发现一台属于韩国总统闺蜜崔顺实的电脑，上面赫然载有包括44份总统演讲稿在内共200多份本属绝密的文件；崔顺实在总统演讲之前就已经收到文稿，并进行了审阅修改，然而崔顺实并无一官半职。此举严重违反了国家机密法，引起舆论哗然。

当地时间2017年1月17日，韩国首尔，中央地方法院就“干政门”案件举行首次正式审判，崔顺实、张时浩、金钟等多名涉事人员出庭。图为崔顺实出庭（前排居中）。

女大学生引发的政治危机

梨花女子大学作为韩国女性教育传统与精神的象征，被誉为“亚洲第一名门女校”。自2016年暑假后，梨花女子大学在校学生及部分毕业学生针对校方擅自成立专科学院、扩大特招范围及对某些“特殊学生”给予额外照顾的做法，发起了持续不断弹劾校长崔京姬的示威活动。

出人意料的是，在第二轮示威开始时，针对校长贪污问题的搜查中，发现一名2014年入学的女生郑维罗当初因“马术特长生”被特招，在校期间不论考勤、考试表现都不合格，但均能顺利通过。郑维罗的母亲崔顺实正是与总统朴槿惠相伴40多年的“闺蜜”。

“闺蜜门”事件持续发酵

在闺蜜干政的丑闻曝光后，崔京姬迫于压力宣布辞职，媒体随之拿过了揭露总统“闺蜜门”的接力棒。此后，媒体还报道了与崔顺实相关的其他丑闻。崔顺实被指涉嫌安插亲信担任两大财团的要职，利用与朴槿惠的关系迫使包括三星、现代在内的韩国大企业为上述财团捐款，并通过空壳公司拿到了其中的部分资金。

“闺蜜门”事件曝光后，朴槿惠曾分别于10月25日、11月4日和11月29日三次发表对国民谈话，承认自己曾向崔顺实泄露演讲稿等文件，并向民众道歉。但是，这一事件给朴槿惠带来的负面影响却持续发酵。韩国民众多次举行大型抗议示威，要求朴槿惠下台，她的支持率因此一路狂跌，在野党和市民团体纷纷发声要求彻底调查此事并严惩相关人员。

11 月 20 日，韩国检方对“闺蜜门”事件三名核心人物共同提起公诉。11 月 30 日，前首尔高等监察厅厅长朴英洙被任命为案件的独立检察官。

12 月 9 日下午，韩国国会针对总统朴槿惠的弹劾动议案投票表决。299 人投票，234 人投下赞同票。总统朴槿惠将被停止执行职务。弹劾案通过后，议案将交付宪法法院裁决。若宪法法院裁决弹劾案成立，朴槿惠将被解除总统职务，此后 60 天内将举行新的总统大选。

知识链接：朴槿惠与崔家父女

朴槿惠的母亲陆英修 1974 年遭朝鲜特工刺杀身亡，紧接着父亲朴正熙 1979 年遭韩国中央情报局局长金载圭刺杀，失去双亲的朴槿惠在精神上受到很大打击。崔顺实的父亲崔太敏曾是牧师，之前信过佛，在朴槿惠母亲遇刺后就开始接近她，朴槿惠失去双亲后，崔太敏父女乘虚而入，崔太敏成为她的“精神导师”。比朴槿惠小 4 岁的崔顺实则成为她的闺蜜，两人交情深厚，亲如姐妹。

“闺蜜门”事件背后的韩国政治困境

回顾韩国历任总统的结局会发现，历史总是惊人的相似：他们都在执政末期或者卸任之后遭遇后院起火。“民主斗士”金泳三侄子金贤哲收取非法资金。金大中次子金宏业大宗洗钱和收受贿赂，

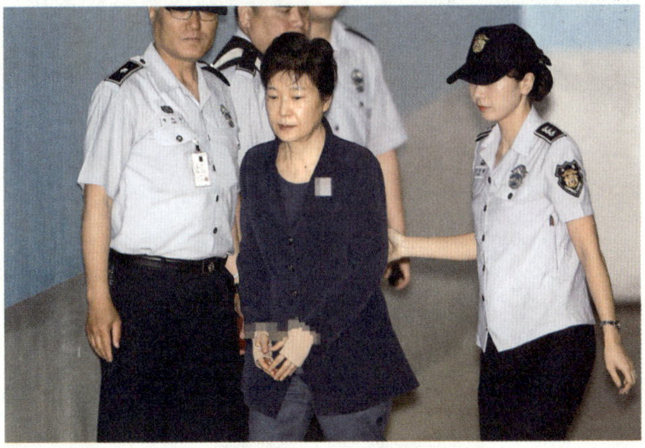

当地时间 2017 年 6 月 7 日，韩国首尔，韩国前总统朴槿惠被押往首尔中央地方法院，再次接受公开审判。

幼子金弘杰收受贿赂。金泳三和金大中为此英名毁于一旦。以“廉洁自持”著称的卢武铉之兄卢建平收取贿赂、卷入政权出售丑闻，卢武铉跳崖自杀。因兄长李相德收受银行贿赂，李明博也身败名裂。

同时，韩国新选出的总统则往往会为了显示与前任的不同，而采取与上届政府不同的政策，使得历届政府间缺乏政策上的连续性。任期 5 年且不能连任的规定，更加剧了政策的断裂性，导致韩国社会、经济乃至外交、国防等领域的政策经常缺乏前后一贯的原则和继承性。

朴槿惠这次所陷入的困境，可能是韩国民主化以来从未经历过的严重事情。它似乎已经注定要延续韩国“政令不能连贯”的传统。如此一来，韩国每 5 年的总统换届，不仅引发政坛的震荡，更引发民众对政府公权私用的担忧，削弱了民众对政府的信任。

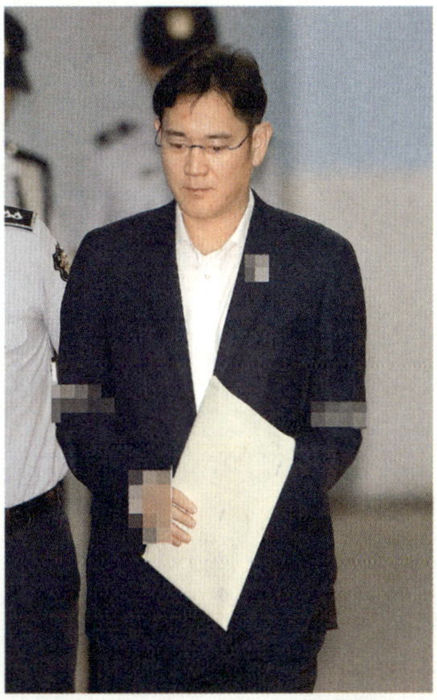

当地时间 2017 年 6 月 7 日，韩国首尔，韩国三星集团副会长李在镕被押往首尔中央地方法院，出庭受审。

重塑菲律宾的总统
杜特尔特

如果一个人害怕树敌，他就不会成为政治家。

——爱尔兰女作家伏尼契

罗德里戈·杜特尔特1945年3月28日出生于菲律宾中部莱特省，长期担任菲南部棉兰老岛最大城市达沃市市长。2016年6月30日，杜特尔特就任菲律宾第16任总统，他以鲜明的执政风格和个性语言、“变脸”戏法般的外交政策调整，给世人留下深刻印象，对菲律宾国家发展、地区和平与稳定产生重大的影响。在他的铁腕治理下，曾充斥枪杀、绑架、勒索和走私的达沃市治安明显改善，成为菲律宾以安全著称的城市。

铁腕扫毒

自6月30日上任以来，菲律宾总统杜特尔特一直致力于打击菲国内的毒品犯罪活动。上任不到8周，有近2000名涉毒犯罪嫌疑人被杀，其中有700余名是因拒捕而被警方击毙，另有近70万毒贩为求活命而自首。当然，这与杜特尔特竞选时许下的豪迈诺言还相差甚远。杜特尔特在竞选时曾承诺，要在当选后的6个月内杀掉10万名罪犯，彻底解决菲律宾的犯罪问题。

在杜特尔特看来，毒品犯罪对于菲律宾来说，已经到了“你死我活”的地步。因此，面对这一存在多年的顽疾，杜特尔特不得不下狠药。

一是鼓励民众成为“义警”，对毒贩进行“法外处决”。杜特尔特曾公开表示，有枪的民众可以击毙拒绝被带到派出所的毒贩；如果毒贩用刀枪威胁民众，也可以击毙他们。他还说：“民众可以随时报警，如果有枪的话也能自己动手，我支持你。毙了他，我会给你颁奖。”

二是公布涉毒名单震慑幕后保护伞。8月初，

菲律宾的反犯罪和毒品运动。2017年3月9日，警方在街头惩戒醉汉和赤膊的男人，他们被罚做俯卧撑。在警方的行动计划中，街头的酗酒者和青年是重点巡视目标。

当地时间2016年11月17日，菲律宾棉兰老岛，菲律宾总统杜特尔特在赴秘鲁参加APEC会议前夕发表讲话，对外国指责其“法外处决”毒贩的批评表示愤怒，称或效仿俄罗斯退出国际刑事法院。俄罗斯总统普京16日签署命令，宣布俄退出国际刑事法院。

根据政府机构的调查，杜特尔特对外公布了一份涉及毒品犯罪的公职人员名单，其中包括数名法官、数十名现任及已卸任的市长和镇长，以及近百名军警人员。

杜特尔特看似“简单粗暴”的铁血禁毒措施一出，即引起西方及人权组织哗然。菲律宾国内民众对杜特尔特的反毒战争却是一边倒地支持。菲律宾媒体的民调显示，杜特尔特上任后一个月，菲律宾犯罪率下降了约50%，他最高时拥有超过90%的民意支持率。

知识链接：杜特尔特的对华外交政策

从竞选总统到上任以来，杜特尔特本人在多个场合、多次表达了重建中菲友好关系的愿望，并积极付诸行动。杜特尔特通过淡化中菲南海主权争端及低调处理仲裁结果，使南海问题在中菲关系中迅速降温。他提出，中国应该尊重菲律宾在其专属经济区的权益；两国在勘探开发海上油气资源时应该共同合作。他认为“如果我们想共同开发，我相信能共享合作”；在南海寻求共识，比制造冲突和争端更为重要。面对国际仲裁庭的“裁决”，杜特尔特政府倾向于与中国协商而不是强力推行制裁，称执行“南海仲裁决定或引发第三次世界大战”。杜特尔特希望能将中菲在南海问题上的争端与其他领域的合作关系区分开，多次表示南海及黄岩岛问题不是大问题，还强调中国的军力远超菲律宾，他不会将“菲律宾人的生命浪费在对抗中国上”。

重建对华友好关系

杜特尔特担任总统期间，摒弃了前任阿基诺政府奉行的极端亲美、抗中的外交政策，转而实行平衡各大国、推崇务实合作的独立外交。

2016年10月18日至21日，杜特尔特率领庞大的经贸代表团访华，在会见习近平主席时表示，“菲方致力于积极发展两国关系，加强同中方合作，这将造福两国人民”，并希望亚洲基础设施投资银行在菲经济发展中发挥更大的作用，菲方愿推动中国与东盟关系更好发展，密切在国际和地区事务中协调合作。杜特尔特屡屡向中国政府发出友好的信号，希望能够重新赶上中国发展的快车。菲方获得了中方的积极回应，中菲双方重拾构建友好关系的信任和信心。

菲律宾对华政策的调整，不仅直接影响到中菲关系的未来走向，而且对南海局势乃至整个亚太地缘政治格局，都产生了重要影响。

杜特尔特重视中菲关系的改善，主张通过协商解决中菲之间的问题。

颤动的欧洲

难民危机与英国"脱欧"的连锁反应

欧洲的难民危机将导致民族主义的欧洲，筑起边境高墙的欧洲，使欧洲大陆倒退至过去。

——欧洲议会议长舒尔茨

2015年春夏之交，来自中东、北非等地的难民大量涌入欧洲，形成了一股突如其来的难民潮，致使欧洲社会不堪重负。国际社会对难民危机的关注，西方媒体对难民事件的报道，自2015年春天以来持续升温，构成一幅幅令人压抑的画面和催人泪下的景象。

难民危机与欧洲难民问题

难民危机并没有随着2016年新年的到来而销

自2015年夏天开始，从深受战乱困扰的中东、非洲铤而走险进入欧洲的难民人数不断增加，其中仅德国就接收了60多万难民。欧洲难民危机给当地造成严重的物资负担和治安压力。

声匿迹，冬日的严寒没有能够阻止难民奔向欧洲的步伐。在难民进入欧洲的主要通道巴尔干，终日可见疲惫的难民身影。据国际移民组织等方面的消息，2016年以来，平均每年约有3000名难民和非正常移民在经地中海前往欧洲的途中死亡。

2017年1月，德国媒体报道，北部城市布伦瑞克市政府证实，正在调查300多起难民骗取社会福利的案件。类似的难民"欺骗事件"不只是涉及社会福利，伪造年龄以骗取居留身份的现象也不少见。在意大利被击毙的柏林卡车恐袭案嫌疑人阿尼斯·阿姆里正是其中一例。

2016年，从维尔茨堡火车砍人案，到罗伊特林根街头砍人案，再到安斯巴赫爆炸案，这些暴力犯罪的嫌犯多为难民或难民申请者。尽管有关当局一直强调，这些都是混入难民群体的个案，不要以偏概全地看待，然而恐慌之下，"难民""恐怖主义"这两个词在民众心中的关联愈发显得微妙。

开放边境，难民大量涌入，而核查机构人力严重不足，给恐怖分子带来可乘之机；恐怖袭击频发，增加了社会不安全感，民众迁怒于政府的监管不力，给了右翼民粹势力抬头的动力。面对支持率走高的右翼民粹党派，人们又开始担忧"新纳粹"卷土重来，反对实行严格的难民监管，反对建立难民隔离区……“难民潮”“恐怖袭击”“右翼抬头”，成为 2016 年德国乃至欧洲面临的三大危机，甚至开始纠结为一个周而复始的死循环。

英国脱欧引发多米诺骨牌效应

2016 年 6 月 23 日，英国举行了脱欧全民公投，最终以 51.9% 对 48.1% 的得票率支持脱欧。英国脱欧公投结果出炉后，引发欧洲各地一系列动荡，多个国家和地区声明效仿英国要求“独立”的声音相继传出。

苏格兰民族党党魁斯特金表示，英国投票决定退出欧盟，她将举行一次新的公投来决定苏格兰是否退出英国，苏格兰退出后，将以独立国家的身份重新加入欧盟。荷兰极右派自由党领袖怀尔德斯在英国公投结果宣布后，通过推特表示“轮到我们了”，他允诺在政党竞选活动中将荷兰脱欧公投列为政策。法国总统参选人、民粹主义政党国民阵线主席玛丽娜·勒庞称，28 个国家组成的欧洲联盟已经“衰败”，她将会组织对法国的欧盟以及欧元区成员国身份进行全民公投。2016 年 12 月 4 日，意大利总理伦齐发起的修宪公投中，反对派以平均

当地时间 2016 年 7 月 25 日，德国安斯巴赫市（Ansbach），警察在爆炸现场调查。当天，安斯巴赫市中心一酒吧附近发生自杀式爆炸，导致一人死亡，11 人受伤。警方查明，这起事件是一起由叙利亚难民申请者制造的袭击事件。

知识链接：涌入欧洲的难民潮

近年来，由于西亚北非的政治和社会动荡，进入欧洲的难民人数持续增加。至 2016 年底，经由地中海抵达欧洲的难民和非正常移民数量超过 30 万人。根据欧盟统计局对 2016 年前 9 个月的统计，欧盟各国接纳难民总数接近 99 万人，其中德国接纳难民最多，为 612415 名，意大利接纳 85050 名，法国接纳 61830 名，奥地利接纳 34540 名。

当地时间 2016 年 5 月 11 日，英国特鲁罗，前伦敦市长、现外长鲍里斯·约翰逊举着康沃尔肉馅饼参加“投票脱欧”活动，支持英国脱欧。

56.7% 的比例压倒赞成派，这次公投的内容与意大利是否留在欧洲并没有直接关系，问题在于伦齐在公投失败后随即辞职，那么取而代之的很有可能是意大利的极端主义政党“五星运动党”，该党被视为民粹主义政党，以反精英、反欧盟、反移民为纲领，承诺若 2018 年大选获胜就举行退出欧盟的公投。

欧洲民粹主义愈演愈烈，2017 年欧洲国家先后迎来多场重要选举，包括法国总统选举、荷兰大选、德国大选等，这些国家民粹主义政党的影响力较以往都有了不同程度的增高。

政变和跨年恐袭事件
危机中的土耳其

国家复兴的事业必须团结所有的人。

——加西亚·马尔克斯

2016年7月15日，土耳其发生军人政变。此次未遂政变持续不到24小时，据随后的初步消息称共造成200多名平民、警察及政变士兵的死亡，另有1440人受伤。2017年1月1日，在伊斯坦布尔的奥尔塔科伊地区，一家名为雷纳的夜总会遭到恐怖分子的袭击，共造成包括16名外国人在内的共39名人员伤亡，另有69人受伤。这两起事件的发生再次将世人的目光引向亚欧大陆交界处的土耳其。

土耳其一夜惊魂

2016年7月15日晚到16日凌晨，土耳其首都安卡拉出现异常情况：多架战机从首都安卡拉市中心低空飞过，坦克开上街头。土耳其总理随后发表声明说，土耳其武装部队总参谋部部分军官发动了军事政变。同时，政变军人宣布伊斯坦布尔的博斯普鲁斯大桥、最大机场伊斯坦布尔阿塔图尔克国际机场等要地均已被控制。政变军人控制的武装直升机轰炸了部分重要目标和国家设施，并对街道开火。部分政变军人与警方发生激烈交火。参与政变的军人随后通过电视发表声明说，现在国家由“和平委员会”管理，并且实行宵禁和军管。他们还表示要制定新宪法。土耳其国家电视台TRT停止了广播。

2016年7月16日，土耳其安卡拉街头，人们在反抗军事政变。这次军事政变是土耳其历史上第五次军事政变，政变未能成功。

政变发生时，总统埃尔多安正在地中海度假胜地马尔马里斯度假，由于国家电视台被占领，埃尔多安只能借苹果手机上的视频软件“Face Time”接受美国有线电视新闻土耳其语频道采访，他呼吁民众走上街头，抵制政变。

在伊斯坦布尔、安卡拉，都有支持政府的民众走上街头。一些民众通过爬上坦克等方式阻拦政变军人行进。同时，忠于政府的部队展开反击，16日早上8时，土耳其政府称，局势已经得到控制。并称700多名涉嫌参与政变的军人被捕。一度关闭的伊斯坦布尔阿塔图尔克机场恢复航班降落。

7月16日上午9时左右，埃尔多安抵达伊斯坦布尔机场，受到民众的热烈欢迎。在随后举行的新闻发布会上，他称人民已取得了胜利，土耳其国内情况已经“完全得到控制”。他以“暴动”“背叛

2016年7月16日，在土耳其最大城市伊斯坦布尔，人们走上街头反对刚刚发生的军事政变。

知识链接：土耳其的“积极防御”政策

近年来，土耳其不再完全依赖其扶植的叙利亚反对派势力，而是亲自上阵，加强其在叙利亚北部的军事行动。土耳其政府多次宣称，要保护土耳其的安全，使土耳其免受恐怖主义的威胁，就要“积极防御”，在叙利亚北部建立一个安全的缓冲地带。这是土耳其军事行动的主要原因。在伊斯坦布尔发生恐怖袭击后，极端组织“伊斯兰国”在2017年1月2日发表声明宣称对此事件负责，以报复土耳其在叙利亚的军事行动。

行为”指称此次政变，表示将严惩政变发动者。部分政变士兵举手走出坦克，向警方投降。

跨年酒吧恐袭事件

2017年1月1日，当全世界人民都在庆祝新年到来的时候，土耳其人民的心情却可能格外沉重，新年刚过，这个国家就经历了2017年的第一次恐怖事件。土耳其时间1点30分，在伊斯坦布尔的奥尔塔科伊地区，一家名为雷纳的夜总会遭到恐怖分子的袭击。

恐袭者装扮成圣诞老人，在酒吧向正在庆祝新年的群众开枪。当时酒吧内大约有700人，因为事发突然，场面顿时陷入混乱，甚至有慌乱的群众逃出酒吧跳入博斯普鲁斯海峡中。恐怖袭击后不久警察就迅速来到现场，随后特种部队对夜总会进行了搜查。

奥尔塔科伊区位于博斯普鲁斯海峡岸边，是伊斯坦布尔相对比较繁华的地区，人口密度大。而恐怖袭击发生的雷纳夜总会更是非常受欢迎的娱乐场所，包括名媛帕丽斯·希尔顿和著名模特吉赛尔·邦辰都曾经光临过这里。因此，雷纳夜总会是国内外游客的聚集场所，正因为如此，恐怖袭击造成了大规模死伤。

土耳其未遂军事政变和元旦发生的恐怖袭击事件表明，在剧烈变动的内外政策中，土耳其国内安全具有脆弱性和敏感性。面对愈演愈烈的国际恐怖主义，国内也问题重重的现状，土耳其面临转型中的巨大安全挑战，任重道远。

2017年元旦凌晨，土耳其主要城市伊斯坦布尔的雷纳夜总会遭遇袭击，造成至少39人死亡，包括16名外国人，图为恐怖袭击后的废墟。

巨星陨落

古巴领导人卡斯特罗去世

每个人都会有大限来临的一天，不过古巴共产主义思想将永远长存。

——菲德尔·卡斯特罗

2016年11月25日晚，古巴革命领袖、一代伟人菲德尔·卡斯特罗在古巴首都哈瓦那溘然长逝，享年90岁。菲德尔·卡斯特罗是古巴共产党和古巴社会主义事业的缔造者，他领导古巴人民顶住美国的重重压力，争取民族解放、维护国家主权、建设社会主义，也推动了世界社会主义运动的发展。

我终将离去，但理想不朽

这位耄耋老人30多岁时在距世界资本主义中心最近的地方建立了西方唯一的社会主义国家，如今离世的消息仿佛带走了一个现实版的神话。美国前总统克林顿曾说：我上小学、中学、大学、工作、我当总统时、我连任总统后、我卸任时，他（卡斯特罗）一直都是古巴领袖。这段话诚然带着政治色彩，但也是政治对手对这位世纪伟人的肯定。

当地时间2016年12月3日，古巴革命领袖菲德尔·卡斯特罗骨灰的运送车队抵达古巴圣地亚哥，人们在路边列队送别。11月30日至12月3日，菲德尔·卡斯特罗骨灰的运送车队沿着1959年古巴革命胜利时的路线一路东行，途经13个省份最终抵达圣地亚哥市。卡斯特罗的骨灰安葬在圣地亚哥市圣伊菲热尼亚墓地。

菲德尔·卡斯特罗和切·格瓦拉。在切·格瓦拉的协助下，卡斯特罗于1959年策动推翻了巴蒂斯塔独裁统治，取得古巴政权。他们是古巴革命中的战斗伙伴。

卡斯特罗去世与古巴政局

卡斯特罗在位期间，既实现了古巴政权移交，也同时提出党内领导年轻化的建议。劳尔主席继任以来，古巴推进了经济、社会领域的务实发展。但不可否认的是，古巴目前在一定程度上仍面临物资短缺，人民对生活水平提高的需求仍未满足。古巴加速推进“革新”已成重要议题，革命成果的保持离不开国家经济、社会的物质发展。

随着古巴经济模式进一步“更新”，古共领导层在古共“七大”后也呈现年轻化趋势。然而，政治局委员虽有新鲜血液加入，但多数委员年龄依旧偏高的问题仍待解决。2018年4月，57岁的迪亚斯－卡内尔接替86岁的劳尔出任新的国家领导人。原政治局委员中，还有多位年龄更长者。前古巴政治领袖的离世也让人们更为关注古巴领导层新老交替过渡的平稳性问题。

知识链接：菲德尔·卡斯特罗

菲德尔·卡斯特罗1926年8月13日生于古巴奥尔金省比兰镇。1959年1月，他领导的古巴革命推翻巴蒂斯塔独裁政权，成立革命政府。随后，他出任政府总理和武装部队总司令。1962年起，他担任古巴社会主义革命统一党第一书记。1965年该党改名为古巴共产党后，他担任中央委员会第一书记。1976年起，他任国务委员会主席。自2006年7月因健康原因把权力移交给劳尔·卡斯特罗后，他极少公开露面，直至2016年11月25日辞世。

古美关系往何处去

1961年，美国与古巴断交，在历经长达半个世纪的“老死不相往来”之后，美国和古巴结束对峙状态。2015年7月20日，两国正式恢复了外交关系。2016年3月20日，美国总统奥巴马抵达古巴，开启“破冰美古关系”的历史性访问，两国关系进一步回暖。

卡斯特罗的离世不免给古美关系的发展增添不确定因素。两国关系实质性问题的谈判并没有进展。在奥巴马总统宣布将解决贸易禁运一年多后，古巴媒体公开表示贸易禁运从未改变。这需要美国国会废除禁运的相关法令，显然该问题短期内难以解决。

尽管美国总统奥巴马实现了对古巴的历史性访问，但无论是当年年初对哈里伯顿能源服务公司开出的违反对古禁运条例的罚单，还是双方关系重启面临的更多法律、政治与技术性困难，都将是古美关系实质性改善的重大阻力。

商人出身的特朗普当选和担任美国总统，让美古两国关系迈向新高的可能性下降。特朗普在竞选中曾表示，支持奥巴马政府同古巴复交，但如果他来主持谈判将会更多考虑美国的利益。

此外，古巴国内也对两国关系发展有着诸多疑虑。外交上，古巴政府在关系破冰前后都保持着愿意对话的开放性态度，但复交以来两国关系发展的速度和实质性关系变化的程度都使人不禁觉得前景堪忧。古巴民众也有着不同观点。部分古巴人希望关系快速发展，但持传统态度的古巴人则担忧美国对古巴的敌视政策不会改变，复交只是策略上的转化，与美国走得太快或太近都不利于古巴保持革命胜利以来的独立发展。

当地时间2016年3月21日，古巴哈瓦那，美国总统奥巴马与古巴国务委员会主席劳尔·卡斯特罗出席联合新闻发布会。

“金特会”

朝核问题的历史转机

在和平主义的温床上培植香菌，那是不需要什么肥料的，一夜之间它们就可以突然茁长起来。

——罗曼·罗兰

2018年6月12日，举世瞩目的朝美首脑会晤在新加坡举行。关于这次会晤，金正恩称“克服了重重困难来到这里”；特朗普表示，毫无疑问，朝美关系在未来会“非常好”。此次会晤为和平解决朝核问题提出了方案。

朝核问题发展史

朝鲜核武器计划启动于20世纪50年代。朝鲜战争刚刚结束，金日成就表示：“朝鲜国家虽小，但别国拥有的东西都应该有，包括原子弹。”20世纪60—80年代，朝鲜灵活游走于中苏两国之间，但其核武器发展计划实施得并不顺利。20世纪90年代初，美国根据卫星资料怀疑朝鲜开发核武器，要求对朝鲜进行核设施检查，从而引发第一次朝鲜半岛核危机。1994年10月，朝美签订日内瓦《关于解决朝鲜核问题的框架协议》，初步解决核争端。根据这一协议，朝鲜冻结其核设施，美国负责为朝鲜建造轻水反应堆，并提供重油，以弥补朝鲜停止核能计划造成的电力损失。在此后的一段时间里，朝鲜核问题并未再起风波。

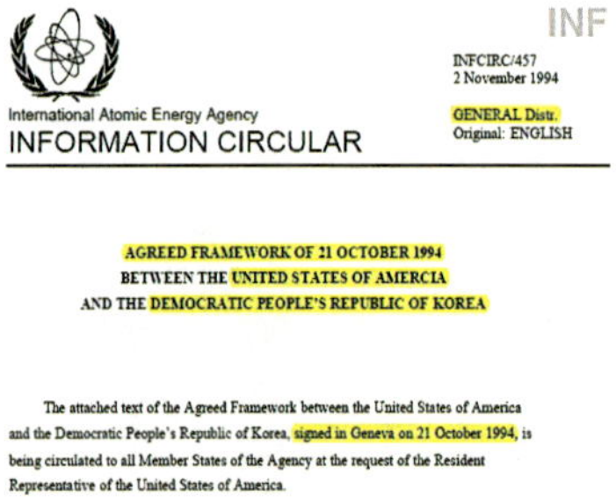
INF

INFCIRC/457
2 November 1994

International Atomic Energy Agency
INFORMATION CIRCULAR

GENERAL Distr.
Original: ENGLISH

AGREED FRAMEWORK OF 21 OCTOBER 1994
BETWEEN THE UNITED STATES OF AMERCIA
AND THE DEMOCRATIC PEOPLE'S REPUBLIC OF KOREA

The attached text of the Agreed Framework between the United States of America and the Democratic People's Republic of Korea, signed in Geneva on 21 October 1994, is being circulated to all Member States of the Agency at the request of the Resident Representative of the United States of America.

1994年10月21日，朝鲜和美国在日内瓦正式签署《关于解决朝鲜核问题的框架协议》。朝鲜同意冻结现有的核计划，美国允诺为朝鲜建造两座1000兆瓦轻水反应堆。协议的签署使朝鲜半岛因核问题而出现的紧张局势得到缓和。

2001年，美国小布什政府上台后，对朝鲜拥有核问题采取高压态度，朝核问题一度恶化。2002年，美国以朝鲜违反《朝美核框架协议》为由，停止向朝提供重油。2003年，朝鲜宣布退出《不扩散核武器条约》。2003年8月，中国、朝鲜、韩国、美国、俄罗斯和日本在北京举行朝核问题六方会谈。2005年9月，六方会谈通过共同声明：朝方承诺放弃一切核武器及现有核计划，早日重返《不扩散核武器条约》；美方确认，在朝鲜半岛没有核武器，无意以核武器或常规武器攻击或入侵朝鲜。此后一段时间，朝美双方在半岛核问题上又多有纷争，但总体关系保持稳定。

但是，从2009年开始，朝鲜又屡次实施核试验，并将核问题升级，半岛形势又添不安定因素。2009年4月，朝鲜宣布退出朝核问题六方会谈，并恢复已去功能化的核设施。据报道，从2006年10月至2017年9月，朝鲜共进行6次核试验，并多次试射弹道导弹。

2018年，朝鲜核问题迎来转机。朝鲜政府宣布，从 4 月 21 日起中止核试验与洲际弹道导弹试射，并废弃北部核试验场。4 月 27 日，韩国总统文在寅和朝鲜最高领导人金正恩举行历史性会晤，为和平解决半岛核问题创造新契机。双方签署《板门店宣言》，宣布将为实现朝鲜半岛无核化而努力。

知识链接：金正恩

金正恩是朝鲜第二代最高领导人金正日的幼子，1984 年 1 月 8 日出生于朝鲜平壤；早年留学瑞士，就读于一所国际学校，后回国就读于金日成军事综合大学。金正恩现任朝鲜劳动党中央军事委员会委员长，朝鲜国务委员会委员长，朝鲜人民军最高司令官。2011 年 12 月以来，金正恩全面执掌朝鲜的内政和外交，并进行了大刀阔斧的改革。

“金特会”

2018 年 6 月 12 日，朝美首脑会晤在新加坡举行，金正恩与特朗普在嘉佩乐酒店实现“世纪握手”。朝美两国领导人在会晤后签署联合声明，为解决朝核问题和半岛稳定提供保障。此次联合声明的主要内容有四点：第一，美国和朝鲜将致力于建立“新型朝美关系”，推动和平与繁荣；第二，两国将共同努力，建立持久稳定的朝鲜半岛和平机制；第三，朝方重申将遵守 2018 年 4 月 27 日的《板门店宣言》，承诺继续推动“半岛完全无核化”目标；第四，朝美致力于找回战俘和失踪人员遗体，包括立即遣送已确认身份者。

2018 年 6 月 12 日，美国总统唐纳德·特朗普在新加坡圣淘沙岛的嘉佩乐酒店与朝鲜领导人金正恩举行历史性的美朝峰会。

20 世纪 90 年代以来，朝美双方围绕半岛核问题的矛盾持续激化。“因此这场会晤是朝美双边关系的大事件，会面本身已创造历史。”朝美在联合声明中强调，“美国和朝方将致力于建立全新的朝美关系，以满足两国人民对于和平与美好生活的向往。”特朗普承诺为朝鲜提供安全保证，金正恩重申对朝鲜半岛完全无核化的坚定不移的承诺，两国将致力于建立新型美朝关系。这是历史上朝美两国在任领导人首次会晤。

2018 年 4 月 27 日，朝鲜最高领导人金正恩首次踏上韩国土地，与韩国总统文在寅在板门店韩方一侧的“和平之家”举行会晤。这是朝韩双方的第三次首脑会晤。图为朝韩首脑会议期间，金正恩和韩国总统文在寅握手。

责任编辑：刘可扬　柏裕江　王新明
助理编辑：薛　晨
图文编辑：胡令婕
责任校对：方雅丽
封面设计：林芝玉
版式设计：汪　莹

图书在版编目（CIP）数据

全球时代／邵政达，初庆东 等著．—北京：人民出版社，2025.1
（话说世界／颜玉强主编）
ISBN 978－7－01－025860－7

I. ①全…　II. ①邵…　②初…　III. ①经济史－世界－通俗读物　IV. ① F119-49

中国国家版本馆 CIP 数据核字（2023）第 165180 号

全球时代
QUANQIU SHIDAI

邵政达　初庆东　等 著

人民出版社 出版发行
（100706　北京市东城区隆福寺街 99 号）

北京华联印刷有限公司印刷　新华书店经销

2025 年 1 月第 1 版　2025 年 1 月北京第 1 次印刷
开本：889 毫米 ×1194 毫米 1/16　印张：20

ISBN 978－7－01－025860－7　定价：90.00 元

邮购地址 100706　北京市东城区隆福寺街 99 号
人民东方图书销售中心　电话（010）65250042　65289539